KB119460

한위양진남북조 불교사 **4**

이 한위양진남북조 불교사의 번역은 1938년 상무인서관(商務印書館) 초판본을 1991년 상해서점(上海書店)에서 다시 영인한 판본으로 저본을 삼았습니다.

이 책의 한국어 판권은 베스툰 코리아 에이전시를 통하여
저작권자인 저자와 독점 계약한 (재)한국연구재단에 있습니다.
저작권법에 의해 한국 내에서 보호를 받는 저작물이므로 어떠한 형태로든 무단 전재와 무단 복제를 금합니다.

이 책은 (재)한국연구재단의 지원으로 학고방출판사에서 출간, 유통합니다.

한국연구재단 학술명저번역총서
동양편 612

한위양진남북조 불교사 4

Han · Wei · Qin North and South Dynasties Buddhist history

탕융동 지음 | 장순용 옮김

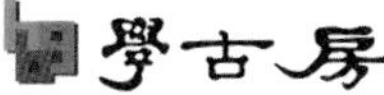

머리말

중국불교를 체계적으로 연구하려면 인도에서 전래된 초기불교에 대한 연구가 필수적이다. 이 책은 한(漢)나라, 위(魏)나라, 동진(東晋)과 서진(西晉), 남북조(南北朝) 시기에 걸쳐 인도불교가 전래되면서 중국의 유교, 도교 사상과 충돌하고 교류하며 점차 중국식 불교로 변용(變容)되어 가는 과정을 방대한 사료와 엄밀한 고증을 거쳐 다루고 있다. 무엇보다 풍부한 자료를 인용하면서 정확한 고증을 가했기 때문에 중국불교사를 연구하는 사람이라면 반드시 읽어야 할 필독서이다. 이 책은 저자 탕융동[湯用彤]이 10여 년에 걸쳐 초기불교를 연구한 끝에 이루어진 역작으로 중국의 초기불교를 연구한 저서로는 최초의 저술이자 이후 다른 저작들의 토대가 되었다.

중국사상사와 선종 역사에 대해 연구한 중국 신문화운동의 선구자 후쓰는 『한위양진남북조 불교사』를 이렇게 평가했다.

“탕융동의 저작은 지극히 세심하고 곳곳마다 증거를 중시해서 증거가 없는 말은 일리가 있어도 감히 사용하지 않았는데, 이는 참으로 배울 만한 태도이다.”

또 『중국불교사』라는 방대한 저서를 낸 일본의 유명한 불교학자 카마다 시게오는 이렇게 말했다.

“(탕융동)은 중국의 전통적인 학술방법을 근대 유럽, 미국의 연구방법과 통합하여 완벽한 학문을 다스리는 방법을 창출했다.

『한위양진남북조 불교사』는 교리에 치중하지도 않았고 교단에도 치중하지 않았지만 양자의 정수를 파악하고 있다. 또한 사상의 전개를 중심으로 과거 교리사의 구조를 타파하였기에 엄연히 사회 맥락과의 연결을 중시하는 정통적인 통사(通史)라고 할 수 있다."

이처럼 저명한 학자들에게 호평을 받으면서 오늘날까지도 그 평판이 이어지고 있지만, 그러나 『한위양진남북조 불교사』는 거의 고문(古文)과 전문적인 지식으로 쓰여 있어서 번역이 여간 까다롭지 않았다. 역자는 고심 끝에 이 책의 번역을 가독성(可讀性)을 염두에 두면서 직역을 위주로 했다. 그 까닭은 이 책의 독자를 전문가 그룹과 초기불교에 관심을 갖고 있는 소수 독자라고 보아서 이들에게는 원문의 맛을 훼손할 수밖에 없는 의역보다는 원문의 맛을 간직한 직역이 더 낫다고 생각했기 때문이다.

끝으로 번역을 도와준 사람을 언급하지 않을 수 없다. 베이징에 거주하는, 이제는 교수직에서 은퇴하고 불법(佛法) 전파에 전념하고 계신 이영란 교수께서 거의 공역자(共譯者) 수준에서 도움을 주셨다. 번역 원고를 원문과 꼼꼼히 대조해 살펴보면서 수정할 곳이 나오면 수정해 주셨고, 그리고도 남는 의문점이 있으면 베이징 대학 교수인 탕융동의 아들 탕이제(湯一介)의 제자 양호(揚浩) 박사를 찾아가 자문을 구해 정확한 뜻을 알려주셨다. 탕이제 교수는 암 투병 중임에도 불구하고 이 책의 서문까지 써주셔서 역자를 격려했다. 이영란 교수를 비롯해서 탕이제 교수, 양호 박사에게 지면을 빌어서나마 심심한 사의를 표한다.

2014년 사패산에서

장 순 용

서(序)

내 아버지의 명저 〈한위양진남북조 불교사〉가 한국에 번역, 소개된다니 기쁨을 금치 못하겠다. 아버지는 1964년에 세상을 떠났으므로 올해는 서거 50주년이 되는 해이다. 바로 이때 아버지의 주요 저작이 외국어로 완전 번역되어 출간된다니 진실로 사람의 마음을 고무시키는 사건이 아닐 수 없다.

아버지는 일찍부터 중국 고대의 전통문화를 익혔고 나중엔 미국 하버드 대학에 유학해서 서양사상과 학문 연구의 방법을 체계적으로 배웠다. 그 뒤 중국의 전통적인 고증학과 서양 현대학문의 연구 방법을 결합해서 〈한위양진남북조 불교사〉를 완성했다.

이 〈한위양진남북조 불교사〉는 1938년에 초판이 나왔다. 이 책은 고증, 자료, 방법, 의리(義理) 등 다방면에 걸친 장점으로 출판하자마자 중국의 불교사를 연구하는 기본 경전이 되었다. 나는 여기서 특별히 아버지가 이 책을 쓰면서 행한 연구 방법의 특징을 소개하고 싶다. 아버지는 바로 "묵묵히 감응해서 체득해 이해하는", 즉 '묵응체회(默應體會)'의 방법을 제시했다.

다시 말해서 불교의 역사적 사건에 대한 고증과 분석은 오래된 유적과 사적에 대해 탐구하고 토론하는 것만이 아니라 역사적 사실(史實)에 대해 공감할 수 있는 암묵적인 감응이 있어야 한다. 그리고 남겨진 문자 기록에 대한 고증에 의존할 뿐만 아니라 그 사상에 대해서 심성(心性)의 체득이 있어야 한다. 나는 이 점만으로도 서양의 현대적 학술 방법을 지나치게 맹신하는 편협함을 바로잡을 수 있다고 생각한다. 동시에 독자들은 이 책이 70여 년 전에 출판되어서 그 동안 상당히 많은 학술적 성과가 나타났다는 점을 감안해야 한다. 즉 학술 연구는 언제나 비판, 전승, 창신(創新)의 과정을 거쳐 발전한다는 것을 완전히 이해해야 한다.

이 번역 작업은 장순용 선생을 비롯해서 이영란 박사와 저의 제자 양호 박사의 인연이 화합해서 이루어진 것이다. 마지막으로 역자 장순용 선생과 이영란 박사에게 진심으로 감사의 뜻을 전한다.

탕이제[湯一介]

목차

1

- 해제 / 1
- 역사적 배경 / 41

제1 한(漢) 나라 시대의 불교

01장 불교의 중국 전래에 관한 갖가지 전설 ······ 77

1) 백익(伯益)이 부처의 존재를 알고 있었다 ······ 79
2) 주(周) 나라 때 불교가 이미 전래되었다 ······ 81
3) 공자와 부처 ······ 85
4) 연(燕)나라 소왕(昭王) ······ 86
5) 옛 아육왕사(阿育王寺) ······ 88
6) 진시황과 불교 ······ 91
7) 동방삭(東方朔) ······ 95
8) 장건(張騫) ······ 97
9) 휴도왕(休屠王)의 금인(金人) ······ 98
10) 유향(劉向)의 『열선전(列仙傳)』 서문 ······ 108

02장 영평(永平) 시기의 구법(求法) 전설에 대한 고증 ………… 115
1) 영평 시기의 구법 전설 ……………………………………………115
2) 구법(求法) 전설의 고증 ……………………………………………125

03장 『사십이장경』 고증 …………………………………………… 145
1) 『사십이장경』 번역에 관한 전설 …………………………………145
2) 『사십이장경』이 세간에 출현한 시기는 아주 이르다 …………146
3) 『사십이장경』의 번역본에는 두 가지가 있다 ……………………152
4) 『사십이장경』은 거듭 개찬(改竄)되었다 ……………………………158
5) 『사십이장경』의 성질 ………………………………………………169

04장 한나라 때 불법(佛法)의 유포 ……………………………… 175
1) 서역의 개척과 불교 …………………………………………………175
2) 이존이 불경을 주다[伊存授經] ……………………………………178
3) 귀신의 방술(方術) ……………………………………………………182
4) 초왕 영은 부도의 재계(齋戒)와 제사를 지냈다 …………………185
5) 환제(桓帝)도 황로와 부도를 함께 제사지냈다 ……………………189
6) 『태평경(太平經)』과 화호설(化胡說) ……………………………………194
7) 안세고의 역경 …………………………………………………………200
8) 지루가참의 역경 ………………………………………………………208
9) 착융(窄融)의 불사(佛事) ……………………………………………215
10) 모자(牟子)가 이혹론(理惑論)을 짓다 ……………………………218
11) 한나라 때 불법의 지리상 분포 …………………………………231

05장 불도(佛道) ··· 249

1) 정령(精靈)의 생겨남과 소멸함 ···250
2) 욕망을 줄이고 사치를 없앤다[省慾去奢] ···256
3) 선법(禪法)의 유행 ···262
4) 인자(仁慈)하고 보시하길 좋아함 ···267
5) 붓다의 제사 ···270
6) 한나라 때의 승가(僧伽) ···273
7) 태평경과 불교 ···277
8) 한나라와 진나라의 불경 강의와 불경 주석 ···291
9) 총체적인 결론 ···300

제2 위진 남북조 시대의 불교

06장 불교 현학의 남상(濫觴)(삼국시대) ··· 313

1) 모자의 『이혹론』 ···313
2) 삼국시대 불교의 역사적 사실과 전설 ···318
3) 지겸(支謙) ···324
4) 강승회(康僧會) ···335
5) 양생(養生)하여 신(神)을 이룬다 ···340
6) 신(神)과 도(道)의 합치 ···348
7) 주사행의 서행(西行) ···356

07장 양진(兩晉) 시기의 명승(名僧)과 명사(名士) ··· 367

1) 『반야경』의 유전(流傳) ···368

2) 축법호(竺法護) ······372
3) 우법란(于法蘭)과 우도수(于道邃) ······381
4) 축숙란과 지효룡 ······384
5) 백법조(帛法祖) ······387
6) 현풍(玄風)이 남쪽으로 건너가다 ······389
7) 축도잠(竺道潛) ······397
8) 지둔(支遁) ······401
9) 동진의 황제들과 불법 ······409
10) 명사와 불학(佛學) ······413

2

08장 석도안(釋道安) ······ 431
1) 고승(高僧)과 명승(名僧) ······431
2) 위진 시대 때 불법이 번성한 원인을 종합하여 논함 ······433
3) 축불도징(竺佛圖澄) ······438
4) 도안의 경력 ······441
5) 도안이 하북에서 머물다 ······445
6) 도안이 남방으로 가면서 따르는 대중을 나누다 ······450
7) 도안이 양양에서 거주하다 ······458
8) 경전의 정리 ······460
9) 계율과 규범의 확립 ······467
10) 미륵 정토의 신앙 ······475
11) 도안의 장안 거주와 역경 ······479
12) 도안이 불학(佛學)에서 차지하는 지위 ······490

09장 석도안 시대의 반야학(般若學) ······························· 507

1) 이 시대 반야학의 유파(流派) ······························509
2) 축법아의 격의 ······························514
3) 본무종(本無宗) ······························520
4) 석도안의 성공종(性空宗) ······························525
5) 본무이종(本無異宗) ······························538
6) 지도림의 즉색의(卽色義) ······························542
7) 우법개의 식함종(識含宗) ······························554
8) 환화종(幻化宗) ······························557
9) 지민도(支愍度)의 심무의(心無義) ······························558
10) 연회종(緣會宗) ······························566
11) 본말(本末), 진속(眞俗), 유무(有無) ······························567
12) 총체적 결론 ······························572

10장 구마라집과 그의 제자들 ······························· 583

1) 구마라집의 학력 ······························583
2) 구마라집이 양주에 도착하다 ······························597
3) 장안에서의 구마라집 ······························602
4) 구마라집의 경전 번역 ······························609
5) 불타발다라와 구마라집 ······························621
6) 구마라집의 저작 ······························627
7) 구마라집의 학문 ······························632
8) 구마라집의 제자 ······························646
9) 승조의 간략한 전기 ······························652
10) 승조의 학설 ······························658
11) 의학(義學)이 남쪽으로 이전하다 ······························667

11장 석혜원 ······ 691

1) 석혜원의 지위 ······ 691
2) 혜원의 경력 ······ 692
3) 혜원의 젊은 시절 ······ 694
4) 혜원이 동쪽으로 가서 여산에 머물다 ······ 698
5) 진(晉)나라 말엽, 조정의 불교 ······ 700
6) 『비담학』 전파의 시작 ······ 708
7) 혜원과 구마라집 ······ 712
8) 강동에서 선법(禪法)이 유행하다 ······ 714
9) 혜원의 학문 ······ 718
10) 혜원과 미타정토(彌陀淨土) ······ 725
11) 혜원의 염불 ······ 735
12) 여론(餘論) ······ 737

12장 전역(傳譯)과 구법(求法), 그리고 남북조 시대의 불교 ······ 751

1) 불교가 전래된 길 ······ 752
2) 서쪽으로 가는 구법(求法) 운동 ······ 757
3) 법현의 행적 ······ 761
4) 지엄(智嚴), 보운(寶雲), 법령(法領), 지맹(智猛), 법용(法勇) ······ 768
5) 남북조 시대에 서역으로 간 사람 ······ 771
6) 하서(河西)의 전역(傳譯) ······ 773
7) 북량(北涼)의 담무참(曇無讖) ······ 777
8) 남조의 역경 ······ 782
9) 북조 시대의 역경 ······ 790
10) 경전과 번역 ······ 793

3

13장 불교의 남방 통일[南統] ········· 823
1) 송나라 초기의 제왕들과 불법 ········· 825
2) 백흑론(白黑論)의 논쟁 ········· 829
3) 형신(形神)과 인과에 대한 변론 ········· 838
4) 세족(世族)과 불교 ········· 845
5) 사령운(谢靈運) ········· 860
6) 조정(朝廷)과 불교 ········· 868
7) 여러 제왕과 불교 ········· 888
8) 제나라 경릉왕 ········· 894
9) 이하(夷夏) 논쟁 ········· 900
10) 본말(本末)의 논쟁 ········· 908
11) 범진(範縝)의 『신멸론』 ········· 916
12) 양무제(梁武帝) ········· 922
13) 곽조심과 순제의 반불(反佛) ········· 932
14) 진(陳)나라 시대의 불교 ········· 938

14장 불교의 북방 통일[北統] ········· 963
1) 양주(涼州)와 황룡(黃龍) ········· 964
2) 석현고(釋玄高) ········· 968
3) 태무제가 법을 훼멸하다 ········· 972
4) 담요(曇曜)가 불법을 부흥하다 ········· 978
5) 북위의 여러 황제와 불법 ········· 983
6) 북조 시대의 불상 ········· 996
7) 북위의 사찰과 승려의 수효 ········· 1000

8) 북조 시대의 승가에 대한 제약 ……1003
9) 동방의 불법과 경학(經學) ……1013
10) 관서(關西)의 불법 ……1023
11) 북조 시대에 불교를 배척한 사람 ……1026
12) 북조 때 불교와 도교의 논쟁 ……1033
13) 주무제(周武帝) 시대의 법난(法難) ……1038

15장 남북조 시대 불교 서적의 찬술 …… 1067
1) 주소(注疏) ……1068
2) 논저(論著) ……1078
3) 역자(譯者)의 찬집(撰集) ……1093
4) 사지(史地)의 편저(編著) ……1096
5) 목록(目錄) ……1112
6) 위서(僞書) ……1119

16장 축도생(竺道生) …… 1137
1) 열반부 경전의 번역 ……1137
2) 열반경 대본(大本)의 수정(修訂) ……1143
3) 축도생의 사적(事蹟) ……1146
4) 축도생의 저작 ……1163
5) 돈오(頓悟)와 점오(漸悟)의 논쟁 ……1166
6) 축도생의 불학상(佛學上) 지위 ……1171
7) 혜원, 구마라집과 불성의 뜻 ……1176
8) 축도생이 말한 불성의 뜻 ……1178
9) 법신엔 색불(色佛)이 없고 정토(淨土)가 없고, 선(善)은 과보를 받지 않는다 ……1192

10) 일천제(一闡提)에겐 불성이 있고 응당 연(緣)도 있다 ……….1199
11) 돈(頓)과 점(漸)의 분별은 어디서 유래했는가? ……….1205
12) 축도생이 말한 돈오의 뜻 ……….1214
13) 사령운이 서술한 도생의 돈오의 뜻 ……….1223
14) 혜관(慧觀)이 주장한 점오(漸悟)의 뜻 ……….1231
15) 축도생의 문하 ……….1237
16) 유규(劉虬)와 법경(法京) 선사 ……….1241

4

17장 열반과 불성에 관한 남방 지역의 갖가지 설(說) ……….1263
1) 남방 지역에 있는 열반과 불성의 제가(諸家) ……….1264
2) 석법요(釋法瑤) ……….1268
3) 석보량(釋寶亮) ……….1282
4) 양무제(梁武帝) ……….1298
5) 장엄(莊嚴)과 개선(開善) ……….1310
6) 본유(本有)와 시유(始有) ……….1314

18장 남조 시대 『성실론』의 유행과 반야 삼론의 부흥 ……….1331
1) 『성실론』의 전래와 번역 ……….1332
2) 『성실론』의 법사 ……….1334
3) 『성실론』에 대한 주소(注疏) ……….1345
4) 반야삼론의 점진적인 흥기 ……….1346
5) 반야삼론과 현풍(玄風) ……….1347
6) 주옹와 양무제 그리고 섭산(攝山)의 승려 ……….1353

7) 삼종론(三宗論) ······1361
8) 삼론의 성행과 성실론과의 논쟁 ······1379
9) 흥황사의 법랑과 그 문하 ······1388

19장 북방의 선법(禪法), 정토와 계율 ······ 1409
1) 진(晉)나라 말엽부터 송나라 초기까지 선법이 성행하다 ······1410
2) 송나라 초기 남방의 선법 ······1418
3) 양주의 선법(禪法)과 현고(玄高) ······1420
4) 선굴(禪窟)과 산거(山居) ······1421
5) 불타(佛陀) 선사 ······1423
6) 북방 선법에 관한 간략한 논의 ······1424
7) 보리달마 ······1428
8) 위나라 말엽부터 수나라 초엽까지 북방선(北方禪)의 유행 ······1443
9) 양(梁)나라와 진(陳)나라 때 남방의 선법 ······1447
10) 섭산과 천태 ······1448
11) 북방 선법의 영향 ······1452
12) 정토 경전의 전래와 번역 ······1454
13) 담란(曇鸞)과 아미타 정토 ······1456
14) 수명 연장[延壽益算]의 신앙 ······1463
15) 오계(五戒)와 십선(十善), 인천교(人天教)의 문(門) ······1468
16) 삼계교(三階教)의 발생 ······1478
17) 지공(誌公)과 부대사(傅大士) ······1483
18) 남방의 『십송률(十誦律)』 ······1489
19) 보살계(菩薩戒)의 유행 ······1492
20) 북방에서 『사분률(四分律)』이 흥기함 ······1493

20장 북조 시대의 불교학 ··· 1509

1) 팽성(彭城)의 불교학 ··· 1510
2) 북방의 열반학(涅槃學) ··· 1512
3) 북방의 사종(四宗) ··· 1514
4) 『비담』의 번역 ··· 1521
5) 『비담』의 연구 ··· 1523
6) 북방의 성실론 법사 ··· 1529
7) 『십지경론(十地經論)』의 전래와 번역 ··· 1531
8) 상주(相州) 북파학(北派學)의 전파 ··· 1534
9) 상주(相州) 남파학(南派學)의 전파 ··· 1535
10) 진제의 경력 ··· 1540
11) 진제의 제자와 『섭론』의 북방 전래 ··· 1553
12) 『화엄경』의 유행 ··· 1557
13) 발문(跋文) ··· 1566

찾아보기

• 서명(문헌) / 1583

■ 일러두기 ■

1. 이 책은 『한위양진남북조 불교사』의 완역이다.

2. 원주는 각 장의 끝에 미주로 처리하였으며, 원주의 주석은 *로 표시하고 부연 설명을 하였다.

3. 본문 중 괄호 안의 작은 글씨는 원주에 해당된다.

4. 각주는 역주이다.

5. 본문 활자와 급수가 같은 괄호 안의 글씨는 역주에 해당한다.

6. 독자의 이해를 돕기 위해 해제 외에도 〈역사적 배경〉과 〈불교전파경로와 주요 지명(地名), 국명(國名)〉의 지도를 첨가했다.

17

열반과 불성에 관한 남방 지역의 갖가지 설(說)

양진(兩晉) 시대에는 『노자』, 『장자』의 가르침이 유행했고 반야와 방등도 겸망(兼忘; 雙忘)과 유사해서 역시 세상에서 아주 중요시했다. 게다가 구마라집이 삼론(三論)을 전수했고 승조가 공의 이해[解空]에 으뜸이라서 반야학은 이미 최고의 경지까지 올랐다. 무릇 성인(聖人)은 무(無)를 체득하긴 하지만 무(無)를 가르칠 수는 없으므로 유(有)의 점진적인[漸] 과정이 있는 것이다. 승조 이후에 위대한 경전 『열반경』이 마침 중국에 전래되었다. 그래서 학자(學者)는 점점 무리를 지어 묘유(妙有)의 길로 달려갔고 진공(眞空)에 대한 논의는 거의 점점 사라졌다. 축도생은 처음엔 반야의 가르침에 정통했고 만년엔 열반 사상을 치성하게 이야기하였다. 진공과 묘유가 틈 없이[無間] 계합했고, 그 후 열반이 크게 흥기하면서 반야는 쇠퇴했다. 그래서 담론을 하는 사람들은 진공을 잊고 항상 한쪽[一邊]으로 떨어졌다. 『속고승전』에는 다음과 같은 승민(僧旻)의 말이 실려 있다.

"송나라 때는 도생을 귀중히 여겨서 돈오로 경전을 통했으며[1:], 제나라 때는 승유(僧柔)를 중시해서 비담(毘曇)으로 논서를 통하였다[2:]."

이에 따르면, 『열반』과 『성실』은 잇달아 제나라와 송나라에서 번성했다. 그러나 중국의 법사가 이 『열반』과 『성실』에 대해 다투어 담론한 것은 대부분 그들이 유(有)를 벗어나지 못했기 때문이다.

1) 남방 지역에 있는 열반과 불성의 제가(諸家)

『대열반경』은 북량(北涼)으로부터 전래되었고, 도생은 열반학을 밝혀서 번창하게 했다[3]. 그러나 송나라 초기 이후에 남방의 『열반』은 도생에게서 나온 것이 많았지만 직접 북방으로부터 온 것도 적지 않았다.

(1) 도생 계통에 속한 사람으로는 보림(寶林)[4], 법보(法寶)[5], 도유(道猷)[6], 도자(道慈)[7], 승근(僧瑾)[8], 법원(法瑗)[9], 애법사(愛法師)[10], 승종(僧宗)[11], 혜초(慧超)[12], 혜명(慧明)[13], 경유(敬遺)[14], 법련(法蓮)[15]이 있다.

(2) 북방에서 배워서 도생 계통에 속하지 않는 사람으로는 혜정(慧靜)[16], 법요(法瑤)[17], 담빈(曇斌)[18], 혜량(慧亮)[19], 승경(僧鏡)[20], 초진(超進)[21], 승종(僧鐘)[22], 법안(法安)[23], 보량(寶亮)[24], 법운(法雲)[25], 혜약(慧約)[26], 담준(曇準)[27], 승천(僧遷)[28]이 있다.

(3) 계통이 명확치 않은 사람으로는 승함(僧含)[29], 승장(僧莊)[30], 담제(曇濟)[31], 담섬(曇纖)[32], 도혜(道慧)[33], 승약(僧籥)[34], 각세(覺世)[35], 정림(靜林)[36], 혜정(慧定)[37], 승혜(僧慧)[38], 지순(智順)[39], 지장(智藏)[40], 양무제(梁武帝)[41], 혜교(慧皎)[42], 법령(法令)[43], 혜령(慧令)[44], 명준(明駿)[45], 도림(道琳)[46], 지수(智秀)[47], 법지(法智)[48], 혜용(慧勇)[49], 경소(警韶)[50], 보경(寶瓊)[51] 등이 있다.

불성의 학설은 『열반경』이 중심인데, 제가(諸家)의 연구에는 이설(異說)이 많다. 길장의 『대승현론(大乘玄論)』 권3에는 정인(正因)의 불성 11가(家)가 나오고, 『열반유의(涅槃遊意)』에서는 불성의 '본유(本有)'와 '시유(始有)'

에 3가(家)가 있다고 설하며, 원효(元曉)의 『열반종요(涅槃宗要)』에는 불성의 체(體)에 6사(師)가 있다고 나온다. 균정의 『대승사론현의(大乘四論玄義)』[52] 권7에서는 정인(正因)의 불성에 본삼가(本三家)와 말십가(末十家)의 구별이 있다고 말했다. 비록 각각 다르긴 하지만 큰 이치는 동일하다. 이제 균정이 전한 것을 모체[母]로 삼고 길장과 원효가 말한 내용을 아들[子]로 삼아서 균정의 각 가(家)를 나누면 다음과 같다.

균정[53] 본삼가(本三家)

(가) 도생 법사. 당유(當有)가 불성의 체(體)가 된다. 『대승현론』의 제8가(家)는 당과(當果)를 정인(正因)의 불성으로 삼는데, 옛날의 법사들이 이 뜻을 많이 사용했다.

(나) 담무참[54] 법사. 본유(本有)의 중도 진여(中道 眞如)가 불성의 체(體)가 된다. 『대승현론』에서는 열거한 11가(家) 외에 이렇게 말하고 있다.

"하서(河西)의 도랑(道朗) 법사와 담무참 법사는 함께 『열반경』을 번역했다. 그리고 직접 삼장(三藏)이 지은 『열반의소』를 계승해 불성의 뜻을 해석했는데 바로 중도를 불성으로 삼았다."

(다) 요(瑤)[55] 법사. 앞의 두 가지 설(說)의 중간에서 부처를 얻는 이(理)를 잡아 정인(正因)의 불성으로 삼았다. 『열반유의』의 제2해(解)에서는 장안(障安)[56]의 요(瑤) 법사가 중생에게 갖춰진 '부처를 증득하는 이(理)'를 정인의 불성으로 삼았다고 하였다.

균정 말십가(末十家)

(1) 백마사의 애(愛) 법사. 도생의 뜻을 잡고서 "당과(當果)가 정인(正因)

이 된다"고 하였다. 『열반종요』의 제1사(師)는 당유(當有)의 불과(佛果)를 불성의 체(體)로 삼았는데[57], 이는 바로 백마사의 애 법사가 도생의 뜻을 서술한 것이다.

(2) 영근사(靈根寺) 혜령(慧令) 승정. 요(瑤)[58] 법사의 뜻을 잡고서 "일체 중생에게 본래 갖춰진 부처를 증득하는 이(理)를 정인의 불성으로 삼았다"고 하였다. 『대승현론』의 제9가(家)는 부처를 증득하는 이(理)를 정인의 불성으로 삼았는데 이 뜻을 영근사[59] 승정이 사용한 것이다.

(3) 영미 보량(靈味 寶亮)[60] 법사. 진(眞)과 속(俗)이 함께 이루어진 중생의 진여불리(眞如佛理)를 정인(正因)의 체(體)로 삼았다. 『대승현론』의 제10가(家)는 진여[61]를 불성으로 삼았는데, 이는 화(和) 법사와 소량(小亮) 법사가 사용한 것이다. 『열반유의』의 제1해(解)는 영미 고고(靈味 高高)인데, '고고(高高)'는 바로 '보량(寶亮)'의 와전이다. 그의 설은 곧 양무제의 설인데, 다만 균정에 따르면 보량과 양무제의 설은 본래 동일 계통에 속하기 때문에 『열반유의』에서 그렇게 말한 것이다.

(4) 양무제. 진신(眞神)을 정인(正因)의 체(體)로 삼는다. 『대승현론』의 제6가(家)는 진신(眞神)을 정인의 불성으로 삼았다. 『열반종요』의 제4사(師)는 심신(心神)을 정인의 체(體)로 삼았는데 바로 양무제 소연(蕭衍)[62]의 뜻이다. 『열반유의』에서는 이것을 영미 고고의 설로 여겼다. '고고'는 '보량'의 잘못이다. 양무제의 설과 소량(小亮)은 동일 계통이기 때문에 『열반유의』에서 이렇게 말한 것이다.

(5) 중사(中寺) 법안(法安)[63] 법사. 마음에 그윽한 전승[冥傳]의 썩지 않는 뜻이 있는 걸 정인의 체(體)로 삼는다[64]. 『대승현론』의 제4가(家)는 그윽한 전승이 썩지 않는 걸 정인의 불성으로 삼았다.

(6) 광택사(光宅寺) 법운(法雲). 마음에 고통을 피하고 즐거움을 구하는

성품이 있는 뜻을 정인의 체(體)로 삼는다. 『대승현론』의 제5종(宗)은 고통을 피하고 즐거움을 구하는 것을 정인의 불성으로 삼는데, 이는 광택[65] 법사가 한때 사용한 것이다[66].

(7) 하서(河西) 도랑(道朗) 법사 및 말미에는 장엄사(莊嚴寺)의 승민(僧旻)과 초제사(招提寺)의 백염공(白琰公) 등이 있다. 중생을 정인의 체(體)로 삼는다. 『대승현론』의 제1가(家)는 중생을 정인의 불성으로 삼는다[67]. 『열반종요』의 제2사(師)는 현재의 중생을 정인의 체(體)로 삼는데, 이는 장엄사 민(旻)[68] 법사의 뜻이다.

(8) 정림사(定林寺) 승유(僧柔)와 개선사(開善寺)의 지장(智藏). (통(通))이라면 가(假)와 실(實)이 모두 정인(正因)이기 때문에 『가섭품(迦葉品)』에서는 "육사(六師)에 즉(卽)하지도 않고 육법(六法)을 여의지도 않는다"고 했으며, (별(別))이라면 심식(心識)을 정인의 체(體)로 삼았다. 『대승현론』의 제2가(家)는 육법을 정인의 불성으로 삼기 때문에 경전에서는 "육법에 즉하지도 않고 육법을 여의지도 않는다"[69]이라 했으며, 제3가(家)는 마음을 정인의 불성으로 삼았다[70].

(9) 『지론(地論)』의 법사. 제8 무몰식(無沒識)을 정인의 체(體)로 삼았다. 『대승현론』의 제7가(家)는 아리야식(阿梨耶識)의 자성청정심(自性淸淨心)을 정인의 불성으로 삼는다.

균정은 또 『지론』의 법사가 이렇게 말한다고 한다.

"분별해서 말하면 세 종류가 있다. 첫째는 이(理)의 성품이고, 둘째는 체(體)의 성품이고, 셋째는 연기(緣起)의 성품이다. 은폐되었을 때는 이(理)의 성품이 되고, 드러났을 때는 체(體)의 성품이 되고, 작용[用]할 때는 연기의 성품이 된다."

(10) 『섭론(攝論)』의 법사. 제9의 무구식(無垢識)을 정인의 불성으로

삼는다. 균정은 "앞서의 두 법사는 똑같이 자성청정심을 정인의 불성으로 삼는다"고 하였다. 『열반종요』의 제6사(師)는 아마라식(阿摩羅識;청정식)의 진여해성(眞如解性;진여의 이해하는 성품)을 불성의 체(體)로 삼는다. 가령 경전에서는 '불성이란 이름하여 제일의공(第一義空)이다'라고 했는데, 이는 진제(眞諦) 삼장(三藏)의 뜻이다. 『대승현론』의 제11사(師)는 제일의공을 정인의 불성으로 삼는데, 이는 북지(北地) 마하연 (摩訶衍) 법사가 사용한 것이다.

부록; 『열반종요』의 제5사(師)는 아뢰야식(阿賴耶識)의 법이종자(法爾種子)를 불성의 체(體)로 삼는다고 하면서 '새로운 법사[新師]' 등의 뜻이라 했다. 이는 바로 당나라 시대의 신법상종(新法相宗) 법사의 뜻이다.

이상 열거한 제가(諸家) 중에서 (가)와 (1)의 두 가지는 이미 앞의 제16장에서 언급했다. 그 중에 (나)가(家)는 실제로 길장과 균정 등 삼론종에서 스스로 조술(祖述)한 뜻이라고 하였다. 도랑의 뜻은 상세히 알기 어렵지만, 그러나 (9) (10) 및 법상가(法相家)의 말은 실제로 『대열반경』이 원래 속한 종파의 뜻이 아니다. 이제 그 나머지 법사들의 학설이 갖고 있는 중요한 점을 논해 나가겠다.

2) 석법요(釋法瑤)

석법요[71]의 성(姓)은 양(楊)이고 하동(河東) 사람이며, 대략 동진(東晋) 안제(安帝) 시기에 태어났다. 어려서 학문을 좋아하여 만 리의 먼 길이라도 찾아가 물었다. 유송(劉宋)의 경평(景平) 시기(대략 서기 436년)에 남쪽 연주(兗州)와 예주(豫州) 지방으로 유행(遊行)해서 많은 경전을 궁극까지 꿰뚫었고 그 밖에 다른 경전[異部]도 통달했다[72].

동아(東阿) 사람 석혜정(釋慧靜)은 젊은 시절엔 이수(伊水)와 낙수(洛水) 일대를 돌아다니며 배우다가 만년에는 서주(徐州)와 연주(兗州) 일대를 편력했다. 그는 지극한 성품이 텅 비어 통했고[虛通] 맑은 살핌은 사유의 힘이 있었으며 저술에는 『열반략기(涅槃略記)』가 있다. 매번 법륜(法輪)을 한 번 굴릴 때마다 책을 짊어지고 찾아오는 사람이 천 명이나 되었다73:. 법요도 연주에서 동아 사람 혜정의 강의를 듣게 되었다. 혜정은 대중들이 몇 번이나 다시 강연을 요청하자 탄식을 하며 말했다.

"나는 그에게 미치지 못한다."74:

『과금강비서(科金剛錍序)』에서는 "대경(大經)의 장(章)과 단락을 나누는 것은 관내(關內)의 빙(憑)과 소산(小山)의 법요에게서 시작되었다"고 했고, 또 『법화문구(法華文句) 1』 에서는 "하서의 빙(憑)75:과 강동의 법요가 천친(天親)의 뜻을 취해서 경문을 절(節)과 목(目)으로 나누었다"고 하였고, 또 『백론소(百論疏)』에서는 "송나라 때의 도빙(道憑)[1] 법사가 이 『백론』의 첫머리를 해석했으며, 법요 등은 이를 채용해서 소(疏)를 지었다"고 했다. 이에 따르면, 법요는 어쩌면 관내의 빙에게 수학했을지도 모른다76:. 빙은 바로 세상에서 말하는 구마라집 문하의 팔준(八俊) 중 하나이다. 『고승전, 승원전(僧遠傳)』에서는 이렇게 말한다.

---

1) 남조 유송(劉宋) 때의 승려. 주로 관중(關中)에서 살아 관내 빙(關內 憑)으로 불렸다. 구마라습(鳩摩羅什)을 스승으로 섬겨 그의 8대 제자의 한 사람이 되었다. 『반야경(般若經)』에 밝았고, 『중론(中論)』과 『백론(百論)』, 『십이문론(十二門論)』 등 삼론(三論)에 정통했다. 구마라습이 입적한 뒤 팽성(彭城)에서 강의하면서 법력을 떨쳤다. 전하는 바에 따르면 남제(南齊) 상정림사(上定林寺) 승원(僧遠)이 일찍이 스님에게 수학했다고 한다.

> 당시 사문 도빙(道憑)이 있었는데 재능이 뛰어나고 덕이 높아서 명성이 해대(海岱)[2]를 덮었다.

승원은 강북에서 빙으로부터 수학했고, 법요도 빙의 제자이므로 아마 강북에 있었을 것이다77:.

법요는 원가(元嘉) 시기에 장강을 건넜으며, 심연지(沈演之)는 특히 그를 깊은 법기(法器)라고 존중해서 오흥(吳興) 무강(武康)의 소산사(小山寺)로 돌아오도록 청했다78:. 심연지의 자(字)는 대진(臺眞)으로 무강 사람이다. 평생 『노자』 읽는 걸 좋아해서 날마다 백 번씩 읽었고 그 의리(義理)의 탐구로 이름을 알렸다79:. 법요가 무강에 거처하면서 해마다 강의를 개설하자, 책을 짊어진 삼오(三吳)[3]의 학자들이 거리를 메웠다. 석담빈이란 사람도 찾아와 그를 따르며 『니원경』, 『승만경』을 연구하여 훗날 송나라 시대의 법장(法匠)이 되었다80:. 법요는 소산사에서 도합 19년을 있으면서 스스로 기도로 청하는 법사(法事)가 아니면 산문(山門)을 나선 적도 없다81:. 그러나 『송서, 왕승달전(王僧達傳)』에서는 이렇게 말한다.

> 오군(吳郡)의 성곽에 있는 서대사(西臺寺)에는 부유한 사문이 많았다. 승달은 필요한 것을 구했지만 흡족하지 않았다. 그래서 주부(主簿) 고광(顧曠)을 시켜서 문하의 제자들을 인솔해 절 안의 사문 축법요(竺法瑤)를 위협해 수백만의 재물을 얻었다.

---

2) 옛날의 청주(青州)와 서주(徐州) 지역으로 오늘날의 산동성 일대이다. 동해와 태산(泰山; 岱山) 사이에 있어서 해대라는 이름으로 불렸다.

3) 장강 하구의 퇴적평야 지대를 삼오(三吳)라고 부른다. 오군(吳郡)을 중심으로 오흥吳興, 단양丹陽 일대를 아우르는 명칭이다.

승달은 원가 30년(서기 453년)에서 효건(孝建) 3년(서기 456년)까지 오군의 태수였고 축법요는 바로 소산사의 석법요이다. 그럼 법요는 이 당시에는 오군에 거처한 것이다[82]. 『고승전』에서는 이렇게 말한다.

"법요는 노년에도 거친 음식의 식생활을 바꾸지 않았고, 계율과 절조(節操)도 청백(淸白)해서 도인과 속인들이 귀의하였다."

『명승전』에서도 법요를 『고행전(高行傳)』에 열거했으니, 아마 법요는 매우 후한 보시를 받았겠지만 스스로에 대한 봉양은 아주 박하게 하였을 것이다.

진(晉)나라 말기 송나라 초기에 축도생은 당시의 법장(法匠)으로서 대돈오의 뜻을 창달했고, 그와 동학(同學)인 혜관은 점오를 주장했다. 사령운과 송문제 역시 도생의 학문을 잘 지켰으며, 사령운이 지은 『변종론』은 승려와 속인들과 질문을 주고받은 것이다. 송문제는 도유와 법원을 초청해서 도생의 미언(微言)을 다시 펼치게 하였다[83]. 송나라 대명(大明) 6년(서기 462년) 효무제(孝武帝)는 총애하는 은귀비(殷貴妃)가 죽자 그녀를 위해 청계(青溪)의 계명교(鷄鳴橋) 북쪽에 절을 세웠다. 은귀비의 아들 자란(子鸞)을 신안왕(新安王)으로 봉했기 때문에 신안을 절 이름으로 삼았고[84] 칙령을 내려 명승(名僧)이 거주하게 했다. 이에 앞서 송문제는 도생의 제자 도유를 임천(臨川)으로부터 경도(京都)로 내려와 돈오의 뜻을 펼치라고 초청했다[85]. 이해에 효무제는 또 오흥에 칙령을 내려서 법요를 예의로 불러들였다. 법요는 점오를 주(主)로 하였다. 두 사람은 함께 칙령을 받고 신안사에 머물게 되자 돈오와 점오의 뜻이 각각 종사(宗師)가 있게 되었다. 법요가 경사에 도착해서 강연석에 나아가자 난(鸞)의 가마가 도착하고 백관(百官)이 자리에 배석하였다[86]. 석담빈도 당시에는 이 절에 머물면서 『소품』, 『십지경』을 강의했고 아울러 돈오와 점오의 종지를 펼쳤다. 담빈도 원래는 법요의 강연을 듣던 사람이다[87]. 법요는 원가(元嘉) 시기에 장강을 건너서 소산사에서 가장 오랜 세월인 19년을 있었고, 그 중간에 아마 오(吳) 땅의 서대사(西臺寺)에 거처한 적도 있었을 것이다. 대명 6년에는 경도에 도착해서 신안사에 머물렀고, 훗날 원휘(元徽) 시기(서기 473년에서 476년까지)에 76세의 나이로 임종을 맞았다.

전폐제(前廢帝)는 자란을 죽이고 신안에 있는 절들을 망가트리고 승려들을 몰아냈다(서기 465년). 그러나 명제(明帝)는 복을 쌓으려고 칙령을 내려서 사찰들을 복원하고 아울러 옛 승려들을 불러들였으니[88], 법요가 임종을 맞았을 때는 응당 신안사에 있었을 것이다.

『고승전』에서는 법요의 저술로 『열반경』, 『법화경』, 『대품』, 『승만경』 등의 의소(義疏)가 있다고 하였다. 또 동아의 혜정은 『법화경』과 『소품』을 외웠고 『유마경』과 『사익경(思益經)』을 주석했으며 『열반략기』와 『대품지귀(大品旨歸)』를 저술했다. 그렇다면 법요의 학문이 힘을 얻은[得力] 곳은 혜정과 대략 동일하다. 『승만경』은 원가 13년에 역출되었는데, 도생의 제자 도유는 이를 읽고서 스승의 종지가 『승만경』의 종지와 암암리에 회통하는 걸 찬탄하고는 다섯 권의 주석을 지었으며[89], 법요 역시 『승만의소(勝鬘義疏)』를 지었다. 대체로 『열반경』을 제외하면 이 『승만경』이 불성을 주장하는 각 가(家)들이 필수적으로 연구한 경전이다. 또 길장의 『백론소』에서 "법요 등은 빙 법사가 해석한 『백론』의 뜻을 채택해 『백론소』를 지었다"고 말한 것에 따르면, 법요는 역시 『백론』을 위해 소(疏)를 지은 것처럼 보인다. 그러나 그의 저작은 모두 실전되었다. 오직 양나라 때 나온 『열반집해』에 법요의 소(疏)에 대한 기록이 많긴 하지만 어느 시기의 사람이 주석했는지는 분명치가 않다. 다만 권1에서는 법요를 인용하면서 이런 말을 하고 있다.

종(宗)[90] 나라 음(音)에는 그 명칭을 번역할 것이 없고, 진(晉)나라 말에는 그 호칭을 대신할 것이 없다.

이 내용에 의거해 진(晉)나라와 송나라를 함께 말하면 저절로 소산사(小山寺)의 법요가 된다[91]. 또 법요가 지은 『소(疏)』에서 과(科)의 구분과 장(章)의 단락은 매양 후세 사람이 칭송하며 서술했는데, 이에 대해서는 앞의 제15장에서 이미 언급했다.

법요의 후배로는 태창사(太昌寺)의 승종(僧宗)이 있다. 어려서는 법원(法瑗)의 제자였다가 나중엔 다시 담빈과 담제 두 법사에게 도(道)를 수학했다. 『대열반경』 및 『승만경』, 『유마경』 등을 잘해서 모두 백 번 가까이 강설(講說)했고 강의할 때마다 청중이 천 명에 이르렀다. 묘한 변설(辨說)이 끝이 없었고 변화에 감응하는 것도 다함이 없었다. 위(魏)나라의 효문제가 멀리서 그의 기풍과 덕을 듣고서 몇 번이나 서신을 보내 강의해 줄 것을 청했다. 그러나 제(齊)나라의 세조(世祖)는 밖으로 나가는 걸 허락하지 않았다. 건원(建元) 3년(서기 481년)에 59세의 나이로 임종을 맞았다.

이에 앞서 북방의 법사 담준(曇準)[92]은 승종이 『열반경』에 능하다는 소식을 듣고서 특별히 찾아와 청취하였으니, 그렇다면 승종이 송나라와 제나라 사이에 극히 유명했다는 걸 알 수 있다. 『열반집해』에서는 승종을 널리 인용하고 있고 또 늘 혜명(慧明), 경유(敬遺), 법련(法蓮)이 서술한 승종의 설을 싣고 있으며, 혜랑(慧朗) 역시 법요의 설을 서술하면서 언급하고 있으니, 그렇다면 법요와 승종 두 법사는 사람들에게 존중을 받았음을 알 수 있다.

축도생이 '진기하고 괴이한 언사'를 많이 하고부터 의해(義海)에는 커다란 파란이 일어났다. 석법요란 인물은 대체로 도생 학설의 적수이다.

흩어진 글들을 모아서 살펴보면 법요와 도생의 차이점은 대략 세 가지가 있으니, 첫째는 불성, 둘째는 점오, 셋째는 감응에 반연이 없는[無緣] 것이다.

당나라 초기 균정의 『대승사론현의(大乘四論玄義)』 권7에서는 고금에 불성의 체상(體相)을 논한 사람으로는 본삼가(本三家)와 말십가(末十家)의 차이가 있다고 말한다. 본삼가란 첫째, 도생 법사가 주장한 당유(當有)를 불성의 체(體)로 삼는 것이며, 둘째, 담무참 법사가 주장한 본류(本有)의 중도진여(中道眞如)를 불성의 체(體)로 삼는 것이며[93], 셋째는 망(望) 법사의 뜻인데 그 문장은 다음과 같다.

> 셋째, 도생과 담무참[94] 사이에 "부처를 증득하는 이(理)를 불성으로 삼는다"고 주장한 것은 바로 망(望) 법사의 뜻이다.

망(望) 법사는 요(瑤; 법요) 법사의 잘못이다. 『수경주(水經注)』, 『곡수편(穀水篇)』에서 낙양의 망선사(望先寺)를 언급하고 있을 뿐 아니라 『낙양가람기』에 따르면 요광(瑤光)의 잘못이라 하는 것이 그 확고한 증거이다. 또 『열반경유의』에는 본유(本有)와 시유(始有)에 공통적인 삼가(三家)가 있는데, 첫째는 영미 보량(靈味 寶亮)[95]의 설이고, 셋째는 개선(開善)의 뜻이다. 그러나 둘째의 법사에 대해서는 이렇게 말하고 있다.

> 둘째, 장안(障安) 요법사가 이렇게 말한다.
> "중생에게 성불의 도리(道理)가 있다. 이 도리는 항상하기 때문에 이 중생을 정인의 불성으로 삼는다고 설한다. 이 도리는 중생에 부속되어 있기 때문에 본유(本有)라 설하는 것이다."

장안(障安)은 응당 신안(新安)이어야 한다. 『진서(晉書)』 64 『도자전(道

子傳)』에서는 장안(章安) 태수 손태(孫泰)가 『손은전(孫恩傳)』에서는 신안(新安) 태수로 되어 있으므로 장안(障安)이 장안(章安)의 잘못이자 또한 신안(新安)이란 걸 미루어 알 수 있다. 『열반집해』 권18에선 '가난한 여인[貧女人]의 비유'를 해석하면서 법요의 말을 다음과 같이 인용하고 있다.

> 중생에겐 성불의 이(理)가 있는데 이(理)는 자비와 연민을 말미암아 여인이 되고, 성불의 이(理)가 나[我]에게 아직 작용[用]하지 않는 걸 '가난'에 비유한다.

『열반집해』 권18에서는 또 이렇게 말한다.

> 불성의 이(理)는 비록 잠시 번뇌에 가려져 있을지라도 끝내 마음의 작용이다. 가르침을 받은 무리는 불성을 보는 걸 듣고서 바야흐로 신해(信解)를 내고, 자신[身] 속에 있는 이 수승한 이(理)가 기특한 상(想)을 낸다.

또 『열반집해』 권7에서는 법요가 설한 이(理)의 항상함을 인용하고 있는데 다음과 같다.

> 항상의 이(理)가 이미 드러나므로 바야흐로 옛 종지를 알고, 종지는 항상 존재하니 비유하자면 물 아래 존재하는 것과 같다.

법요는 이(理)를 정인의 불성으로 삼았다. 이 이(理)는 항상하고 본유(本有)라서 이 이(理)로 본체(本體)를 해석한다. 법요는 열반을 해석하면서 "묘함은 유(有)와 무(無)의 영역을 끊었고, 현오(玄奧)함은 명수(名數)의 분별을 초월했다"[96]고 했으니, 그렇다면 항상의 이(理)가 드러날 때 저절로 온갖 미혹[萬惑]의 밖으로 초월하므로 이(理)의 드러남이 곧 체(體)를 증득하는 것이다. 법요 이후에는 열반의 명사(名師) 승종(僧宗)97: 역시 '이(理)'가 불성이 된다고 말했다. 『열반집해』에서는 그의 말을 이렇게 인용하고 있다.

불성은 이(理)라서 이걸 끊지 못한다(권 40).

성품의 이[性理]는 다르지 않으니, 감춰지고 드러나는 것을 차이로 삼는다(권 19).

이(理)와 은밀히 부합하니, 이는 세간을 벗어난 법이다(권 45).

불성의 이(理)는 온갖 변화[萬化]의 겉이고 생사(生死)의 밖이다(권 47).

성품이 이[性理]는 항상하나 중생은 미혹으로 덮여 있다(권 54).

비색(非色)이란 이(理)가 형색(形色)을 끊은 것이다(권 55).

그러나 『열반집해』에서는 다시 승종의 말을 인용하면서 "정인(正因)이란 바로 신명(神明)이고, 연인(緣因)이란 바로 만선(萬善)이다"(권 57)라고 했으며, 또 "이 신명(神明)을 부처의 정인(正因)이라 한다"(권 66)고 했다. 이에 따르면 승종은 신명을 정인으로 삼은 것으로 보인다. 그러나 소위 신명을 정인으로 삼는 걸 상세히 궁구해 보면 불성의 이(理)가 인지(因地)의 신명을 여의지 않은 것이니, 그래서 이렇게 말하고 있다.

이제 인지(因地)의 신명을 여의지 않고도 있다[有]고 답하기 때문에 있음[有]을 말할 뿐이다(권 19).

바로 정인의 불성은 인지(因地)의 신명을 여의지 않기 때문에 인(因) 속에 머묾을 말할 뿐이다(권 19).

무릇 생사 속에서 비록 무아(無我)라 해도 성품의 이[性理]는 없어지지 않으니, 신명은 이를 말미암아 끊어지지 않는다(권 20).

이하의 답은 신명의 지혜[神慧]를 완전히 자각함으로써 체상(體相)이 개변하지 않는 걸 성품으로 삼는 것이다. 본유(本有)인 천진(天眞)의 이(理)는 만화(萬化)의 밖에 존재해서 행이 원만하고 비춤이 두루할 때 비로소 이 이(理)를 회통하니, 이것이 신명의 지혜를 여의지 않고도 성품을 설하는 것이다(권 54).

본유(本有)인 천진(天眞)의 이(理)는 만화(萬化)의 밖에 존재한다. 다만 인지(因地)의 신명을 여의지 않기 때문에 말을 빌려[假言] 음(陰; 오음) 속에 머문다. 실제로 진실(眞實)의 나[我]가 생사 속에 머문다고 말하면 항상하여 소멸하지 않아서 상견(常見)이 된다(권 20). 그러나 성품의 이[性理]는 없어지지 않고 생사 밖에 존재해서 체상(體相)이 개변하지 않으므로 신명이 그로 말미암아 끊어지지 않는다. 만약 사람이 행(行)이 원만하고 비춤[照]이 두루하면 처음으로 이 이(理)를 회통하니, 이 때문에 "신혜(神慧)(신명의 지혜)를 여의지 않고도 성품을 설한다"는 승종의 말은 신명의 지혜의 이(理)를 여의지 않음이 불성임을 밝힌 것이다.

양나라 때 영근사(靈根寺)의 혜령(慧令) 승정도 이(理)가 불성이라고 주장했다. 『사론현의(四論玄義)』에서는 말십가(末十家)의 두 번째를 이렇게 기재하고 있다.

두 번째, 영근사의 영정(令正; 혜령 승정)은 망(望) 법사의 뜻을 잡고서 이렇게 말한다.

"일체 중생은 본유(本有)의 부처를 얻는 이(理)를 정인의 체(體)로 삼으니, 이것이 바로 인(因) 속에 부처를 얻는 이(理)로서 이(理)는 항상한다."

두 개의 경문을 취하여 증거로 삼는다. 첫째는 『사자후품(師子吼品)』에서 말한 것이다.

"불성이란 십이인연(十二因緣)을 이름하여 불성이라 한다. 왜냐하면 일체의 모든 부처는 이를 성품으로 삼기 때문이다. 이는 정인의 성품을 밝혀서 모든 부처가 이를 성품으로 삼는 걸 말하기 때문에 인(因) 속에 부처를 얻는 이(理)가 있음을 증명해 아는 것이다."

둘째는 역시 사자후 보살이 "일체 중생이 이미 불성이 있다면 어찌하여 도(道)를 닦을 필요가 있겠는가?"라고 질문하자, 부처님께서는 "부처와 불성은 비록 차별이 없지만 중생들이 다 구족(具足)하지는 못했다"고 답했으니, 이는 바로 스스로 성품은 있으나 부처가 없기 때문에 구족하지 못했다고 말한 것이지 나무나 돌처럼 성품이 없는 것과는 다르다.

『대승현론』에서는 불성에 십일가(十一家)가 있다고 서술하고 이야기하였다. 그 중 제9가(家)는 부처를 얻는 이(理)를 정인의 불성으로 삼았으며, 또 "이것은 영근사[98] 승정이 사용한 것이다"라고 했으므로 법요의 설을 따르는 자가 매우 많았음을 알 수 있다[99]. 그리하여 축도생의 뜻을 벗어나 탁월하게 일가를 이루어서 차별화될 수 있었다. 『대승현론』에서는 또 이(理)가 불성임을 이렇게 평하고 있다.

이 뜻은 가장 훌륭하지만, 그러나 스승에서 제자로 이어지는 전승이 빠져서 없다. 학문의 체(體)는 요컨대 스승에 의존해 계승하고 익혀야 한다. 지금의 질문에서 부처를 얻는 이(理)를 정인의 불성으로 삼는 것은 어떤 경전에서 밝히고 있으며 누구를 계승하여 익힌 것인가? 스승은 이미 마음을 정인의 불성으로 삼고 있는데 제자가 부처를 얻는 이(理)를 정인의 불성으로 삼고 있는 것이 어찌 스승을 등지고 스스로 미루어 결정한 것이 아니겠는가? 그래서 사용할 수 없는 것이다.

이 글은 가장 주의를 기울여야 한다. 대체로 『주역』에는 원래 이(理)를 궁구하고 성품을 다하는 설이 있는데, 진(晉)나라 시대의 인사(人士)들은 대부분 이 설에 근거해서 이(理) 자로 본체(本體)를 가리켰다. 이 설을 불교의 학인(學人), 예컨대 축도생 같은 사람이 점점 계승하여 사용했으며, 법요에 이르러서도 이 설이 크게 번창해서 법요의 뜻을 사용한 자도 적지 않은 것으로 보인다. 길장 역시 축도생의 뜻이 '가장 훌륭하다'고 찬양했지만, 그러나 근거로 삼을 수 있는 불경의 분명한 문장은 애초에 없다. 이는 중국 철학이론의 발전과 매우 깊은 관계가 있으므로 학자들은 응당 상세히 연구해야 할 것이다.

석법요는 불성을 이야기한 것이 축도생과 동일하지 않을 뿐 아니라 그가 주장한 점오는 특히 도생 학파의 입장과는 다르다. 원래 돈오와 점오의 논쟁은 삼승 십지(三乘 十地)의 토론에서 나온 것이며100:, 특히 십지의 해석을 지극한 요체로 삼고 있다. 지도림은 이(理)를 보는 것과 체(體)를 증득하는 것을 둘로 나누었다. 말하자면 칠지(七地)에서 처음으로 무생(無生)을 얻는데 이때 이미 이(理)를 깨닫는 것이다. 그러나 십지에 이르러 금강심(金剛心)이 나타나야 비로소 체(體)를 증득해 부처를 짓기 때문에 유규는 "지도림은 무생을 논하면서 '칠주(七住)는 도혜음족(道慧陰足)[4]이고 십주(十住)는 군방여능(群方與能)[5]'라고 했다"고 했으니, 이는 깨달음이 칠지에서 가능함을 말한 것으로 후세에는 이를 소돈오(小頓悟)라 칭했다. 축도생은 이(理)의 깨달음과 체(體)의 증득을 하나로 합해서 '이(理)

---

4) 칠주(七住) 보살이 처음으로 무생법인(無生法忍)을 얻는 것이다.

5) 십주에 이르면 무생법인의 대용(大用)과 공능(功能)이 완전하게 표현될 수 있음을 뜻한다.

는 분리할 수 없다'를 주축으로 삼고 있다. 말하자면 '이(理)는 오직 일극(一極)일 뿐'이고 '이(理)의 궁구는 바로 목도(目睹)'이기 때문에 반드시 십지에 이르러야 비로소 깨달음을 말할 수 있는 것인데, 후세에선 이를 대돈오(大頓悟)라 호칭했다. 법요는 오히려 지도림의 옛 설(說)을 채용했다. 혜달의 『조론소』에서는 승조 법사, 지도림, 도안, 혜원, '타(埵) 법사'는 소돈오를 주장했다고 했으며, 석(碩) 법사의 『삼론유의의(三論遊意義)』에서는 '1.승조 법사, 2.지도림 법사, 3.진안(眞安)의 타(埵) 법사, 4.사통 (邪通) 법사, 5.이산(理山) 원(遠) 법사, 6.도안 법사'를 소돈오의 육가(六家)라고 했다. 이 중에서 이산 원 법사는 바로 여산의 혜원이고, 사통 법사는 불분명하다. '타(埵) 법사'와 혜달 『조론소』에 나오는 '타(타) 법사'는 모두 요(瑤; 법요) 법사의 오류이다. 그리고 지안(眞安)은 역시 신안(新安)의 오류이다. 혜달의 『조론소』에서는 법요의 말을 이렇게 인용하고 있다.

> 삼계의 모든 번뇌[結]가 칠지에서 처음으로 무생을 얻으면 일시에 단박 끊어지는 것이 보살의 견제(見諦)이다.

이는 석(碩) 법사가 서술한 소돈오의 뜻과 동일하다. 『열반집해』에서는 법요 법사의 이 설을 자세히 초록(抄錄)하지는 않았지만101:, 그러나 내가 보건대 송나라의 효무제가 법요를 경사로 불러들여 도생의 제자 도유와 함께 신안사에 머물게 함으로서 돈오와 점오의 뜻으로 하여금 저마다 종사(宗師)를 갖게 하였으니, 그렇다면 법요 법사가 점오가(漸悟家)임을 알 수 있다.

축도생은 일찍이 『응유연론(應有緣論)』을 편찬했지만, 석법요는 응무연(應無緣; 무연으로 감응함)을 주(主)로 삼았다. 혜달의 『조론소』에서는 이렇게 말한다.

> 도생 법사는 '감응에 반연이 있다[有緣]'고 하였다. 혹은 괴로운 곳에 똑같이 태어나서 자비와 연민을 함께 하거나, 혹은 애착과 욕망을 인해 결박(結縛)을 함께 하거나, 혹은 선법(善法)을 인해 열린 도[開道]로 돌아오거나 하기 때문에 유심(有心)으로 감응한다. 그러나 타(埵) 법사는 무연(無緣)을 치성하게 설하는데 노사나(盧舍那)[6]를 증거로 인용하고 있다. 일체 모든 부처의 몸은 똑같이 하나의 노사나이지만, 그러나 자취에서 다르기 때문에 피차가 똑같지 않을 뿐이다.

불성의 뜻은 체(體)를 해석하는데 있고, 점오의 뜻은 체(體)를 증득하는 이유를 밝히는데 있지만, 감응의 뜻은 체(體)와 용(用)의 관계를 설하는데 있다. 부처의 응화(應化)는 바로 용(用)에 입각해 말한 것이다. 그러나 용(用)은 체(體)를 여의지 않기 때문에 마치 일체 모든 부처가 똑같이 하나의 노사나인 것과 같다. 다만 자취상에서 달라지므로 감응의 부동(不同)이 있는 것이다. 예컨대 『조론』에서 소위 "용(用)을 말하면 다르지만, 적(寂)을 말하면 동일하다"고 말한 것과 같다. 균정의 『사론현의』 6에서는 이렇게 말한다.

> 도안 법사와 승조 법사, 그리고 법요 법사는 "성인은 무심(無心)으로 감응한다"고 하였다.

---

6) 불교 삼신불의 하나. 삼신불은 자성이 청정한 비로자나불은 법신불, 공덕이 원만한 노사나불은 보신불, 천억 화신으로 나타나는 화신불이다.

혜달의 '타(埵) 법사', 균정의 '요(搖) 법사'는 똑같이 법요(法瑤)의 와전이다. 그가 말한 소위 무심으로 감응한다는 것도 바로 무연(無緣)으로 감응하는 것이다. 대체로 범인(凡人)의 앎은 상(相)을 취하기 때문에 앎도 있고 마음도 있다. 모습의 생김은 바로 연법(緣法)이고 연법은 참[眞]이 아니다. 그러나 성인(聖人)은 앎이 없어서[無知] 옳고 그름이 가지런하고 피아(彼我)를 잊으므로 그 감응도 무심(無心)이다. 승조의 『반야무지론』에서는 이것을 '최고의 묘함[最妙]'이라 해석하고 있다. 균정이 법요의 종지가 승조와 동일하다고 말했으니, 그렇다면 그의 설을 대체로 준거해 알 수 있다[102].

3) 석보량(釋寶亮)

석보량은 송나라 원가 시대에 태어났다. 이에 앞서 송나라 승려 도량(道亮)이 보량 이전에 광주(廣州)로 물러나 거처했기 때문에 세상에서는 도량을 광주의 대량(大亮)이라 불렀고(『삼론현의』 권5를 참고하라) 보량을 영미사(靈味寺)의 소량(小亮)이라 했다. 보량의 본래 성(姓)은 서(徐)씨이고, 그의 선조는 동래(東萊)의 현현(弦縣)으로 피난을 왔다. 보량은 열두 살에 출가했고 스승은 청주(青州)의 도명(道明) 법사이다. 도명 역시 의학(義學)의 승려로 당시 명성이 높았다. 보량은 수업에 나가면 오로지 정신을 집중해서 단 하나도 놓치지 않고 들었으며, 계(戒)를 구족한 후에는 스승의 말을 받아들여 사방을 유행하면서 널리 교화하였다. 스물한 살 때는 남쪽 건업(대략 송나라 효무제 때이다)에 도착해서 중흥사에 거처했다. 원찬(袁粲)이 보량을 보고는 기이한 사람으로 여겨서 도명 법사에게 서신을 보내어 말했다.

"보량을 빈번히 만나는데 보통 사람이 아닙니다……. 천하의 보배는 마땅히 천하와 함께 공유해야지 상인(上人)께서 머물고 계신 고을에서만

소유하지 말아야 합니다.”

이때부터 학문의 명성이 점점 성대해졌다. 그러다가 어버이 상(喪)을 당했으나 길이 막혀 북쪽으로 돌아가지 못했는데, 이 때문에 세상을 등지고 은거하여 선(禪)의 사유에 전념하면서 사람들과의 교류를 끊었다.

제(齊)나라 경릉(竟陵)의 문선왕(文宣王)이 몸소 그의 거처에 와서 법장(法匠)으로 초청하자 보량은 마지못해 찾아갔다. 문선왕은 그의 발에 공손히 절하고서 보살로서 사부대중(四部大衆)[7]의 인연을 맺었다. 그 후 영미사(靈味寺)로 옮겨 휴식을 하면서 많은 경전을 계속 강의했는데 경도(京都)보다 성대하였다. 『대열반경』을 여든 네 번, 『성실론』을 열네 번, 『승만경』을 마흔두 번, 『유마경』을 스무 번, 『대품』과 『소품』을 열 번, 그리고 『법화경』, 『십지론』·『우바새계경(優婆塞戒經)』·『무량수경』, 『수능엄경』·『유교경』·『미륵하생경(彌勒下生經)』 등도 각각 열 번 가까이 강의하였다. 출가자와 재가자의 제자가 3천여 명이고 묻고 배우는 문도들도 항상 수백 명씩 꽉 찼다.

보량은 정신과 정서가 맑고 흔쾌했으며, 준수한 기개가 웅대하고 빼어났다. 아울러 경문의 장(章)을 열고 구(句)를 명명(命名)했으며 날카로운 변론을 종횡무진 구사하였다. 질문과 논의를 하려는 자들이 혹시 겹겹의 관문을 미리 쌓아 두었어도 보량의 해석을 받으면 문득 얼음 녹듯이 종지를 깨달아서 평소 쌓였던 의문을 잊었다.

불법을 신봉한 양무제(梁武帝)는 보량의 덕이 시대의 여망에 부응한다고 생각해서 자주 초청해 담론하였다. 보량은 성품에 맡겨 솔직히 이야기하면서 매번 빈도(貧道)라고 스스로를 칭하였다. 양무제는 비록 결점을 지적하

---

7) 비구, 비구니, 청신사(淸信士), 청신녀(淸信女)를 사부대중이라 한다.

고 싫었지만 그의 빼어난 신명(神明)에 고개를 숙였다. 천감(天監) 8년 5월 8일에 보량에게 칙령을 내려서 『열반의소(涅槃義疏)』를 편찬하게 했는데, 이 일은 9월 20일에 마쳤으며 글자 수는 10여 만언(萬言)이다. 양무제는 직접 서문을 지었다[103]. 보량은 천감 8년(서기 509년) 10월 4일에 영미사(靈味寺)에서 66세의 나이로 임종을 맞았다. 주흥사(周興嗣)와 고상(高爽)이 나란히 비문을 지어서 양면에 새겼다. 또 제자 법운(法雲) 등은 다시 절 안에 비(碑)를 세우고, 문선왕(文宣王)은 보량의 형상을 그려서 보홍사(普弘寺)에다 두었다[104]. 보량이 편찬한 『열반의소』는 『열반집해』에 산발적으로 보이기 때문에 그의 학설도 엿볼 수 있다.

길장의 『대승현론』 3에서는 이렇게 말한다.

> 제10사(師)는 진제(眞諦)를 정인의 불성으로 삼는다. (중략) 이것은 화(和) 법사(미상), 양(亮) 법사가 사용한 것이다.

일본의 『속장경(續藏經)』에 있는 『대승삼론약장(大乘三論略章)』은 일본 승려가 채록(採錄)한 길장의 학설과 요의(要義)로 이루어졌다. 그 속에서 열거한 불성의 설은 십가(十家)가 있는데 『대승현론』 권3과 동일하다. 다만 '진제(眞諦)'를 정인으로 삼는 것은 '진여(眞如)'가 되어야 한다. 현존하는 판본의 『대승현론』에 나오는 '제(諦)' 자는 바로 '여(如)' 자의 오류이기 때문이다. 균정의 『사론현의』 권7에서 서술한 보량의 뜻에서도 단지 '진여'만을 증거로 삼을 수 있다고 말한다. 그 문장은 다음과 같다.

> 셋째, 영미사의 소량(小亮) 법사가 말했다.
> "진(眞)과 속(俗)이 함께 이루어진 중생의 진여성리(眞如性理)를 정인의

체(體)로 삼는다. 왜 그런가? 유심(有心)이 아닐 뿐이기 때문이다. 유심이면 진여의 성품 위에 생겨남[生]이 있기 때문에 평등하고 올바른 진여[平正眞如]의 정인(正因)이 체(體)가 된다. 고(苦)의 무상(無常)함은 속제(俗諦)가 되고 공(空)에 즉(卽)함은 진제(眞諦)가 되는데, 이 진과 속이 평등하고 올바른 진여의 성품 위에서 작용하기 때문에 진여는 이제(二諦; 진제와 속제)를 벗어나는 것이다. 만약 외물(外物)(이는 나무나 돌을 가리킨다)이란 것은 진여에 즉(卽)했어도 심식(心識)이 아니기 때문에 생겨남이 이미 단멸(斷滅)이다.

보량의 뜻은 무아(無我)의 설은 한쪽에 치우쳐 중도(中道)를 잃은 소승의 뜻이라서 원만한 가르침[圓教]이 아니라고 여겼다(『열반집해』 12). 『열반대경(涅槃大經)』에서 이(理)는 해당되지 않음이 없지만(권 18), 지금 가르침의 흥기는 바로 신명(神明)의 묘체(妙體)를 여는데 있다(권 1 자서문(自序文)). 신명의 묘체는 바로 불성을 말하며, 불성의 체(體)는 묘한 특질[妙質]이 항상하면서도 움직이지 않고 그 작용[用]은 항상 개변하면서도 훼손되지 않는다. 명칭[名]도 없고 모습[相]도 없어서 백비(百非)[8]로도 변별하지 못하며(권 1), 백비로도 변별하지 못하기 때문에 유(有)도 아니고 무(無)도 아니다. '유(有)'는 세속의 생사를 말하고 '무(無)'는 진제의 열반을 말하기 때문에 보량은 이렇게 말한다[105]:.

이 이하 둘째는 실상의 중도를 거듭 밝히는 것이다. 만약 옛날의 가르침을 곧바로 이야기한다면[106]: 생사를 편벽되게 취해서 공(空)과 유(有)를 실답게 여겼다. 만약 오늘날의 경전(『열반경』)에 입각해 말한다면 바로 신명의

---

8) 온갖 부정(否定)을 말한다. 논지를 밝히기 위해 계속된 부정의 논법을 구사하는 걸 뜻한다.

> 묘체(妙體)를 인식해서 진여를 실답게 여기고, 금강심(金剛心)으로 환원하면 반드시 고(苦)는 공(空)해서 무상(無常)하고, 불과(佛果)는 반드시 항상하고[常] 즐겁고[樂] '나'이고[我] 청정하다[淨]. 이렇게 해석한다면 문득 양변(兩邊)에 대해 모두 실다운 뜻을 얻어서 중도(中道)의 행(行)을 이루니, 그 까닭은 생사의 체(體)가 공(空)해서 본래부터 둘이 없어 분별[別]이 없기 때문이다. 열반은 체(體)가 여(如)하고 여(如)도 본래 상(相)이 없는데, 이것이 모든 법의 실상의 이(理)를 체득해 인식하는 것이다. 그러나 이 속에서 밝힌 것은 오직 이 하나의 길일뿐이지 그 아래로 역력(歷歷)한 사(事)는 비록 다양하더라도 그 뜻의 요체[義要]는 역시 다르지 않다.

무릇 생사와 체(體)의 공(空)함은 본래 둘이 없다. 그러나 실제로 양변(兩邊)인 걸 어느 한 변(邊)만 잡는다면 원만한 이치를 잃을 뿐 아니라 신명묘체(神明妙體)의 진여 성품을 능히 드러낼 수 없다. 그래서 "만약 잘못된 이해가 마음에 존재한다면 이 항상하고[常] 즐겁고[樂] '나'이고[我] 청정하다[淨]를 얻지 못한다"고 한 것이다. 이제까지 이 인과의 성품을 밝힌 것이 바로 십이인연을 여의지 않는 것으로서 사물의 정(情)으로 하여금 이(理)를 인식시키는 것이지 이걸 벗어나 법을 찾는 것이 아니다(권 54). 그러므로 진제와 속제가 함께 하나의 진여의 법을 이루는 것이다. 보량은 또 이렇게 말한다(권 20).

> 불성이 비록 음(陰; 오음), 입(入; 십이입), 계(界; 십팔계) 속에 존재하면서도 음(陰)에 섭수(攝收)되지 않는다고 함은 진제와 속제가 함께 하나의 신명법(神明法)을 이루는 것이다. 그래서 속(俗)의 변(邊)은 항상 음(陰), 입(入), 계(界)이고 진(眞)의 체(體)는 항상 무위(無爲)이다. 진(眞)의 체(體)가 무위(無爲)이기 때문에 비록 음(陰)에 존재하더라도 음(陰)에 섭수되지는

> 않는다. 체(體)의 성품은 움직이지 않지만 작용[用]은 잠시도 이지러짐이 없으니, 작용에 이지러짐이 없기 때문에 정인(正因)으로 취하는 것이다. 만약 이 묘체(妙體)가 신령한 작용의 근본이 되지 못한다면, '비록 음(陰), 입(入), 계(界) 속에 존재하더라도 음, 입, 계에 섭수되지 않는다'고 말하지는 말아야 하니, 이 때문에 이치(理致)가 반드시 그대로[爾]임을 아는 것이다.

진(眞)과 속(俗)이 서로를 벗어나지 않고 함께 '하나의 신명(神明)의 진여법체(眞如法體)'를 이루기 때문에 보량은 이렇게 말한다(권 1).

> 진(眞)의 체(體)와 속(俗)의 체(體)는 본래 동일하고 그 작용[用]도 서로 어긋나지 않아서 어둠이 제거되어 속(俗)이 다하고 진(眞)이 밝아지면 환하게 깨끗이 비추기 때문에 이를 부처라 칭하는 것이다.

보량은 속(俗)이 다하고 진(眞)이 밝아지는 종지를 항상 발휘하고 있는데, 가령 다음과 같은 말이다.

> 진법(眞法)은 법이 참되지 못하면 실답다고 이름붙이지 못하는 것이니, 이 때문에 신명의 묘체가 위인(僞因; 거짓 원인)으로 생기는 것이 아님을 안다. 이(理)의 모습은 텅 비고 적멸(寂滅)해서 언어의 표현을 벗어나 있다. 오직 이 '하나의 법'만이 참[眞]이고 실답다[實]고 칭할 수 있다(권 32).
>
> 세제(世諦)는 비록 무성히 많지만 전도(顚倒)한 자에겐 항상 유(有)이고 미혹이 없는 자에겐 항상 공(空)이라서 유(有)인 적이 없다. 만약 부처로써 취한다면 항상 '하나의 제(諦)'일 뿐이지만, 그러나 부처에 이를 때에야 비로소 이르는 것이다. 중생은 꿈이라서 여래에겐 종일토록 유(有)가 아니다. 유(有)는 유(有)라 할 만한 것이 없고 무(無)는 무(無)라 할 만한 것이 없어서 적연(寂然)하여 상(相)이 없기 때문에 부처에서 다함이 제일의(第一

義)이다(권 39).

이 글은 모두 진여의 성품이 제일의에 속함을 말한 것으로 보이는데, 다만 보량의 뜻을 살펴보면 실제로는 진과 속의 체(體)가 동일함을 말한 것이다. 일체의 세제(世諦)가 여래에서 다하는 것이 제일의제(第一義諦)이니, 소위 거짓이 물러나고 참[眞]이 밝아지는 것은 바로 상대적으로 말한 것이기 때문에 지금의 참[眞]이라야 예전의 공(空)을 버린다고 말한 것이다. 보량은 이렇게 말한다(권 53).

> 제일의제란 신명묘체진여(神明妙體眞如)의 으뜸[第一]을 믿기 때문에 지금의 교리가 밝힌 참[眞]이 옛 교리의 성공(性空)이 아니란 걸 안다.

보량은 다시 말한다(권 32).

> 이 이하는 대체로 범부와 성인의 이제(二諦)를 변별함으로써 유(有)는 가유(假有)의 유(有)일 뿐 실제로 얻을 만한 유(有)는 없고 무(無)는 인연의 무(無)일 뿐 얻을 만한 무(無)가 없음을 밝힌 것이다. 이 두 가지 이(理)에 칭합(稱合;부합)해 이해한 자는 출세간(出世間)의 사람으로 이름하여 제일의(第一義)라 한다. 그러나 세상 사람이 설한 내용에서는 유(有)를 말하면 문득 '성품의 유[性有]'를 말하고 무(無)를 말하면 문득 단멸(斷滅)을 일컬으니, 그렇다면 유(有)와 무(無)는 허망한 오류로서 둘 다 이(理)를 드러내지 못하기 때문에 이 사람에 대해 이름하여 세제(世諦)라 하는 것이다.

실제로 신명의 묘체는 유(有)와 무(無)를 초월한다. 무(無)를 집착하고 공(空)을 귀중히 여기는 것은 양쪽 다 속제(俗諦)이고, 이에 대해 불성은 제일의제라 한다. 용(用)에 입각해 말한다면 진과 속은 다르고, 체(體)에 즉(卽)해서 이야기한다면 진과 속은 다르지 않으니, 그렇다면 보량의 진여 불성은 역시 진제와 속제를 벗어나 초월한 것이다.

신명의 묘체는 생사를 단절하고 항상 부동(不動)이다. 그래서 예로부터 보량이 이야기한 불성은 본유(本有)를 주장했다고 하였다. 길장의 『열반유의』에서는 이렇게 말한다.

> 본유(本有)의 뜻은 …… 예로부터 세 가지 해석이 있다. 첫째, 영미 보량[107]은 생사 속에 이미 진신(眞神)의 법이 있으나 다만 아직 현현(顯現)하지 않았을 뿐이니, 마치 황금을 은폐한 것과 같다(이하 생략).

이 뜻은 비록 양무제의 신명성불(神明成佛)의 설처럼 보이지만 소량(小亮; 즉 보량)과 부합하지 않음이 없으니, 그래서 균정은 양무제가 '바로 소량의 기풍'이라 말했다. 그러나 보량은 이렇게 말한 적이 있다(권 12).

> '불성은 작위하는 법[作法]이 아니다'라고 함은 정인의 불성이 선과 악의 감응하는 바가 아닌데 어떻게 창조할 수 있겠느냐는 말이니, 그래서 신명의 체(體)가 근본적으로 이 법성(法性)을 근원으로 삼고 있음을 안다. 만약 이러한 천연(天然)의 질(質)이 없다면 신령한 사려[神慮]의 근본은 그 작용[用]이 응당 바뀌어야 하지만, 그러나 그 작용은 항상 그대로[爾]이므로 창조를 시작하지 않는다는 걸 마땅히 알아야 한다. 만약 신명이 한결같이 업의 인연이 얽힌 데서부터 일어난다면 이를 체(體)로 삼지 못할 텐데, 지금 어찌하여 독신(毒身) 속에 묘약(妙藥)의 왕이 있다고 말하는가 - 소위 불성은 작위하는 법[作法]이 아니다. 그래서 정인(正因)에 의거해 말하게 됨을 아는 것이다. 만약 과(果)의 성품이라면 독신(毒身) 속에서 이(理)는 저절로 없다[自無].

이 글은 불성의 본유를 말한 것으로 신명의 묘체는 유(有)와 무(無)를 초월해서 원래 실물(實物)이 아니기 때문에 보량은 "열반은 체(體)가 없고 온갖 덕으로 이루어졌다"(권 1)고 말한 것이다. 그렇다면 이를 통해 소위 신명의 체(體)는 진여로서 본체인지라 생사에 잠시 머무는 나[我]가 아님을 알 수 있다. 이 뜻을 보량이 많이 발휘하는 건 보지는 못했지만, 그러나 그의 설과 양무제가 지닌 뜻은 다르니, 다음의 논의를 보자.

신명의 묘체는 중생에게 존재하지만, 이는 목석(木石)의 성품 없음과는 구별된다. 그래서 균정은 보량의 설을 이렇게 서술했다;

"만약 외물(外物)이라면 비록 진여에 즉(卽)했어도 심식(心識)이 아니기 때문에 생겨남이 곧 단멸이다."

심식과 목석은 모두 진여에 즉했지만, 그러나 심식은 실제로 항상하고 목석은 단멸(斷滅)이다.

신명의 묘체가 중생에게 존재하는 것이 마치 독신(毒身) 속에 묘약의 왕이 있는 것과 같으니, 바로 이 묘체를 정인이라 설하는 것이다. 그러나 세속의 견해는 독신이 체(體)이고 묘약이 독신 속에 기탁해 있다고 여긴다. 허나 불성과 오음(五陰)의 몸은 그렇지 않다. 대체로 불성이 체(體)이고 오음은 체(體)가 아니니, 이 때문에 보량은 이렇게 말한다(권 53).

> 반드시 알아야 하나니, 중생의 오음은 정인의 성품에 의거해 있다. 그러나 이 중에서 『승만경』의 분명한 뜻을 헤아려 검토해보면, "한 종자의 생사는 여래장에 의거해 있지 여래장이 생사에 의거하지는 않았기 때문" 임을 알게 되었다. 문장의 뜻을 미묘히 증득하면 이(理)가 훤히 밝다.

신명의 묘체는 비록 중생에 존재하더라도 반연(攀緣)으로 발하기 때문에 정인은 반드시 연인(緣因)을 기다려야 한다. 보량은 이렇게 말한다(권 53).

범부는 어리석어서 지혜가 없다. 중생의 몸에 불성이 있다는 부처의 설법을 들으면 이 오음의 몸에 때[時]에 즉(卽)해 이미 일체종지(一切種智), 십력(十力)[9], 무외(無畏)[10]가 있어서 수행을 빌리지 않고 그 자리에서 스스로 성취하여 부처의 현현을 구했다고 말한 것으로 여기는데, 이는 온당치 않고 도리에 맞지 않는 용심(用心)이다. 그러나 중생의 몸은 때[時]에

---

9) 부처만이 갖추고 있는 열 가지 지혜의 능력.
(1) 처비처지력(處非處智力). 이치에 맞는 것과 맞지 않는 것을 분명히 구별하는 능력.
(2) 업이숙지력(業異熟智力). 선악의 행위와 그 과보를 아는 능력.
(3) 정려해탈등지등지지력(靜慮解脫等持等至智力). 모든 선정(禪定)에 능숙함.
(4) 근상하지력(根上下智力). 중생의 능력이나 소질의 우열을 아는 능력.
(5) 종종승해지력(種種勝解智力). 중생의 여러 가지 뛰어난 판단을 아는 능력.
(6) 종종계지력(種種界智力). 중생의 여러 가지 근성을 아는 능력.
(7) 변취행지력(遍趣行智力). 어떠한 수행으로 어떠한 상태에 이르게 되는지를 아는 능력.
(8) 숙주수념지력(宿住隨念智力). 중생의 전생을 기억하는 능력.
(9) 사생지력(死生智力). 중생이 죽어 어디에 태어나는지를 아는 능력.
(10) 누진지력(漏盡智力). 번뇌를 모두 소멸시키는 능력.

10) 무외는 두려움이 없는 것이며, 부처가 가르침을 설할 때 누구에게도 두려움이 없는 네 가지가 있다. (1) 정등각무외(正等覺無畏). 바르고 원만한 깨달음을 이루었으므로 두려움이 없음. (2) 누영진무외(漏永盡無畏). 모든 번뇌를 끊었으므로 두려움이 없음. (3) 설장법무외(說障法無畏). 끊어야 할 번뇌에 대해 설하므로 두려움이 없음. (4) 설출도무외(說出道無畏). 미혹을 떠나는 수행 방법에 대해 설하므로 두려움이 없음.

> 즉해 정인(正因)이 있어서 모름지기 덕을 쌓고 도(道)를 닦아야만 무명(無明)의 장애를 멸한다. 캄캄한 어둠이 모두 다하면 불성이 바야흐로 드러나니, 연(緣)이 갖춰진 때가 그대로 작용(用)이 있는 것이다. 그 일은 마치 공후(箜篌)와 같으니, 요컨대 온갖 연(緣)이 갖춰지기 때문에 소리가 바야흐로 나오는 것이다.

신명의 묘체는 바로 중생에게 갖춰진 진여의 성품으로 이것이 정인이 된다. 그리고 덕을 쌓고 도를 닦는 것은 연인(緣因)이 된다. 그러나 보량은 언젠가 이 정인의 체(體)가 본래 고통을 피하고 즐거움을 구하는 작용이 있어서 선과 악의 감응하는 바가 아니라고 말한 것 같다. 그는 다음과 같이 네 종류의 불성을 해석했다(권 18).

> 불성에 네 종류가 있으니, 소위 정인(正因), 연인(緣因), 과(果), 과과(果果)이다. 이 네 가지 이름에 포괄된 내용은 그 지취를 다하지 않음이 없다. 정인과 연인은 모두 신령한 사려(思慮)의 도(道)이다. 무릇 고통을 피하고 안락을 구하는 것은 어리석은 사람이든 지혜로운 사람이든 동일하다. 그러나 중요한 작용을 추적해보면 두 가지 뜻이 있다. 시종일관 항상하다는 이해(常解)를 취해서 흥기와 폐기의 작용이 없는 것을 정인이라 기록하는데, 1찰나에도 이 이해의 작용이 없지 않아서 오직 부처에 도달할 때만이 부동(不動)이다. 그래서 고통을 피하고 즐거움을 구하는 것은 이해의 작용이지 선인(善因)과 악인(惡因)의 감응하는 바가 아님을 아는 것이니, 『승만경』에서 말한 '자성청정심(自性淸淨心)'과 『사자후품(師子吼品)』에서 말한 '일종(一種)의 중도(中道)'이다. 그래서 이 작용은 대리(大理)를 어기지 않으니 어찌 올바르지 않겠는가.
>
> 연인(緣因)이란 만선(萬善)을 체(體)로 삼아서 일념의 선(善) 이상은 모두 수승한 과(果)를 자량(資糧)해 생성하는데, 이처럼 연(緣)을 빌려 발(發)

하는 것을 이름하여 연인이라 한다. 그러나 이 '이해'가 사려(思慮)에 존재하면서도 항상하지 않고 생(生)을 비롯하면서도 멸하지 않는다면 정인과는 다르다. 만약 이 연(緣)의 도움이 없다면 성품을 지키면서 변천하지 않으니, 이 때문에 정인과 연인은 반드시 서로 필요하고 서로 대동(帶同)하는 것이다. 만약 연인의 작용이 이미 충족되고 정인의 뜻도 충만하다면, 이 둘의 작용이 모두 원만해서 생사가 다한다.

금강후심(金剛後心)은 일체지(一切智)라 칭하는데, 인(因)을 굴려서 과(果)를 낳는 것을 이름하여 과(果)의 성품이라 한다. 과과(果果)란 생사에 대(對)한 칭호이다. 온갖 덕 위에 다시 총체적 명칭[總名][108]을 세우는 걸 이름하여 대열반이라 한다. 과(果) 위에 과(果)를 세우는 걸 이름하여 과과(果果)라 하는데, 다시 때[時]의 차이는 없지만 뜻[義]에는 앞과 뒤가 있을 뿐이다. 만약 경계의 성품을 논한 것이라면 그 지취가 통하지만, 그러나 연(緣)의 도움은 다시 따로 열리지 않는다.

이 글에서 말한 정인과 연인이 모두 그 작용의 설(說)에 입각해서 고통을 피하고 안락함을 구하니, 그렇다면 진여의 성체(性體)에 본래 갖춰진 작용[109]이라서 그 관계가 자못 중요하다. 이로 인해 "고통을 피하고 즐거움을 구하는" 것은 정인의 불성의 설(說)이 된다.

균정은 『사론현의』에서 이렇게 말한다.

제6의 광택 법운 법사가 말한다;

마음에는 고통을 피하고 즐거움을 구하는 성품의 뜻이 있는데, 이것이 정인의 체(體)가 된다. 가령 이해[解]는 모두 미혹[110]의 성품이 보리(菩提)의 성품을 향하는 것이라서 역시 목석(木石) 등 성품 없는 것과는 다르다. 그러므로 『부인경(夫人經)』[111]에서는 "중생이 고통을 싫어하지 않으면 열반도 구하지 않는다"고 했고, 의석(義釋)에서는 "이 마음이 생사의 성품을 등지는112: 것으로 중생의 선한 근본[善本]을 삼으니, 이 때문에 정인이 되고 또한 이제(二諦)를 초월하는 것"이다. 또 때로 스승인 보량 법사의 뜻을 사용해서 "마음에 있는 진여의 성품이 정체(正體)가 된다"고 하였다.

이 글에 따르면, 광택 법운 법사는 항상 스승인 보량 법사의 "마음에 있는 진여의 성품이 정체(正體)가 된다"는 설을 사용했지만 때로는 고통을 피하고 즐거움을 구하는 설을 아울러 채용하기도 했다. 길장의 『대승현론』에서는 이렇게 말한다.

제5의 법사는 고통을 피하고 즐거움을 구하는 것을 정인의 불성으로 삼는다. 일체 중생에겐 고통을 피하고 즐거움을 구하는 성품이 다 있으므로 바로 이 작용을 정인으로 삼는다. 그러나 이 해석은 예전의 마음을 정인으로 삼는 설과는 다르다(제3가(家)). 지금은 단지 고통을 피하고 즐거움을 구하는 작용을 정인으로 삼을 뿐이니, 이 때문에 경전에서는 "만약 여래장이 없다면 고통을 싫어해서 열반을 기꺼이 구하려 들지 않으니, 이 때문에 고통을 피하고 즐거움을 구하는 작용이 정인의 불성이 되는 걸 안다"고 하였다.

길장은 다시 이 논지를 이렇게 타파한다.

『승만경』에서 말한다;

만약 여래장이 없었다면 고통을 싫어해 열반을 기꺼이 구하려 들지 않았을 터이니, 이는 바로 여래장인 불성의 힘을 말미암기 때문에 중생이 고통을 싫어하고 즐거움을 구하게 된다는 것을 올바로 밝힌 것이다. 언제 고통을 싫어하고 즐거움을 구하는 것이 정인의 불성이란 걸 밝히는 것인가?

저 법사는 "당과(當果)를 여래장이라 가리킨 것이니, 당과의 여래장이 있기 때문에 중생이 고통을 싫어하고 즐거움을 구하게 된다는 것은 그렇지가 않다"라고 했다.

『성품(性品)』에서는 "나[我]라는 것은 바로 여래장이고, 여래장이란 바로 불성이다. 불성이 본래 갖춰져 있음이 마치 가난한 여인의 보배 창고와 같으니, 어찌 수고롭게 당과(當果)를 가리켜 여래장이라 하겠는가. 게다가 당과의 체(體)는 오히려 유(有)가 아닌데도 능히 중생으로 하여금 고통을 싫어하고 즐거움을 구하게 한다고 하면 어찌 부질없는 말이 아니겠는가. 만약 사람을 증거로 한다면, 예전에 누가 이런 해석을 지었는가? 바로 광택[113] 법사가 한때의 추정으로 이런 견해를 지었는데, 경전에 증명할 구절도 없고 스승이 전한 것도 아니기 때문에 사용할 수 없다.

광택 법운은 원래 보량의 제자이다. 보량 법사가 죽은 후에 법운이 그를 위해 비(碑)를 세웠으니 관심이 아주 깊었다는 걸 상상할 수 있다. 보량은 원래 신명묘체(神明妙體)에는 고통을 피하고 즐거움을 구하는 작용이 있다는 설을 갖고 있었다. 그러나 신명묘체는 정인으로 인식했지만 고통을 피하고 즐거움을 구하는 것은 정인이라 말하지 않았다. 균정과 길장이 전한 광택 법사의 설은 그의 스승과 일치하지 않는 점이 다소 있지만[114], 그러나 원효의 『열반종요(涅槃宗要)』에서 말한 내용은 두 법사가 전한 것과는 동일하지 않다. 그 문장을 보면 다음과 같다.

제3의 법사는 "중생의 마음은 목석과 다르니, 반드시 고통을 싫어하고 즐거움을 구하는 성품이 있다"고 하였다. 이런 성품이 있기 때문에 만행(萬行)을 닦아서 끝내 무상보리(無上菩提)의 즐거운 경계로 돌아가는 것이니, 이 때문에 심성을 정인의 체(體)라 설하는 것이다. 가령 아래의 문장에서 '일체 중생은 다 마음이 있다[有心]'고 했는데, 무릇 마음이 있는 자는 반드시 아뇩보리(阿耨菩提)[11]를 성취하게 된다. 『부인경(夫人經)』에서는 "만약

> 여래장이 없다면 고통을 싫어해 열반을 기꺼이 구하려 들지 않는다[115:]"고 했으니, 이는 바로 광택 법사의 뜻이다.

이 글에 따르면 광택 법사는 실제로 심성을 정인의 체(體)로 삼았고, 고통을 싫어하고 즐거움을 구하는 것을 심성의 작용으로 삼았다. 이 작용 때문에 심성은 목석과 달리 수행으로 도(道)를 이룰 수 있다. 균정은 광택이 마음에 있는 고통을 피하고 즐거움을 구하는 성품을 정인의 체(體)로 삼았고, 또 그의 스승 보량 법사의 설을 따로 채용해서 마음에 있는 진여의 성품을 정체(正體)로 삼았다고 하였다. 광택의 설은 두 가지로 나뉘는데, 실제로 두 가지 설은 원래 하나의 뜻이다.

이상의 내용에 따르면, 영미 보량 법사와 광택 법운 법사는 똑같이 신명의 체(體)를 정인의 불성으로 삼았고 또 그 체(體)에 고통을 싫어하고 즐거움을 구하는 작용이 있다고 하였다. 이 작용 때문에 능히 도(道)를 닦을 수 있다면, 이 작용은 진실로 불과(佛果)를 얻는 원인이다. 그러나 보량은 또 "이 작용이 대리(大理)를 어기지 않으니 어찌 올바르지 않겠는가"(이미 앞에서 인용했다)라고 했으니, 그렇다면 결국 이 작용을 정인으로 말한 것으로 보인다. 하지만 그의 설은 억지 주장이라고 할 수 있다. 광택의 설도 원효가 전한 것처럼 이렇게 이해한다고 할 수 있으니, 균정과 길장이 광택은 고통을 피하고 즐거움을 구하는 걸 정인으로 삼는다고 말한 것 또한 마땅하다. 다만 길장은 이 설이 예전부터 없었다면 광택이

---

11) 아뇩다라삼먁삼보리로 가장 완벽한 깨달음을 뜻하는 말. 산스크리트 아눗타라 사미아크 삼보디(anuttara - samyak - sambodhi)를 한자로 표기한 것이다. 아뇩다라는 무상(無上), 삼먁삼보리는 정등각(正等覺)의 뜻이므로 무상정등각(無上正等覺)이라 번역된다.

자기 스승의 설을 조술(祖述)할 줄 몰랐을 거라고 했다. 또 『승만경』의 말미에서 "만약 여래장이 없었다면 고통을 싫어해 열반을 기꺼이 구하려 들지 않았을 것이다"라고 했으니, 이는 정말로 생사와 고락(苦樂)을 모두 싫어해서 열반정적(涅槃靜寂)의 즐거움[116]을 구하는 것이라 이해할 수 있다. 그러나 보령과 광택이 말한 내용은 모두 전도(顚倒)되었다. 길장의 『승만보굴(勝鬘寶窟)』에서는 이 전도를 매우 잘 타파하고 있는데, 그 문장은 다음과 같다.

> 영미 보량(원래는 앙(涼)으로 되어 있고, 어느 곳에서는 순(淳)으로 되어 있다) 법사가 말한다.
>
> "이 이(理)는 고통을 싫어하고 즐거움을 구함을 알기 때문에 마지막에 돌이킬 수 있는 것이 목석과 다른데, 이는 불성을 말미암기 때문이다."
>
> 이 고통을 싫어하고 즐거움을 구하는 마음을 정인의 불성으로 삼아서 이를 말미암아 부처를 증득한다[117]. 당시 또 광택 법사는 고통을 싫어하고 즐거움을 구하는 것을 정인으로 삼았지만(이는 다만 마음을 정인의 체(體)로 삼는 것이 아니다), 그러나 고통을 싫어하고 즐거움을 구하는 것은 공덕의 성품이라서 궁극의 금강심(金剛心)에 도달해 부처를 증득했을 때는 없다.
>
> 이제는 문장의 뜻이 다 그렇지 않다고 생각하지만, 그러나 불성이 있음을 밝혔기 때문에 고통을 싫어하고 즐거움을 구하게 되고, 불성이 없으면 고통을 싫어하고 즐거움을 구하게 되질 않으니, 고통을 싫어하고 즐거움을 구하는 것으로 불성을 삼는 것이 아니다.

총체적으로 말해서 보량의 설은 근본적으로 진(眞)과 속(俗)이 함께 이루어진 중생의 진여성리(眞如性理)[118]를 정인의 체(體)로 삼는다. 그러나 또 『승만경』의 말에 근거해서 체(體) 위에 고통을 피하고 즐거움을 구하는 작용을 수립했는데, 그가 수립한 설은 근본적으로 억지 주장이다. 또 글 속에 '이 작용[用]은 정(正)이다'라는 말이 있는데, 그 뜻이 원래 정인으로 삼는 건 아닐지라도 이런 잘못된 이해를 낳기란 지극히 쉽다. 광택 법운이 이에 근거하여 설(說)을 수립했거나 혹은 행문(行文)이 신중하지 않아서 세상 사람들이 전하게 되었지만, 그는 일찍이 고통을 싫어하고 즐거움을 구하는 것을 정인의 체(體)로 삼는 설을 수립했다. 실제로 보량과 광택 두 법사는 주로 심신(心神)의 체(體)를 정인의 불성으로 삼은 것이 양무제의 설과 서로 비슷하다.

4) 양무제(梁武帝)

양무제는 많은 서적을 널리 열람했으며 유교(儒教)에 대한 저작도 매우 많았다[119]. 또 도가에 대해서는 『노자강소(老子講疏)』 6권이 있고(『수지』), 불교에 대해서는 특히 『반야경』과 『열반경』을 중시했다. 그의 『주해대품경서(注解大品經序)』[120]에는 "『열반경』은 그 과덕(果德)을 드러내는 것이고, 『반야경』은 그 인행(因行)을 밝히는 것이다"라고 하는데, 두 경전을 들어서 불법을 총체적으로 섭수(攝收)한 것이니 그 종지를 볼 수 있다[121]. 천감(天監) 8년(서기 509년)에 보량에게 칙령을 내려 『열반의소』를 짓게 하고 아울러 서문을 지었으며, 천감 11년(서기 511년)에는 『대품반야』를 주해했으므로 두 경전에 대해 일찍부터 힘을 들여 연구했음을 알 수 있다. 이제 양무제가 찬술한 불교 서적을 다음과 같이 열거한다.

『제지대열반경강소(制旨大涅槃經講疏)』 10질(帙)이며 목록을 합쳐 101권[122].

『대품주해(大品注解)』 50권[123].

『삼혜경강소(三慧經講疏)』[124]:

『정명경의기(淨名經義記)』[125]:

『제지대집경강소(制旨大集經講疏)』 2질(帙) 16권[126]:

『발반야경제논의병문답(發般若經題論義竝問答)』 12권[127]:

(『우록』 12 『법원목록(法苑目錄)』에는 황제가 후당(後堂)에서 『법화경』을 강의한 것이 실려 있으며 지(誌)가 질문을 올렸다. (이 일은 『고승전, 보지전(保誌傳)』에는 보이지 않는다) 아마 양무제 역시 『법화강소(法華講疏)』가 있었을 것이다. 또 『광홍명집』에는 양무제의 『단주육문(斷酒肉文)』과 그 일에 관한 서술이 실려 있으니, 그렇다면 양무제는 일찍이 『열반경』, 『능가경』에 근거해서 승려들이 늘 육식을 금하고 끊어야 함을 밝힌 것이다.)

양무제는 『열반경』의 학문을 깊이 중시해서 소(疏)를 짓고 스스로 강의하기도 했다[128]:. 당시 보량과 지장(智藏)은 『열반경』의 법장(法匠)이었는데, 황제는 보량에게 칙령을 내려 『소(疏)』를 짓게 했고, 또 지장에게 강의를 청한 뒤 몸소 자리에 나가 듣기도 했다[129]:. 북량(北涼)에서 『대경(大經; 대열반경)』이 세상에 나온 이래로 지숭(智嵩), 도랑(道朗)이 나란히 『소(疏)』[130]:를 지었고, 도랑의 『소』는 특히 후세 사람이 그의 『소』에 의지해 전습(傳習)했다[131]:. 이를 계승해서 중주(中州)에는 일찍부터 동아(東阿) 혜정의 『기(記)』가 있었고, 강남에서는 축도생의 『소』를 으뜸이라 칭송했으며, 다시 그 뒤 남방에서는 주소(注疏)가 매우 많았으니, 이로 인해 양나라 때 무제는 칙령을 내려서 『열반집주(涅槃集注)』를 편찬하게 했다. 『속고승전, 보창전』과 『속고승전, 승소전(僧韶傳)』에서는 "황제의 칙령으로 건원사(建元寺) 승랑(僧朗)[132]:이 『열반경』의 집주(集注)를 하고 보창이 그를 도와 72권을 만들었다"고 하였다. 지금 현존하는 것은 『열반경집해』 71권으로 십여 명의 법사의 주소(注疏)를 모아서 이룬 것인데, 그

권1 첫머리에서는 제가(諸家)의 주소(注疏)에 있는 서문 『목록』133:을 열거하고 있다. 그 문장은 다음과 같다.

황제는 영미사 석보량 법사를 위해 『의소(義疏)』의 서문을 지었다.
도생(道生) 법사 승량(僧亮) 법사 법요(法瑤) 법사
담제(曇濟) 법사 승종(僧宗) 법사 보량(寶亮) 법사
지수(智秀) 법사 법지(法智) 법사 법안(法安) 법사
담준(曇准) 법사
이 열 명의 법사의 『경제서(經題序)』를 지금 다 싣는다(이하 생략)

권1을 검사해보면 양무제와 열 명의 법사의 서문이 다 실려 있기 때문에 권1 첫머리에 서문 11편이 있다. 그러나 글 속에 인용된 열 명의 법사를 제외해도 여전히 많은 사람의 주소(注疏)가 있으니, 예컨대 담섬(曇纖), 담애(曇愛), 도혜(道慧), 혜랑(慧朗), 경유(敬遺), 법련(法蓮), 혜령(慧令) 등이며, 아울러 명준(明駿)의 안어(按語)가 덧붙여 있다. 가령 양무제의 서문 아래의 주(注)에서는 이렇게 말한다.

명준안(明駿按) 근사(謹寫) 영미사 보량 법사를 위해 황제가 만들었다.

이 글에 따르면 명준이 누구인지는 확실하지 않지만 필시 양무제 때의 사람일 것이다. 『속고승전』에서는 황제의 칙령으로 승량이 편찬한 집주(集注) 72권을 칭하고 있는데, 오늘날의 집해(集解) 71권은 총목(總目) 1권을 잃어버린 것이다. 대체로 황제의 칙령으로 편찬한 서적이니, 이는 『동역록(東域錄)』에 집해 72권이 기록되어 있고 아울러 그 주(注)에서 "열 명의 법사와 함께 승랑이 칙령을 받들어 주석했다"고 한 것을 증거로 삼을 수 있다[134]. 명준의 경우는 아마 승랑, 보창과 함께 집주(集注)를 편찬한 사람 중의 하나일 것이다.

원효의 『열반종요』에서 말한다.

> 제4의 법사가 말한다;
>
> 마음에는 신령(神靈)이 상실되지 않는 성품이 있다. 이런 심신(心神)이 이미 몸 안에 존재해서 목석(木石) 등의 무정물(無情物)과는 다르지만, 이를 말미암아 능히 대각(大覺)의 과(果)를 이룰 수 있기 때문에 심신(心神)을 정인의 체(體)라 설한다. 『여래성품(如來性品)』에서는 "내[我]란 바로 여래장의 뜻이며, 일체 중생에게 다 불성이 있는 것이 바로 내[我]의 뜻이다"라고 했으며, 『사자후품(師子吼品)』에서는 "불성이 아닌 것은 말하자면 기와나 돌 등의 무정물이며, 이런 무정물을 여의는 것을 이름하여 불성이라 하기 때문이다"라고 했으니, 이것이 바로 양무제 소연(蕭衍)[135] 천자의 뜻이다.

균정의 『사론현의』 권7에서는 이렇게 말한다.

> 제4 양무제 소연 천자의 뜻은 마음에 상실되지 않는 성품이 있어서 진신(眞神)을 정인의 체(體)로 삼는 것이다. 이미 몸 안에 존재한다면 목석 등 심성이 아닌 사물과는 다르니, 이 뜻은 인(因) 속에 이미 진신(眞神)의 성품이 있기 때문에 능히 진짜 불과(佛果)를 얻을 수 있다는 것이다. 그러므로 『대경(大經, 여래성품)』에서 처음에 "내[我]란 바로 여래장의 뜻이며, 일체 중생에게 다 불성이 있는 것이 바로 내[我]의 뜻이다"라고 한 것은 바로 목석 등과는 다르다는 것으로서 또한 이제(二諦)를 벗어난 것이며 또한 소량(小亮)의 기풍이다.

양무제의 학설은 『홍명집』의 『입신명성불성의기(立神明成佛性義記)』136:와 『광홍명집』의 『정업부(淨業賦)』137:에 보인다. 그 종지는 가장 먼저 신명(神明)을 '성(性)'과 '용(用)'의 두 방면으로 나눈 것이다138:. 심신(心神)의 성품에 나아가 말한다면 끊기지 않는 것[不斷]을 정(精)으로 삼는데, 정(精)이란 '끊기지 않는' 것이지 초목(草木)처럼 썩어서 변화하는 걸 말하지 않으며, '끊기지 않기' 때문에 필경 마지막엔 묘과(妙果)로 돌아갈 수 있는 것이다. 묘과가 항상 머무는 것은 바로 그 성품이 끊어지지 않음을 말하는 것이니, 이 때문에 "중생에겐 모두 불성이 있다"고 말하는 것이다139:. 그러나 성품은 비록 끊어지지 않더라도 정신(精神)이 행(行)을 교섭함이 원만하지 않으면 무상(無常)을 벗어나지 못한다. 무상이란 생멸을 말하니, 이전(以前)이 멸하고 이후(以後)가 생기면서 찰나도 머물지 않는다. 내[吾]의 심식(心識)은 경계를 따라 움직이므로 밖으로 경계가 있고 내심(內心)이 그 경계와 반연(攀緣)한다. 경계가 이미 유전(流轉)하며 머물지 않았다면 그와 더불어 함께 가는 신(神)은 이전의 마음이 반드시 이후의 마음과 다르다. 그러나 그 선후가 서로 다른 것은 마음의 외적 작용이며, 그 성품에 나아가 말한다면 진실로 담연(湛然)12)해서 천이(遷移)하지 않는다140:. 이로 인해 양무제는 유교 경전을 인용해서 자신의 설(說)을 실증했으니, 『정업부』에서는 이렇게 말한다.

> 『예기』에서 말한다.
> "사람이 태어나서 고요한[靜] 것은 하늘의 성품이고, 사물에 감응해서 움직이는 것은 성품의 욕구이다."

---

12) 1. 맑게 사무친 모양. 2. 편안한 모양.

> 움직임이 있으면 마음에 때[垢]가 있고, 고요함이 있으면 마음이 고요하다. 외부의 움직임이 이미 멈추면 내면의 마음 또한 밝아지니, 처음으로 스스로 각오(覺悟)해서 걱정이나 누(累)가 생겨날 데가 없다.

생(生)의 성품에 입각해 말한다면 담연(湛然;맑고 고요함)하여 항상 고요하고, 그 작용[用]에 입각해 말한다면 사물에 감응해 움직인다. 만약 마음이 외부의 얽힘을 쉰다면 내면의 식(識)이 저절로 밝아지니, 이로 말미암아 무명(無明)이 전변(轉變)해서 밝음을 이룬다[141]. 그리하여 수행을 통해 대각(大覺)에 도달하니, 이 때문에 일체 중생이 성불할 수 있는 것이다. 양무제는 『중용강소(中庸講疏)』[142]를 지었는데 지금은 실전되어서 상세한 내용을 알 수 없다. 그러나 양무제는 아마도 『중용』의 성명(誠命)의 체(體)와 천명(天命)의 성(性)을 취하여 자신이 수립한 소위 신명의 설과 비교하면서 덧붙였을 것이다. 『중용』 1편에 대해 이전 사람은 주의를 별로 기울이지 않았지만[143], 황제는 아마 이 『중용』을 보고서 발휘하는 바가 있었을 것이다.

무릇 마음은 작용의 근본이니, 근본은 하나이지만 작용은 다양하다. 작용이 다양하기 때문에 스스로 흥(興)하고 폐(廢)함[144]이 있으며, 근본이 하나[145]이기 때문에 원래 무상(無常)이 아니다. 중생으로부터 말한다면 모두 이 하나의 근본이 있으니, '하나의 근본'이란 바로 무명신명(無明神明)이다. 무명의 칭호를 찾아보면 태허(太虛)를 지목하는 것이 아니며[146], 흙이나 돌은 무정(無情)이라 역시 무명을 일컫는 것이 아니다[147]. 그러나 무명은 외부 경계를 인해 오염되기 때문에 신명은 미혹을 면하지 못하니, 평범한 사람은 사물에 감응해 움직이면서 걱정이나 누(累)가 많이 생기기 때문에 그 본성이 무명에 가려진다. 식려(識慮;사려)의 체(體)는 응당 밝지만 때나 더러움[塵垢]에 물들기 때문에 체(體)에 미혹이 있는 걸 면하지 못하며, 사려의 미혹을 알지 못하기 때문에 무명이라 말한다. 신(神)이 이미 밝지 못하다면 타끌[塵; 번뇌]을 좇으며 세속에 탐닉한다. 『정업부』에서는 이렇게 말한다.

> 이처럼 육진(六塵(눈에 대한 빛깔 등이다)으로 인해 선도(善道)를 장애하니, 바야흐로 자주색[紫]이 붉은색[朱]을 빼앗고 바람에 풀이 쓸리는 것과 같다. 미혹을 품고 생겨나서 미혹과 함께 늙어가니, 무명을 좇는 것은 번뇌 아님이 없다. 불타는 집[火宅]을 윤회하고 고통의 바다[苦海]에 빠진 채 기나긴 밤의 세월을 고집하면서 마지막까지 고치질 못하는데, 우물쭈물 머뭇거리다가 재난과 이상한 일이 번갈아 일어나자 안으로는 삿된 믿음을 품고 밖으로는 제멋대로 음란한 제사를 지낸다. 이는 마치 새가 허공을 날아가다가 목숨을 잃거나 짐승이 달려가다가 횡사(橫死)할 경우 허망하게 신의 도움으로 복을 부르려는 것과 같다. 이렇게 되면 앞바퀴의 축(軸)이 망가지면 앞의 수레가 궤도를 벗어나는 것과 같아서 재앙과 화가 나라와 집안에 미치고 패가망신하여 제사가 끊긴다.

제(齊)나라의 경릉왕 소자량(蕭子良)은 선행을 권하길 좋아하고 불법으로 백성을 교화해 풍속을 이루겠다고148: 생각했기 때문에 『정주자(淨住子)』를 지었다. 양무제의 『정업부』는 실제로 소자량의 글을 탈태(脫胎)[13]한 것인데, 그의 생각은 똑같이 나라와 집안을 다스리는 것을 임무로 삼고 있다. 『정주자』의 권인(勸人)에서는 "생멸의 끝없음을 병통으로 여기고, 나의 청정함[我淨]인 영원한 즐거움을 그리워한다"고 했고, 또 "지금 비록 정령(精

13) 남의 문장을 본뜨는데 형식을 바꾸어 본뜬 것을 말한다.

靈)을 품부 받았더라도 혼미한 미혹의 장애가 무거워서 장차 깊고 두터운 죄업을 말미암아 번뇌가 견고히 굳어 있으리라"고 했으며, 또 "그러므로 수행하는 사람은 항상 그 마음을 전일(專一)할 뿐 흔들리지 않게 하므로 모습을 보는 상견(相見)이 미미하게 일어나자마자 스스로 각찰(覺察)해서 육근(六根)을 수호해 육진(六塵)에 물들지 않게 한다"고 하였고, 그 글의 말미에서는 "일체 중생에겐 다 불성이 있다, 부처는 의왕(醫王)으로 해탈을 얻게 하며, 마음은 항상 걸림 없어서 공(空)하여 물들지 않는다"고 하였으니, 양무제의 종지는 이와 부합하였다. 양무제는 원래 경릉왕 문하에 있으면서 그의 영향을 매우 깊게 받은 것으로 보인다. 그가 행한 사적과 학설이 대체로 서로 동일하기 때문이다149:.

신명의 성품은 본래 텅 비고 고요해서 어둡지 않지만, 무명신명(無明神明)은 생멸이 있다. 생멸이란 겨우 작용을 달리한 것이라서 무명에 가려진 심의(心義)가 고쳐지진 않으니150:, 이 때문에 그 작용의 다름을 능히 말미암질[因] 못해서 문득 마음이 경계를 따라 소멸한다고 말한다. 양무제는 신성(神性)의 변천하지 않음을 증명하면서 이렇게 말했다.

> 어떻게 아는가?151: 가령 전심(前心)이 무간지옥에 갈 무거운 악을 짓고 후식(後識)이 비상비비상천(非想非非想天)14)에 갈 묘한 선(善)을 일으킨다면, 선과 악의 이(理)가 크게 현격해서 전심과 후식의 거리가 너무나 멀다. 이 작용의 결과는 '하나의 근본'이 없으니 어찌 이렇게 상속(相續)할 수 있겠는가. 이렇게 해서 전악(前惡)이 저절로 소멸해서 미혹의 식(識)이

---

14) 무색계의 제4천. 이 하늘은 3계의 가장 높은 곳에 있으므로 유정천(有頂天)이라고도 한다.

변이(變移)하지 않고, 후선(後善)이 비록 생겨나도 어두운 마음이 고쳐지질 않음을 아는 것이니, 이 때문에 경전에서는 '만약 번뇌의 결박과 함께하는 자라면 이름하여 무명(無明)이라 하고, 만약 일체의 선법(善法)과 함께하는 자라면 이름하여 명(明)이라 하니, 어찌 심식(心識)의 성품은 하나이나 연(緣)에 따라 달라지는 것이 아니겠는가? 그러므로 생멸의 변천이 지나간 인(因)을 갚는 것이고 선과 악의 대사(代謝)가 현재의 경계에서 생겨남을 아나니, 마음이 그 근본이 되어 일찍이 다른 적이 없다. 그 작용은 본래 단절이 없기 때문에 성불의 이(理)가 확연하고, 경계를 따라 변천하기 때문에 생사를 다할 수 있음이 분명하다[152:].

양무제가 증명한 신성(神性)의 단절되지 않음은 믿음을 일으키는[起信] 것으로 근본을 삼고 있다. 당시 불법을 믿지 않은 사람은 신명은 단멸(斷滅)인데 어찌 성불할 수 있느냐고 생각했다. 부처가 이미 이루어질 수 없다면 세간에 어찌 부처가 있었겠는가. 그래서 양무제는 신하의 신멸론(神滅論)에 칙령으로 답하기를 "부처가 있다는 뜻이 엎어지자 신멸론이 저절로 행해졌다"고 했으니, 이를 통해 양무제가 글을 지은 동기가 원래 범신과 같은 무리들이 주장한 신멸론을 반박하는데 있음을 알 수 있다. 그 글의 종지는 인간이 성불할 수 있다는 걸 증명하는데 있으니[153:], 그가 주장한 불성의 참뜻은 응당 여기에서 구하는 것이다.

양무제가 주장한 불성의 참뜻은 실제로 일반 사람들이 말하는 영혼이라 할 수 있다. 심리(心理) 현상에 입각해 실물(實物)이 있다고 집착한 것인데, 그가 진술한 뜻은 정말이지 너무나 천박하다. 생각건대 송나라의 종병(宗炳)은 혜림, 하승천 등이 신(神)의 불멸을 믿지 않자 『신불멸론』을 지었고 또 이름하여 『명불론(明佛論)』이라 한 것이다. 그의 종지 역시 신성은 항상 머물면서도 연(緣)에 따라 변천해 흐른다는 걸 밝히는데 있다. 만약 능히 점차적으로 닦을 수 있다면 성불할 수 있다. 양무제의 증명도 이를 벗어나지 못하기 때문에 그는 『칙령』에서 다시 이렇게 말하고 있다.

> 세 성인(聖人)이 마련한 교리를 살펴보면 모두 불멸을 말하는데, 그 글이 넓고 광대해서 다 싣기가 어렵다. 다만 두 가지 일을 들어서 시험 삼아 말해보겠다. 『제의(祭義)』에서는 "오직 효자만이 어버이에 대한 제사를 드릴 수 있다"고 하였고, 『예운(禮運)』에서는 "삼일을 재계(齋戒)하면 반드시 제사지내는 대상을 본다"고 했으니, 만약 제사를 지내도 제사를 지낸 것이 아니고 보아도 본 것이 아니라고 말한다면, 경전을 어기고 친족을 등진 것이라서 말문이 막힌다. 신멸론에 대해서는 짐이 상세히 알지 못한다.

이 글은 다만 신명이 곧 제사를 받는 귀물(鬼物)이라 말한 것이다. 『열반대경』의 뜻에 대해 양무제가 회통한 마음은 정말로 천박하다. 옛날 축도생은 "생사 속의 내[我]는 불성의 내[我]가 아니다"라고 했는데, 지금 양무제는 "『열반경』에서 말한 내[我]란 바로 여래장의 뜻으로 일체 중생이 다 불성이 있다는 것이 바로 내[我]의 뜻이다"라고 해서 마치 불성의 '나'를 말한 것처럼 보이지만, 그러나 앞의 논의에서 살펴보았듯이 실제로는 단지 생사에 유전(流轉)하는 '나'이자 또한 세속에서 말하는 윤회의 귀혼(鬼魂)일 뿐이다. 특히 보량이 이야기한 불성은 "열반의 체(體) 없음"을 "온갖 덕의 총체적 명칭"이라 하면서 진여를 불성으로 삼으므로 진실로 귀물(鬼物)이 아니다. 소위 '귀물이 아니다'는 말하자면 묘체(妙體)는 진제와 속제가 함께 낳은 것으로 유(有)라도 유(有)라 할 만한 것이 없고 무(無)라도 무(無)라 할 만한 것이 없어서 진실로 하나의 사물[一物]로 볼 수 없는 것이다. 『열반경』에서는 비록 진아(眞我)를 이야기하지만, 이는 세간에서 일컫는 영혼처럼 생사 속의 '나'가 아니다. 보량은 신명을 불성이라 말했지만, 그러나 실제로는 '신명의 체(體)'가 바로 진여임을 말한 것이라서 생사 속의 신명이 아니다. 양무제는 비록 진신(眞神)을 불성이라 말했지만, 그러나 그가 말한 진신은 바로 속제에 떨어진 것이므로 소위 귀물(鬼物)의 유(有)이지 유(有)와 무(無)를 초월한 묘유(妙有)가 아니다.

다만 불성을 신명이라 말한 것은 양무제 한 사람만이 아니다. 이는 실제로 당시 세속에서 유행한 설이다. 『대승현론』 권3에 인용된 영근사(靈根寺)의 승정(僧正) 혜령(慧令)은 이렇게 말한다.

> 영근사 승정이 말했다.
> "열반의 체(體)는 바로 법신이다. 이 법신은 멀리 있는 물건이 아니라 바로 옛날의 신명으로 지금의 법신을 이루고 있다. 신명은 이미 온갖 누추함이 있는 생사[生死萬累]의 체(體)이고, 법신은 역시 온갖 덕이 있는 열반[萬德涅槃]의 체(體)이다.

이 글에서 말한 내용과 양무제의 뜻은 서로 비슷한 곳이 있다. 또 균정의 『사론현의』에서는 이렇게 말한다.

> 제5 중사(中寺)의 소안(小安; 법안) 법사가 말한다.
> "마음에는 그윽이 전승하는 불후[冥傳不朽]의 뜻이 있어서 정인의 체(體)가 된다. 이 뜻인즉 신식(神識)에 그윽이 전승하는 작용이 있는 것이 마치 마음에 변이(變異)의 상(相)이 있는 것과 같아서 부처에 도달하는[154]:…… 역시 목석 등과 다르다[155]:.

법안의 설은 명확치 않다[156]:. 그러나 그의 설은 '마음에 그윽이 전승되는 불후의 작용이 있는데 이 작용에 입각해 정인을 수립한다'고 말한 것이고[157], 그래서 '마음에 한편으론 그윽이 전승되는 작용이 있더라도 한편으론 변이의 상이 있는' 것이다[158]. 이 법안과 양무제는 마음을 항상 머무는 성품과 생멸의 작용으로 나누는데, 비록 똑같지는 않더라도 법안의 대의(大意)는 진실로 양무제가 주장한 신불멸과 같다. 또 『대승현론』에서 말한다.

> 제3사(師)는 마음을 정인의 불성으로 삼기 때문에 경전에서는 "무릇 마음이 있는 자는 반드시 무상보리(無上菩提)의 성취가 정해져 있다"고 했으니, 심식(心識)이 목석과 같은 무정물과는 달라서 수행의 연마를 통해 반드시 성불할 수 있기 때문에 마음이 정인의 불성이란 걸 안다.

양무제는 "『열반경』에서는 마음이 정인이 되어서 끝내 불과(佛果)를 이룬다"고 기록했는데 앞서 말한 내용과 동일하다. 그렇다면 길장이 전한 제3사(師)는 제6사(師)와 더불어 근본적으로 차이가 없다. 균정이 양무제 이외에 마음이 불성이 된다는 설을 따로 열거하지 않은 것은 응당 이 때문이리라[159].

진(晉)나라 말엽 이래로 신불멸에 대한 논쟁이 지극히 뜨거워져서 『열반경』[160], 『승만경』[161]에 대한 강연을 요구하는 자가 많았다. 불성의 설도 견해가 다양했는데, 이 중에는 서로 관계가 있다고 의심되는 것도 있다. 당시 유행한 견해로는 일체 중생에게 다 불성이 있음이 바로 신불멸이란 뜻의 근본이라는 것이다. 균정의 『사론현의』 권5에서는 생사로써의 환원은 오직 대몽(大夢)일 뿐이고 부처를 증득할 때는 마치 대각(大覺)과 같다고 양무제가 밝힌 것을 서술했는데, 그 말의 내용은 근본적으로 신명이 성불한다는 뜻이다. 이 뜻은 우법개의 식함종(識含宗)과 동일하다[162]. 동진(東晉) 때는 아직 『열반경』을 보지 못했겠지만, 만약 『열반경』을 보았다면 우법개는 아마 불성의 뜻을 인용해서 자신의 설을 증명해 완성했을 것이다.

5) 장엄(莊嚴)과 개선(開善)

균정의 『사론현의』 권7에서는 또 제정한 취지의 뜻을 인용해서 여섯 가지 불성이 있다고 말한다. 소위 세 가지 인(因)[163:]과 두 가지 과(果) 및 여(與)(원래는 흥(興)으로 되어 있다)가 본래 갖춰진 불성의 정인이다. 이 내용은 양무제가 강의한 소(疏)에 반드시 나오는데 지금은 실전되어 상세히 알 수 없다. 균정은 또 예로부터 수립된 불성은 다소 똑같지 않다고 말했다.

(가) 네 가지를 수립했으니, 첫째, 정인(正因)[164:], 둘째, 연인(緣因), 셋째, 과(果)의 성품, 넷째, 과과(果果)의 성품이다. 이는 바로 하서 도랑 법사와 담일 법사가 사용한 것이며, 장엄(莊嚴)도 이 설과 동일하다.

(나) 네 가지를 수립했으니, 첫째, 정인, 둘째, 연인, 셋째, 경계인(境界因), 넷째, 과(果)이다. 이는 치성 색(治城 索)[165:] 법사가 사용한 것이다.

(다) 여섯 가지를 수립했으니, 바로 제지(制旨)의 뜻으로 앞에서 말했다.

(라) 개선(開善)은 손수 『불성의(佛性義)』를 써서 "인과를 자세히 논하면 공통으로 네 가지 명칭이 있다"고 하였으니, 첫째, 인(因), 둘째, 인인(因因), 셋째, 과(果), 넷째, 과과(果果)이다. 또 각각 네 가지 명칭이 있으니, 인(因)에는 정(正), 연(緣), 요(了), 경계(境界)의 구별이 있으며, 과(果)에는 삼보리(三菩提), 열반, 제일의공(第一義空), 지혜의 구별이 있다.

(마) 개선은 또 네 가지 명칭을 간략히 설했는데, 인(因)에는 정(正)과 연(緣)이 있고, 과(果)에는 지(智)와 단(斷)이 있다.

『열반대경』에는 경계인(境界因)의 명칭이 없고, 『사자후품』에서는 생인(生因)과 요인(了因)을 말하거나, 혹은 정인과 연인을 나누거나, 혹은 네 가지 불성을 나눈다[166]. 중국의 법사는 경문에 근거한 추정으로 각각 명목(名目)을 세웠기 때문에 모두 동일치 않으며 경전을 강의할 때에도 각자 주장이 있다. 즉 한 사람이 설명한 내용이 전과 후가 반드시 동일치는 않으니, 이 때문에 그의 제자가 전한 내용도 항상 저절로 서로 차이가 있다. 그래서 『대승삼론약장(大乘三論略章)』에서는 개선과 장엄에게 각기 다섯 가지 불성의 설이 있다고 했으니, 첫째, 정인, 둘째, 연인, 셋째, 요인(了因), 넷째, 과(果), 다섯째, 과과(果果)이다. 이 설한 내용은 균정과는 동일치 않은데, 이는 반드시 『대승삼론약장』의 오류는 아니다[167]. 또한 여러 법사를 통해 때에 따라 수립된 설도 동일치 않다. 그리하여 장엄, 개선의 정인설(正因說)에서 아는 내용을 많이 생략했기 때문에 특별히 서술한 것이며 나머지는 모두 빼버렸다.

양나라 장엄사(莊嚴寺)의 승민(僧旻)은 중생이 정인의 불성이 된다고 여겼으니, 이는 균정 및 『대승삼론약장』에서 전한 내용과 동일하다. 균정은 이렇게 말한다.

제7 하서(河西) 도랑(道朗) 법사 말미에 장엄사의 승민과 초제사의 백염(白琰) 공(公)[168] 등은 "중생은 정인의 체(體)"라고 하였다. 왜냐하면 중생의 작용은 총체적으로 어심(御心)의 법이고 중생의 뜻은 곳곳마다 안락한 생(生)이기 때문이다. 지금은 어심(御心)의 주(主)가 능히 대각(大覺)을 성취한다고 말하며, 대각의 인(因) 속에서 세세생생 유전(流轉)하지만 마음은 담연(湛然)을 얻으니, 이 때문에 중생이 바로 정인으로 부처를 얻는 근본이라 말한다. 그래서 『대열반경, 사자후품』에서는 "정인이란 온갖 중생을 말한다"고 하면서 역시 이제(二諦)를 벗어났다고 주장하는 것이다.

길장의 『대승현론』에서 말한다.

> 제1가(家)에서 중생을 정인의 불성으로 삼는다고 말했기 때문에 『열반경』에서는 "정인이란 온갖 중생을 말하며, 연인이란 육바라밀이 된다"고 했다. 이미 정인이 온갖 중생을 말한다고 했기 때문에 중생이 정인의 불성이 된다는 걸 알며, 또 "일체 중생에게 다 불성이 있다"고 했기 때문에 중생이 정인이란 걸 안다.

『대승삼론약장』에서 말한다.

> 장엄은 중생이 정성(正性)이 된다고 말했으며, 『열반경』에서는 "정인이란 온갖 중생을 말하며, 연인이란 육바라밀을 말한다"고 하였다.

장엄이 일컬은 중생이 과연 어떤 뜻인지 추측해 알기가 특히 어렵다. 길장 역시 "무엇이 중생인가?"라고 물었으며, 또 『열반경』에서 중생에게 불성이 있다고 말했지 중생이 불성이라고는 말하지 않았다고 하였다. 장엄이 주장한 정인의 설은 특히 난해하다.

양나라 개선사(開善寺)의 지장(智藏) 법사와 장엄, 광택 법사는 양나라 삼대(三大) 법사이다. 균정과 길장 등은 모두 그들을 성실론가(成實論家)로 지목하고 있다[169]. 그러나 『법화현의석첨(法華玄義釋籤)』에서는 "개선(開善)은 『열반경』을 영예롭게 여겼다"고 했으니, 그렇다면 지장은 진실로 『열반경』의 명장(名匠)이다. 장엄은 일찍이 정림사(定林寺)의 승유(僧柔)에게 수학했으며, 승유는 제(齊)나라 때 『성론(成論)』의 대사(大師)일 뿐 아니라 온갖 경전에도 능통했다. 균정이 말한다.

> 제8 정림사 승유 법사의 뜻은 개선과 지장 법사가 사용한 것이다. 전체적으로 말하면 가(假)와 실(實)이 모두 정인이니, 그래서 『열반대경, 가섭품(迦葉品)』에서는 "여섯 가지 법에 즉(卽)하지도 않고[170], 여섯 가지 법을 여의지도 않는다"고 하였고, 개별적으로 말하면 심식(心識)이 정인의 체(體)가 되기 때문에 『열반대경, 사자후품』에서는 "무릇 마음이 있는 자는 모두 삼보리(三菩提)를 얻는다"고 하였다. 그래서 법사는 궁핍하고 추악한 일천제에게도 근본으로 돌아가는 이(理)는 있다고 했으니, 가령 초목에 정(情)이 없어도 한 번 변화로[一化] 문득 죄[171]라면 궁극적으로 증득하는 이(理)는 없는 것이다. 중생의 심식은 상속(相續)이 단절되지 않아서 끝내 대성(大聖)을 이루는데, 이제 저 초목은 심식이 없기 때문에 중생에게 불성이 있다고 말하는 것이다. 그래서 『열반대경, 가섭품』에서도 '불성이 아니라 함은 담장이나 기와, 돌이 정(情)이 없는 것으로서 초목 등과는 다르다'고 했으니, 이 뜻은 심식의 영지(靈知)가 있어서 능히 삼보리의 과과(果果)를 감응해 얻는[172] 것이라 이제(二諦)를 갖추었다[173].

길장의 『대승현론』 중 제3가(家)는 여섯 가지 법을 정인의 불성으로 삼고, 제4가는 마음을 정인의 불성으로 삼으니, 이는 앞에서 설한 내용을 이가(二家)로 나눈 것이다. 이렇게 된 까닭은 아마 마음을 정인으로 삼는 설이 당시에 유행했기(앞에서 설명했다) 때문이다. 그래서 따로 일가(一家)를 열거해서 지장이 전체적인 것과 개별적인 것 두 가지로 나란히 진술해 조화의 뜻을 드러내 갖추었다. 그러나 균정의 글에서는 지장에 대해 네 가지 인(因)을 서술했고 『대승삼론약장』에서는 다섯 가지를 서술했으니, 양자가 비록 동일하지는 않지만 진실로 모두 저 마음을 정인의 불성으로 삼고 있다고 말한다. 그래서 마음을 정인으로 삼는 것은 응당 지장이 항상 서술하던 설이다.

6) 본유(本有)와 시유(始有)

남북조 시대에는 불성의 뜻에 대해 본유(本有)와 시유(始有)의 논쟁이 있었다.

(가) 시유(始有)란 바로 '당과(當果)'의 설이다. 애초에 축도생이 『불성당유론(佛性當有論)』을 지었는데 백마사의 애(愛) 법사가 그의 설을 인용하는 바람에 당과(當果)의 설이 있었고 후세 사람이 마침내 시유(始有)의 뜻을 수립했다. 말하자면 『열반경』에서 "불과(佛果)는 묘인(妙因)으로부터 생긴다"고 했는데, 중생은 잡되게 물들어서 청정하지 않으므로 저절로 묘인은 아니다. 불성에 대해 중생은 스스로 시유(始有)이다. 또 경전에서 말했듯이 젖으로부터 낙(酪)이 있지만 젖에 낙(酪)은 없으니, 이 또한 중생은 불성에 당면해 있지만[當有] 본래라면 없다는 것이다.

(나) 본유(本有)란 중생이 불성을 본유(本有)하고 있다는 걸 말한다. 『열반경』에서는 중생의 불성을 어두운 방의 병이나 항아리, 역사(力士)의 액주(額珠)[15], 가난한 여인의 보배 창고, 설산(雪山)의 첨약(甛葯)에 비유하면서 "본래 저절로 있는 것이지 바로 지금에 있는 것은 아니다"라고 했다. 경전의 분명한 문장에는 유비(類比)가 매우 많기 때문에 『열반경』의 법사들 중에는 이 설을 지닌 사람이 많다. 가령 영미 보량은 유심(有心)이면 진여불성이 있다고 말했고, 양무제는 심성은 '하나'로서 항상 머물며 변천하지 않는다고 했으며, 아울러 법운의 '고통을 피하고 즐거움을 구함'과 법안의

15) 액상(額上)의 주(珠)라고도 함. 옛날 어느 왕가(王家)에 이마에 금강주(金剛珠)가 있는 역사(力士)가 있었다. 그는 다른 사람과 치고받다가 미간의 금강주가 살 속으로 들어간 줄 알아채지 못했는데, 후에 의사가 지적해주자 알게 되었다. 일체 중생이 번뇌에 가려서 본래 갖춘 불성을 알지 못하였지만 부처의 교설을 만나 알게 된 것을 비유.

'그윽이 전승되는 불후의 작용'은 모두 본유이지 시유가 아니다.

그러나 『열반경』의 글에서는 성불이 반드시 장래에 있다고 분명히 말하거늘 어찌 본래 불성이 있음을 용납하겠는가[174]. 이는 경문을 관통해서 조화의 설이 있기 때문이다. 그 첫 번째로 '당면한[當] 본유(本有)'의 뜻인데, 균정은 이렇게 말한다.

> 그러나 본유의 이해에 두 가지 가(家)가 있다[175]. 첫째, '당면한[當] 본유'이다. 말하자면 중생에겐 본래 반드시 당면한[當] 성불의 이(理)가 있지만 요즘 말하는 시유(始有)의 성불이란 뜻은 아니니, 이는 『성실론』 법사들의 종지이다.

이 글에서는 본래 불성이 없다고 말한 것으로 보인다. 그러나 중생이 당래(當來; 미래)에 능히 성불하는 이(理)에 입각해 말한다면 본유(本有)라고 말할 수 있으며, 다만 성불은 당래(當來)에 존재하기 때문에 또한 시유(始有)라 말하게 된다. 이는 개선의 말을 인용해 사례로 삼은 것으로서 개선 역시 『성실론』의 법사이다[176]. 『대승삼론약장』에서는 본유와 시유에 도합 네 가지 가(家)가 있다고 서술했다. 제1가(家)는 개선(開善)으로 '당면한[當] 본유(本有)'의 뜻을 갖고 있다. '당면한 본유'란 불성은 본유이자 시유임을 말한 것이니[177], 이 때문에 원효의 『열반종요』에서는 개선의 설에 본유이기도 하고 시유이기도 한두 가지 뜻을 갖추고 있다고 말한다. (1) 소위 시유의 뜻은 불성을 본유(本有)한 자는 반드시 증득함이 있다는 것이다. 그러나 중생은 본래 원천적으로 증득하지 못하다가 증득에 도달했을 때에야 비로소 얻으니, 이것이 바로 생(生; 생겨남)의 뜻이다. 진실로 중생의 심식이 끊임없이 상속함으로써 성불에 이르고 만행(萬行)이 원만한 것이니, 금강심(金剛心)이 물러나고 종각(種覺)[16]이 비롯할 때를 시유라고 설한다. 또 『열반경』에서는 "젖 속에는 낙(酪)이 없다"고 하고, 또 불성은 삼세에 포섭되지 않으니, 이 때문에 중생이 증득하지 못했을 때에는 장엄청정(莊嚴淸淨)의 몸을 모으지 못하므로 '시유'라고 말한다. (2) 소위 본유의 뜻이란 불생(不生)의 뜻이다. 부처의 체(體)는 이(理)의 지극함이고, 이(理)는 진실로 중생에게 본유이지 시유가 아니니, 이것이 바로 불생(不生)이다. 그래서 원효는 "만약 결정코 신명(神明)이 있다면 본래 당면한[當] 이(理)가 있는 것이니, 이는 본유의 뜻이다"라고 서술했다. 또 부처의 체(體)는 처음과 중간과 나중이 없는데 무엇을 기다려 '시(始)'라 말하고 '생(生)'이라 말하겠는가. 그러므로 중생에 입각해 말한다면 상속(相續)으로 금강에 도달한다고 설할 수 있으며[178:], 체(體)에 입각해 말한다면 항상[常][179:]이라서 저절로 본유이다[180:].

두 번째로는 가령 『지론(地論)』 법사의 설이다. 길장의 『대승현론』 3에서 말한다.

> 그러나 『지론』의 법사가 말한다.
> "불성에 두 종류가 있으니, 첫째는 이(理)의 성품이고, 둘째는 행(行)의 성품이다. 이(理)는 사물로 이루어지지 않았기 때문에 본유라 말하고, 행은 수행을 빌려 이루어지기 때문에 시유라 말한다.

---

16) 부처가 일체종지(一切種智)를 증득해서 대각(大覺)이 원만하기 때문에 '종각'이라 이름 붙인 것이다. 남조 양나라의 간문제가 지은 『대법송(大法頌)』 서문에서 "합치지도 않고 흩어지지도 않으며, 가지도 않고 오지도 않아야 종각(種覺)이 생겨날 수 있다"고 하였다.

또 균정은 이렇게 말한다.

> 『지론』의 법사가 말한다.
>
> "분별해서 말하면 세 가지 종류가 있다. 첫째는 이(理)의 성품이고, 둘째는 체(體)의 성품이고, 셋째는 연기(緣起)의 성품이다. 은폐된 때[時]는 이(理)의 성품이고, 드러나기 시작하면 체(體)의 성품이 되고, 작용할 때는 연기의 성품이 된다.

두 책에서 전한 내용이 동일치는 않지만, 그러나 이(理)가 은폐되고 본유이면 바로 조화의 뜻을 갖춘다. 실제로 이 뜻은 멀리 법요까지 소급할 수 있다. 앞서 서술한 개선의 뜻이 진실로 이(理)가 본유라고 말했다면, 그렇다면 이 설은 정말로 북방의 『지론』가(家)가 창조한 것은 아니다. 그 후 현수(賢首)의 종지는 『화엄경』에 근거해 이법계(理法界), 사법계(事法界)[17]를 크게 이야기하는데 이 역시 『지론』가의 설을 답습했기 때문이다181:.

세 번째로 『중론소기』 권10에서는 이렇게 말한다.

---

17) 화엄종에서는 모든 존재의 세계를 네 가지 범주로 파악하는데 이를 사법계(四法界)라 한다. 이법계(理法界), 사법계(事法界)는 이 중 두 가지다. 네 가지 법계; (1) 사법계(事法界)는 낱낱의 차별 현상 세계이고, (2) 이법계(理法界)는 모든 현상의 본질이 동일한 세계이고, (3) 이사무애법계(理事無礙法界)는 본질과 현상이 둘이 아니라 하나로서 서로 걸림 없는 관계 속에서 의존하고 있으므로 모든 존재가 평등 속에서 차별을 보이고 차별 속에서 평등을 나타내고 있는 세계이며, (4) 사사무애법계(事事無礙法界)는 모든 현상이 걸림 없이 서로가 서로를 받아들이고 서로가 서로를 비추면서 융합하고 있는 세계이다. 이것을 화엄의 법계연기(法界緣起)라고 한다.

> 가령 영미 보량의 견해로는 체용(體用)의 열반이 있고 공용(功用)의 열반이 있으며, 가령 예부터 전해진 것으로는 본유의 열반과 시유의 열반이 있으며, 가령 북방『지론』사람의 이해로는 성정(性淨)의 열반과 방편(方便)의 열반이 있다.

영미 보량이 불성을 체(體)와 용(用)으로 나눈 것은 앞에서 이미 언급했다. 본유와 시유의 구분이 곧 '당면한[當] 본유'인 것은『성실론』법사들의 뜻이고, 북방『지론』사람이 설한 성정과 방편은『기신론』가(家)가 성대하게 전한 것으로 의심되는데 앞서 말한『지론』의 뜻과는 구별이 된다. 그러나 이 모두는 조화(調和)의 설이다.

미주

제17장

1) 경전은 『열반경』을 말한다.

2) 논서는 『성실론』을 말한다.

3) 도생과 동시에 이 열반학을 공부한 사람의 이름은 앞 장(章)에서 이미 나왔다.

4) 용광사에 머물렀고 『열반기』를 저술했다. 이하 대부분은 『고승전』이나 『속고승전』에 보인다.

5) 보림의 제자. 『금강후심론』을 저술했는데 모두 『도생전』 부록에 보인다.

6) 도생을 따라 여산으로 갔다.

7) 도유의 제자

8) 도생의 제자

9) 도생이 말한 돈오의 뜻을 이어받아 진술했다.

10) 백마사에 주석했다. 『집해(集解)』에서는 담애(曇愛)의 설을 인용했는데 바로 이 사람이다.

11) 법원의 제자. 또 담빈, 담제 두 법사를 따랐고 『열반의소(涅槃義疏)』를 저술했다.

12) 승종의 제자

13) 『집해』에선 그의 말을 인용해서 항상 승종, 법요와 같은 사람들의 설을 서술했다. 즉 『속고승전, 승소전(僧韶傳)』의 법랑(法朗)이 『열반집해』를 지었는데 앞으로 상세히 밝히겠다.

14) 『집해』에선 그의 기록을 인용해서 역시 승종을 서술하고 있다. 『고승전, 법안전(法安傳)』 부록에 보인다.

15) 『집해』에선 그의 기록을 인용하여 승종을 서술하고 있다.

16) 오흥(吳興) 사람으로 섬현(剡縣)에 거주했다.

17) 동아(東阿)의 승려 혜정(慧靜)은 이낙(伊洛;낙양), 서주(徐州), 곤주(袞州)를 편력했는데, 소산 법요(小山 法瑤)는 그의 제자이다.

18) 처음엔 남양(南陽)의 도위(道韙)에게 배웠고, 나중엔 법요와 정림(靜林) 법사에게 배웠다.

19) 동아 혜정(원래는 정(竫)으로 되어 있다)의 제자. 『집해』에서는 승량의 설을 인용하고 있는데 아마 혜량일 것이다.

20) 북방에서 배워서 『니원의소(泥洹義疏)』를 저술했는데 아마 6권본을 가리킬 것이다.

21) 장안 사람

22) 노군(魯郡) 사람

23) 낙읍(洛邑) 백마사의 혜광(慧光)을 스승으로 섬겼고 『열반의소』가 있다.

24) 청주(靑州)의 도명(道明)을 스승으로 섬겼고 『열반의소』가 있다.

25) 광택사(光宅寺)

26) 섬현 혜정(慧靜)의 제자

27) 원래는 북방의 지탄(智誕)의 제자였다가 나중에 남경(南京)으로 유행했고 『소(疏)』가 있다.

28) 보량의 제자이며 『소』가 있다.

29) 『송서(宋書), 외국전(外國傳)』에 보인다.

30) 형주의 상명사(上明寺)

31) 칠종론(七宗論)의 저자

32) 『집해』에서는 그의 말을 인용하고 있으며, 『고승전, 승종전(僧鐘傳)』 부록에 보인다.

33) 『집해』에서는 항상 도혜의 기록을 인용하거나 혹은 편찬한 것을 말하면서 "혹은 『고승전, 혜륭전(慧隆傳)』 부록에 보이는 승려일 것이다"라고 했다.

34) 상당(上黨) 사람이다.

35) 북다보사(北多寶寺)

36) 다보사

37) 중흥사(中興寺)

38) 담순(曇順)의 제자

39) 종산(鍾山) 연현사(延賢寺)의 지도(智度)를 스승으로 섬겼고 『소』가 있다.

40) 개선사(開善寺)

41) 『소』가 있다.

42) 회계의 가상사(嘉祥寺). 『소』 10권이 있다.

43) 상정림사(上定林寺)

44) 『집해』에서는 팽성 혜령의 설을 인용하고 있다.

45) 상세하지 않다. 『집해』에는 그의 안어(按語)가 많다.

46) 부양(富陽)

47) 『소』가 있다.

48) 『소』가 있다.

49) 삼론학의 승려

50) 백마사

51) 팽성사(彭城寺)에 주석했고 저서에 『소』가 있다.

52) 일본 승려 코오타[光太] 법사의 『삼론진여연기(三論眞如緣起)』에서는 이 책이 혜균(慧均) 승정(僧正)의 작품이라 하는데, 그렇다면 균정은 사람 이름이 아니니 마치 혜령 승정을 영정(令正)이라 칭하는 것과 같다.

53) 즉 혜균 승정(慧均 僧正)

54) 원래는 차원(此遠)으로 되어 있는데 잘못된 것이다.

55) 원래는 망(望)으로 되어 있다.

56) 응당 신안(新安)이어야 한다.

57) 인용된 문장은 균정과 거의 똑같다.

58) 원래는 망(望)으로 되어 있다.

59) 영(靈)은 원래 영(零)으로 되어 있다.

60) 즉 소량(小亮)

61) 원문에서는 여(如)가 제(諦)로 되어 있다. 지금은 『삼론약장(三論略章)』에 의거해 개정했다.

62) 원래는 소언(蕭焉)으로 되어 있다.

63) 즉 소안(小安)

64) 또는 '똑같이 비추어 제접(提接)하는 뜻'이라고 한다.

65) 원래는 택(澤)으로 되어 있다.

66) 균정은 "광택 역시 항상 보량 법사의 뜻을 사용했다…….”라고 했으며, 마음에 진여의 성품이 있는 걸 정체(正體)로 삼았다.

67) 어느 법사의 설인지는 말하지 않았으며, 또한 도랑이 중도를 정인의 체(體)로 삼았다고 말했다.

68) 원래 있던 글자는 잘못이다.

69) 즉 앞서의 통(通)

70) 즉 앞서의 별(別)

71) 고려본 『고승전』에서는 요(瑤)가 진(珍)으로 되어 있는데 잘못이다.

72) 『고승전, 본전(本傳)』

73) 『고승전, 혜정전』

74) 『고승전, 본전』

75) 응당 관내의 빙이다.

76) 혜정은 동아 사람이라서 동아의 혜정이라 불린다. 그렇다면 관내의 빙은 저절로 관내 사람이어야 한다. 아마 하서 지역에 들어간 적이 있기 때문에 『열반경』에도 능했다.

77) 『삼론약장』에서는 "소산(원래는 빙산(氷山)으로 되어 있다) 법요 법사는 팽성의 빙 법사의 해석을 종지로 삼았다. 그렇다면 빙은 팽성에 머문 적이 있으며, 법요는 아마도 그곳에서 수학했을 것이다.

78) 『고승전, 본전』

79) 『송서(宋書)』 63

80) 『고승전』

81) 『고승전, 본전』

82) 송나라 초기의 승려들이 모두 다 성(姓)을 석(釋)으로 쓴 것은 아니다. 그러나 『고승전』에서는 매번 성을 석(釋)으로 고쳤다. 예컨대 『고승전』에 실린 법요와 함께 신안사(新安寺)에 거처한 석도유(釋道猷), 『우록』 9 도자(道慈)의 『승만경서』에 나온 축도유(竺道攸)를 증거로 삼을 수 있다.

83) 앞 장에 상세히 보인다.

84) 『건강실록(建康實錄)』, 『송서, 천축천』 및 『송서, 장융전(張融傳)』에 보인다. 또 『고승전, 승달전』에서는 절을 자란이 지었다고 한다.

85) 『우록』 9의 『도자서(道慈序)』에서는 효무제가 그를 경도로 불러들였다고

말한다. 여기서는 『고승전』을 따른다.

86) 이상 『고승전』에 보인다.

87) 『고승전, 담빈전』을 보라.

88) 『송서, 천축전』

89) 『우록』 9 『경서(經序)』에 보인다.

90) 송(宋) 자로 의심된다.

91) 『열반경유의(涅槃經遊意)』에서 열반의 뜻을 밝히면서 은(隱) 법사의 설을 인용하고 있는데, 이를 살펴보니 바로 앞서 말한 『열반집해』에 인용된 문장에서 나온 것이다. 은(隱) 자는 요(瑤) 자의 잘못이다.

92) 『속고승전』에는 준(准)으로 되어 있다.

93) 원문에는 담차원(曇此遠)으로 되어 있다. 그러나 길장의 『대승현론』 제3에서는 하서의 도랑이 담무참을 계승해 『열반의소』를 지어서 중도를 불성으로 삼았다고 말했다. 그 내용이 균정의 기재(記載)와 딱 부합하기 때문에 담차원이 바로 담무참의 잘못이란 걸 안다.

94) 원문에는 참(讖)이 원(遠)으로 되어 있는 것을 이제 고쳤다.

95) 원문에는 고고(高高)로 되어 있는 것을 이제 바르게 고쳤다.

96) 혜달의 『조론소』에서는 이 말을 인용하고 있는데 분(分) 자가 표(表) 자로 되어 있다. 그리고 타(埵) 법사의 말이라고 하는데, 타(埵) 자는 요(瑤)의 잘못이다.

97) 담빈에게 도(道)를 수학한 적이 있으며, 담빈은 법요에게 학문을 물은 적이 있다.

98) 영(零)은 영(靈)의 잘못이다.

99) 『열반집해』 권18에서는 양나라의 지수(智秀)도 "성품의 이(理)는 둘이 없다"고 한 말을 인용했으며, 개선사(開善寺)의 지장(智藏)도 이(理)로써

불성을 설명했는데 앞으로 상세히 밝히겠다.

100) 앞 장에서 상세히 밝혔다.

101) 오직 권15에서 인용한 법요의 십지삼주처(十地三住處) 설에서만 발명(發明)할 수 있다.

102) 『광홍명집』에는 양나라의 소명태자(昭明太子)가 법신(法身)을 해석한 뜻이 실려 있는데, 지인(至人)은 감응하지 않아도 중생은 주목하고 추앙하여 이익을 받는다는 말을 하고 있다. 이 또한 '무연(無緣)으로 감응하는' 설을 주로 한 것으로 참고할 수 있다.

103) 이 글은 『열반집해』 권1과 『고승전, 본전』에 보인다.

104) 이상 『고승전』에 보인다.

105) 『열반집해』에서 인용.

106) 소승과 외도의 치우친 가르침.

107) 원래는 고고(高高)로 되어 있다.

108) 열반은 체(體)가 없어서 과과(果果)의 불성이 바로 온갖 덕의 총체적 명칭이다.

109) 그러므로 정인의 작용이 된다.

110) 원문의 혹(或)은 미혹의 오류로 의심된다.

111) 『승만경』을 가리킨다.

112) 배(背)는 원문에서는 개(皆)로 되어 있다.

113) 원문에는 택(澤)으로 되어 있다.

114) 또 당과(當果)의 설도 역시 보량이 직접 말하지 않은 것이다.

115) 부(不)는 원문에서는 하(下)로 되어 있다.

116) 상(常), 락(樂), 아(我), 정(淨)에서 말하는 즐거움.

117) 이것이 바로 마음을 정인의 체(體)로 삼는 것이다.

118) 이른바 신명의 묘체

119) 『수지(隋志)』에는 『주역강소(周易講疏)』에서부터 『공자정언(孔子正言)』까지 도합 11종(種) 117권을 기록하고 있다. 그러나 오히려 『수지』에는 기재되어 있지 않다.

120) 『우록』 8에 보인다.

121) 『속고승전, 의해편(義解篇)』에서는 "양무제는 『열반경』을 주해했으나 만족하지 못해서 『대품』을 거듭 밝혀 오묘한 뜻을 발명(發明)했다"고 하였다.

122) 『광홍명집』에는 소명태자(昭明太子)의 『사칙뢰강소계(謝勅賚講疏啓)』가 실려 있다. 소명태자는 대통(大通) 3년에 죽었다(서기 529년).

123) 『우록』 12 『법원집목록(法苑集目錄)』에는 『황제주대품경기(皇帝注大品經記)』가 있다. 『속고승전, 보창전』에서는 50권이 있다고 말한다. 『광홍명집』에 있는 육운(陸雲)의 『어강반야경서(御講般若經序)』에서는 『대품』의 주석이 천감 11년에 있었다고 말하며, 아울러 이때부터 황제가 직접 강설(講說)했다고 한다.

124) 이는 『대품경』 제70품이다. 황제는 특별히 나누어 출간했고 대동(大同) 7년(서기 541년)에 강의했다. (육운의 서문을 보면) 응당 따로 소(疏)를 만든 적이 있다. 『양본기(梁本紀)』에서는 양무제가 『열반경』, 『대품』, 『정명경』, 『삼혜의기(三慧義記)』 수백 권을 지었다고 말한다.

125) 이상 모두 『양본기』에 보인다. 양무제가 설한 호칭은 '제지의(制旨義)'라 하는데, 앞의 두 서적의 제목에도 모두 제지(制旨) 두 글자가 있다.

126) 『광홍명집』에 소명태자(昭明太子)의 『사칙뢰강소계(謝勅賚講疏啓)』가 실려 있다.

127) 개제(開題)가 『광홍명집』에 보인다. 또 『광홍명집』에 실린 소자현(蕭子

顯)의 『어강마하반야경서(御講摩訶般若經序)』에서는 중대통(中大通) 7년(서기 535년) 계축년(癸丑年) 2월 기미(己未) 그믐 26일 갑신(甲申)에 동태사(同泰寺)에 가서 『반야경』을 강의했다. 이 논의와 문답은 당시에 기록한 것이다. 계축년 2월 기미 그믐은 중대통 5년(서기 533년)이다. 원작의 7년은 오기이다.

128) 『속고승전, 보해전(寶海傳)』

129) 『속고승전, 지장전』

130) 『석로지』를 참고하라.

131) 『대승현론』 권3에서 말한 내용

132) 또한 법랑(法朗)이라고도 한다.

133) 이는 바로 서문의 목록이지 전체 서적에서 인용된 가수(家數)의 목록이 아니다.

134) 일본의 『속장(續藏)』에서는 이를 보량의 편찬이라 제(題)했는데 실제로는 오류이다. 보량의 소(疏)는 단지 10여만 언(言)이지만 지금의 서적에 있는 글자는 몇 배나 많다.

135) 원작에서는 소(簫)로 되어 있다.

136) 양무제가 글을 편찬하고 심적(沈績)이 서문과 주석을 지었다.

137) 『수지(隋志)』 집부(集部)에 양무제가 편찬한 『정업부』 3권이 기록되어 있는데 지금 현존하는 것은 완전하지 않다. 그러나 현존하는 부(賦)의 서문 중에 '소인의 도가 커지고[小人道長]'에서 '각자 권축을 잡는다[各執權軸]'까지의 두 구절에 있는 문장 한 단락은 도선(道宣)이 덧붙인 것이다. 또 황제가 부(賦)를 지은 시기는 이미 만년이란 걸 서문에 근거해서 알 수 있다.

138) 심적의 서문을 참고하라.

139) 중생은 목석 등과는 다르다.

140) 이상은 『성불의기(成佛義記)』 및 심적의 주석에 근거한다.

141) 이것은 바로 『여래성품』의 말을 인용한 것이다.

142) 『수지(隋志)』에 1권이 기록되어 있다.

143) 양무제 이전에는 대옹(戴顒)의 『중용전』이 있는데 『수지』에 기록되어 있다.

144) 생멸을 말함.

145) 말하자면 본성이 하나이다.

146) 무명이란 삿된 밝음을 가리키는 것이지 태허처럼 무심이 아니다.

147) 흙이나 돌은 무심이기 때문에 불성이 없다.

148) 제13장에 상세히 보인다.

149) 양무제는 반야를 중시했는데 역시 경릉왕에게 얻은 것으로 보인다. 앞으로 상세히 밝힘.

150) 심적의 주석에서 "소위 작용에는 흥(興)과 폐(廢)가 있고, 체(體)에는 생(生)과 멸(滅)이 없다"고 했다.

151) 어떻게 신명의 성품이 변천하지 않음을 아는가?

152) 심적의 주석에서는 "성불의 확연함은 그 근본을 형상화한 것이며, 생사를 다할 수 있음은 그 작용을 말미암은 것이다"라고 했다.

153) 그래서 제목을 '신명이 성불하는 뜻을 수립함'이라 했다.

154) 이하 빠진 문장이 있다.

155) 이 이하 원문은 오류라서 생략했다.

156) 법안은 『지절전(志節傳)』을 저술한 사람이다.

157) 논서의 권3에 있는 제4사(師)를 참고하라.

158) 어쩌면 법안은 부처에 도달하면 변이의 상이 소멸된다고 여겼을지 모른다.

159) 원효가 열거한 육가(六家) 역시 양무제의 설일 뿐이라서 무심이 불성이 된다는 견해이다.

160) 불성의 뜻

161) 여래장의 뜻

162) 앞의 제9장에 소개했다.

163) 원래 과(果)로 되어 있는데 오류이다.

164) 원래는 목(目)으로 되어 있다.

165) 소(素)로 된 곳도 있다.

166) 인(因) 및 인인(因因), 과(果) 및 과과(果果)이다.

167) 균정의 책 권8에서도 개선에게 다섯 가지 설이 있다고 하였다.

168) 백염이 누군지는 확실하지 않다. 진(陳)나라의 건초사(建初寺)에 보경(寶瓊)이 있으며 백경(白瓊)이라 칭하기도 한다.

169) 『삼론현의』에서 항상 이 말을 했다.

170) 여섯 가지 법은 오음 및 가인(假人)을 말한다.

171) 이 글자는 오류로 의심된다.

172) 덕(德)은 득(得)자이다.

173) 구(具)는 원래 구(俱)로 되어 있다.

174) 이는 스스로 경문을 잡아서 말한 것이며, 뜻에 근거하면 본유의 뜻에는 원래 병(病)이 없다.

175) 원래는 유(有) 자 하나가 빠져 있다.

176) 성실론 법사인 광택 법운 역시 이 설을 지니고 있는데 앞 장(章)에서 소개했다.

177) 그래서 본유열반과 시유열반의 명칭이 있다.

178) 이는 생(生)의 뜻이다.

179) 이는 불생(不生)의 뜻이다.

180) 이상 원효와 균정이 서술한 내용을 모두 채택했다. 개선의 설은 원래 진실로 본유라 하지 않았기 때문에 균정은 단지 그의 설이 시유를 잡은 것이라 말했다.

181) 『대승삼론약장』의 제4가(家)가 아마 이 뜻일 것이다.

18

남조 시대 『성실론』의 유행과 반야 삼론의 부흥

진(晉)나라 말기부터 진(陳)나라까지 남조의 불학(佛學)은 전후가 다르다. 유송(劉宋)과 남제(南齊) 시대에는 『열반경』, 『성실론』이 선후로 유행했는데 그 학풍이 허무를 특별히 중시하는 동진 시대의 학풍과는 아주 달랐다. 양나라와 진(陳)나라 두 시대에 현담은 다시 흥성했고 삼론도 부흥했지만 송나라와 제나라 시대와는 역시 차이가 있었다. 『성실론』이 양나라 시대에 지극히 성행했지만, 그러나 제나라 때는 『성실론』에 대해 이미 사람들의 부정적인 논의가 많았다. 양나라 시대에 『반야』 사상은 조금씩 번창하다가 차차 『성실론』과 『삼론』의 논쟁이 치열해지면서 각자 문호를 세웠는데, 이는 당나라 때 각 종파에서 행한 논쟁의 성질과 거의 같았다.

생각건대 당나라 시대의 논쟁에서는 이미 종파가 설립되었다. 하지만 육조 시대의 불학은 그저 스승의 법만 있지 아직 교파는 형성되지 않았다. 일본 승려가 전하기를 '남북조 시대에 성실종과 삼론종 등등이 있었다'고 하지만 실제로 역사적 진실과는 부합하지 않는다. 역사적 사실대로 말하면,

남북조 시대에는 단지 일대(一代)의 대사(大師)와 같은 경사(經師)만 있어서 경전과 논서를 연구해 통달했다. 특히 『성실론』을 잘했는데, 이 논에 의거해 불교학을 발명(發明)했으므로 이들을 『성실론』의 법사라고 불렀다. 그렇다면 법사는 여러 경전을 겸하여 잘할 수 있으므로 굳이 하나의 경전만을 종지로 삼을 필요는 없었다. 『법화현의석첨(法華玄義釋籤)』에서는 이렇게 말했다.

“개선(開善)은 『열반경』으로 명예를 얻었고, 장엄(庄嚴)은 『십지경』, 『승만경』으로 이름을 날렸고, 광택(光宅)은 『법화경』에 대해 당시 독보적이었다.”

이 세 법사는 모두 『성실론』 법사로 불렸지만, 그렇다고 해서 세 법사가 반드시 『성실론』만을 최상승(最上乘)이라고 여겼다는 말은 듣지 못했다[1:]. 또 승려는 모두 석가모니의 제자라서 정통(正統)에 대한 논쟁을 할 필요가 없었으니, 당시에는 전통적으로 조상을 결정하는 설이 아직 나타나지 않았기 때문이다. 정통에 대한 논쟁은 학파 사이의 충돌이 있은 뒤부터 생겨났지 그 이전에는 일어나지 않았다. 따라서 『성실론』과 『삼론』이 성립할 때의 차이는 처음엔 당나라 시대의 종파 논쟁과는 달랐다. 하지만 논쟁이 오래되자 거의 종파끼리 서로 논쟁하는 의의(意義)가 이루어졌는데, 그러나 이는 단지 길장의 책에서만 보일 뿐 그 이전에는 아주 드물었다.

1) 『성실론』의 전래와 번역

『성실론』은 가리발마(訶梨跋摩)가 편찬한 것이다. 가리발마는 중천축 사람으로 대체로 중국의 조위(曹魏) 시대에 태어났다. 본래의 종교는 소승의 『아비담』이었지만 나중에 『가전연대론(迦旃延大論)』을 알고서 논쟁의 시작을 열었다. 그러나 양자의 근원은 같지만 말단이 달라서 장차 쇠퇴할

조짐을 보이자, 마침내 『방등』에 뜻을 두고 구부(九部)를 연구해서 백가(百家)의 온갖 유파의 담론을 널리 인용하고 경전의 오의(奧義)가 통하고 막히는 변론을 검증했다. 번잡한 것을 없애고 지엽적인 것을 버려서 근본으로의 귀의(歸本)를 간직해 2백2품을 만든 것이 바로 『성실론』이다. 『성실론』은 동진(東晉)에 전래되면서 중하(中夏)에 들어왔다. 요진(姚秦) 홍시 13년(서기 411년) 신해년(辛亥年) 9월 8일 상서령 요현(姚顯)이 이 『성실론』의 역출을 요청했고 다음 해 9월 15일에 완성되었다. 외국 법사 구마라집이 손수 호본(胡本)을 들고 구두로 직접 전역(傳譯)하고 담귀(曇晷)가 필사했다. 이 이후에는 다시 전역하지 않았고 오늘날 원본은 이미 유실되었기 때문에 불학을 연구하는 세계의 학자들은 『성실론』을 부득이 중국에서 구할 수밖에 없다.

구마라집은 만년에 『성실론』을 번역하기 시작했다. 그는 평생 『반야경』에 힘을 기울였지만, 그러나 요현의 요청으로 이 『성실론』을 번역했는데 여기에는 두 가지 이유가 있다. 첫째, 이 『성실론』은 명상(名相)의 분석이 조리가 명확해서 처음 연구하는 불교 학자들에게 도움이 될 수 있다. 둘째, 구마라집은 언제나 비담을 배척했는데 이 『성실론』이 항상 비담을 타파했으며, 또 『성실론』에 담긴 뜻은 『반야경』의 영향을 받았으므로 『반야경』을 연구하는 사람과 하나의 대비(對比)를 이룰 수 있다. 이 두 가지 원인 때문에 역출했지만, 그러나 실제로 구마라집이 이 책을 특별히 중시한 적은 없다. 길장의 『삼론현의』에서는 이렇게 말했다.

> 과거 구마라집 법사가 『성실론』의 번역을 마치고 나서 승예에게 강의하라고 명했다. 구마라집이 열반한 후에 승예는 스승의 유언을 기록했는데 『논서(論序)』를 지어서 이렇게 말했다.

"『성실론』은 부처가 열반하고 890년 뒤에 계빈국 소승학자의 거장인 구마라타(鳩摩羅陀)의 수제자 가리발마가 지은 것이다. (중략) 어떤 사람은 이 『성실론』이 멸제(滅諦)를 밝힌 것으로 대승과 모두 일치한다고 말했는데, 구마라집은 이 말을 듣고 한탄했다.

'진(秦)나라 사람의 깊은 이해가 어찌 이 지경인가. 나는 매번 그들이 대승을 보편적으로 믿는 사람인지 의심한다. 마땅히 알아야 하나니, 깨달음이 중도를 말미암지 않아도 미혹은 식별할 수 있다.'

길장은 승예의 서문을 인용했으므로 응당 판본이 있었을 것이다. 구마라집이 세상을 떠난 후 의학(義學)은 남방으로 갔다. 마침 시대를 만났기 때문에 『반야』의 학문은 승조에게 와서 극치에 이르렀다. 송나라 시대의 학풍은 평실(平實)에 치우쳤지만, 『성실론』은 처음 배우는 사람에게 편리해서 서로 전하며 익혔기 때문에 결국 대승으로 불리게 되었다[2]. 그러다가 제(齊)나라와 양(梁)나라 시대에 와서 『반야』의 삼론이 점차 흥기한 후에야 비로소 소승이라 주장하면서 더욱 배척했다.

2) 『성실론』의 법사

구마라집이 『성실론』을 번역할 때는 이미 만년이었기 때문에 그의 제자 중에 『성실론』을 통달한 자는 많지 않았다. 『고승전』에는 구마라집이 『성실론』을 번역한 후 담영이 올바로 필사해 다섯 번을 결집했으며, 승예는 질문하지 않고도 구마라집이 타파한 비담의 일곱 곳을 알아서 모두 구마라집의 칭찬을 받았다는 내용이 실려 있다[3]. 구마라집의 문하에서 『성실론』으로 유명한 법사는 사실 승도(僧導)와 승숭(僧嵩)이다.

석승도는 장안 사람으로 일찍이 승예의 중시를 받았고 요흥도 그의 덕업(德業)을 흠모했다. 아울러 구마라집이 경전을 번역하자 승도는 상세한 교정에 참여해 논의했다. 또 승도는 『성실삼론의소(成實三論義疏)』와 『공유이제론(空有二諦論)』 등을 지었다. 후에 송나라 고조가 장안에 들어와 관중 지역을 평정한 후 자신의 아들 유의진(劉義眞)을 장안에 주둔시켜서 승도와 서로 의탁하게 했고, 유의진은 후에 혁련(赫連)에게 핍박당했을 때 승도의 능력 때문에 피할 수 있었다. 그리하여 강남에 갔을 때 고조는 승도의 덕행에 감동해서 자식과 조카들이 스승으로 모시게 했다. 훗날 수춘(壽春)에 절을 세웠는데 소위 동산사(東山寺)이다[4]. 승도를 따라 공부하는 학자들이 천여 명이 되었다. 효무제(서기 454년~464년)가 조서를 내려 건업에서 영접하여 『유마경』을 강설하도록 했는데 황제가 직접 행차했다. 그 후 사직하고 수춘으로 돌아왔다가 96세로 임종을 맞았다. 그의 제자 중에 유명한 자가 아주 많아서 수춘은 마침내 『성실론』의 중심지가 되었다.

승도의 제자로서 『성실론』으로 유명한 자는 승인(僧因), 승위(僧威), 담제(曇濟)이다. 담제[5]는 13세에 승도를 따라 수양(壽陽)의 팔공(八公) 동산사(東山寺)에 거주하면서 『성실론』, 『열반경』을 밤낮으로 계속 읽느라 편안히 잠을 자지 못했다. 훗날 자연히 법사의 거장이 되어서 그 명성이 사방에 퍼졌고, 송나라 효무제는 그를 경사(京師)로 청해서 중흥사(中興寺)에 머물도록 했다[6]. 당시 북다보사(北多寶寺)의 도량(道亮)[7]은 『의소(義疏)』 8권을 지었는데 역시 아주 유명했다.

하지만 승도의 문하 중에 법의 거장으로는 응당 도맹(道猛)을 으뜸으로 쳐야 한다. 도맹은 서량(西凉) 사람으로 젊은 시절 연(燕) 지역과 조(趙) 지역을 편력하면서 풍속의 교화를 모두 보았으므로 응당 『성실론』의 오묘함에 대해 많이 들었을 것이다. 후에 수춘에 머물면서 승도 밑에서 직접 수학(受學)할 생각으로 그곳에서 삼장(三藏)과 구부(九部)를 열심히 배워서 대승과 소승의 몇 가지 논서에 대해 그 연원(淵源)의 미묘함까지 사유해 들어가 거울처럼 철저히 밝혔는데 그 중 『성실론』 1부(部)가 가장 독보적이었다. 그리하여 강서(江西) 지역에서 크게 교화를 펴자 학인들이 줄지어 늘어섰다. 송나라 원가 26년에 건업에 가서 동안사(東安寺)에 거주했다. 송나라 명제는 흥황사(興皇寺)를 건립하면서 칙령으로 강령(綱領)을 만들었고 또 『성실론』을 강설하도록 요청했다. 원휘 3년(서기 475년)에 동안사에서 65세로 임종을 맞았다. 그 후 흥황사에는 도견(道堅), 혜난(慧鸞), 혜부(慧敷), 승훈(僧訓), 도명(道明)이 있었는데 모두 『성실론』을 잘했고 역시 도맹의 제자이다. 그리고 도혜(道慧)라는 승려도 도맹 밑에서 수학했다. 도맹은 『성실론』을 강의한 적이 있는데, 장융(張融)[1]이 계속된 질문으로 논란을 벌이려고 했지만 도맹은 병을 핑계로 거의 대응하지 않고 도혜에게 명을 내려 대답하도록 했다. 장융은 도혜의 나이가 젊은 걸 보고 경시하는 마음이 일어났고, 도혜는 기회를 틈타 예기를 꺾는 말을 했는데 모두 이치에 맞았고 문답을 주고받는 것이 여유가 넘쳤다. 도혜는 장엄사(莊嚴寺)에 거주했다. 양나라 시대의 법총(法寵)도 역시 도맹의 제자이다8:.

승도는 수춘에서 『성실론』을 크게 전파해 그 영향이 강남까지 미쳤으니, 이걸 아마도 수춘 계열이라고 부를 수 있을 것이다. 하지만 세력이 가장 크고 남북에 모두 영향을 미친 자는 팽성 계열의 승숭이다. 승숭은 구마라집으로부터 『성실론』을 전수 받았고 나중에는 서주(팽성)의 백탑사(『위서 · 석로지』)에 거주했으며, 그의 제자 승연 역시 팽성에서 교화를 폈다9:. 동시에

---

1) 장융(서기 444년~497년)은 남조(南朝) 제(齊)나라의 문학가이자 서법가(書法家)이다.

법천(法遷)도 원래 팽성에 있으면서 그 시대를 꿰뚫고 있었다. 훗날 남쪽 경구(京口)로 가서 죽림사에 머물렀고 나중에 다시 팽성으로 돌아갔는데 아마도 역시 승숭의 제자일 것이다.

승연의 제자로 유명한 사람으로는 네 명이 있다.

(1) 담도(曇度): 젊은 시절 건업에 유행(遊行)을 했고 많은 전적(典籍)에 모두 능통했다. 『삼론』(『고승전 · 승인전』), 『열반경』, 『법화경』, 『유마경』, 『대품』 등을 잘해서 미묘하고 숨어있는 뜻을 탐색했다. 발병[足疾] 때문에 서역을 유행하다 서주에 이르러서 승연으로부터 『성실론』을 전수받고 마침내 북부(北部)를 정통했다. 북위의 문제가 소문을 듣고 초청하자, 담도는 평성(平城)에 도착해서 법석(法席)을 크게 열었다. 법의 교화가 지속되자 학도(學徒)들이 멀리서 왔는데 천 명이 넘었다. 태화 13년(서기 489년)에 임종을 맞았다. 『성실론대의소(成實論大義疏)』 8권을 편찬했는데 북방 지역에서 성행했다10:.

(2) 혜기(惠紀)11:; 수론(數論)[2]도 아울러 통했다. 평성(平城) 교외에 있는 녹원(鹿苑)에서 경전을 강의한 적이 있다.

(3) 도등(道登): 도등과 혜기는 모두 위나라 헌문제의 중시를 받았다. 도등은 속가의 성(姓)이 예(芮)씨이다. 서주(徐州)의 승약(僧藥)이란 분이 경전과 논서에 밝다는 소문을 듣고 책을 들고 따르면서 『열반경』, 『법화경』, 『승만경』 등을 종합적으로 연구했다. 후에 승연을 따라 『성실론』을 연구해서 지천명(知天命; 50세)의 나이에 위나라 도읍에서 유명했다. 북방에서

---

2) 여기서는 모든 현상을 법수(法數)로 분류한 설일체유부(說一切有部)의 논서(論書)를 연구한 비담종(毘曇宗)을 일컫는다.

그를 숭상하여 충분한 신뢰를 표하면서 초청하자 마침내 낙양에 갔다가 나중에 항산(恒山)에 거주하면서 효문제의 칭찬과 은총을 지극히 받았다. 『위서 · 영징지(靈徵志)』에는 태화 16년 11월 을해일(乙亥日)에 효문제가 사문 도등과 함께 시중성(侍中省)에 행차했다는 내용이 실려 있는데, 그렇다면 도등은 아마도 늘 황제의 측근에 있었을 것이다. 효문제가 정벌에 나설 때에도 어쩌면 동행했을지 모른다[12]. 태화 20년(서기 496년)에 임종을 맞았는데[13], 효문제는 매우 애도하면서 조서에서 이렇게 말했다.

"짐의 스승 도등법사가 숨을 거두니 비통하고 참담한 마음을 금할 수 없구나. 약으로 백방으로 치료했지만 사망하셨다. 모습도 정리하지 않고 바로 떠난 탓에 스승에 대한 예의를 갖추도록 허락하고 문 밖에서 울었다."

또 태화 19년 효문제는 서주의 백탑사에 행차해서 여러 왕들과 관료들을 돌아보며 이렇게 말했다.

> 이 절에서 근래의 유명한 승숭 법사가 구마라집으로부터 『성실론』을 전수받았는데, 여기서 유통한 후에 승연 법사에게 전수했고 승연법사는 도등과 혜기 두 법사에게 전수했다. 짐은 매번 『성실론』을 음미할 때마다 남에게 깊은 정을 풀어놓을 수 있기 때문에 이 절에 온 것이다.

도등과 혜기의 견해가 위나라에서 중시를 받은 것이 이 정도였다.

(4) 혜구(惠球): 승연으로부터 『성실론』을 전수받았다. 후에 형주에서 교화를 펴서 서하(西夏)의 의학 승려로 하여금 강남과 대항하게 하였다.

도등과 혜기가 북방에서 『성실론』을 전파하였고, 승유(僧柔)와 혜차(慧次)도 건업에서 그들의 종지를 펼쳤다. 승유는 홍칭(弘稱)의 제자이다.

홍칭은 낙양 임위(臨渭) 사람인데 스승이 누구인지는 명확하지 않다. 혜차는 팽성의 법천에게 배웠으므로 역시 팽성 계열의 분파(分派)이다. 승유는 상정림사(上定林寺)에 머물면서 계품(戒品)을 부지런히 닦았고 선의 지혜를 상세히 탐구했다. 그는 방등(方等)의 온갖 경전과 대승과 소승의 각 부(部)를 모두 현묘한 요체까지 다 궁구했다. 연흥 원년 (서기 494년)에 임종을 맞았다. 혜차는 사사(謝寺)에 거주했는데 원래는 법흠(法欽)에게 수학했다. 후에 법천을 따라 서주의 경구(京口)로 갔고 18세에 경전과 논서를 통달해서 서주에서 명성을 날렸다. 『성실론』과 『삼론』 등을 자주 강의했으며, 영명 8년(서기 490년)에 임종을 맞았다. 승유와 혜차 두 사람은 제나라 조정의 중시를 받아서 문혜 태자와 경릉의 문선왕이 모두 그를 스승으로 모셨다. 문선왕은 일찍이 승려에게 『성실론』을 베끼라고 명한 적이 있는데 『우록』의 『약성실론기(略成實論記)』에서는 이렇게 말하고 있다.

> 제(齊)나라 영명 7년 10월, 문선왕은 경사(京師)의 석학과 명승(名僧) 5백여 명을 불러 모은 후 정림사의 승유와 사사(謝寺)의 승차 법사를 초청하여 보홍사(普弘寺)에서 강의하도록 했다. (중략) 승유와 혜차 등 논사들을 시켜 『성실론』을 필사하도록 해서 번잡한 것은 추리고 요점은 간직해서 간략히 아홉 권으로 만들었다. (중략) 바로 약론(略論) 백부를 필사하여 유통시키면서 주옹(周顒)으로 하여금 서문을 짓게 했다.

구마라집이 『성실론』을 역출한 후 중국은 남북조로 분리되었다. 남조에서는 승도가 수춘에 주석했고 그의 후학인 도맹은 건업에 머물렀다. 승숭, 승연[14], 법천은 팽성에서 불법을 전파했으니, 그렇다면 모두 송나라 시대이다. 그다음 흥황사의 승려들(도맹의 제자)과 승유와 혜차는 모두 남경에 거주했고 도등, 혜기는 북방 지역에서 도를 행했으니, 그렇다면 대체로 제(齊)나라 시대였다. 이들 중에는 수춘의 분파에 속한 사람도 있고 혹은 팽성의 유풍(遺風)을 이은 계열도 있다. 양나라 시대에 와서는 『성실론』이 지극히 성행했는데, 『광홍명집 · 지칭행장(智稱行獎))』에서는 당시의 불학(佛學) 상황을 이렇게 묘사했다.

> 『법화경』과 『유마경』의 학파는 왕왕 간간이 나왔지만, 『열반경』과 『성실론』을 제창하자 곳곳마다 문도들이 모였다.

따라서 『성실론』은 하나의 종파로 양나라 시대에 지극히 흥성했다. 선무사의 법총, 광택사의 법운, 장엄사의 승민, 개선사의 지장 등은 한 시기의 명승으로 전부 『성실론』을 연구했다. 법총은 담제, 도맹에게 수학해서 수춘 계열에 속한다. 나머지 세 사람은 모두 승유와 혜차 두 승려에게 수학했고, 혜차는 팽성 계열의 지말(枝末)이다[15].

석도총(釋道寵)은 풍(馮)씨이고 남양(南陽)의 관군(冠軍)사람이다. 후에 세상의 환난을 겪게 되자 염성(鹽城)으로 피난했다. 먼저 도읍을 떠나 흥황사에 거주하면서 도맹과 담제로부터 『성실론』을 배웠고, 장락사(長樂寺)의 승주로부터는 『잡심』과 『법승비담(法勝)』을 배워서 통달했고, 장엄사의 담빈(曇斌)으로부터 많은 경전 강의를 들었고, 마지막에는 또 혜기로부터 강의를 듣고 인도를 받았다. 늘 『성실론』과 『아비담』을 강의했다[16]. 양무제는 그를 상좌 법사라고 칭했는데 보통(普通) 5년(서기 524년) 74세로 임종을 맞았다.

석법운은 주(周)씨이고 의흥(義興) 양선(陽羨) 사람이다. 처음에는 승성(僧成), 현취(玄趣), 보량(寶亮)의 제자였으며, 나중에는 승유의 강의를 듣고 여러 날 질문하여 해결했는데 언사와 취지가 격렬해서 많은 사람들이 기이하다고 감탄했다. 동문수학한 승민과 함께 나란히 이름을 날렸다. 나이 서른 살이 된 건무 4년 여름 초에 묘음사(妙音寺)에서 『법화경』, 『정명경(淨名經; 유마경)』 두 경전을 강의했다. 천감 시기에 여러 법사는 각각 『성실의소(成實義疏)』를 지었는데, 법운은 경전과 논서를 합쳐 모두 40과(科) 42권으로 편찬했으며 또 칙령을 받고 묘음사에서 세 번 강의했다. 천감 말엽에 부남국(扶南國; 캄보디아)에서 경전 세 부를 바치자 법운에게 번역하라고 칙령을 내렸는데, 법운은 양나라 말과 산스크리트를 상세히 대조하여 이치를 밝히고 뜻을 나타냈다. 대통(大通) 3년(서기 529년)에 62세로 임종을 맞았다.

석승민은 속가의 성(姓)이 손(孫)씨이고 오군(吳郡)의 부춘(富春)에 집이 있었다. 일찍부터 호구의 서산사에 머물면서 승형(僧逈)의 제자가 되었다. 후에 건업의 장엄사에 거주하며 담경(曇景)을 스승으로 모셨다. 승민은 가난 속에서도 편안한 마음으로 학문을 좋아했고 같은 절의 법운과 선강사(禪岡寺)의 법개(法開)와 함께 승유와 혜차, 혜원, 보량 네 사람에게 경전과 논서를 배웠다. 저녁에는 한 이불을 덮고 잠을 자고 낮에는 옷을 빌려 입고 다니면서 이런저런 질문과 답을 주고받았는데 더울 때든 추울 때든 가리지 않았다. 그래서 수론(數論)을 크게 밝히고 경전과 계율도 전체적으로 탐구했다. 승종(僧宗)이 『열반경』을 강의할 때 연이어 질문을 했는데 모두 상대를 꺾었다. 제나라 경릉왕은 승유와 혜차 두 법사를 청하여 보홍사에서 함께 『성실론』을 강의하도록 했는데, 이들은 큰 이치를 탁월하게 통달해서 수많은 사람들이 줄지어 모여들었다. 승민은 말석(末席)에서 논의했는데 언사와 취지가 청신(淸新)하고 그 말이 광대한데다 질의응답에 귀신처럼 응해서 듣는 자들이 모두 탄복했다. 혜차는 털이개를 내려놓으면서 감탄했다.

"나[老夫]는 팽성에서 수업하면서 이 오취(五聚; 오온)에 대하여 열다섯 번이나 정밀히 사유했지만 아주 어렵다고 여겼다. 매번 강한 상대를 만나지 못한 걸 한탄해서 반드시 끝까지 연구하려고 했는데, 금릉(金陵)에 온 후로 몇 년 만에야 비로소 그대를 만나 오늘 졌구나. 이제 깊이 사유해서 저녁 강연에 대답할 것이다."

그래서 저녁 강의에서 몇 번이나 문답을 주고받았는데 언사의 취지가 막혔다. 혜차는 얼굴색이 변하면서 주변 사람들을 돌아보며 말했다.

"뒤에 오는 세대[後生]가 두렵다고 했는데 그 말이 믿을 만하구나."

승민은 26세인 영명 10년에 흥복사(興福寺)에서 처음 『성실론』을 강의했다. 그 결과 선배 법사들이 경쟁에 패배해 자리를 털고 내려오자 그의 명성이 세상에 퍼지면서 청중이 천여 명에 이르렀다. 저술에는 논(論)과 소(疏), 잡집(雜集) 등 백여 권이 있는데 그 중에는 『성실론의소』 10권도 있다. 상궁사(湘宮寺)의 지천(智蒨)이 정문(正文)을 필사했고 황태자 강(綱)이 서문을 지었다[17]. 대통 8년에 61세로 임종을 맞았다[18].

석지장은 속가의 성(姓)이 고(顧)씨고 오(吳) 지역 사람이다. 젊은 시절에 정림사의 승원(僧遠), 승우(僧祐)와 천안사의 홍종(弘宗)을 스승으로 섬겼으며, 나중엔 승유와 혜차 두 스승에게 수학했다. 제나라 경릉왕은 『정명경(淨名經)』을 강의할 때는 상수(上首)를 선발해서 궁구(窮究)했다. 그래서 정밀하게 이해한 20여 명의 승려를 불러 부책(符策)[3]을 찾아 수여함으로서

3) 부계간책(符契簡策)이라고도 한다. 고대 조정에서 명령이나 공문을 적어서 전달하는 기구이다.

지장(智藏)을 얻었다. 지장은 나이가 제일 어려서 홀로 말석에 앉았다. 하지만 의리를 펼쳐 서술하자 그의 논조에 버티는 사람이 없었다. 후에 회계의 호구산으로 유행을 갔다. 양나라 시대에는 무제가 돌아오도록 청하여 개선사에 거주하도록 칙령을 내렸는데, 그는 성품이 곧고 굳세서 정전(正殿)에 올라가 법좌에서 황제와 논쟁을 벌였다.『열반경』,『성실론』,『반야경』을 강의했는데 청취하던 승려들도 모두 한 시대의 우수한 자들이었다. 보통 3년(서기 522년) 65세로 임종을 맞았다. 강의한 경전들로는『대품』,『소품』,『열반경』,『반야경』,『법화경』,『십지경』,『금광명경』,『성실론』,『백론』,『아비담심론』등이 있는데 저마다 의소(義疏)를 지어 세상에 전파했다.『성론의소(成論義疏)』14권이 있다.『대승현론』은 말하자면 학사(學士)인 안성사(安城寺)의 혜개와 안락사(安樂寺)의 원자(遠子)가 기록한 것으로 지장의 인가를 받았는데, 하지만『중론소기』에서는 지장의『성실론대의기(成實論大義記)』가 가장 중요한 저작이라고 했다.

대략 천감 이후에는『성론(成論)』의 이름을 붙인 것이 더욱 많았다. 비록 그 전등(傳燈)을 명확히 밝히지는 않았지만, 그러나 태반은 광택사, 개선사, 장엄사의 제자들로서 바로 승유와 혜차의 전승을 이어받은 것이다. 건업에서는 용광사(龍光寺)가 중심이었다. 승교(僧喬), 보연(寶淵)[19], 승정(僧整), 혜제(慧濟), 혜소(慧紹)는 제나라 융창 시기에 승민의 이주(移住)를 청해서『성실론』을 3,4년 강의하도록 했다. 그리고 용광사의 승작(僧綽)은 지장의 제자로서『성실론』을 천양했으며[20], 용광사의 학사 서(舒)법사[21] 역시『성론』에 정통했다. 장엄사는 승민이 거주하면서 역시 자연스럽게 중심지가 되었고, 승민의 제자인 혜랑, 혜략, 법생, 혜무도 모두『성실론』으로 유명했고, 승밀(僧密)은 승민과 거의 같은 시절에 그 곳에 거주하면서『성실론』을 전문적으로 잘했다. 진(陳)나라 조정에는 또 지작

(智嚼)도 있었는데 역시 『성론』의 대사(大師)였다.

지작(智嚼)의 사적은 상세하지 않다. 역사서에서는 '『성론』을 잘해 명성이 높자 멀고 가까운 곳에서 사람들이 모여들어서 강표(江表)[4]에서 독보적이었다'고 말했다. 지작의 제자로는 지탈(智脫), 지염(智琰), 혜칭(惠稱), 지취(智聚) 등이 있으며, 지작의 학문은 이전 시대의 사람에게 배운 것이 아니기 때문에 신성론종(新成論宗)이라고 불렸다[22]. 세상에서는 장엄사의 작사(嚼師)가 '신실(新實)'의 한 종파를 만대(萬代)에 천양했다고 했으며, 진(陳)나라 초기의 보량(寶梁), 명상(明上) 역시 '신실'을 성대히 행했다. '신실' 종파와 '구실(舊實) 종파의 차이가 무엇인지 지금은 상세히 알 수 없다. 하지만 양나라 이래로 『성실론』의 대사는 모두 대승을 잘했고, 양나라와 진(陳)나라 시대 사이에 다시 삼론과 크게 논쟁을 벌였다. 소위 "신실"이란 아마 대의(大義)를 그대로 이어받은 것으로서 삼론과 다시 서로 공격한 결과로 구설(舊說)을 수정했을 것이다.

『속고승전・혜영전(慧榮傳)』에서는 '양무제 대통 시기에 건초사와 팽성에 모두 『성실론』이 크게 퍼졌다'고 하였다. 양무제 천감 시기에는 칙령으로 지장에게 팽성사에서 『성실론』을 강의하도록 했다. 제나라 말기와 양나라 초기에 팽성의 혜개 역시 『성실론』을 연구했으니, 그렇다면 먼저 법총에게 『성실론』과 『아비담』을 수학하고 나중에 지장과 승민 두 사람에게 경론(經論)을 들은 것이다. 양나라 초기에 건초사의 명철(明徹)도 승민의 제자이다. 하지만 소위 대통 시기에 건초사와 팽성사에서 『성실론』을 성대히 전파한 자는 오경(烏瓊)과 백경(白瓊) 두 승정(僧正)이었다. 오경과 백경은 나란히 보경(寶瓊)이라 불렸다. 오경은 건초사에 거주하면서 『성실론』을 통달하

4) 강좌(江左). 양자강의 동쪽 지방이다.

여 사람들의 주목을 받았다. 백경은 팽성사에 거주하면서 먼저 법운에게 배웠으나 흡족하지 못해서 나중에 남간선사(南澗仙師)를 스승으로 모셨다. 그는 『성실론』을 91번 강의했고 『현의(玄義)』 20권을 편찬했으며, 강의는 20번을 했고 『문소(文疏)』 16권이 있으며, 『열반경』은 30번을 강의했고 『소(疏)』 17권을 지었으며, 『대품』은 다섯 번 강의했고 『소(疏)』 13권을 지었으며, 나머지로는 『대승의(大乘義)』 10권, 『법화경』, 『유마경』 등의 경전에 『의소(義疏)』를 저술했다.

양나라 말엽에서 진(陳)나라까지 『성론』은 남조에 가득 찼다. 건업에 사는 사람들로는 용광, 장엄, 건초, 팽성 외에도 경소(警韶), 도초(道超), 홍언(洪偃), 혜긍(慧峘)이 특히 유명한 사람들이다. 그리고 강도(江都)에는 원(遠) 법사, 법신(法申), 혜명(惠命)(모두 안락사에 있다), 강(强) 법사[23], 해(解) 법사[24]가 있고, 회계에는 법개[25]가 있었다.

3) 『성실론』에 대한 주소(注疏)

유송 시대부터 당나라 초기까지 『성실론』을 연구한 자들이 줄을 이었으며, 그 주소(注疏)도 역시 가장 많았지만 모두 유실되었으니, 이 때문에 오늘날 『성론』 법사들의 사상 내용에 대해서는 고증하기 어려워 학자들의 수집과 토의가 필요하다[26]. 이에 남조의 『성실론』 주소를 다음과 같이 표(表)로 만들어 열거한다. 북방의 주소는 많지 않아서 따로 열거할 일이 없기 때문에 그냥 부기(附記)했다.

『성실론의소(成實論義疏)』. 송나라 승도

『성실론의소』 8권 송나라 도량

『성실론대의소』 8권 북위의 담도[27]

『성실론대의기(成實論大義記)』. 양나라 지장[28]:
『성실론의소』 14권 양나라 지장[29]:
『성실론의소』 42권 양나라 법운[30]:
『성실론현의』 17권 양나라 혜염[31]:
『성실론의소』 10권 양나라 승민[32]:
『성실론류초(成實論類鈔)』 20권 양나라 원담윤(袁曇允)[33]:
『성실론현의』 20권 진(陳)나라 보경
『성실론소』 16권 진(陳)나라 보경
『성실론소』 수십 권 진(陳)나라 홍언(洪偃)
『성실강요(成實綱要)』 2권 북제 영순(靈詢)
『성실론초』 5권 수나라 영유 (靈裕)
『성실론소』 40권 수나라 지탈(智脫)[34]:
『성실의장』 20권 수나라 혜영(惠影)[35]:
『성실론소』 10권 수나라 명언(明彦)
『성실론의림(成實論義林)』 저자가 누구인지 모름
『성실론현기』 16권 종(宗) 법사
『성실론소』 16권 원효(元曉)[36]:
『성실론장(成實論章)』 총(聰) 법사
『성실론의장(成實論義章)』 종 법사
『성실론소』 법(法) 법사
『성실론소』 숭(嵩) 법사[37]:

4) 반야삼론의 점진적인 흥기

송나라 초기부터 양나라 시대까지 불교 의학은 모두 『열반경』, 『성실론』,

『반야경』, 『삼론』에 대한 연구를 많이 모았는데, 비록 그 연구가 끊어지지는 않았다 해도 당시에는 중시를 받지 못했고 또 강의하는 자도 드물어서 멀리 동진 시대와는 비교할 수 없었다. 송나라 초기에 승도가 『삼론의소』를 지었고, 축도생은 『소품』을 주석해서 『이제론(二諦論)』을 지었는데 그의 학문은 모두 구마라집으로부터 전수받은 것이다. 허나 전자는 『성실론』으로 유명하고 후자는 『열반경』 때문에 성인으로 불렸다. 팽성사의 승숭은 처음에는 『대품』을 믿었고 『열반』을 믿지 않았다고 한다[38]. 그렇다면 이 사람은 응당 승연의 스승으로 『성실론』으로 명성을 얻은 사람이다[39]. 소산(小山)의 법요(法瑤)가 『대품소』를 지었는데 그렇다면 역시 『열반경』의 대가이다. 그 밖에 송나라 시대의 담제도 『칠종론(七宗論)』을 지었고 역시 『반야』를 종지로 삼았다. 승경(僧慶), 승근(僧瑾)도 모두 『삼론』을 잘했으며, 혜통(慧通)은 『대품소』를 지었다. 하지만 세 법사는 세상에 대해서는 그다지 영향이 크지 않았다[40].

제나라와 양나라 두 시대에도 『반야삼론』을 연구하는 학자가 있었다[41]. 하지만 잘하는 자가 적었고 널리 유행하지도 않았다. 이 학문의 실행은 섭산(攝山)의 여러 승려들로부터 시작했다. 섭산의 승랑은 최초의 『삼론』 명가(名家)로서 그의 학문을 승전(僧詮)에게 전했고, 승전은 흥황사의 법랑에게 전수했고, 흥황사의 법랑은 진(陳)나라 시대에 크게 중시를 받았다. 법랑은 제자가 많았고 그 중 수나라의 길장은 『삼론』의 학문을 중국에 다시 부흥시켰다[42]. 그리고 제나라의 주옹은 『삼종론』을 지었고 양무제는 직접 『반야』를 강의했는데 모두 이 학문의 성행에 크나큰 도움을 주었다.

5) 반야삼론과 현풍(玄風)

남조 시대에는 청담의 고상한 논의를 중시해서 현묘하고 미묘한 뜻을 분석했고, 문답을 주고받으면서 마음을 기쁘게 하고 귀를 즐겁게 하였다. 양나라 시대에는 이런 관습이 더욱 성행했으니, 『광홍명집』에 실린 광신후(廣信侯) 소영(簫暎)이 진안왕(晉安王)(간문제)에게 보낸 서신에서는 이렇게 말하고 있다.

> 날마다 살피지 않으면 무엇으로 정신을 즐겁게 하겠습니까. 유교 역사를 펼쳐서 읽으니 이 얼마나 즐겁습니까. 저는 매번 서우(西郵)를 방문할 때마다 대덕(大德)들의 공양을 준비했습니다. 그들을 우러러 받들면서 장화대(章華臺)[5] 위를 바라보거나 혹은 당리(棠梨) 나무 아래에서 변론을 들었으니, 아닌 게 아니라 서로 서로 글을 짓는 일을 종일토록 쉬지 않아서 청론(淸論)과 현담(玄談)은 밤이 되어서야 그쳤습니다. 문장을 잘하는 손님은 오른쪽 자리에 올라서 당(堂)에 올라가고 덕행이 있는 손님은 비어있는 왼쪽으로 올라서 실(室)에 들어갔습니다. 이처럼 문학의 학자와 의학의 학자가 모두 모였는데, 이것만이 최고의 즐거움이라 새벽까지 몰두했습니다.

당시 조정과 재야가 모두 청담을 즐거운 일로 여긴 걸 이 글에서 볼 수 있다. 그리고 그들이 담론한 자료는 설사 유교 경전을 겸했을지라도 그 학풍은 현리(玄理)를 벗어나지 않았다. 『안씨가훈』에서는 강좌(江左)의 현풍을 논하면서 간략히 이렇게 말했다.

> 양나라 시대부터 이 기풍이 다시 일어났다. 『노자』, 『장자』, 『주역』을 총체적으로 삼현(三玄)이라고 하는데, 무황제(武皇帝; 양무제)와 간문제는

---

5) BC 536년, 춘추시대 초(楚)나라 영왕이 중원의 패자임을 자부하면서 장화궁(章華宮)을 지었다. 너비가 사방 40리(里)이고 중앙의 누각인 장화대(章華臺)의 높이가 48m나 되었다.

> 몸소 강론을 했고, 원제(元帝)는 학생을 모집하여 직접 가르쳤는데 침식을 잊을 만큼 밤낮으로 몰두했다.

진(陳)나라 시대에 와서는 현담의 풍습이 더욱 심했는데(이상은 모두 제13장에서 보았다), 수나라가 강남을 멸한 후에야 이런 풍습이 개혁되기 시작했다.

삼현은 진(晉)나라 시대에 시작했고 『반야』의 학설이 성행했다. 청담은 양(梁)나라와 진(陳)나라 시대에 성행했고 삼론도 다시 부흥했다. 삼론의 부흥은 처음엔 주옹(周顒)에게 힘을 얻었으니 주언륜(周彦倫)[6]은 순수하게 현학가(玄學家)이다. 그가 문장을 잘하고 서예에도 능한 주백인(周伯仁)의 후예라는 점에서 이미 현담(玄談)의 명사(名士) 자격을 갖춘 것이다. 그는 종산(鐘山)에 집을 짓고 은거지로 삼았는데, 이는 청담 인사들의 은거를 모방한 것이다. 그가 왕검(王儉), 소혜개(蕭惠開), 문혜(文惠) 태자의 질문에 응답한 언사는 지극히 간단하고 힘 있으면서도 임기응변에 능했으니, 이는 바로 현담을 하는 문객의 유명한 응답을 모방한 것이다43:. 그리고 그의 청론(淸論)은 오묘함에 깊이 들어갔고 현리와 불학을 겸비한 것이 두드러진 특색이다. 『남제서』에서는 이렇게 말하고 있다.

"주옹은 언사의 변론이 화려하고 언변이 막히지 않아서 어떠한 시비에 대해서도 말만하면 구절이 되었다. 매번 빈객이나 벗과 회동하면 주옹은 자리를 비워서 터놓고 말을 했는데 언사가 물 흐르듯 해서 듣는 자는 피곤을 잊었다. 『노자』와 『주역』 둘 다 잘했다. 장융(張融)을 만나 현담을 하다가 서로 막혀 종일토록 풀지 못했는데도 근엄한 모습으로 부끄러움이

6) 주옹의 자(字)가 '언륜'이다.

없었으니, 참으로 과거의 지도림이나 허순(許詢) 같았다. 따라서 그의 학문의 기풍이나 품격도 동진 시대와 비슷했다. 『홍명집』에서는 그가 장융에게 보낸 서신을 실으면서 이렇게 말했다.

> 도가를 말하는 자가 어찌 『이편(二篇)』[7]을 위주로 삼지 않겠는가. 불교를 말하는 자는 역시 『반야』를 종지로 삼아야 한다.

주옹은 이미 『반야』를 불가의 종지로 삼았기 때문에 불가에서 말하는 또 다른 뜻에 대해서는 곁가지로 보았다. 그래서 주옹은 자신의 소견을 펼쳐 『삼종론』을 지었다. 『삼종론』에서 이제(二諦)를 논의했고 이제는 삼론의 핵심 골격이지만, 그러나 『성실론』에도 역시 이제의 설이 있다. 주옹의 논지는 『반야』를 존중하고 『성실론』 법사의 학설을 배척하는데 있었다.

『성실론』은 제나라 시대에 그 세력이 극히 흥성했고, 경릉 문선왕은 대승을 좋아해서 『정명경소(淨名經疏)』를 지었다. 문선왕의 아들 파릉왕(巴陵王)도 『백론』에 주석을 지었다. 왕은 『성실론』이 너무 번잡해서 영명 7년(서기 489년) 10월에 승려 승유와 혜차를 불러 보홍사(普弘寺)에서 『성론(成論)』을 강의하도록 했고, 그 자리에 또 승우와 지칭(智稱)을 청하여 『십송률(十誦律)』을 강의하도록 했으며, 그리고 승유와 혜차에게 『성론』을 간략히 초록해 아홉 권으로 만들게 했다. 『우록』 11에 실린 『약성실론기(略成實論記)』에서는 이렇게 말하고 있다.

7) '이편'(二篇)은 『주역』의 상경과 하경을 가리킨다.

공(公)(문선왕)은 매번 대승 경전이 심오하고 깊어서 원만한 도(道)가 정박하는 나루터이자 정법(正法)의 핵심적인 골격이라 여겼지만, 그러나 최근에는 능멸하고 폐기하여 착실히 수행하지 않았다. 근본을 버리고 말단을 좇으며 공(功)을 잃고 논의만 번거롭기 때문에 이 계율의 법좌에서 승유와 혜차 등 논사들에게 『성실론』을 초록하도록 했다. 즉 번잡한 것은 추리고 요점은 간직해서 간략히 아홉 권으로 만들었으니, 그 언사의 조리가 분명해서 쉽게 연구할 수 있었다.

여기서 소위 대승을 능멸하고 폐기했다고 말한 것은 필경 성공(性空)의 경전과 서적을 가리킨다[44]. '번거로운 논의'는 수론(數論), 명상(名相), 사수(事數)의 번잡함을 말하고, 『성실론』 역시 수론(數論)의 하나이다[45]. 문선왕은 세상 사람들이 『반야』의 근본을 포기하고 수론의 말단을 좇는 걸 한탄했기 때문에 『성실론』을 간략하게 산정(刪定)해서 배우는 자의 힘을 덜어주려고 했으니, 그렇다면 그 뜻은 이미 『성실론』을 경시하고 『반야』를 중시한 것이다.

『성실론』의 초록이 완성되자 문선왕은 주옹에게 서문을 지으라고 명했다[46]. 주옹의 서문에서는 『성실론』을 경시하고 『반야』를 중시한 것이 그 언급에서 더욱 드러나 있다. 처음에 이 『성실론』에 대한 언급은 비록 "가까운 파벌의 작은 흐름"에 속했지만[47] "언사가 정밀하고 이치가 뚜렷해서 사유의 맛에 쉽게 빠져 들어갔다"[48]. 그래서 "오늘날 공부하는 무리는 모두 대전(大典)(대승 경전)에 뜻을 두고 있다고 하면서도 발적(發跡)[8]하는 날에는 모두 이 길에 의탁하지 않음이 없었다"(『성실론』)고 하면서 다음과 같이 말했다.

8) 자신의 일에 지향(志向)을 얻는 것이다.

> 『니원(泥洹)』, 『법화경』은 비록 때때로 강의했지만 『유마경』, 『승만경』은 나머지 법석을 상당히 차지했다. 그런데 『대품』의 정묘한 뜻을 이해하는 거장(巨匠)은 드물고, 『십주(十住)』는 깊고 넓어서 세상에서 공부하는 자가 극히 드물다. 모두 잠자리에서 논가(論家)[49:]만 담론하느라 근본인 고향을 잃었으니, 이는 대전(大典)[50:]을 잡초만 무성한 황무지로 만들어서 의리(義理)의 종자를 끊게 하는 것이다. 한탄스럽구나, 잠자리에서 몸을 뒤척이며 편안히 잠을 이룰 수 없구나.

마지막 내용은 『성실론』은 처음 배우는 자에겐 공(功)이 있어서 폐기할 수 없다고 말한 것이니, 이 때문에 군더더기는 깎아내고 요점은 채택함으로서 공부하는 인사의 번거로운 생각들을 덜게 했다.

> 목적은 공(功)이 지극한 경전에 귀결됨으로서 그 도를 더욱 전파하는데 있으니, 그 결과 『반야』의 경전들을 땅바닥에 추락하지 않게 하였다.

주옹의 결론은 『반야』(파약(波若))를 특별히 제시한 것이니, 이것으로 그의 종지를 알 수 있다.

양무제는 현학을 좋아해서 『노자』를 몸소 강의했다. 『성실론』에 대한 양무제의 비난은 듣지 못했지만[51:], 그러나 양무제의 학문은 처음엔 『열반경』을 중시했고 후에는 『반야경』을 존중했으며 스스로 『대품』에 주석을 붙이고 늘 강설도 직접 했다. 그가 말한 내용[52:]을 살펴보면, 세상 사람들이 『반야』를 경시하는 것을 가장 통한으로 여겼다. 『속고승전 · 의해편(義解篇)』에서는 이렇게 말하고 있다.

“무제는 『열반경』에 주석을 붙였는데 완전히 만족하질 못해서 다시 『대품』을 설하여 그 오묘한 뜻을 발명(發明)했다.”[53:]

『대품』은 아마 양무제가 마지막으로 견지한 학문일 것이다[54]. 그는 원래 경릉왕 문하에 있었기 때문에 그의 불교 경전 중시는 당시에 이미 잉태되고 양육되었을 것이다. 그러다 진(陳)나라 시대에 와서 현풍이 여전히 성행하면서 삼론도 더욱 유행했다. 진나라 무제는『대품』을 선호했고 특히 삼론을 돈독히 중시했으며[55], 문제(文帝)와 선제(宣帝) 두 제왕도 역시 삼론을 공부하는 승려를 추앙하고 중시했으니[56], 그 결과『성실론』의 학문은 결국 이들과 대항할 수 없었다.

6) 주옹와 양무제 그리고 섭산(攝山)의 승려

삼론을 부흥시킨 주역은 섭산의 여러 법사들이다. 삼론이 성행한 시기는 흥황사 법랑 때였다. 법랑의 스승은 승전이고, 승전의 스승은 실제로 승랑이다. 승랑의 스승은 법도이다. 법도는 황룡(黃龍) 사람으로 강남 사람들은 연주(燕州)를 황룡이라 불렀고 승랑은 요동 사람이니, 두 사람의 고향은 상당히 가까운 편이다. 남제(南齊) 시대의 명징군(明徵君)은 섭산에 은둔해서 산봉우리에 올라 나무를 베고 풀을 뽑아 길을 만들면서 잡목과 잡초를 제거해 초가집을 지었다[57]. 법도가 남쪽으로 유행해서 명징군과 친한 벗이 되었다. 나라가 망하자 자택을 보시한 후 법도를 청해 거주하도록 하고는 이를 서하사라고 불렀다. 당시에는 세 명의 법도가 있었다. 첫째는 하원사(何園寺)의 법도로서『고승전·혜륭전(慧隆傳)』에 보인다. 둘째는 위위(僞魏) 나라의 법도로서 도선의『고승전·도등전(道登傳)』에 보인다. 도등은 팽성의 승연에게 배웠고 나중에 동문수학한 법도와 함께 북쪽으로 가서 낙양에 도착했다고 하는데, 이는 혜교가 기재한 위위(僞魏)의 담도(曇度)의 사건과 부합하므로 응당 한 사람일 것이다[58]. 셋째는 섭산의 법도로서 바로 승랑의 스승이다[59]. 법도의 스승이 누구인지는 모른다. 법도는 많은 경전을 갖추고 종합해서 『반야』 학문만으로 칭송을 받지는 않았다고 한다. 강총지의 비석에서는 그가 "범행(梵行)으로 온갖 고생을 했으며 법성(法性)은 순수함을 갖추었다"라고 했으며, 『혜교전』에서는 "당시 사문 법소는 청정한 고행으로 그 명성이 제나라의 법도와 같았고 학문의 이해도 우수했다"고 했으니 아마 법도는 학문의 견해로 알려진 것은 아닐 것이다. 법도는 아미타 정토를 믿고 『무량수경』을 강의했으니, 유명한 섭산의 무량수(無量壽) 석불(石佛)은 바로 법도를 위하여 조각한 것이다. 따라서 승랑이 법도의 제자이긴 하지만 삼론의 학문이 반드시 법도로부터 나온 것은 아니다. 승랑에 대한 기재는 『고승전』에서 가장 일찍 나오는데, 그 문장에서는 이렇게 말하고 있다.

> 법도는 제(齊)나라 영원(永元) 2년에 산에서 64세를 일기로 임종을 맞았다60:. 법도의 제자 승랑은 돌아가신 스승을 이어받아 산사를 회복하고 관리했다. 승랑은 본래 요동 사람으로 폭넓게 배우는 성품이고 사유의 능력도 아주 넓었다. 무릇 모든 경전과 논서를 강설할 수 있었는데 『화엄경』, 『삼론』에 가장 뛰어난 명가(命家)였다. 지금의 제왕이 훌륭한 법기(法器)임을 알아보고서 의학(義學)의 인사들이 그 밑에서 수학하도록 칙령을 내렸다.

이 내용에 따르면, 혜교가 책을 만들 때 승랑은 여전히 세상에 있었다. 『고승전』은 천감(天監) 18년에서 끝나는데, 승랑의 죽음은 이해 이후였다. 강총지의 『서하사비』에서는 양무제가 칙령을 내려 수학하도록 한 때는 천감 11년이라고 했다. 그 글에서는 이렇게 말하고 있다.

> 선대의 유명한 대덕 승랑 법사란 분은 고향이 요동이고 경화(京華)에서 도를 공부했다. 청정하게 계율을 지키고 석학(碩學)으로 정밀하게 닦았으

> 니, 일찍이 반야의 성품을 이루고 계행의 근본을 지켰으며, 방등의 가르침의 귀결처를 천양하고 중도(中道)의 종교를 전파했다. 북산의 북쪽과 남산의 남쪽에 있으면서 황궁이 있는 도읍으론 유행(遊行)하지 않았고 삼기(三紀; 3년)만 편력했다. 양무제가 네 가지 평등심[四等[9])을 능히 행하고 세 가지 공(空[10])을 잘 이해했기에 법사에게 누차 올라오라는 조서를 내려 보냈지만 확실히 소용이 없었다. 천감 11년에 무제는 중사(中寺)의 석승회(釋僧懷), 영근사(靈根寺)의 석혜령(釋慧令) 등 열 명의 승려를 산으로 보내서 삼론의 대의(大義)를 자문하고 전수받도록 했다.

서하사의 창건은 남제(南齊) 영명 7년에 시작해서 천감 11년까지 23년이 걸렸을 뿐이다. '삼기(三紀)만 편력했다'는 말에 따르면, 승랑이 남행하다 건업에서 멈춘 것은 서하사를 세우기 전이니61:, 아마 송나라 말기 제(齊)나라 초기에 북방에서 왔을 것이다. 법도와 함께 왔는지 여부는 역사에 기록이 없기 때문에 함부로 단정할 수 없다. 수나라 때 길장의 장소(章疏)에서 여러 번 승랑의 사적에 대해 상세히 언급했는데, 예를 들면 『대승현론』 권1에서는 이렇게 말했다.

> 섭산의 고려 랑(高麗 朗) 대사는 본래 요동성 사람이다. 북방으로부터 멀리 와서 구마라집의 의학을 습득하고 오(吳) 땅에 들어와 종산의 초당사

---

9) 자(慈), 비(悲), 희(喜), 사(舍)의 사무량심(四無量心)을 말한다. 소연(所緣)의 경계를 따르면 무량(無量)이 된다고 하고, 능히 일어나는 마음을 따르면 등(等)이 된다고 하니, 평등에서 이 마음을 일으키기 때문이다.

10) 삼해탈문이라고도 한다. 첫째는 공(空) 해탈문으로 일체 만유가 공한 것이며, 둘째는 무상(無相) 해탈문으로 상대적 차별상이 없다고 관하는 것이며, 셋째는 무작(無作) 해탈문으로 일체에서 구할 것이 없음을 관하는 것이다.

> (草堂寺)에 머물면서 은사(隱士) 주옹을 만났다. 이로 인해 주옹은 그를 스승으로 모시고 공부했다. 다음에 양무제가 삼보를 존경하고 믿다가 대사가 왔다는 소식을 듣고는 승정 지적(智寂) 등 열 명의 법사를 산으로 보내 배우게 했다. 양무제가 스승으로 모신 뜻은 본래 『성론』을 포기하고 대승에 의거해 장소(章疏)를 짓는데 있었다. 개선도 이 뜻을 들었지만 말만 얻었을 뿐 뜻은 얻지 못했다.

길장의 『이제의(二諦義)』 하권(下卷)에 이 한 단락이 있는데 비교적 상세하다. 그 말미에서 이렇게 말하고 있다.

> 양무제는 …… (중략) 본래 『성실론』을 배웠다. 법사가 산에 계신다는 소식을 듣자 승정인 지적 등 열 명을 산으로 보내서 배우도록 했다. 비록 언어는 얻었지만 그 뜻을 정묘하게 탐구하지는 못했다. 그래서 양무제는 여러 법사들이 다르다고 해서 "제지의(制旨義)"라고 칭했다.

『중론소』 권5에서는 이렇게 말했다.

> 다음 제나라의 은사 주옹은 『삼종론』을 지었다……(중략) 대랑(大朗) 법사가 관내(關內)에서 이 뜻을 얻어서 주옹에게 전수했고, 주옹은 이로 인해 『삼종론』을 지은 것이다.

길장이 전하는 내용은 양나라 석혜교와 진(陳)나라 강총지의 것보다 비교적 상세한데 요점은 세 가지이다. (1) 주옹은 승랑에게 배웠기 때문에 『삼종론』을 지었다. (2) 양무제는 그 뜻을 얻어서 『소(疏)』를 지었고, 아울러 개선도 역시 승랑의 뜻을 들었다. (3) 승랑의 삼론학은 관중 지역에서 얻었다. 일본 사람 사카이노 코오요는 이에 대한 소견이 있긴 하지만[62], 그러나 추측해 단정하는 것은 정교하게 심사한 것이 아니므로 이를 나누어 논하겠다.

주옹이 가르침을 받아 『삼종론』을 지은 사적은 상당히 의심스럽다. 주옹은 종산의 서쪽에 은거할 곳을 마련했지만, 그러나 실제로 주옹은 은사(隱士)가 아니다. 그가 『삼종론』을 지을 때는 바로 건업에서 관직에 있었다. 당시 고창군(高昌郡)의 사문 지림(智林)은 『이제론(二諦論)』을 지었고 또 『십이문론(十二門論)』과 『중론』을 주석해서 공종(空宗)을 깊이 견지했는데, 그는 주옹이 지으려 하는 『삼종론』이 자신의 뜻과 부합한다는 소식을 들었다. 하지만 주옹은 "이설(異說)을 세웠을 경우 공부하는 대중을 범(犯)하는" 것을 염려했기 때문에 "비난이 두려워서" 중단하려고 했다. 그래서 두 번이나 서신을 보내 독촉했는데[63], 그 두 번째 서신에서 이렇게 말했다.

> 이 뜻의 취지가 최초의 개진(開陳)은 아닌 것으로 보인다. 묘한 가르침이 중간에서 끊긴지 67년이 되었으니[64], 고상한 이(理)의 영원한 운율(韻律)은 능히 전래할 수 없는 것이다. 빈도(貧道)는 스무 살 때 문득 이 뜻을 얻었다……(중략) 매번 홀로 환희했지만 함께할 사람이 없었다. 젊은 시절에 장안의 장로를 만났는데, 대부분 '관중은 매우 훌륭하구나. 옛날부터 이런 뜻이 있다니'라고 했다. 법의 결집(結集)이 성행할 때 이 취지를 깊이 터득한 자는 본래 많지 않았다. 강동에 전해지고 나서는 거의 사람이 없었다. 빈도는 불법을 공부한지 40여 년이 되었고 여기저기에서 강설하여 한 때 약간의 명성이 있었다. 다른 의리[義統]은 종록(宗錄)에 많이 보이지만, 오직 이 길만은 출가자든 재가자든 한 사람도 얻은 자가 없었다…… (중략) 단월(檀越; 시주)의 천기(天機)를 누설하는 지혜로 방촌(方寸; 마음)을 홀로 깨우쳤지만, 뜻하지 않게 그 소식은 비천한 나의 귀까지 들어왔다. 참으로

즐겁기도 하고 위로가 되는 마음은 이루 말할 수 없다.

주옹이 말한 삼종(三宗)의 기원은 추정해 알기 어렵다. 하지만 (1) 산음(山陰)의 혜기(慧基)도 『반야』에 뛰어나서(『소품』, 『금강경』) 주옹은 섬현(剡縣) 현령으로 있을 때 그를 초청하여 강설하도록 했다. (2) 사문 현창(玄暢)은 삼론에 능했고 학자들의 종주(宗主)가 되었다. 주옹은 촉(蜀) 땅에서나 경성(京城)에서나 그와 좋은 벗이었을 것이다65:. 현창이 죽은 뒤에 주옹이 비문을 지었다66:.

이렇게 볼 때 주옹은 일찍부터 『반야』와 『삼론』을 듣고 익혔으므로 그의 삼종의 뜻이 반드시 승랑으로부터 왔다고는 할 수 없다. 또 법도와 법소는 함께 북산의 두 성인으로 불렸고 둘 다 제(齊)나라 경릉왕 등의 중시를 받았다. 법소는 또 산자정사(山茨精舍)에 거주했는데, 산자정사는 주옹이 뇌차종의 옛 저택으로 세운 은거처이다67:. 그렇다면 주옹과 법도는 어쩌면 서로 교유했을 수도 있다. 길장은 '승랑은 주옹에게 자신이 배운 내용을 전수했다'고 했는데, 그곳은 초당사로서 바로 산자정사이다. 지림의 서신에서는 이 뜻68:이 "강좌(江左)에서는 전수가 드물었다"고 했을 뿐만 아니라 그 뜻이 '독창(獨創)'에서 나왔다고 칭송했으니 주옹과 법도는 교제가 있었던 것이다. 하지만 법도가 삼론에 능하다는 말을 듣지 못했으므로 『삼종론』의 뜻은 법도로부터 나온 것이 아닌 듯하다. 또 『삼종론』이 언제 나왔는지도 모른다69:. 지림은 송나라 명제 때 경사에 왔으니 주옹은 당시에 숙직[11]과 가까이 보냈다. 지림은 후에 고창으로 돌아갔다가 제나라 영명 5년에 임종을 맞았다. 『삼종론』이 만약 영명 시기에 지어졌다면

11) 야간에 숙직하는 관리.

승랑이 건업에 이른지 얼마 되지 않았을 때이고, 만약 송나라 명제 시기라면 승랑은 아직 남방으로 오지 않았을 때이다[70]. 이 때문에 주옹의 뜻은 승랑으로부터 나온 것이 아닌 듯하다.

양무제가 승랑의 뜻을 얻어 소(疏)를 지었다면, 아마 그런 일이 있을 수는 있겠지만 과대평가라는 걸 면할 수 없다. 양무제는 일찍이 『대품경』을 주해한 적이 있으니, 소위 그가 지은 『소(疏)』라면 응당 이것일 것이다. 『우록』에 실린 그의 『서(序)』에서는 이렇게 말했다.

> 짐은 설법을 듣고 나머지 시간에 유명한 승려 20명을 모아서 천보사(天保寺)의 법총 등과 함께 문구의 취사선택을 상세히 했고 아울러 영근사의 혜령(慧令) 등에겐 필사를 돕게 했다. 불교의 논서[12]를 채택하여 경본(經本)을 주석했는데 많은 해석을 생략하고 그 요점만 취했다. 이 밖에 황하 지역에 퍼졌던 (구마라집과 그 제자들의) 구의(舊義)를 채취하거나 혹은 선배의 과거 말씀에 의존하여 이것저것 채취하여 서로 돋보이도록 했다. 만약 문장의 기본적인 뜻이 열리지 않고 뜻[義]의 기세가 깊고 무거우면 같이 공부하는 사람들과 함께 연구하여 소견을 넓혔다. 그리하여 질박하지만 엉성하지 않고 문장의 수식은 했지만 번잡하지 않도록 하기 위하여 요즘 학자들의 과반수 생각을 포함했다.

『대품경주』는 천감 11년에 지어졌다[71]. 바로 양무제가 승려 열 명을 보내서 승랑에게 수학하라고 시켰을 때인데, 그 일에 참여한 영근사의 혜령을 강총지의 비문에서는 열 명 중의 한 사람이라고 하였다. 따라서 소위 "관하(關河; 황하 지역)의 구설(舊說)"은 아마 승랑에게 얻었을 것이다.

---

12) 『대지도론』을 말함.

길장은 자기 종파의 학문은 관하의 구설을 이어받은 것이라고 몇 번이나 말했으며, 지림의 서신에서는 강남에는 전수받은 자가 특히 적었다고 하였다[72]. 양무제가 『소』를 지을 당시 지림과 주옹은 이미 죽었고 또한 관하의 구설을 따로 깊이 연구한 자가 있다는 걸 듣지 못했으니, 그렇다면 그가 채택한 것은 승랑으로부터 얻었다고 하는 게 이치에 가까운 듯하다. 하지만 양무제는 일찍부터 『열반경』을 중시했지 그가 『성실론』을 연구했다는 것은 듣지 못했다[73]. 대동(大同)시기에 칙령을 내려 지장(智藏)에게 『성실론』을 강의하도록 했는데[74], 그렇다면 역시 『성실론』을 포기하는 일은 없었던 것으로 보인다. 개선과 섭산의 승랑은 동년배이고 『속고승전』에 그의 학력이 매우 상세히 서술되어 있는데도 그가 승랑의 뜻을 들었다는 말은 없으니, 그렇다면 무제가 『성실론』을 포기했다는 길장의 말이나 개선이 승랑의 뜻을 들었다는 것은 모두 지나친 언사이다.

승랑이 삼론의 학설을 관중에서 얻었다고 하는 말은 의심스럽다. 후세 사람들은 하서의 도랑과 요동의 승랑을 한 사람으로 오해했거나[75], 혹은 이 학문을 돈황군의 담경(曇慶)법사로부터 받았다고 하였다[76]. 이 때문에 '관하(關河)'를 관중과 하서[77]라고 하는 것은 잘못된 견해이다. 대체로 '관하'란 말은 본래 관중을 가리킨다[78]. '관하의 구설'이란 바로 구마라집과 제자 승조, 담영 등의 학문을 가리킨다. 승랑은 제나라와 양나라 시대에 삼론을 부흥했다. 그가 멀리 예전의 설[舊說]에 의거했음은 의심할 수 없었지만, 그러나 스승에게 전해 받았는지 아니면 옛 서적의 선택에 입각해 발명(發明)했는지는 고증할 수 없다. 지림이 주옹에게 보낸 서신에서 '관중에는 과거에 이 뜻이 있었지만 후에 묘음(妙音)이 중도에 끊어졌다'고 했으니, 그렇다면 승랑이 스승의 전수를 받았더라도 반드시 관중일 필요는 없다. 하지만 길장은 누차 승랑의 학문은 관중에서 얻었다고 말했고 동시에 양무제는 『성론』을 포기했고 개선이 역시 이 뜻을 들었다고 했으니, 그렇다면 별다른 의도가 있지 않을까 의심된다. 그래서 부득이 섭산의 삼론의 발달과 『성실론』 학자와의 논쟁을 먼저 밝힐 수밖에 없다.

7) 삼종론(三宗論)

주옹의 『삼종론』은 삼론학자가 『성실론』에 대해 공격한 첫 번째 목소리이다. 『고승전』에서는 이렇게 말했다.

"지림은 이제의(二諦義)를 설명했는데 삼종(三宗)과의 차이가 있었다. 당시 여남의 주옹도 『삼종론』을 지었는데 지림의 견해와 부합되자 깊이 기뻐하고 안심을 했다."

『융흥불교편년통론(隆興佛敎編年通論)』 권5에서는 이렇게 말했다.

"당시 경읍(京邑)의 법사들이 이제의(二諦義)를 건립할 때 삼종이 있었는데 각 종(宗)마다 똑같지가 않았다. 그래서 여남의 주옹은 『삼종론』을 지어서 그 차이를 통달했다."79:

이에 근거하면 『삼종론』은 당시 이제의(二諦義)의 갖가지 뜻을 논한 것으로서 삼종과는 차이가 있다. 『융흥불교편년통론』에는 또 지림과 주옹의 서신이 실려 있는데, 그 서신에 이런 내용이 있다.

"『삼종론』은 깊이를 탐구하고 은밀한 뜻을 찾아내서 중생의 정(情)을 다했고 확연히 통해서 모든 부처의 뜻을 다하였다."

그리고 주옹이 장융에게 답한 서신(『홍명집』)에는 이런 말이 있다.

"나의 『삼종론』은 소위 취사(取捨)를 자유롭게 했어도 그 법도를 능히 넘을 자가 없었다."

이렇게 볼 때 주옹의 『삼종론』은 당시의 여러 설(說)을 취합했을 뿐만 아니라 스스로도 일체 불학을 다 섭렵했다고 했다. 『남제서・주옹전』에서는 이렇게 말하고 있다.

> 『삼종론』을 저술해서 "공가명(空假名)"을 세웠고(제2종(宗)) "불공가명(不空假名)"을 세웠다(1종). "불공가명"을 마련해서 "공가명"을 힐난하고, "공가명"을 마련해서 "불공가명"을 힐난했고, "가명공(假名空)"(3종)으로 두 종(宗)을 힐난했다. 또 "가명공"을 세웠다[80].

이 글에 따르면, 이 『삼종론』은 얕은 데서 깊은 곳으로 들어가므로 삼종이 가장 훌륭한 뜻[勝義]이라서 앞의 두 종(宗)은 미치지 못한다. 또 『반야』, 『중관』은 이제의 중도를 창달했고, 이 밖에 『성실론』도 이 뜻을 학설의 골격으로 삼았다[81]. 『중론소기』 상권에서는 이렇게 말했다.

> 어떤 사람이 전하였다.
> "균정(均正)의 『현의』에 의거하면 "공가명", "불공가명"[82]이 모두 『성실론』 법사이다[83].

이에 따르면, 이 『삼종론』 앞의 두 종(宗)이라는 것은 『성실론』 법사가 설한 것이며, 주옹은 자신이 믿는 삼종에 근거하여 그들의 설을 힐난했으니, 그렇다면 제3종(즉 가명공)은 응당 『반야』, 『삼론』의 정설(正說)일 것이다.

길장의 『대승현론』 권1에서는 이렇게 말했다.

> 다음에 주옹이 삼종(三宗) 이제(二諦)를 밝혔는데, 첫째는 불공가(不空假)이고 둘째는 공가(空假)이고 셋째는 가공(假空)이다.

길장의『이제의(二諦義)』 상권에서도 삼종을 언급했는데 순서가 같으며, 그의『중론소』에서도 역시 이렇게 말했다.

> 다음은 제나라의 은사 주옹이『삼종론』을 지었는데, 첫째는 불공가명이고 둘째는 공가명이고 셋째는 가명공이다.

이『삼종론』에서는 먼저 불공가명을 서술하고 다음은 공가명이고 나중에 가명공을 서술했음을 알 수 있다.

'불공가명'은 또 '서루속의(鼠嘍粟義)[13])'84:라 칭하는데,『대승현론』 권1에서는 이렇게 말했다.

> "불공가명이란 단지 성실(性實)이 없고 가(假)의 세제(世諦)는 있어서 완전히 무(無)일 수는 없기 때문에 '서루속'이라고 하였다."

균정의『대승사론현의(大乘四論玄義)』 권5에서는 이렇게 말한다.

> 비록 제일의(第一義)를 얻더라도 세제(世諦)를 잃지 않는다. 그러나 세제는 가(假)라서 실(實)이 있지 않은 것이 마치 '서루속'85:과 같다.

이 제1종(宗)은 바로 '법은 자성(自性)이 없고86: 다만 가명(假名)87:이 있을 뿐'이라 한 것이다. 그러나 세제는 자성이 없기 때문에 가(假)이고 실(實)이 없다. 그렇다면 비록 '자성'의 공(空)을 말하면서도 불공인 '가명'이

13) 쥐가 벼를 파먹는다는 뜻이다.

기 때문에 길장은 『이제의』의 해석에서 이렇게 말했다.

서루속(鼠嘍粟)인 이제(二諦)는 경전 속에서 색(色)과 색성(色性)의 공(空)함을 밝히고 있다. 여기서 말하는 '색성의 공함'이란 색(色)에 고정된 성품이 없고 비색(非色)도 몽땅 무(無)임을 밝힌 것이다. 마치 서루속처럼 중간의 알곡은 없지만 벼의 껍질은 여전히 있은 채 형태는 그대로이다. 벼 속에 알곡이 없기 때문에 속공(粟空; 벼의 공함)이라고 말하며, 몽땅 없는 것은 아니기 때문에 '속공(粟空)'이라고 말한다. 즉 공유(空有)로 유(有)를 이루는 것이다.

『중론소』에서도 이렇게 말했다.

'불공가명'은 경전에서 '색공'이라 하는 것인데, 이는 바로 공(空)의 무(無)는 성품의 실다움[性實]이 없기 때문에 공(空)이라 했을 뿐이므로 가명(假名)에서는 불공(不空)인 것이다. 공은 성품의 실다움[性實]이 없기 때문에 이름하여 공이라 하는 것이 바로 진제(眞諦)이다. 가(假)에서 불공이기 때문에 이름하여 세제라고 부른다. 후세 사람들은 이를 이름하여 서루속(鼠嘍粟)88)의 뜻이라 하였다.

또한 『중론소기』에서도 이렇게 말했다.

균정의 『현의』 제3에서 말했다.

"불공의 이제(二諦)는 가명(假名)을 파괴하지 않은 채 모든 법의 실상(實相)을 설해서 모든 법의 자성 없음을 밝힌 것이다. 그래서 이 공(空)이면서도 스스로 모든 법이 없지 않으므로 가명(假名)을 유(有)로 삼을 수 있다." (이하 생략)

이 종(宗)은 단지 색의 자성은 공했어도 그 완연한 상(相;즉 가명)은 공하지 않았고, 색의 성품은 공해도 가명은 유(有)이고 진제는 공이고 세제는 불공이라는 것이다. 이는 진(晉)나라 시대에 나온 즉색종(卽色宗)의 소위 '색은 자성이 없어서 비록 색이라도 공이다'라는 뜻과 같으니, 그래서 길장은 이를 '공의 성품이지만 불공인 가(假)이니, 이는 예전의 즉색(卽色)이란 뜻과 다르지 않다'[89]고 한 것이다.

일체유부(一切有部)에서는 법체(法體)가 실유(實有)라 했고, 『성실론』에서는 체(體)가 없으나 상(相)이 있음을 주장했고, 대승의 『반야』에서는 체(體)와 상(相)이 모두 공이라고 했다. 이 불공가명은 자성(自性)이 공하고 가명(假名)이 공하지 않은 것인데 『성실론』의 설에서 나온 것으로 의심된다. 그 『논문품(論門品)』에서는 이렇게 말했다.

> 논(論)에는 두 문(門)이 있으니, 첫 번째는 세계문(世界門)이고 두 번째는 제일의문(第一義門)이다. 세계문이기 때문에 유아(有我)를 설하고…… (중략) 제일의문은 모두 공무(空無)를 설한다.

그 『멸법심품(滅法心品)』에서는 이렇게 말했다.

> 오음(五陰)은 진실에서는 무(無)이나 세제이기 때문에 유(有)이다. 왜 그런가? 부처님께서는 온갖 행(行)이 모두 다 허깨비[幻] 같고 화(化)한 것 같다고 말씀하셨으니, 세제이기 때문에 유(有)이지 실제로 유[實有]는 아니다.

이상 갖가지 말은 어쩌면 『성실론』 법사가 늘 인용하는 제일의공(第一義空)과 '세제는 유(有)이다'의 근거일 것이다. 그래서 혜원의 『대승의장』

권 1『이제문』에서는 이제의(二諦義)를 네 가지 종(宗)으로 나눌 수 있다고 했다[90:]. 그 두 번째는 성종(性宗)을 타파한 것인데[91:], 그 해석에서 이렇게 말했다.

> 성품을 타파한다고 함은 소승에선 모든 법이 텅 빈 가짜[虛假]로서 성품이 없다는 걸 깊이 선포해 설한 것이다……. 법은 비록 성품이 없지만 가상(假相) 아님이 없으니, 이 종(宗)은 저『성실론』에 해당한다.

또 이렇게 말했다.

> 제2종(宗)에서는 인연의 가유(假有)를 세제(世諦)로 삼으며, 성품 없는 공(空)을 진제(眞諦)로 삼는다.

여기서 서술한『성론』법사의 말은 불공가명(不空假名)의 종(宗)과 바로 부합한다.

안쵸의『중론소기』에서 이렇게 말했다.

> 『산문현의(山門玄義)』제5권에서 말했다.
>
> "제삼(第三)[92:] 석현량(釋顯亮)의『불공이제론(不空二諦論)』에서 말한다.
>
> '경전에서 인연의 모든 법은 유불(有佛)이자 무불(無佛)이라서 성품과 모습[性相]이 항상 머문다고 했으니, 어찌 무(無)를 말할 수 있겠는가.'
>
> 하지만 경전에서 '모든 법이 공하다'고 말한 것은 소위 내부가 공하여 주재자가 없다는 말이다. 주재자가 없는 모든 법을 세제라고 이름하며, 모든 법에 주재자가 없는 것이 진제이니, 이것이 바로 수부(數部) 삼장(三藏)의 의미로서 사(事)와 이(理)의 이제를 밝힌 것이다. 삼집(三集)[93:]의 무위

(無爲)를 속제(俗諦)로 삼는데, 그 중 16가지 진리(眞理)[94:]는 제일의제이다. 옛 이름(舊諮)[95:]은 서루속[96:]의 뜻이다. 이 일사(一師)가 바로 제1의 '불공종(不空宗)'이다[97:]."

『산문현의』에서 서술한 현량의 설은 법에 주재자가 없어서 공이라 했을 뿐 주재자가 없는 법이 유(有)가 없는 것은 아니다. 그 의미는 앞에서 서술한 것과 동일하다. 현량은 『고승전』에선 하원사(何園寺) 혜량(慧亮)의 본명을 현량이라고 여겼는데[98:], 하지만 이 말은 잘못인 듯하다. 북다보사(北多寶寺)의 도량(道亮) 법사는 성품이 강인해서 대중을 거스르다가 마침내 대중이 알게 되면서 남월(南越)로 유배를 당했다. 아마도 이 도량 때문에 현량으로 불린 것이 아닌가 한다. 도량은 『성론소(成論疏)』 8권을 저술했으니[99:] 가장 빠른 『성실론』 법사 중의 한 명이다.

『명승전초』에 의하면, 송나라 승려 각세(覺世)는 『니원』, 『대품』에 능했는데 이제의를 수립해 '불공가명'을 종지로 삼아서 혜정(慧整)과 나란히 이름을 날렸으니[100:], 그렇다면 『반야』를 연구한 자가 송나라 시절에 이 뜻[義]을 수립한 것이다. 또 『산문현의』에서는 불공가명종이 바로 수부(數部) 삼장(三藏)의 사(事)와 이(理)의 이제(二諦)라고 했다. 『대승의장』 1에 서술된 비담종의 이제는 사(事)와 이(理)가 상대(相對)한다고 했다. 사(事)는 세제가 되고 이(理)는 진제가 되는데, 사(事)는 음(陰), 계(界), 입(入)이라 하고 이(理)는 16가지 성제(聖諦)라고 하는 것이 소위 수부 삼장의 사(事)와 이(理)의 이제(二諦)이다. 하지만 『대승의장』에서는 또 이 종(宗)을 말하면서 모든 법에 각각 체성(體性)이 있다고 설했는데[101:], 이는 법에 자성이 없음을 주장한 것이 아니라서 불공가명종과 부합하지 않는다.

"공가명"종(宗)은 또 '안고의(案苽義)'라고도 칭한다[102]. 『대승현론』 권1에서 이렇게 말했다.

> 제2의 '공가명'은 이 세제(世諦) 전체는 얻을 수 없어서 만약 가유관(假有觀)을 한다면 전체가 세제라서 관(觀)함이 없을 것이므로 전체가 진제(眞諦)임을 말한 것이다. 마치 물속의 안고(案苽)[103]와 같으니, 손에 고(苽)를 들고 체(體)를 나오게 하는 것이 세제이고 손에 안고를 잡고 체(體)를 소멸시키는 것이 진제이다[104].

이 종(宗)에서는 모든 법이 가명(假名)을 지닌 채 유(有)이니, 이것이 속제(俗諦)이다. 하지만 체성(體性)은 얻을 수 없기 때문에 진제(眞諦)이다. 속제와 진제가 상대(相對)하여 유(有)와 무(無)를 이해하는데, 이 뜻도 『성실론』에서 늘 보는 것이다. 예컨대 "사대(四大)와 사대의 소인(所因)으로 이루어진 것은 사대가 가명이기 때문에 유(有)라고 설하는 것이다"(색명품(色名品)), "그러므로 부처가 가명 속에서 사대를 비유로 삼았기 때문에 사대의(四大義)이다"(명본종품(明本宗品)), "오음(五陰)은 실제로는 없으나[實無] 세제이기 때문에 유(有)이다."(멸법심품(滅法心品)), "가령 경전에서 설한 모든 법은 단지 가명자(假名字)일 뿐이다. '가명자'는 소위 무명의 인연인 온갖 행(行)에서부터 늙고 죽음[老死], 고(苦), 집(集), 멸(滅)까지를 말하는데, 이 말 때문에 오음도 제일의(第一義)(진제)란 걸 알므로 공(空)이다"(멸법심품(滅法心品)) 등이니, 이는 모두 법은 가명의 유(有)이고 제일의(第一義)에서는 공이라는 것이다. 『성실론』의 이 뜻을 살펴보면 주로 공(空)을 분석한 것인데, 즉 모든 법은 인연으로 이루어졌으므로 만약 온갖 반연(攀緣)을 분석하여 구하면 체(體)를 얻을 수 없기 때문에 공이라는 것이다.

가령 길장의 『이제의』 상권에서는 이렇게 말하고 있다.

다음 『성론』 … 모든 법의 유(有)를 밝힌 것을 세제라고 하며, 법의 공함을 절(折)105:한 것을 제일의제라 한다.

그래서 길장의 『중론소』에서는 이렇게 말했다.

'공가명'이란 일체 모든 법이 온갖 반연으로 이루어진 것이니, 그래서 체(體)가 있는 것을 이름하여 세제라 하고, 반연을 분석하여 구해도 도무지 얻을 수 없는 것을 이름하여 진제라고 한다. 만인(晩人)은 이를 이름하여 안고(案瓜)106:의 이제(二諦)라고 한다. 고(苽)가 가라앉으면 진제이고 고(苽)가 떠있으면 속제이다.

논란(論難); 먼저 가법(假法)이 있은 뒤에 그걸 공(空)으로 하면 도리어 인연의 모임[緣會]과 똑같기 때문에 "밀어내 흩어버림이 바로 무(無)"라는 허물이 있다.

'인연의 모임[緣會]'은 진(晉)나라 때 우도수의 연회종(緣會宗)을 가리킨다107:. 인연은 가유(假有)라서 밀어내 흩어버리면[推散] 바로 무(無)이니, 그렇다면 가유일 때는 무(無)가 아니고 무(無)일 때는 유(有)가 아니기 때문에 후세 사람은 '안고의'를 배척하였다. 『중론소기』에서는 이렇게 말하고 있다.

균정의 『현의(玄義)』 제3에서 말한다.

"『산문(山門)』 등 '공(空)과 유(有)의 이제(二諦)'의 명목(名目)은 안고(案苽)의 이제이니, 고(苽)가 사그러들었을 때 전체가 함께 사그러들고 출현할

> 때 전체가 함께 출현함을 밝힌 것이다. 출현할 때는 사그러듦이 없고 사그러들 때는 출현함이 없으니, 공(空)을 밝힐[108] 때 터럭만큼의 유(有)가 없고 유(有)를 밝힐 때 터럭만큼[109]의 공(空)이 없는 것과 무엇이 다르겠는가.

말하자면 속제는 가유이고 진제는 공무(空無)이니, 이제를 분리해 이야기하는 것은 상즉(相卽)의 뜻을 모르는 것이다. 주옹은 장융과 불교와 도교의 우열을 논하면서 단지 도가는 '유를 알고[知有]' '무를 알지만[知無]' '유를 다하거나[盡有]' '무를 다하지는[盡無]' 못했다고 여겼다. 그래서 『노자』는 단지 제2종에 속할 뿐이라고 인정하면서 그는 장융에게 보낸 서신에서 이렇게 말했다.

> 유(有)가 유(有)가 됨은 사물이 그것이 유(有)임을 아는 것이며[110], 무(無)가 무(無)가 됨은 사람이 그것이 무(無)임을 인식하는 것이니[111], 노자가 유(有)를 기명(記名)하고 무(無)를 제명(題名)했어도 노자가 말한 유무는 이 범위를 초월하지 않았다. 나의 『삼종론』은 취사가 자유로워도 그 법도를 능히 넘어서는 자가 없었다[112]. 불교가 그 뜻이 일반인의 정서를 초월하고 그 말은 일반적인 음[聲律]과 어긋났기에 대채로 즉색(卽色)이 유(有)가 아니라고 말한 것이니, 그러므로 완전히 일반 대중을 벗어난 것이다[113].

주옹 이후 삼론종의 법사는 개선의 '이제의'도 '공가명'이라고 했다. 『대승현론』 권1에서는 "공가(空假)는 개선 등이 사용했다"고 했는데, 개선은 『성론』 대사(大師)로도 불렸다. 그의 설은 삼론종의 옛 서적에 흩어져 보이는데, 대부분의 평가는 그가 이(理)를 둘로 나누었다고 했다. 예를 들면 『대승현론』 권2에서는 세 가지 중도(中道)를 밝히면서 개선의 의리[義는 진제와 속제를 합하여 중도로 삼았다고 했고, 아울러 개선의 『의소(義疏)』

를 인용하면서114: 이렇게 말했다.

> 이제(二諦)의 중도는 어떻게 사물을 이야기하는가? 모든 법의 생기(生起)는 법성(法性)에 계합하지 않는데, 계합하지 않았기 때문에 유(有)이다. 유(有)이면 이 유(有)는 허망한 유[妄有]이며, 그것이 공(空)이기 때문에 속(俗)이다. 체의 비어있음[虛體]이 무상(無相)이고 무상이 곧 진(眞)이다. 진제는 유도 아니고 무도 아니면서도 무(無)이니 허망한 유[妄有]가 아니기 때문이며, 속제는 비록 무는 아니지만 무가 아니면서 유이니 가유(假有)이기 때문이다. 사물과 더불어 거체(擧體; 전체)가 바로 진(眞)이기 때문에 유(有)가 아니고, 거체가 바로 속(俗)이기 때문에 무가 아니니, 그렇다면 유도 아니고 무도 아니라서 진과 속이 하나의 중도이다. 진제는 무상(無相)이기 때문에 유도 아니고 무도 아닌 진제의 중도이며, 속제는 인(因)으로 가짜(假)로 인(因)에 즉(卽)할 뿐 과(果)에 즉(卽)하지 않기 때문에 유가 아니고, 과(果)를 짓지 않는 것도 아니기 때문에 무가 아니니, 이것이 유도 아니고 무도 아닌 속제의 중도이다.
>
> (균정의『현의』5의 명중도조(明中道條; 중도를 밝히는 조항)를 참고하라)

지장은 세 가지 중도가 있다고 말한다. 속제는 체(體)가 비어있어서 허망한 유[妄有]이다115:. 진제는 무상이라서 허망한 유가 아니다116:. 체(體)의 비어있음은 허망[妄]이고 무상은 허망이 아니라서 이제가 상대(相對)하는데, 이를 합하면 진제와 속제가 하나인 중도가 있고 이를 분리하면 진제의 중도와 속제의 중도가 있다. 그래서 허망은 속제의 이(理)라고 하고 무상은 진제의 이(理)라고 하는데, 이미 두 개의 이(理)가 되면 바로 두 개의 사물이다117:. 이는 중도가 바로 "일여(一如)"의 뜻이고 바로 "상즉(相卽)"의 뜻임을 알지 못하는 것이니, 반드시 진(眞)을 따르고 속(俗)을 거스르지 말아야 한다. 유(有)(가명(假名))를 제거하지 않고 공(空)(실상(實相))을 간직하는 것이니, 가령 "거체(擧體)가 바로 진(眞)"이라고 말하면 마치 유를 제거하고 공을 간직하는 것 같으며, "거체가 바로 속(俗)"이라고 말하면 마치 속제를 따르고 진제를 거스르는 것 같기 때문에 마치 고(苽)가 사그라들면 거체가 사그라들고 고(苽)가 떠오르면 거체가 떠오르는 것과 같다.

지장이 말한 소위 진제와 속제가 하나의 중도라는 것은 이제가 하나의 체(體)임을 말하는 것이고, 하나의 체(體)는 바로 상즉(相卽)을 말한 것이다(『대승현론』 권 1, 『현의』 권 5). 주옹의 논서도 역시 이제를 밝혀서 중도를 체(體)로 삼고 있다[118]. 길장은 삼론의 법사가 처음부터 이 뜻을 바로 사용했다고 했으며[119], 이 때문에 길장은 또 개선이 가명(假名)의 공의(空義)를 사용했다고 말한 적이 있다. 『이제의』 하(下)에서는 이렇게 말했다.

> 다음에 주옹은 삼종이제(三宗二諦)를 밝혔으니, 첫째는 불공가(不空假)이고 둘째는 공가(空假)이고 셋째는 가공(假空)이다. 야성사(野城寺) 광대(光大) 법사(누군지 확실지 않음)는 가공(假空)의 뜻을 사용했고, 개선도 역시 사용했는데 가장 의미를 얻지 못한 사용이었다[120].

개선과 산문(山門)의 용어는 서로 같지만 뜻은 실제로 서로 다르기 때문에 길장은 누차 이를 밝혔다[121]. 이 두 가지 일에 입각해 그 의미를 밝힌다.

1. 문: 만약 중도를 체(體)로 삼는다면 중도는 둘을 섭수(攝收)하니, 이는 이제 밖의 사물인가?

답: 개선은 이제를 밝혀서 법을 다 섭수했다[122]. 중도는 최종적으로

하나의 무명무상(無名無相; 명칭도 없고 모습도 없는)이라서 도리어 이제에 섭수된다123:. 따라서 중도가 이처럼 진(眞)이라면 속(俗)이 아니니124:, 이 역시 진제를 체(體)로 삼는다. 진제를 체(體)로 삼으면 진과 속은 상대가 되어 중도를 잃는다125:.

2. 개선의 서문에서는 "체(諦)란 하나의 참일 뿐 둘이 아닌[一眞不二][14] 지극한 이(理)이다"라고 하였다. 이는 제(諦)를 가리켜 이(理)라 한 듯하다. 제(諦)가 만약 이(理)가 된다면 속리(俗理)는 진(眞)이 아니고 진리(眞理)는 속(俗)이 아니기 때문에 두 개의 이(理)가 되는데, 이는 이제가 실제로는 가르침[教]일 뿐이라서 상대적 견해[二見]의 뿌리가 깊은 중생에 대해 이 가르침을 마련했음을 모르는 것이다. 따라서 이제는 불이(不二)의 이(理)를 표현하기 위한 것으로 마치 손가락으로 달을 가리킨 것과 같아서 손가락에 의미가 있는 것이 아니라 달을 얻는데 의미가 있는 것이다126:. 이제는 '가르침'이라서 오직 하나의 실제(實諦)를 방편으로 둘이라 말했을 뿐이다. 마치 오직 하나의 일승(一乘)뿐이지만 방편으로 삼승을 말한 것과 같다127:. 따라서 개선이 비록 상즉(相卽)을 말하긴 했지만 실제로는 진(眞)과 속(俗), 유(有)와 무(無)의 둘로 나눈 것이니, 마치 『노자』가 비록 "유를 알고[知有]" "무를 알더라도[知無]" 궁극적으로는 안고(案苽)의 뜻이라는 것과 같다.

길장의 『중론소』에서는 『삼종론』을 해석하면서 이렇게 말했다.

"만인(晩人)은 이름하여 불공가명을 서루속(鼠嘍粟)이라고 하였고 공가명을 안고(案苽)라고 하였다."

안쵸의 『중론소기』에서는 "만인(晩人)은 승전 법사"라고 하였고, 또 안쵸는 균정의 『현의』 제3을 인용하면서 "산문(山門) 등이 공(空)과 유(有)

---

14) 상대적인 이원론에 섭수되지 않는 절대적인 하나의 진리를 가리킨다.

의 이제를 이름 지었는데(즉 공가명을 가리킨다) 산문 역시 승전을 가리킨다고 말했다"고 하였다128:. 또 안쵸는 『산문현의』129:를 인용해서 "과거에 공가명을 이름하여 '안고의'라고 했는데, 섭산의 법사들인 승전, 도랑은 『삼종론』을 자주 인용하며 비판을 가했다"고 하였다. 안쵸의 『중론소기』에서는 이렇게 말했다.

> 問; 균정의 『현의』에서는 주옹을 불공(不空)의 이제(안쵸는 균정을 인용해서 '불공가명은 바로 주옹의 뜻이다…….'라고 했다)로 여겼는데, 지금은 어찌하여 가명공이라고 명명하는가?130:
>
> 답; 어떤 사람이 전하길 "균정의 『현의』는 요달하지 못했을 때의 뜻을 잡아서 말한 것이고, 지금은 이미 요달했을 때의 뜻을 잡아서 말한 것이다"라고 하였다. '지금'은 『산문현의』에 준거해서 석현량 법사를 불공가명이라 명명한 뜻과 우법수를 공가명이라 명명한 것을 말한다. 주옹을 가명공으로 명명했는데, 이는 이(理)를 얻어 설했기 때문에 제3으로 여긴 것이다.

이는 주옹 이전의 두 종(宗)은 요달하지 못했을 때의 뜻이고 제3종은 이(理)를 얻어서 이미 요달했음을 말한 것이니, 이로서 주옹의 논서가 얕은 데서부터 깊은 곳으로 들어가서 제3종(宗)의 가명공을 불가의 올바른 뜻으로 삼고 있다는 걸 알 수 있다.

"가명공"은 지업석(持業釋)15)이다. 가명이므로 공이고 공이므로 가명이

15) 산스크리트의 문법에서 어느 물건 이름에 두 가지 이상의 뜻이 있을 경우 앞의 말이 뒷말의 형용사나 부사가 되거나 혹은 같은 종류인 경우를 말한다. 체(體)와 용(用)을 갖고 해석하는 것인데, 가령 제8식을 장식(藏識)이라 하는 것이다. '장'은 용(用)이고 '식'은 체(體)로서 '장'이 곧 '식'이다. 그러나 체와 용은 본래 하나이므로 이를 합석(合釋)이라고 하는데, '지업석'은 6합석의 하나이다.

니, 공과 가의 상즉(相卽)은 주옹이 이전의 두 종(宗)을 힐난한 까닭이니, 제1종은 법의 자성이 공하면서도 오히려 가유를 간직하기 때문에 상즉을 잃으며, 제2종은 공하면 무상(無相)이고 가(假)이면 허망한 유[妄有]라서 이를 분석하면 둘이 되니 역시 상즉(相卽)을 잃는다. 또 공과 가의 상즉은 주옹이 노자를 배척한 까닭이니, 장융이 주옹에게 보낸 서신에서는 이렇게 말했다.

> 법성은 비록 즉색(卽色)으로 공을 도모하지만(불교), 허무(虛無)는 진실로 유(有)를 벗어나 펼쳐지는 뜻이다(노자).

장융의 의도는 불가의 법성은 즉색이 공이고 체용이 일여(一如)이지만 노자는 진실로 '유(有)'를 벗어나 따로 펼치는 무(無)의 뜻[義]이라는데 있다131:. 양자는 확실히 차별이 있다. 하지만 장융은 또 노자가 즉색즉공(卽色卽空)을 모르지는 않는다고 했다. 인간의 정서는 항상 유(有)에 막혀있기 때문에 일단 즉색을 먼저 말하지 않고 점차 유(有)를 인해 무(無)를 다한 것이다. 그래서 주옹에게 보낸 그 서신에서 이렇게 말했다.

> (객관적인) 사물과 (주관적인) 감응이 이미 분리되었다면 사물에 감응해도 합치하기 어려워서 만상(萬象)과 보고 듣는 지각[視聽]을 서로 뒤섞이게 하고 보고 듣는 지각과 만상을 서로 엇갈리게 하니, 이에 대한 집착이 이미 깊어져서 그 제거도 반드시 쉽지 않다.
>
> 따라서 고하(苦下)의 노인[16]은 또 (불가의) 즉색을 간직하고 있어서 즉색의 유인 바[所有]에 순응하고[17] 즉색의 정(情)에 흔들리지 않지만 즉색

---

16) 노자를 가리킨다.

의 무인 바[所無]를 존중하므로 점진적인 정(情)은 즉색의 순응이다. 아울러 사물이 잠잠히 사라지면 사람은 그때 욕망이 없어지니, 바로 서풍이 불어 낮에 사물을 움직일 수 있고 남두(南頭)의 정기(精氣)가 야밤의 꿈속에 들어갈 있는데, 한수(漢水)의 혼이 사람들이 잠든 시기에 나타나는 것도 가능하지 않은가[18].

주옹은 답하는 서신에서 이렇게 말했다.

고하 노인이 즉색을 갈무리했다는 이 말은 믿을 만하다. 더 걱정인 점은 즉색에 미치지 못해서 능히 갈무리함[能藏]에 스스로 의탁함을 허용하는 것이다.

그의 의미는 단지 노자가 즉색을 갈무리했다고 여기는 것인데, 이는 바로 즉색즉공(卽色卽空)과 즉체즉용(卽體卽用)을 아직 깨닫지 못한 것이다. 그래서 능장(能藏)에 의탁해 말함으로써 꾸밈을 기피한 것이다. 하지만

"불교의 의리[義]가 온갖 정(情)을 초월하고 말이 성률(聲律)에 어긋난 까닭은 대체로 즉색의 비유(非有)를 말했기 때문이니, 그래서 온갖 일반 종파의 귀에는 미치지 않았던 것이다."

---

17) 세상 사람이 사물에 응하는 집착이 너무 깊어서 교화의 방편으로 즉색의 뜻에 대하여 숨기고 발표하지 않았다는 뜻이다.

18) 일본의 오오타 테이조[太田悌藏] 교수는 장용의 마음속엔 서풍은 부처를, 남두의 정기는 노자를, 한수의 혼은 공자를 나타낸다고 보았다.

즉색의 비유(非有)는 유를 벗어나지도 않고 무를 벗어나지도 않는다[132]. 유(有)와 무(無)는 상즉이기 때문에 체성(體性)은 무를 다하고 또한 유를 다한다[133]. 진실로 유(有)에서 그것이 유가 됨을 알고 무(無)에서 그것이 무가 됨을 인식하는 것만이 아니기 때문에 주옹은 답장에서 또 이렇게 말했다.

> 유를 다하고 무를 다하는 것은 지극함이 아니면 구비할 수 없다[134]. 유를 알고 무를 아는[知無知有] 것을 나는 도가라고 인정한다. 오직 유도 아니고 무도 아닌 하나의 경지만은 도가의 말이 미치지 못했으니[135], 유도 아니고 무도 아님은 삼종(三宗)이 품고 있는 오묘함이다[136]. 저의 우려에 대해 귀하께서 한 번 살펴주시기 바랍니다.

이렇게 본다면, 주옹의 제3종은 '모든 법은 유도 아니고 무도 아니라서 공을 간직함으로써 유를 저버리는 것이 아니고 또한 가(假)를 망가뜨려서 실(實)을 드러내는 것도 아니다'라고 하니. 이것이 바로 승조의 학설이다. 그래서 길장은 『중론소』에서 이렇게 말했다.

> 제3의 '가명공'은 바로 주옹이 사용한 것인데, 가장 큰 뜻은 "가명의 완연(宛然)함이 바로 공"이라는 것이다. 주옹의 가명공을 찾아보면 원래 승조의 『부진공론』에서 나왔는데, 『부진공론』에서는 이렇게 말하고 있다.
>
> "유이면서도 무이고 무이면서도 유이다. 유이면서도 무이기에 소위 유가 아니고[非有], 무이면서도 유이기에 소위 무가 아니다[非無]. 그렇다면 사물이 없는 것도 아니고, 사물은 진짜 사물[眞物]이 아니니, 사물이 진짜 사물이 아니라면 어떻게 사물이겠는가?"
>
> 승조는 이렇게 말했다.

> "사물이 진짜 사물이 아니므로 가짜 사물[假物]이고, 가짜 사물이기 때문에 바로 공이다."
>
> 대랑(大朗) 법사는 관내에서 이 뜻을 얻어서 주옹에게 전수했다. 주옹은 이로 인해 『삼종론』을 지었다.

승조가 말한 소위 부진공(不眞空)은 역시 지업석(持業釋)이다. 참[眞]이 아니므로 공이고 공이므로 참이 아니니, 주옹의 "가명공"이란 한 마디도 이와 동일한 의미이다. 그래서 『대승현론』에서는 이렇게 말했다.

> 가공(假空)이란…… 비록 공이지만 완연한 가짜[假]이고, 비록 가짜이지만 완연한 공이니, 공과 유는 걸림이 없다.

공과 유는 걸림이 없기 때문에 유도 아니고 무도 아니라서 유에 치우치지도 않고 무에 치우치지 않는다. 그래서 『중론소』에서는 또 이렇게 말했다.

> 대랑 법사는 주옹에게 이제를 전수했고, 주옹이 지은 『삼종론』에서는 이렇게 말했다.
>
> "부처님이 이제를 수립한 까닭은 모든 법이 공을 갖추고 있어서 유의 상대성에 치우치지 않기 때문이니, 이 때문에 중도라고 이름지었다."

이 말의 내용이 간략해서 확연히 드러나지는 않았지만, 그러나 앞서 한 말을 증거로 살펴보면 상즉이기 때문에 치우치지 않는 이것 역시 중도의 뜻이다. 따라서 이제는 중도를 체(體)로 삼는다.

주옹의 뜻을 헤아려 보면, 본래의 성품은 공적(空寂)해서 이름도 없고 집착도 없다. 세상 사람은 유에 집착하다가 으레 유를 상실하게 되고,

만약 사람이 무에 집착하다 보면 역시 얻게 되지 않는다. 하지만 석가모니의 궁극적인 뜻[究竟義]은 집착이 없어서 위대한 성자가 된 것이다. 주옹이 장융에게 보낸 서신에서는 이렇게 말했다.

> 하지만 분분히 명리를 추구하는 것은 모두 유(有)의 집착 때문이다. 따라서 도를 어기고 세속에 빠지니 참으로 화근이다. 유에 대한 집착을 염려하지만 유의 성품을 바로 깨우치지 못하고, 유에 여전히 집착하는 자는 무(無)의 술수를 숭상한다. 유의 성품을 깨우치지 못했기에 망상에 가려져 있지만 고요함을 숭상하여 실제의 미묘함을 탐구하게 된다. 따라서 도가(道家)가 불교의 전파에 유익한 것이다. 앞에서 당신이 말한 "노자는 바로 불가의 대응"이라는 것이다. 왕필과 하안은 과거에 노자는 부처보다 못하다고 했지만 이 논처럼 부처님의 종지에 영향을 미치지 못한다.

이 내용에 따르면, 노자의 교유(矯有)는 공무(空無)를 숭상하기 때문에[137]: 비록 성인에는 미치지 못해도 세상의 도리에는 유익하다. 그렇다면 주옹이 지은 논서에선 앞의 두 종(宗)을 완전히 말살한 것은 아니고 약간은 칭송했다고 볼 수 있다. 하지만 체(體)와 용(用)을 겸비한 것으로는 오직 제3종을 인정할 뿐이다.

8) 삼론의 성행과 성실론과의 논쟁

『성실론』의 학문은 남조 시대에 가장 성행했다. 구마라집이 전래하고 번역했지만 그 종지의 뜻은 아니었다. 그 후 뜻이 대승에 가깝고 아울러 초학에 편리하기 때문에 점차 유행하였다. 초기에는 대략 두 가지 계열로 나눌 수 있다. 첫째는 수춘사의 승도이고 둘째는 팽성사의 승숭과 법천이다. 종합적으로 생각건대, 남북조 시대에 오취(五聚)를 연구한 자는 태반이

수촌사와 팽성사 두 계열 출신이다. 승도와 승숭 두 법사는 모두 송나라 시대에 살았는데, 이를 계승한 사람으로는 제(齊)나라 시대의 승유와 혜차 두 사람이 있고, 양나라 시대에는 개선사와 장엄사, 광택사의 삼대(三大) 법사[138]가 있고, 진(陳)나라 시대에는 건초사와 팽성사의 두 대덕(大德)이 있다. 『성실론』의 세력은 천하에 가득 찼고 특히 강남 지역에서 더 심했다. 『반야』 삼론은 구마라집의 종지가 있는데, 송나라와 제나라 두 시대에는 전래하는 자가 드물었다[139]. 제나라 경릉왕은 이미 당시의 대승이 황폐해서 수행하지 않는 걸 보고는 "근본을 포기하고 말단을 쫓고 있으니, 공(功)을 잃고 『논(論)』만 번잡하다"고 했다. 주옹이 지은 서문에서도 당시 사람들을 한탄하면서 "논가(論家)에서 잠자고 있으면서 일찍이 근본을 잃은 곳에서 구하고 있다"고 했으며, 양무제의 『대품경주서(大品經注序)』에서 말한 내용 역시 이것과 서로 발명(發明)할 수 있다.

> 요즘의 학도들은 존중하는 일이 드물고(대품을 말한다) 아마 때때로 듣긴 하지만 경전의 맛을 얻지 못하고 있다. 제석천(帝釋天)의 성실한 말은 신뢰가 가면서도 증험이 있지만, 이는 실제로 현명한 대중의 수많은 우려이고 보살의 마사(魔事)이기 때문에 높이 외칠수록 화합은 더 적어지고 앎이 드물수록 도는 더욱 귀하다. 그 결과 올바른 경전[正經]을 세상에 침몰케 한 까닭은 실제로 자기를 비우는 정(情)은 적고 의심을 품은 자는 많기 때문이다.

주옹은 중현(重玄)을 잘 지키고 공론(空論)을 존중했지만 당시의 유행과는 취향이 달랐다. 그가 지은 『삼종론』은 『성론』을 격파하기 위함이니, 이것이 삼론과 『성실론』의 상호 논쟁의 시작이었다. 하지만 주옹 스스로가 "당시에 이설(異說)을 세우면 학인(學人)의 무리를 침범한다"는 것을 알고 있었으며, 또 "비난이 두렵다"고 하면서 중간에 그만두려고 했다. 그렇다면 당시 『반야』의 정종(正宗)이 쇠퇴하고 『성론』의 세력이 대단했음을 상상할 수 있다.

그러나 삼론의 성행은 실제로 섭산의 여러 법사들 덕분이다. 승랑은 저술이 있다는 소식은 듣지 못했으므로 삼론에 응당 독자적으로 도달했을 것이다. 승랑의 스승 법도는 이미 "많은 경전을 구비해서 종합했다"고 하였고, 승랑은 "널리 공부하는 성품인데다 사유의 능력이 넓고 해박해서 대체로 경전과 계율을 모두 강설할 수 있었다"고 하였다. 승랑은 박학할 뿐만 아니라 교의(教義)에 대해서도 반드시 개발한 내용이 있었기 때문에 양무제는 승려들에게 수업을 하도록 칙령을 내렸다. 후세 사람들은 그를 섭산(攝山) 대사라고 불렀다140:. 진(陳)나라의 강총지(江總持)는 서하사(棲霞寺)에 들어가 낭(朗)(승랑)과 전(詮)(승전) 두 법사, 거사 명승소(明僧紹), 치중(治中)19) 소시소(蕭視素)의 도상(圖象)을 보았다141:. 명승소는 제(齊)나라 시대에 명성을 날렸고(『남제서』 54) 소시소는 양나라 황실에서 명성이 자자했는데142: 나란히 섭산에 은둔했다. 강총의 『서하사비』에서는 이렇게 말했다.

> 남난릉(南蘭陵) 소시(蕭視)143:는 고결한 뜻을 그윽이 간직했고 독자적인 법이 무리에서 뛰어났다. 그는 세상을 피해 이 산에 은둔해서 여러 해를 지냈다. 임종할 땐 유언에 따라 법사의 묘 옆에 장례를 지냈다.

---

19) 관직 이름. 주(州)의 자사(刺史), 즉 지방장관의 부관(副官)이다.

명승소는 저택을 보시해서 법도를 위해 절을 건립했고, 양무제는 사람들을 입산시켜 승랑에게 수학하도록 했으며, 그리고 소시소는 승랑의 묘 옆에 장례를 지내도록 했으니 그가 얼마나 흠모했는지를 알 수 있다. 따라서 섭산의 승랑은 섭산에 수십 년을 은거하면서도 거의 단절된 학문을 다시 일으켰기 때문에 사람들의 주목을 받았다.

승랑은 삼론을 거듭 부흥시켰을 뿐만 아니라 『화엄』도 크게 전파했다. 각현(覺賢)이 번역한 60권은 분량이 방대해서 정통한 자가 드물었다. 송나라 시대에 법업(法業)과 현창이 이 경전으로 명성을 날렸지만, 그러나 수나라와 당나라 시대에도 『화엄』이 크게 성행하여 하나의 종파로 전개되었으니, 그렇다면 북방은 『지론』의 여러 법사들에게 공을 돌리지 않을 수 없고 남방은 역시 삼론 학자들에게 많은 힘을 얻었다. 섭산의 승랑에 대해 『고승전』에서는 '그는 『화엄』 삼론의 으뜸가는 대가'라고 했으며, 『속고승전』에서는 '승전도 역시 『화엄』을 강의했고 법랑도 그로부터 배웠다'고 하였다. 가상(嘉祥; 길장) 대사의 『화엄경유의(華嚴經游意)』에서도 '강남의 양나라 시대 삼대 법사는 이 경전을 강의하지 않았다'고 했으며, 진(陳)나라 시대의 건초사와 팽성사에서도 강의하지 않았다. 건초사의 저녁 강의에서는 장간(長干) 법사[144]의 『의소(義疏)』를 빌렸으며, 팽성사의 저녁 강의에서는 강의하지 않은 경문에 대한 사람들의 질문을 받지 않았다[145]. 그리고 이 경전의 강의는 섭산에서부터 시작해서 한 시기를 풍미했다. 그 후 흥황사의 법랑이 그의 유지를 계승하여 이 경전을 크게 전파했으며, 가상대사 역시 『화엄경』을 수십 번 강의한 적이 있다.

승랑은 평생 삼론과 『화엄』 두 학문의 성행과 관련이 있지만, 그러나 산속에서만 명성을 떨쳤을 뿐 경읍(京邑)까지 미치지는 못했다. 당시 도성(都城)에서 시기적으로 가장 중시한 것은 여전히 다른 종(宗)이었다. 예를 들면 개선과 지장은 『열반』에 능했으면서도 『성실론』의 대가였는데 늘 왕궁의 궁전에 올라가서 법좌에 앉아 양무제를 질책했다. 이처럼 한 세상을 눈 아래로 깔보는 상황은 은둔한 섭산의 승랑에게 바랄 수 있는 것은 아니었다. 승랑의 뒤를 이은 제자 승전도 역시 섭산에 은거해서 지관사(止觀寺)에 거주했다[146]. 그래서 그를 '산속의 법사'라고 불렀으며[147], 혹은 '지관사의 승전'이라고도 했다. 처음에는 승랑[148]에게 수학해서 현묘한 종지를 간직한 채 오직 『반야』, 『중관』만을 밝혔으며[149] 그윽한 산림에 은거해서 선미(禪味)를 얻었다[150]. 그가 승랑에게 공부한 시기가 언제인지는 모른다. 『법화현의석첨』에서는 이렇게 말했다.

> 고려(高麗)의 승랑은 제나라 건무 시기에 강남으로 와서 『성실론』 법사와 논란을 벌였고 (중략) 삼론을 스스로 전파했다. 양무제가 지관사의 승전 등 열 명에게 칙령을 내려서 삼론을 배우게 했는데, 아홉 사람은 그저 장난으로 대하고 오직 지관사의 승전만이 공부를 성취했다.

이 말은 승전이 천감 11년에 수학했다는 것이다. 하지만 이 단락은 길장이 전한 내용을 근거로 했지만 다시 덧붙인 내용이 있기 때문에 필경 사실이 아니다. 『고승전』에 근거하면, 법도는 제나라 영원 2년(혹은 건무 4년)에 임종을 맞았다. 승랑이 강산사(綱山寺)를 이어받았으니 승전의 수업은 당연히 이 이후인 제나라 말기와 양나라 초기이다. 승전의 제자 수백 명 중에 네 명을 사우(四友)라고 칭하는데, 소위 사구(四句)의 낭(朗), 영오(領悟)의 변(辯), 문장(文章)의 용(勇), 득의(得意)의 포(布)이다[151]. 그가 강의한 것은 『지도론』, 『중론』, 『백론』, 『십이문론』과 『화엄』, 『대품』 등의 경전으로 당시에는 매우 유명했을 것이다. 도선의 『고승전』에서는

"섭산의 승전 화상은 곧바로 일승(一乘)의 고삐를 잡고 출세간을 횡행(橫行)했다"고 했으며, 또 "대승의 바다와 산악에서 그 명성과 영예가 멀리까지 들렸다"고 했다. 그의 제자인 흥황사의 법랑, 재전(再傳) 제자인 가상사의 길장은 늘 산문의 뜻을 높이 받들었다[152:]. 예를 들면 『이제의』 중권에서 길장은 법랑의 설을 인용하여 이렇게 자세히 밝혔다.

> 다른 해석이 잘못되었다고 탄핵하고 산문(山門)의 올바른 뜻을 드러냈다. 탄핵한 것은 두 종류의 사람인데, 첫째는 『성론』을 탄핵하고 둘째는 삼론을 배우면서도 그 뜻을 얻지 못한 자를 배척했다(아마 중가사(中假師)인 지변(智辯)일 것이다).

법랑은 『중론소』를 지었고 이 『중론소』를 『산문현의』라고도 불렀다. 그가 말한 산문의 올바른 뜻[正意]은 응당 지관사의 승전이 설한 내용을 계승하는 것이다[153:]. 산중의 법사는 위로 섭산 대사 승랑의 뜻을 계승했으며, 그가 서루속(鼠嘍粟)과 안고(案苽)의 뜻을 배척한 걸 살펴보면 『삼종론』의 설을 채택해서 『성론』을 탄핵한 것이다.

지관사의 승전은 그윽한 산림 속에 은거하면서 오직 『중관』만을 밝혔다. 제자 법랑은 먼저 산에 거주했다가 나중에는 양도(揚都)의 흥황사에 거주했고, 혜용(慧勇)은 대선중사(大禪衆寺)에 거주했으며 지변은 장간사에 거주했으니, 이로부터 삼론의 학문이 산림에서 나와 경읍으로 들어갔다. 지관사 승전의 제자 혜포(慧布)는 계속 산사에 거주해서 역시 명승(名僧)이 되었다. 혜포는 선정의 기쁨을 중시한 사람으로 북방에 유행(遊行)을 가서 막(邈)선사와 선종의 두 번째 조사인 혜가를 만났다. 섭산의 선법(禪法) 및 그와 선종의 관계는 제19장에서 서술할 것이다. 법랑 대사는 양도에 거주할 때 당시 학문에 대해 직언(直言)으로 지적하려 했기 때문에 『중론소』에서 이렇게 말했다.

"대사는 어째서 외도를 배척하고 『비담』을 비판하고 『성실』을 배척하고 대승을 꾸짖었는가?"

『진서(陳書)』에는 부재(傅縡)가 돈독하게 불교를 믿어서 흥황사에서 삼론을 수학했다는 내용이 실려 있다. 당시 대심고(大心暠) 법사는 삼론을 전파하는 자들이 부화뇌동하면서 질책하고, 죄상을 멋대로 말하고, 여러 법사를 역력히 훼손하고, 많은 학설을 배척했기 때문에 『무쟁론(無諍論)』을 지어서 그들을 훈계했다. 그러자 부재는 『명도론(明道論)』을 지어서 그의 힐난을 해석했다. 『무쟁론』에서는 이렇게 말했다.

"섭산 대사[154:]가 유도해 나가고 교화해 인도한 것은 이보다 못하다. 즉 무쟁을 익혀서 행한 것이다."

이는 당연히 승랑에 대해 서술한 것이다. 또 이렇게 말했다.

"깨달음을 인도하는 대덕은 이미 돌아가셨고 순박한 하나의 기풍은 이미 사라졌으니, 이에 경쟁하고 이기려는 마음과 아부하고 헐뜯는 왜곡이 성행했다."

이는 흥황사와 그 당파의 제자들이 당시 유행하는 학설을 반박하고 배척한 것을 말한다. 부재의 답장에서는 이렇게 말했다.

> 섭산 대사는 실제로 논쟁하지 않았다. (중략) 그는 그윽한 계곡에서 고요함을 지켰고 적료(寂廖)한 상태로 함이 없었다[無爲]. 대체로 훈계나 격려를 통해 모두가 동지(同志)였을 뿐 아니라 조용히 침묵해서 사물과의 간격이 없었기 때문에 그 의미가 깊은데도 그의 말은 매우 간략하고 요긴했다[155:]. 지금의 활발한 전개는 지세(地勢)가 그렇지 않은지라 왕성(王城;

도읍지)의 모퉁이에 처하고 마을 안에 거주한다[156]. 덕망 있는 빈객과 언변이 화려한 인사들은 선두를 다투면서 날카로운 새로운 설을 발표하고 특별한 해석을 자랑하고 공공연히 선동하고 있으며 틈새를 엿보아 장단점을 겨룬다. 이렇게 서로 대응하고 가늠하고 있는데 어찌 묵묵히 말이 없거나 '네, 네' 하면서 듣고만 있는가. 반드시 같고 다름을 밝히고 문제점을 찾아내기 위해서 몸을 잊을 정도로 도를 발양하고 속세를 거슬러 교(敎)를 통한다.

흥황 대사는 호칭이 웅크린 호랑이[伏虎]로 영명하고 빼어난 인사이다. 가령『백론소』에서는 이렇게 말했다.

"대사는 매번 높은 법좌에 오를 때마다 늘 번뇌는 두렵지 않고 오직 나[我]를 두려워 할 뿐이다."

이 말에서 그의 의지와 영웅적인 기개를 볼 수 있다. 그가 논쟁할 때 가장 먼저 배척한 것은『성실론』이었다. 그래서 부재는『명도론』에서 이렇게 말했다.

"『성실론』과 삼론은 무엇이 모순되는가?"[157]

그리고『삼론유의의(三論游意義)』에서는 이렇게 말했다.

"『성실론』 법사는 '삼론의 법사는『성론』을 타파할 수 없다'고 했고, 삼론의 법사는 '타파할 수 있다'고 하였다."

그의『대승현론』 권5에서는 자신의 스승이『중론』을 읽는데 회수(回數)도 다르고 형세도 같지 않아서 열 가지 조목을 간략히 내놓은 걸 서술했다. 그중 제8조는 "가리(訶梨)가 지었고(성론), 전연(旃延)이 만들었다고"고 구분하였다. 대체로『성실』은 소승이라서 공의 명칭[空名]에 의탁한 담론은 대승 중관의 올바른 뜻을 흐트러뜨리기 매우 쉽기 때문에 "구분"해야 한다. 또 제나라와 양나라 이래로『성실』이 최고로 유행해서 실제로 삼론의 거대한 적이 되었다. 주옹은 앞에서『성실』을 시기했고 법랑은 뒤에서 곧바로 배척했다. 삼론의 학설은 법랑에게 전해져서 그 세력이 커졌으니, 흥황사의 강설에는 청중이 구름처럼 모여서 땀을 흘리고 무릎을 꿇은 채 들었다. 매번 법좌에 한 번 오를 때마다 옷을 바꾸었으며, 제왕과 명사(名士)[158:]도 모두 존경했다. 혜용(慧勇)은 태극전에 올라서 강설했는데 백관이 모두 늘어섰고 칠중(七衆)이 모였다[159:]. 서릉(徐陵)은 경사에서『대품』을 강의했다[160:]. 월파수나(月婆首那)는 강주(江州)에서『승천왕(勝天王)』을 번역했다[161:].

그리고 삼론의 성행은 역시 제왕이 특별히 좋아하고 숭상했기 때문이다[162:]. 삼론과『성실』은 세력이 엇비슷해서 투쟁이 치열하여 심상치가 않았다.『속고승전』에는 당나라 초기의 영예(靈睿)[163:]가 촉 지역에서 삼론을 전파했다는 내용이 실려 있다. "사찰에 다른 학설이 있는데,『성실』의 무리들이 이 공론(空論)을 싫어해 늘 내 마음을 파괴해서 장차 살해하려고 했다"는 말에서 알력이 심한 것을 알 수 있다. 무릇『성론』의 법사는 우선 한 시대를 눈 아래로 보면서 삼론의 부흥에 대해 자신의 힘으로 배척하며 이단(異端)의 설이라고 했다. 그래서 법랑은 어쩔 수 없이 배척하고 타파하는 것 외에도 구마라집의 계통을 밝혔으니, 이 때문에 길장은 스승의 뜻을 열 가지 조목 중 여섯째에서 간략히 제시했다.

여섯째, 예전에 관하(關河)의 옛 서문을 읽어보았는데 마치 담영과 승예가 지은 것 같았다. 그 까닭은 바로 세상 사람들에게 "수론(數論)은 이전에 흥했고 삼론은 나중에 나왔다"고 말함으로서 관하에서 전래되고 스승의 종지가 존재했을 뿐이지 오늘날 비로소 끌어당긴 것이 아님을 제시하고자 했기 때문이다.

『열반경유의』에서는 이렇게 말했다.

> 대사가 말했다.
>
> "지금의 해석은 이 나라에선 없는 것인데, 그대는 어디에서 이 뜻을 얻었는가?"
>
> "관하에서 품부를 받아 섭령(攝嶺;섭산)에 전파했으니, 섭령은 대승의 올바른 뜻을 얻은 자이다."

길장의 장소(章疏)에서 『성론』을 타파하고 배척한 곳은 손가락으로 셀 수 없을 정도로 많으며, 한편으론 또 승조와 담영의 옛날 설(說)을 인용하여 자신의 종파가 관하에서 나왔음을 증명했다. 그의 『대승현론』 권3에서는 "학문의 체(體)는 반드시 스승에 의거해 그 가르침을 전수받아 익혀야 한다"고 했고, 『백론소』 권1에서는 "승조라면 현종(玄宗)의 시작이라고 말할 수 있다"고 함으로서[164:] 삼론학을 제시하고자 했는데 남방 지역에는 없었다. 따라서 주옹이 논서를 지은 것과 양무제가 소(疏)를 지은 것, 그리고 개선이 학설을 세운 것은 모두 승랑으로부터 얻음으로써 이 학문이 섭산 계통에서 독자적으로 터득했다는 걸을 밝혔다. 관하에서 전래되고 스승의 종지가 존재하기 때문에 고려(高麗)의 대사가 관중에 법을 전한 걸 말함으로써 그 정통을 증명하려고 했다[165:]. 불학의 이치를 논쟁하면서 정통을 논하고 언급했으니, 종파의 발생은 이로부터 시작되었다.

9) 흥황사의 법랑과 그 문하

흥황 법랑[166:]의 속가 성(姓)은 주(周)씨이고 서주 패군(沛郡)의 패(沛) 사람이다. 양나라 대통 이후에 건업에서 대명(大明) 보지(寶誌) 선사를 스승으로 모시면서 온갖 선법을 수학했고, 아울러 이 사찰의 상(象) 율사가 강설한 계율의 본문을 배웠다. 또 남간사(南澗寺)의 선사(仙師)로부터 『성론』을 수학했고 죽간사(竹澗寺)의 정공(靖公)으로부터 『비담』을 배웠으며, 또 후에 섭산 지관사의 승전법사로부터 사론(四論)과 『화엄』, 『대품』 등의 경전을 수학했다. 이후로는 전문적으로 용수(龍樹)의 종풍(宗風)를 전파했다. 진(陳)무제 영정 2년 11월에 칙령을 받고 산을 나섰으며[167:], 경성에 들어와 흥황사에 거주하면서는 계속 강의를 했다. 『화엄』, 『대품』, 사론(四論)에 대한 글과 강설은 과거의 현자들이 이야기하지 못했던 것들이고 후학자들이 빠트리고 생략한 것이었다. 법랑은 모두 의리(義理)를 지적하고 말의 운치를 끄집어냈기 때문에 말의 기운이 유창한데다 청아하고 온화해서 쉽게 깨우쳤다. 청중은 늘 천여 명이 되었고, 예전의 경전과 논서를 각각 십여 번 천양했다. 선제(宣帝) 태건(泰建) 13년 9월 25일 한밤에 75세로 임종을 맞았다[168:]. 이해가 바로 수나라 개황 원년이다(서기 581년).

법랑이 사람을 가르친 종지는 길장의 저술 속에 흩어져 보인다. 그의 『승만경보굴(勝鬘經寶窟)』에서는 이렇게 말했다.

> 저의 스승 법랑 화상은 매번 높은 법좌에 올라서 문하의 제자들을 가르쳤다. 말은 머물지 않는 것을 단서로 삼고, 마음은 얻을 것 없음을 주(主)로 삼으라고 했으니, 이 때문에 경전을 깊이 터득한 종장(宗匠)으로서 중생을 계발하고 깨우쳤다. (중생의) 마음에 집착이 없도록 하기 위해 삼세(三世)의 모든 부처는 경전과 논서를 연설하면서 늘 중생으로 하여금 마음에 집착이 없도록 하라고 했으니, 까닭인즉 집착은 번뇌[累]의 뿌리로서 온갖 고통의 근본이기 때문이다. 집착하기 때문에 결정하는 분별이 일어나고, 분별을 정하기 때문에 번뇌를 낳고, 번뇌의 인연이 문득 업을 일으키고, 업의

인연 때문에 생로병사의 고통을 받는다. 얻는 바가 있는[有所得] 사람은 불법을 배우지 못해서 무시(無始) 이래로 법에 운(運)을 맡기다가 집착하는 마음을 일으켰다. 이제 불법을 듣자 문득 다시 집착을 일으키는데, 위[上]를 집착하고 다시 태어남을 집착한다. 집착하는 마음이 견고하면 고통의 뿌리는 더욱 깊어져서 해탈할 수가 없다. 경전을 전파해 사람을 이롭게 하고 도의 행실도 스스로 행하게 하고자 한다면 집착하는 마음을 일으키지 말아야 한다.

『중관론소』 권5에서는 법랑 법사의 팔불(八不)169:에 대한 해석을 이렇게 밝히고 있다.

법사가 말했다.

"이 팔불이 표방하는 것은 일체의 큰일과 작은 일, 내면과 외부에서 얻는 바가 있는 사람을 거두어들인다. 마음으로 행하는 것이든 입으로 말하는 것이든 모두 이 여덟 가지 일에 속한다. 이제 이 여덟 가지 일을 타파하면 바로 이 일체의 큰일과 작은 일, 내면과 외부에서 얻은 바가 있는 사람을 섭수하기 때문에 팔불을 밝히는 것이다. 왜냐하면 일체의 얻는 바가 있는 사람은 마음을 낳고 생각[念]을 움직이는 것이 바로 생(生)이고 번뇌를 소멸하는 것이 바로 멸(滅)이며, 자기 몸이 무상하다고 일컫는 것을 단(斷)이라 하고 항상 머물러서 구할 수 있는 것을 상(常)이라 하며, 진제(眞諦)인 무상(無相)을 하나[一]라고 하고 세제(世諦)인 만상(萬象)이 다른 것을 다름[異]이라고 하며, 무명의 흐름으로부터 오는 것을 온다[來]라고 하고 본원으로 돌아가 벗어나는 것을 나감[出]이라고 한다. 일념을 분별해 일으키는 그 마음은 이 여덟 가지 전도(顚倒)를 갖춘다.

이제 하나하나의 역력한 마음[歷心]으로 이를 관찰해서 따름[從]이 없다면 일체의 얻을 바 있는 마음을 필경 청정하게 하기 때문에 '생겨나지도 않고 소멸하지도 않음[不生不滅]'에서부터 '오지도 않고 나가지도 않는다[不來不出]'까지 말한 것이다. 법사는 늘 이 뜻을 많이 말했는데 그 까닭은 무엇인가? 삼론이 아직 나오기 전에 만약『비담』,『성실』이 얻는 바가 있는[有所得] 것이라면, 대승 및 선사, 율사들로 난관 속에서도 지조 있게 도를 행하는 사람은 모두 얻는 바가 있다. 그러나 생겨남[生], 소멸함[滅], 단절함[斷], 항상함[常]은 중도의 정관(正觀)을 가로막으며, 이미 중도의 정관을 가로막으면 역시 가명(假名) 인연의 제약 없는 대용(大用)도 가로막는다. 이 때문에 한결같이 타파하고 씻어내서 필경 여지가 없게 하면 바로 실상을 깨닫는 것이니, 이미 실상의 체(體)를 깨달았다면 바로 가명 인연의 제약 없는 대용을 이해한 것이다.

법랑은 흥황사에 있을 때 청중들이 늘 천 명을 헤아렸다. 문인(門人)은 멀리서도 왔지만 다시 산발적으로 사방을 다니며 널리 교화했다. 법랑은 제자 진관(眞觀)에게 이렇게 말한 적이 있다.

"나는 대승의 경전과 논서를 대략이나마 통했다. 그리고 연(燕), 조(趙), 제(齊), 진(秦) 지역에도 통달한 자가 있기를 학수고대했지만, 학문에 전념한 자는 많았어도 해박하게 겸한 자는 드물었다."

이 글을 보면 법랑이 이미 북방에서도 교화할 의도가 있었음을 알 수 있다. 그러다가 수나라가 천하를 통일하자 그의 제자는 천하에 분포하게 되었고 오늘날까지 알려진 명승도 적지 않으니, 진(陳)나라 시대부터 당나라 초기까지 삼론이 흥황사 법사들의 드넓은 교화 때문에 그 세력이 방대하게 커졌음을 알 수 있다. 이제 현재까지 알려진 법랑 문하 사람들의 연대와 지역을 표(表)로 열거한다[170]:.

승명	사망 시간	출생지	여행지	거주 사찰	배운 학문
나운(羅雲)	대업12년	송자(松滋)	금릉(金陵)	형주(荊州) 용천사(龍泉寺)	사론(四論)
법안(法安)		지강(枝江)	금릉	형주 등계사(等界寺)	『중관』, 『열반』 『성실론』
혜철(慧哲)	개황17년	양양(襄陽)	금릉	양주 용천사	삼론, 『열반』 『성실론』
법징(法澄)	대업 초	오군(吳郡)	금릉 강도(江都)	장안의 일엄사 (日嚴寺)	삼론
도장(道莊)	대업 초	건업	낙양	장안의 일엄사	사론, 『법화경』 『성실론』
지거(智炬)	대업2년	오군	금릉 강도	장안 일엄사 (日嚴寺)	사론, 『대품』
혜각(慧覺)	대업2년	금릉	금릉	강도(江都)의 백탑사(白塔寺)	사론, 『대품』 『열반』, 『화엄』
명(明)법사		금릉	모산(茅山)	삼론	
소명(小明)법사				소주(蘇州)의 수정사(水定寺)	『화엄』, 『대품』
광(曠)법사				무주(婺州)의 영안사(永安寺)	사경(四經), 삼론
지개(智鍇)	대업6년	예장(豫章)	금릉	여산(廬山)의 대림사(大林寺)	삼론, 선법, 『법화』 등
진관(眞觀)	대업7년	전당(錢塘)	금릉	항주의 영은사 천축사	삼논, 『법화』 『열반』
길장	무덕6년	금릉	금릉 회계	장안의 연흥사(延興寺)	사론, 『법화』 『대품』, 『화엄』 『열반』 등

흥황사 제자들의 분포는 먼저 장강의 위아래를 유행하는 지역이라 하겠고, 후에 남방은 절강(浙江) 지역에서 성행했고 북방에서는 관중 지역에서 성행했다. 나운(羅雲)과 법안(法安)은 역사 기록에 따르면 입실(入室) 제자

가 각각 10명이 있었다고 한다[171:]. 하지만 비교적 영향력 있는 자는 혜철과 지거, 명법사와 길장 네 사람이다. 혜철은 호칭이 코끼리 왕 철[象王哲]로서 학사가 삼백여 명이고 법기(法器[20])를 이루어 법을 이어받은 자가 50명이었다. 그중 유명한 자가 혜선(慧璿), 지숭으로 나중에 장안에서 법을 전파했다. 지거는 건업의 건초사에서 삼론을 강의했는데 청중이 늘 백 명이 되었다. 수나라 양제가 강도(江都)에 가서 주둔할 때 혜일(慧日)을 불러 함께 거주했다. 개황(開皇) 19년 장안으로 이주해 일엄사(日嚴寺)에서 거주할 때 『중론소』를 짓고 게송의 문장을 해석했다. 당시 동문수학한 길장은 본래 흥황사에서 배워서 위엄과 명성이 뛰어났지만, 문장의 아름다움과 품위에서는 지거가 그를 능가했다. 문인(門人)인 혜감(慧感)과 혜색(慧賾)이 강남과 강북을 통틀어 교화하면서 각자 문도 백 명 이상을 이끌었다.

명법사는 사적이 상세하지 않다. 다만 법랑의 도통(道統)을 능히 전했다고 말할 수 있다. 처음에 법랑이 교화를 시작할 때 제자들을 전부 불러 후사(後事)를 말하면서 스스로 터득한 곳을 말하게 했는데 모두 법랑의 뜻과 맞지 않았다. 법랑은 이렇게 말했다.

"만약에 내가 천거한다면 명법사이다."

문도가 천 명을 헤아리는데 이름이 명(明)인 사람은 한 명이 아니었다. 그래서 모두가 이렇게 말했다.

"말씀하신 취지를 헤아려 보아도 누가 명(明)인지 알지 못하겠습니다."[172:]

법랑이 대답했다.

"내 좌석 동쪽 기둥 밑에 있는 명법사이다."

명법사는 그 자리에 거처하면서 8년 동안 옮기지 않았고, 입을 열어

20) 부처의 가르침을 받아들여 수행할 수 있는 소질이나 근성이 있는 사람.

이야기하거나 서술하지 않았고, 몸가짐을 함부로 하지 않아서 대중들은 그를 "바보 명(明)"으로 지목했다. 그러나 법랑이 이렇게 말하자 누구나 의혹을 거두고서 명 법사와 의논하여 그의 도움을 받으려고 했다. 법랑이 말했다.

"내가 명법사를 추천하면 필경 중생의 마음을 놀라게 할 것이다. 하지만 법의 가르침은 사사로움이 없어서 터럭만한 숨김도 용납하지 말아야 한다."

그리고는 법좌로 나아가 대중에게 설명하라고 명했다. 명법사는 성품이 겸손한지라 눈물을 흘리면서 재삼 사양했다. 법랑이 말했다.

"명공(明公), 이리 오시오. 내 뜻은 결정되었소. 대중의 수군거림을 막기 위하여 이치를 말해보시오."

법랑은 소년에게 자리를 펼쳐주라고 한 뒤 이렇게 말했다.

"대중은 들어라. 오늘은 논서에 나오는 십과(十科)의 깊은 뜻을 물을 것이다. 애초에 말한 적이 없지만 명법사는 이미 이해했으니 하나하나 설명할 수 있을 것이다."

명법사가 설명한 후에 대중은 흔쾌히 복종하면서 그를 경멸했던 것을 참회하고 사죄했다. 명법사는 그날로 법랑을 이별하고 문인들과 함께 모산(茅山)으로 들어가서 평생 산을 나오지 않았으며 늘 이 논서를 전파했다. 명법사는 이미 "흥황이 남긴 부촉(咐囑)"이었다. 그리고 법랑의 학문은 본래 "산문(山門)의 뜻[義]"이라고 했는데, 이 때문에 명법사의 학문도 "산문의 이치[山門之致]"라고 칭했다. 당나라 초기의 삼론 법사 중 유명한 자 상당수가 그의 문하에서 나왔다[173] 그의 제자 중 가장 유명한 자는 법융(法融), 즉 선종 우두종(牛頭宗)의 조사이다. 『홍찬법화전(弘贊法華傳)』에서는 "법융은 처음에 모산[174] 풍락사(豊樂寺) 대명(大明) 법사에게 의탁해서 삼론, 『화엄경』, 『대품』, 『대집경』, 『유마경』, 『법화경』 등의 경전을 들었다"

고 했으며[175:], 『속고승전』에서는 "모산에 들어가서 경(炅)법사를 스승으로 모시고 삭발했다"고 하였다. 생각건대 경법사가 바로 명법사이다[176:]. 법융은 명법사 가장 만년의 제자일 것이다. 『속고승전』에서는"경(炅)법사는 삼론의 거장이다"라고 했으며, 또 "경법사의 명성은 강해(江海)에 진동해서 덕의 권유는 거의 신비에 가까웠고, 오묘한 이(理)의 참된 방편은 버리거나 숨기는 바가 없었다"고 했으니, 이로서 명법사의 진가를 알 수 있다. 법융은 선(禪)에 정통했고 섭산의 일맥(一脈)은 선법을 중시했다. 그의 이론은 보리달마와 서로 통했기 때문에 선종 사람은 법융을 우두종의 조사로 인정하고 있다[177:]. 또 섭산의 승려는 선법(禪法) 상으로는 천태종 사람과도 지극한 관계가 있는데 이는 19장에서 서술할 것이다.

중국 삼론학에서 원래의 거장은 가상대사 길장이다. 법랑 밑에 출가한 그는 학식이 해박했을 뿐 아니라 의리(義理)의 진술도 정밀하고 미묘해서 남북에 펼친 교화로 한 시대에 명성을 날렸다. 그는 만년에 『반야』 삼론의 장소(章疏)를 지었을 때도 늘 법랑 스승의 설(說)을 '산문의 뜻[山門義]'의 정통으로 여겼으니, 그가 섭산의 학문에 감응한 것이 깊고 두터웠음을 알 수 있다. 하지만 가상대사는 당나라 초기에 임종을 맞았고 그의 학문 내용 중 가장 많은 부분이 중국 불학이 통일된 이후의 학문이라서 남북조 시대에 속하지 않는 것이므로 생략한다.

미주

第18장

1) 균정(均正)의 『현의(玄義)』 9에서는 '개선은 대경(大經)을 궁극의 가르침이라 여겼고 화엄을 돈교로 여겼다'고 말했다.

2) 가령 『삼론현의』에서 말한 것과 같다.

3) 제10장에 상세함.

4) 또한 석동사(石硐寺) 라고도 부른다.

5) 바로 『칠종론(七宗論)』을 지은 자이다.

6) 이상은 『명승전초』에 보인다.

7) 즉 광주의 대량(大亮)

8) 법총의 사적은 다음에 보인다.

9) 본전(本傳)을 참고하라.

10) 이 담도가 바로 『속고승전・도등전(道登傳)』의 법도(法度)이다.

11) 기(紀)자는 기(記)자로 쓰기도 한다.

12) 『남제서』 45 『요창전(遙昌傳)』

13) 이는 『석로지』에 근거한다. 하지만 『속고승전』에서는 도등이 경명(景明) 시기에 사망했다고 한다.

14) 두 사람은 모두 반야를 잘했다.

15) 이 밖에 법개(法開)라고 하는 자가 있는데 역시 승유와 혜차에게 수학했다.

16) 『속고승전, 혜개전(慧開傳)』 및 『속고승전, 혜용전(慧勇傳)』

17) 서문은 『광홍명집』에 실려 있다.

18) 대통은 8년이 없으니 『속고승전』의 오기이다.

19) 혜연(慧淵)이라고도 한다.

20) 『대승현의(大乘玄義)』 권2에서 "용광사에서는 개선의 말을 전했다……." 라고 했는데, 이는 용광사의 승작이 개선사 지장의 학설을 전파했음을 가리킨 것이다.

21) 『속고승전 · 혜긍전(慧㮓傳)』을 보면 바로 『혜륭전(慧隆傳)』에 나오는 선무사(宣武寺)의 혜서(慧舒)이다.

22) 『지염전』에 보인다.

23) 지탈(智脫)의 스승이고 지강(智强)의 계열이다. 혜승(慧乘)의 할아버지 삼촌으로 광릉(廣陵)의 대승정을 담당했으며, 『성론』과 『열반경』을 잘해서 혜승이 스승으로 모셨다. 『속고승전』에 보인다.

24) 『속고승전』에서는 '혜균(慧頵)은 강도(江都)에 와서 다시 화림사(華林寺)에 머물렀고 『성론』의 명장(名匠)인 해 법사의 강설을 들었다'고 했으니, 화림사는 응당 강도에 있을 것이다.

25) 승유의 제자

26) 토키와 다이죠의 『환력기념집(還歷紀念集)』, 사카이노 코오요의 『성실대승의(成實大乘義)』의 한 문장에 약간의 설명이 있지만 여전히 너무 간략하다.

27) 이상은 『고승전』에 보인다.

28) 『중론소기(中論疏記)』에 보인다.

29) 길장의 『대승현론』에서는 안성사의 혜개, 안락사의 원자가 대신 짓고서 인가(印可)를 받았다고 하는데 아마 『대의기』일 것이다.

30) 『고승전』에 보인다.

31) 초제사의 법사이다. 이는 『중론소기』에 근거한다. 『속고승전』에서는 '지주(智周)는 『성론』과 소초제사의 현장(玄章)을 강의했다…….'라고 했다.

32) 『광홍명집』에 보인다.

33) 『내전록(內典錄)』에 보이는데, 이는 사경(鈔經)으로 의심된다.

34) 이것이 바로 문소(文疏)이다. 지탈은 양나라 혜염 법사의 『현의』를 산정(刪定)했는데 『속고승전』에 보인다.

35) 이상은 『고승전』과 『속고승전』에 보임.

36) 효(曉)는 유(瑜)로 되어 있기도 하다. 이상은 『동성전등록(東城傳燈錄)』에 보인다.

37) 이상은 『중론소기』에 보인다. 시대와 권수는 모두 분명하지 않다.

38) 이는 길장의 『중론소』에 근거한다. 즉 『고승전 · 도온전』의 승숭은 일찍이 중흥사에 거주한 적이 있었다.

39) 『고승전』에서는 '그는 수론(數論)도 겸하여 잘했다'고 했으니, 즉 『비담』과 『성실론』을 가리킨다. 승숭은 만년에 다시 『열반경』을 믿었는데 역시 『중론서』에 보인다.

40) 이상은 모두 『고승전』에 보인다.

41) 제나라 시대에는 지림, 현창, 혜기, 승종, 혜차, 승인이 있고, 양나라 시대에는 지수, 법통, 담비가 있는데 모두 『고승전』에 보인다.

42) 일본 사람이 전하는 종파의 역사에서는 '삼론의 초조(初祖)는 구마라집이고, 구마라집은 도생에게 전하고, 도생은 담제에게 전하고, 담제는 하서(河西)의 도랑에게 전하고, 도랑은 승전에게 전했다…….'라고 했는데, 여기서 말한 세대와 지역은 모두 맞지 않아서 사실의 근거가 털끝만큼도 없으며, 게다가 도생이 하서의 랑(郞), 즉 섭산의 승랑과 같은 시대인 줄로 오인하고 있으니 정말로 가소롭다.

43) 모두 『남제서』 본전에 보인다. 상세히는 제13장을 보라.

44) 그 밖의 다른 경전과 논서도 많이 연구되고 있는 것이 보이기 때문이다.

45) 주옹의 서문에서는 성실론이 수론이라고 명확히 말했으며, 『우록』 11 『가리발마전』 뒤에 주(注)가 있는데 역시 성실론을 수론으로 여기고 있다.

46) 역시 『우록』 11에 보인다. 이 서문은 주(周)나라 시대의 문선왕 때 지은 것이라서 문장에서 문선왕이 경전을 초록하도록 명한 사적은 언급하지 않았다.

47) 즉 소승의 흐름이란 뜻이다.

48) 이는 공부하는 자들에게 편리하다는 말이다.

49) 말하자면 수론과 성실론의 학자

50) 『반야경』과 같은 대승 경전

51) 『속고승전 · 법태전(法泰傳)』을 참고하라.

52) 『우록 · 대품서』와 『광홍명집 · 강대품발제의(講大品發題義)』

53) 무제가 『대품』에 주석을 붙인 후 그의 열반에 대한 학설은 당연히 변화가 있었겠지만 지금은 상세히 알 수 없다.

54) 소명(昭明) 태자 역시 이제의(二諦義)를 이야기했는데 『광홍명집』에 보인다.

55) 이 말은 『속고승전 · 법태전』에 보인다.

56) 앞으로 상세히 밝힘.

57) 이상의 말은 강총지(江總持)의 서하사비(栖霞寺碑)에 있다.

58) 『명승전초 · 보창서(寶唱書)』 제17에 위위의 『법도전』이 있다.

59) 『고승전』에 전기가 있고, 『명승전』 제22에도 보인다.

60) 강총지의 비문에서는 건무(建武) 4년이라고 했는데 어느 것이 맞는지는 모른다.

61) 안징의 『중론소기』에서는 균지(均止)의 『현의(玄義)』 제10을 인용했는데, 승랑이 원래 산음(山陰)의 회계에 은거했다가 후에 초청을 받아 섭산에

갔다고 말한다.

62) 『지나불교사강화』 하권 제1장에 보인다.

63) 첫 번째 서신은 『융흥불교편년(隆興佛教編年)』 권5에 간략히 보이고, 두 번째 서신은 『고승전 · 지림전(智林傳)』, 『남제서 · 주옹전』에 보인다. 그리고 『광홍명집』에도 역시 실려 있다.

64) 『남제서』에는 6,7십 년으로 되어 있다.

65) 현창은 건업과 촉 지역에 여행했다.

66) 이상은 모두 『고승전』에 보인다.

67) 주옹은 원래 법소와 친했는데 역시 『고승전』에 보인다. 『남제서』에서는 주옹이 일상에서 휴식할 때는 늘 산에 가서 머물렀다고 하였다.

68) 즉 『삼종론』의 뜻

69) 『광홍명집』에 실린 지림이 주옹에게 보낸 서신에서는 "논서(즉 삼종론)의 판본을 요청해 필사한 후 그걸 갖고서 서역으로 돌아왔다"고 했으니, 그렇다면 논서는 지림이 서역으로 가기 얼마 전에 지어진 것이다.

70) 『고승전』에서는 법도가 송나라 말엽에 경사로 왔다고 하였다. 『법화현의석첨(法華玄義釋籤)』에서는 승랑이 제나라 건무 시기에 강남으로 왔다고 하였다.

71) 『광홍명집』에 있는 육운(陸雲)의 『어강파약경서(御講玻若經序)』

72) 진(陳)나라 혜달(慧達)의 『조론서』에서는 "나 혜달은 강연하는 자리에 20여 년간 종사했지만 이 논(論)을 보지 못했다"고 했으니, 따라서 진(陳)나라 때 관하의 구설은 역시 전수받은 사람이 적었다.

73) 『속고승전 · 법태전』에서는 '그가 대론(大論)을 숭상하고 성실(成實)을 음미했다'고 하는데 믿을 것이 못된다.

74) 『속고승전 · 지장전』에 보이는데 응당 대동 시기에 있었을 것이다. 『대승현

론』 권2에서는 '무제가 개선(開善)에게 의소(義疏)를 지으라고 명했다'고 했는데, 응당 이번 강석(講席)에서 소(疏)를 지으라고 했을 것이다. 또한 간문제는 무제 때 승민을 위하여 『성실론소서(成實論疏序)』를 지었다.

75) 일본 승려가 서술한 삼론종 전수의 역사에도 이러한 오해가 있다.

76) 일본 사람 안쵸[安澄]의 『중론소기』

77) 역시 안쵸의 설임.

78) 예컨대 『송서・무제기』에서 '명을 받들어 서패(西旆)를 떠났는데 관하에 일이 있었다'고 했으며, 『범태전』에서 '관하가 근본적으로 요동쳤다'고 했으며, 『남제서・왕융구자시계(王融求自試啓)』에서는 "한(漢)나라 가문의 궤의(軌儀)가 다시 기보(畿輔; 경사)에 왕림하고, 사예는 다시 관하에 들어왔다"고 한 것으로 증명할 수 있다.

79) 이는 『고승전』에서 말한 것과 약간 차이가 있다.

80) 이는 가명공종(假名空宗)을 말한 것으로 앞의 두 종(宗)을 힐난한 것이다. 두 종(宗)을 힐난했기 때문에 다시 가명공을 세운 것이다. 또 마지막 다섯 글자 "또 가명공을 세웠다[又立假名空]"는 원래 "불공가명을 세웠다" 아래에 있었던 것으로 의심된다.

81) 이 성실론은 본래 소승부의 사람이 대승 중관의 영향을 받아서 지은 것이다.

82) 즉 앞의 두 종(宗)

83) 현재 균정의 책은 일부가 손상되어서 이 설(說)이 없다.

84) 또는 '불공이제(不空二諦)'혹은 '불공종(不空宗)'이라고도 한다.

85) 누(嘍)는 원래 누(婁)로 되어 있다.

86) 이를 제일의(第一義)를 얻었다고 한다.

87) 이는 세제를 잃지 않는 것이라고 한다.

88) 원래는 누(樓)자로 되어 있다.

89) 즉색의는 앞의 제9장에서 상세히 설명했다.

90) 이 네 가지 종은 역시 『중론소』 1에서 인용한 옛날 지론(地論) 법사의 설에 보인다.

91) 성종을 타파한 것은 바로 법에 자성이 없음을 말한 것이다. 첫 번째 종(宗)은 비담(毘曇)을 닦는 사람의 설로서 성종이란 명칭을 수립했는데, 바로 모든 법에 각자 체성(體性)이 있음을 말한 것이다.

92) 삼(三)자는 오기로 의심된다.

93) 온(蘊), 처(處), 계(界) 삼취(三聚)의 유위(有爲)를 말한다. 여기서 무위라고 한 것은 오기이다.

94) 말하자면 고제(苦諦)의 고(苦), 무상(無常), 공(空), 무아(無我), 집제(集諦)의 인(因), 집(集), 유(有), 연(緣), 멸제(滅諦)의 진(盡), 지(止), 묘(妙), 출(出), 도제(道諦)의 도(道), 여(如), 적(迹), 승(乘)이니 바로 16가지 성행(聖行)이다.

95) 명(詺)은 목(目)으로 명(名)으로 되어 있기도 하다. 이하 동일함.

96) 원래는 누(樓)로 되어 있다.

97) 불공이제종(不空二諦宗)을 말한다.

98) 안쵸는 이렇게 해석했다.

99) 도량은 아마 『열반집해』를 지은 승량(僧亮)일 것이다. 『열반집해』 38에서 승량을 인용하면서 "법은 연(緣)으로부터 얻는데 성품이 없어서 이름하여 공이라 한다"고 하였다. 의미도 앞서 말한 뜻과 부합한다.

100) 혜정은 삼론에 능했고 두 사람 모두 『고승전 · 도유전(道猷傳)』에 보인다.

101) 안쵸의 책 권1에 『중론소』 지론(地論) 법사의 사종설(四宗說)을 해석하면서 '비담종은 법에 자성이 없다고 말했다…….'고 했는데, 그러나 비담은

일체유부이다. 일체가 유(有)라는 것은 일체 모든 법이 다 자성(自性)이 있다는 말이다. 안쵸의 말은 잘못된 것이다.

102) 또 이름하여 '공유종(空有宗)' 혹은 '공유이제의(空有二諦義)'라고도 한다. 유(有)는 가명(假名)을 말한다.

103) 원래는 과(瓜)로 되어있다. 이하 동일

104) 『사론현의(四論玄義)』 권5, 『삼론약장(三論略章)』에도 모두 이 글이 있으나 비교적 간략하다.

105) 응당 석(析)자이다. 이하 동일함.

106) 원래는 안(安)으로 되어 있다.

107) 이미 앞의 제9장에서 보았다. 안쵸는 『산문현의』를 인용해서 도수와 지도림이 모두 '공유종(空有宗)'이라 했으며, '이 법사의 옛 명칭을 안고의(案苽義)라 했다…….'는 지도림이 이 종(宗)에 속한다는 것이 오류임을 말한 것이다.

108) 원래는 시(時)로 되어 있다.

109) 원래는 탈섬(奪纖)으로 되어 있다.

110) 속제가 유(有)가 됨을 아는 것이다.

111) 진제가 무(無)가 됨을 아는 것이다.

112) 세속의 담론은 앞의 두 종(宗)을 넘어서지 않고 노자가 최고이다.

113) 불교의 의(義)가 또한 노자의 위에 있다.

114) 이는 안성사(安城寺)의 개공(開公), 안락사의 원자(遠子)가 대신 지은 것으로 14권이다. 길장은 그것이 어떤 경전의 의소(義疏)인지 말하지 않았다. 하지만 그 근거에 따르면, 앞의 글에 성실(成實)의 중도가 있다고 운운(云云)했으니, 이는 바로 『성론소(成論疏)』이다.

115) 허망한 유이기 때문에 무가 아니면서 유이니, 즉 가유(假有)이다.

116) 그래서 '무도 아니면서도 무이다'라고 말한 것이다.

117) 이것은 길장이 개선의 말을 타파한 것이다.

118) 『이제의(二諦義)』 하권

119) 『대승현론』에서는 제(諦)의 체(體) 및 이제의(二諦義) 하(下)를 논했다.

120) 길장의 『대승현론』 1. 『이제의』 하(下)에서는 모두 개선이 산문(山門)의 뜻(義)를 들은 적이 있지만 말만 얻었고 의미는 얻지 못했다고 하였다.

121) 『이제의』 하권에서는 더 상세히 타파했다.

122) 장엄은 불과(佛果)인 열반은 이제를 벗어난다는 것을 밝혔는데, 이는 『이제의』 하권에 보인다.

123) 이상은 『대승현론』 1 명체체(明諦體)에 보인다.

124) 속(俗)이면 진(眞)이 아니다.

125) 이는 『이제의』 하권에 보인다.

126) 이는 『이제의』 하권에 보인다.

127) 이는 『대승현론』 1에 보인다.

128) 역시 『중론소기』에 보인다.

129) 안쵸의 말에 따르면, 『산문현의』는 흥황사의 법랑이 지은 것 같다고 했다.

130) 왜 주옹의 뜻을 가명공이라고 명명하는가?

131) 뜻[義]은 종(宗)이다. 노자가 체와 용이 분리되지 않음을 명확히 말하지 않은 것은 마치 유(有)를 벗어나 따로 무의 종극(宗極)을 펼치는 듯하다고 말한 것이다.

132) 주옹은 "노자의 정신은 한가롭고 여유가 있는[悠悠] 것인데 유(有)를 벗어나 저절로 한가롭고 여유가 있는 것이다.

133) 진(盡)이란 완(完)이고 비(備)이다.

134) 지극함의 체(體)는 유와 무를 나란히 다함이다. 즉 유를 다하면 또한 무를 다한다.

135) 유와 무를 나란히 다하면 유도 아니고 무도 아니다.

136) 이는 제3종이 바로 유도 아니고 무도 아님을 말한 것이다.

137) 불교는 공을 말함으로써 유를 보내는 것이지 유를 제거함으로써 공을 간직하는 것이 아니다.

138) 『속고승전 · 의해편』에서 논하기를 '삼대 법사는 법운, 승민, 지장으로 이들을 찾아오는 수레가 길을 메울 정도였다. 승려 중의 호걸이라 불렸고 성론을 잘해서 모두 선구자가 되었다.

139) 앞에서 살펴보았다.

140) 안쵸가 말하기를 "섭산 대사란 도랑 법사[즉 승랑]가 근본임을 가리키기 때문이다"라고 하였다.

141) 『광홍명집』에 실린 강총(江總)의 『입서하사시(入栖霞寺詩)』

142) 『양서』 52. 소시소는 소사화(蕭思話)의 손자로 학문을 좋아하고 청담에도 능해서 사인(士人)들이 그를 존경했다.

143) 원문에는 소(素)자가 빠져 있다.

144) 삼론종의 지변(智辯)이다.

145) 이상 다섯 명의 법사는 모두 성실론을 연구했으며, 길장은 이를 살피고 헤아렸다.

146) 『중론소기』에서는 『술의(述義)』를 인용하면서 "섭산속에 지관사가 있다"고 했으며, 또 균정의 『현의』 10을 인용하면서 '도랑[즉 승랑]은 지관사에서 도를 행했다'고 했으며, 또 균정의 『현의』에서는 승전을 서하사의 법사라고 불렀으니, 그렇다면 승랑과 승전은 모두 이 두 사찰에 거주한 적이

있다.

147) 하지만 안쵸는 흥황 법랑도 이런 칭호가 있다고 하였다.

148) 『이제의』 하권에서는 "산중 법사의 스승은 본래 요동사람"이라고 했다.

149) 안쵸는 『대품소』를 인용해서 "지관사의 법사는 6년간 산중에서 다른 경전은 강의하지 않고 오직 『대품』만을 강의했다"고 했으며, 또 『중론소』에서는 "산중 대사는 『중론』을 반야의 중심으로 삼았다"고 했으며, 또 안쵸는 『열반소』를 인용해서 "산중 법사는 열반경을 강의하지 않았고 학사(學士)의 강의 요청도 허락하지 않았다"고 하였다.

150) 이상의 글은 『속고승전 · 법랑전』에 보인다.

151) 『법화현의석첨』에서는 '복호(伏虎)의 낭(朗), 영오의 변'이라고 했다. 이 네 사람 외에 승전의 제자로는 혜봉(慧峰)이 있는데 서하사에 거주하면서 율부(律部)를 연구했다.

152) 그 후 모산(茅山)의 대명(大明) 법사가 흥황사가 남긴 부촉을 계승했기 때문에 역시 산문의 이치[山門之致][1]라고 칭한다. 『속고승전 · 법민전(法敏傳)』을 참고하라.

1) 법랑을 가르침을 '산문의 뜻[義]'이라 불렀기 때문에 그의 법을 이은 대명 법사의 가르침을 '산문의 이치'라 칭했다.

153) 『이제의』 하권에서는 "이제 산문(山門)을 해석한 것이 사절(四節)로 밝히고 관한다는 뜻이다. 그리고 사절(四節)을 해석할 때는 산중의 법사가 설한 것을 인용했으므로 산문의 뜻이 바로 승전의 뜻이란 걸 증명할 수 있다.

154) 이는 승랑을 말한다. 만약 승전이었다면 이미 성론을 배척했으므로 무쟁(無諍)이라고 말할 수 없다.

155) 이상은 승랑을 서술한 것이다.

156) 이는 법랑이 건양문(建陽門) 밖 흥황사에 거주함을 말한 것이다. 『고승전

·도맹전』을 보면, 태시(太始) 초기에 송나라 명제는 사찰을 세우고는 도맹에게 계율을 영도하라고 했다. 그렇다면 이 사찰은 원래 성실론 법사가 거주한 곳이었는데 지금은 삼론의 사람이 거주하게 된 것이다.

157) 이 말에 근거하면 대심고 법사는 아마 성실론의 명가(名家)일 것이다.

158) 부재 이외에 손창(孫瑒)도 늘 청강했는데 모두 『진서(陳書)』에 보인다.

159) 진문제(陳文帝)의 칙령을 받들어 강설했는데 『속고승전』에 보인다.

160) 『진서』 26에서는 후주(後主)가 동궁(東宮)에서 서릉에게 『대품경』을 강의하도록 했는데 의학(義學)의 명승들이 멀리서 구름처럼 모였다고 하였다.

161) 『개원록』 7에서는 진(陳)나라 천가(天嘉) 6년에 처음 역출했다고 하였다.

162) 진무제와 반야삼론의 관계는 『속고승전』에 있는 법랑, 혜포, 혜환, 그리고 법태의 전기에 보인다. 진문제는 혜용, 보경의 전기에 보이며, 후주는 법랑, 혜포의 전기에 보인다.

163) 안주(安州)의 혜고에게 수학했으니 바로 흥황사의 삼대[三傳] 제자이다.

164) 여기서 길장 당시에는 일본에서 전하는 '도생을 삼론종의 초조(初祖)로 삼는 설'은 없다는 것을 알 수 있다.

165) 이 여러 전설은 길장 이전에 반드시 유행했을 것이다. 그 중 사실과 부합하지 않는 곳은 반드시 길장의 위조(僞造)라고 할 수는 없다. 길장은 단지 옛날의 설을 채취하여 증명했을 뿐이다.

166) 『속고승전』에는 도랑으로 되어 있으며, 『진서(陳書)·부재전(傅縡傳)』에서는 혜랑(慧朗)으로 되어 있다.

167) 『이제의』 상권에는 "법사께서 '나 스스로 산을 나선 이래로……'라고 말했다"는 내용이 있다.

168) 안쵸의 『중론소기』에서는 『술의(述義)』를 인용해서 "흥황사의 석지(石誌)에서 말했다; 진(陳)나라 대흥[실제로는 태건] 13년 신축년(辛丑年)

9월 정미일(丁未日) 그믐 26일에 왕우(王宇) 법사[상세하지 않음]가 75세로 임종을 맞았다. 그달 28일 강승(江乘)[원래는 수(垂)로 되어 있다]에 폄(砭)[원래는 정(定)으로 되어 있다]하자 섭산의 서쪽 산마루에 별이 떨어졌다"고 하였다.

169) 불생(不生)이면서 또한 불멸(不滅)이고, 불상(不常)이면서 또한 부단(不斷)이고, 불일(不一)이면서 또한 불이(不異)이고, 불래(不來)이면서 또한 불출(不出)이다.

170) 백의(白衣; 속가)의 학사(學士)로는 부재와 손장(孫場)이 있는데 모두 『진서(陳書)』에 보인다.

171) 나운의 제자 숭(嵩) 법사는 『법원주림』 39 하동사(河東寺) 조목에 보인다.

172) 따로 소명(小明) 법사가 있는데 『의포전(義褒傳)』에 보인다.

173) 『속고승전』의 『법민전(法敏傳)』, 『혜숭전(慧嵩傳)』, 『혜선전(慧璿傳)』을 참고하라. 『혜숭전』에 나오는 모산(茅山)은 포산(苞山)의 잘못이다.

174) 원래는 제(第)임.

175) 대명이 열반한 후 다시 수(邃)법사, 광(曠)법사, 민(敏)법사, 종산 정림사의 민(旻)법사로부터 배웠다.

176) 경(炅)자는 민(旻)자의 잘못이며, 명(明)과 민(旻)은 발음이 같다. 또 법융도 정림사의 민(旻)법사로부터 배웠기 때문에 아마 이런 오해가 발생했을 것이다.

177) 실제로 그는 도신(道信)의 제자가 아니다.

19

북방의 선법(禪法), 정토와 계율

불법은 본래 해탈을 구하는 도(道)로서 그 목적은 수행으로 과보를 증득하는데 있다. 그리고 이 수행의 삼학(三學)에서 계(戒)와 정(定)은 지혜의 의지처가 되니, 계와 정을 수행하지 않고 한갓 의리(義理)만 많이 말하는 자는 사실상 원래의 취지를 잃은 것이다. 삼보에 귀의하고 부처를 예배하고 승려에게 보시하는 것도 역시 '공덕'이라고 하지만, 그러나 그 뜻은 근본을 돈독히 해서 믿음을 세우는데 있다. 그래서 믿음[信], 이해[解], 수행[行], 증득[證] 중에서 믿음과 이해를 시초로 삼는 것이다[1]. 남조 시대의 불법에서 사문과 거사는 의학(義學)으로 유명하지만 계율과 선정에 대해서는 별로 중시하지 않았다. 공덕을 쌓기 위해 절을 세우고 예배하는 것은 사회의 보편적 종교의 표현이었지만, 그러나 이를 수행으로 증득하는 것에 대해서는 멸시했다.

북방의 불교도는 선정을 특별히 중시했다. 처음에는 각현과 구마라집이 선(禪)을 전수하는 일이 있었고, 그다음엔 현고와 불타가 교화를 행했고, 최종적으로는 북조 말엽에 선법의 여러 파를 크게 형성하였는데, 그중 염불의 선문(禪門)은 특히 종교의 숭배와 관련되어서 역시 커다란 종파가 되었다. 그리고 북방에서 계율의 연구는 결국 하나의 전문적인 학문을 이루었기 때문에 남방의 계율 세력은 미칠 수가 없었다. 남방의 선법은 쇠퇴하였고 간혹 유행하긴 했어도 대부분 북방의 지류였다. 그래서 이 장(章)에서는 북조 시대의 선법, 정토 및 계율을 서술하고 남방은 덧붙이겠다.

1) 진(晉)나라 말엽부터 송나라 초기까지 선법이 성행하다

중국의 선법은 한나라 때의 안세고로부터 시작되었다. 오나라의 강승회도 역시 특별히 선법을 중시했고, 한나라 이래로는 지루가참이 전래한 대승선(大乘禪)도 상당히 유행했다. 진(晉)나라 미천(彌天; 도안) 법사도 원래 선의 희열에 조예가 깊었다. 그는 만년에 장안에서 계빈국의 승려와 함께 『비담』을 많이 번역했고 스스로도 선수(禪數)의 학문을 중시했다[2:]. 하지만 당시 선법은 아직 크게 밝혀지지 못했고 전래한 자도 선법의 규구(規矩;법도)를 갖추지 못했으니, 이 때문에 승예는 늘 이렇게 탄식했다.

"경전의 법이 적긴 하지만 인과를 알아채기엔 충분하다. 그러나 선법은 아직 전해지지 않아서 마음을 안치할 곳이 없구나."[3:]

그래서 구마라집이 장안에 온 해에 승예는 그에게 선법을 역출해 달라고 요청했다. 아울러 지엄 등이 청한 각현이 동쪽으로 와서 장안과 강남에서 불대선의 선법을 더 크게 펼치자 선법을 익히는 자가 수없이 생겨났다. 구마라집과 각현이 번역한 선경(禪經)을 헤아려 보면 전문적인 서적으로 네 가지가 있다[4:].

구마라집 역 『선요(禪要)』 2권[5:]
구마라집 역 『선법요해(要解)』 2권[6:]
구마라집 역 『선비요법경(禪秘要法經)』 3권[7:]
각현 역 『달마다라선경(達磨多羅禪經)』 2권[8:]

이상의 책들은 심법(心法)의 전문 서적으로 사람들에게 규구(規矩)를 제시하기 때문에 공부하는 자들이 종지로 삼는 것이다[9]. 그 후 유송(劉宋) 초기에 담마밀다가 『오문선경요용법(五門禪經要用法)』 1권을 번역했고[10], 저거경성은 『치선병비요법(治禪病秘要法)』 2권을 번역했는데[11] 역시 전문적으로 선법을 강설한 책이다.

한(漢)나라와 진(晉)나라 시대에 유행한 선법은 크게 네 가지로 구별한다. 첫째는 염안반(念安般)이니, 안세고가 『안반수의경(安般守意經)』을 번역한 후에 이 법은 매우 유행했다. 오나라의 강승회는 이렇게 말했다.

"안반이란 모든 부처의 대승(大乘)으로 중생의 표류를 구제하는 것이다."

동진 시대의 석도안은 이렇게 말했다.

"이는 바로 도를 이루는 긴요한 길이니, 어찌 이 길을 말미암지 않을 수 있겠는가."

사부(謝敷)는 이렇게 말했다.

"이 『안반수의경』은 그 문장은 간략하지만 뜻은 많은 경전과 관련되어 있다. 얕은 곳에서부터 깊은 곳까지 온갖 행법을 다 들고 있으니, 불학의 가장 앞선 요체로 그 무엇이 이를 능가하겠는가."[12]

강승회는 안반의 육묘문(六妙門)[13]을 말하고 있는데 육정(六情)을 다스리기 때문이다. 구마라집이 번역한 『좌선삼매경』에서는 사유와 지각의 지나친 편중에 대치(對治)하는 걸 말하고 있으며, 각현의 『선경(禪經)』은 첫 번째로 열거되고 있어서 당시에 성행했음을 알 수 있다.

둘째는 부정관(不淨觀)이다. 가령 각현이 번역한 『달마다라선경』에서는 이렇게 말하고 있다.

"불법의 입문에는 두 가지 감로문(甘露門)이 있다. 무엇이 두 가지 문인가? 첫째는 염안반이고 둘째는 부정관이다."

유명한 승려 혜관은 특히 『부정관』을 위한 서문을 지었다. 구마라집이 역출한 세 가지 선경은 모두 첫머리에서 이 문(門; 부정관)을 제시했으니, 말하자면 음욕이 많은 자를 대치하기 위한 것이다. 이 방법은 서방에서는 익힌 자가 많지만 중국에서 언급하거나 서술한 경우는 별로 없었다. 다만 도안의 『십이문경서(十二門經序)』에서 "죽은 시체가 여기저기 흩어져 있는 것을 보고 스스로 깨달았다……."고 했고, 좌선을 "색(色)을 이해하고 음욕을 방지하기" 위한 것이라고 했는데 모두 부정관을 수행하는 사람을 가리킨 것으로 보인다.

셋째는 염불이다. 이 법문은 가장 중요한 것으로 정토교에서 의존하고 있다. 한나라의 지루가참이 번역한 것으로 『반주삼매경(般舟三昧經)』이 있는데, 반주삼매란 시방의 모든 부처가 다 앞에 서있는 정(定)이다[14:]. 수나라 이전에 번역된 이 경전은 따로 여러 종류가 있지만 현존하는 것은 세 가지가 있을 뿐이다.

『발피보살경(拔陂菩薩經)』[15:]
『반주삼매경』 1권 한나라 지루가참이 번역함
『반주삼매경』 3권 진(晉)나라의 축법호가 번역함[16:]

이 정(定) 속에서 온갖 불국토을 보며, 이 경전에서는 아미타불을 특별히 표출하는데 사실상 최초의 대승염불경전이다. 나머지 미륵과 미타를 관하는 경전들은 모두 정토 경전으로 동일한 부류이다[17:]. 그래서 소위 염불하는 자는 마치 『좌선삼매경』에서 "불상이 있는 곳에 가거나 혹은 스스로 가서 불상의 상호(相好)[18:]를 체관(諦觀;본질을 꿰뚫어 봄)하게 함으로서 상(相) 하나하나를 분명히 요달하여 일심(一心)에 기억해 지닌 채 고요한 곳으로 돌아온다……."라고 한 것과 같으며, 또한 『오문선경요용법(五門禪經要用法)』에서 "부처를 관할 때는 응당 지극한 마음으로 부처의 상호(相好)를 관해야 한다……."고 한 것과 같다. 지루가참의 『반주삼매경』에서는 '불국토에 왕생하고 싶다면 반드시 부처의 32상과 80종호를 염(念)해야 한다'고 했으며, 이 밖에 『좌선삼매경』에서는 형상을 관하는 것을 말미암아 법신(法身)을 관하는 것을 가르쳤다.

"이때 문득 한 분의 부처나 두 분의 부처, 나아가 시방의 한량없는 세계의 모든부처의 색신에 이르기까지 볼 수 있다. 마음의 상(想) 때문에 모두 볼 수 있다. 이미 부처를 볼 수 있으면 설법의 말씀도 들을 수 있으며, 혹은 스스로 부처에게 설법을 청하여 온갖 의문을 해소한다. 이미 부처를 염(念)하게 되면, 다시 부처의 공덕(功德) 법신, 한량없는 큰 슬기[慧], 가없는 지혜, 헤아릴 수 없는 덕을 염(念)할 수 있다."

이렇게 법신을 관하는 것이 이상적인 관(觀)이다. 부처의 공덕 법신을 관하는 것이 바로 대승의 염불이다.

넷째, 수능엄(首楞嚴) 삼매이다. 대승불교에서 가장 중요한 선정이다. '수능엄'은 한역하면 건상(健相)이라 하거나 혹은 용복정(勇伏定)이라고 한다. 선정의 위력이 가장 커서 이런 이름을 얻었다. 구마라집이 번역한 『수능엄삼매경』에서는 이렇게 말하고 있다.

"수능엄 삼매는 초지, 2지, 3지, 4지, 5지, 6지, 7지, 8지, 9지의 보살이 얻을 수 있는 것이 아니다. 오직 십지에 안주하는 보살만이 이 수능엄 삼매를 얻을 수 있다."

이는 바로 소승 선법의 금감유정(金剛喩定)에 해당하니, 바로 대승에서 성불을 이루는 금강심(金剛心)의 지위이다. 『수능엄경』에서는 이렇게 말했다.

"일체의 선정, 해탈, 삼매, 신통, 여의(如意), 무애(無礙), 지혜는 모두 수능엄 속에 섭수되어 있다."

이 때문에 『대반열반경 · 사자후품』에서는 이렇게 말했다.

"수능엄 삼매의 힘 때문에 모든 부처는 항상하고[常], 즐겁고[樂], 나[我]이고, 청정하다[淨]. 수능엄 삼매에는 다섯 종류의 이름이 있는데, 첫째는 수능엄삼매이고, 둘째는 반야바라밀이고, 셋째는 금강삼매이고, 넷째는 사자후삼매이고, 다섯째는 불성(佛性)이다. 작용하는 바에 따라 곳곳에서 이름을 얻는다."19:

『우록』에는 작자가 확실치 않다는 내용이 실려 있는데, 이 경전의 서문에서는 이 선정을 "중현(重玄)[1]의 지극한 오묘함을 통찰하고, 여덟 가지 특별한 교화의 방편을 나타낸다"고 하였다.

또 승려 홍충(弘充)이 지은 구마라집이 새롭게 역출한 이 경전의 서문에서는 "신통을 성취하는 길이자 성스러운 덕의 심오한 거처[淵府]"라고 하였다. 이 선정은 한나라와 진(晉)나라 사이에 응당 사람들의 지극한 숭상을 받았다. 이 경전의 다른 번역20:은 아홉 가지나 되는데 다음과 같이 상세히 열거한다.

『수능엄경』 2권 한나라 지루가참이 번역함21:

『수능엄경』 2권 오나라 지겸이 번역함22:

『수능엄경』 2권 서진의 축법호가 번역함23:

『용복정경(勇伏定經)』 2권 서진 축법호가 번역함24:

---

1) '중현'은 『도덕경』 1장에 나오는 '현묘하고 또 현묘하다'는 뜻의 현지우현(玄之又玄)을 불교에서 차용한 것이다.

『수능엄경』 2권 서진 축숙란(竺叔蘭)이 번역함25:
『수능엄경』 2권 양주(涼州)의 지시륜(支施崙)이 번역함26:
『수능엄경』 2권 후진(後秦)의 구마라집이 번역함27:
『촉수능엄경(蜀首楞嚴經)』 2권 실역(失譯)28:
『후출수능엄경(後出首楞嚴經)』 2권 실역29:

선법의 유행에는 세 가지 이유가 있다. 첫째 육통(六通)과 삼명(三明)은 선정의 결과이다. 수행을 하여 초월적인 뛰어난 능력을 얻는 것은 사람들의 소망이니, 이 때문에 도안의 『안반경서』에서는 이렇게 말했다.

> 이 적정(寂靜)[2)]을 얻는 자는 발을 들면 대천(大千) 세계가 진동하고 손을 흔들면 해와 달을 만진다. 입으로 힘껏 불면 철위산[3)]이 날아다니고, 미세하게 불면 수미산이 춤을 춘다. 이는 모두 사선(四禪)의 오묘한 지(止)[4)]를 타고서 육식(六息)[5)]의 대변(大辯)을 다루는 것이다.

---

2) 마음이 한곳에 응집되어 있는, 평등(平等)하고 안정(安靜)된 상태. 본능이 일으키는 정신의 동요를 초월한 것을 적(寂)이라 하고, 모든 감각적 고통의 원인을 끊고 안정을 나타내는 상태를 정(靜)이라 한다. 선정(禪定) 수행을 통하여 얻을 수 있다.

3) 남섬부주(南贍部洲) 남쪽 끝에서 3억6만6백63유순이 되는 곳에 있다. 전부 철로 되어 있고 높이와 넓이는 312유순이다.

4) Samatha. 적정(寂靜)이란 뜻이다.

5) 천지의 왕성한 기운으로 육기(六氣)를 가리킨다. 육기는 자연현상으로 음(陰), 양(陽), 풍(風), 우(雨), 회(晦), 명(明)이다. 『장자, 소요유 편』에 "저 천지의 바른 기운을 타고 육기의 변화를 다루면서 무궁에 노니는 자야말로 그 무엇에 의지하겠는가?"라는 말이 나온다.

둘째, 욕망의 어두운 번뇌[累]를 소멸하는 것이 선정의 묘용이다. 도안의 『십이문경서』에서는 이렇게 말했다.

> 선정에는 세 가지 뜻이 있으니, 선(禪)이고 등(等)이고 공(空)이다. 삼독(三毒;탐욕, 분노, 어리석음)을 치유함으로써 온갖 병을 동여맨다.

셋째, 선정 때문에 여러 부처를 보고서 의심의 그물을 자를 수 있거나, 혹은 불국의 보처(補處)[6]에 태어나서 적멸(寂滅)의 즐거움을 얻을 수 있다. 세상에서 전하는 바에 따르면, 도안은 문장을 잠깐 멈추고 한탄하면서 미륵을 뵙기를 사유했는데, 이것이 바로 부처님을 만나 의문점을 해결하려고 한 것이다[30]. 도안도 도솔천에 왕생하는 설을 깊이 믿었다. 『바수밀집서(婆須蜜集序)』[31]에서는 이렇게 말하고 있다.

> 이 경전에 집중하고 나면 삼매의 선정에 든다. 가령 손가락 한 번 튕기는 사이에 신(神)은 도술(兜術)[32]에 오른다……. 이 네 분의 대사(大士)가 한 당(堂)에 모여 권도(權度)와 지혜(智慧)를 대응해 천양하자 성현(聖賢)은 침묵하지만[7](인가한다) 낭낭히 귀에 울리니 어찌 즐겁지 않겠는가.

넷째, 선(禪)이란 지혜가 의존하는 곳이다. 선(禪)과 지혜가 쌍(雙)으로 운행되고, 적(寂)(선(禪))과 조(照)(혜(慧))가 서로 돕는다. 그래서 마음을

---

6) 부처의 자리를 보충한다는 뜻. 한 번의 미혹한 생을 마치면 다음 생에는 성불하는 보살의 최고 경지. 예를 들어 미륵보살은 지금 도솔천에서 수행 중인데, 그 생을 마치면 인간으로 태어나 성불하여 석가모니불의 자리를 보충한다고 함.

7) 석가모니 부처가 대화를 하다가 침묵하면 상대의 말을 인정한다는 뜻이다. 또 『유마경』에 나오는 소위 유마거사의 침묵도 긍정한다는 의미로 쓰였다.

씻어 혼란을 안정시키는 데서부터 시작해서 신(神)을 궁구하고 근본으로 돌아가는 데까지 이르게 된다33:. 선정의 지극한 뜻은 말을 잊고 사려(思慮)가 단절되어 유(有)와 무(無)가 모두 폐기되면서 '절성휴(絶成虧)', '유합산(遺合散)'[8]의 법신을 증득하는 것이다(『수능엄주서』). 그렇다면 수능엄삼매는 상(象) 밖으로 초월하여 감응이 두루하지 않음이 없으니, 현학자(玄學者)는 반드시 이것을 체험의 지극한 도로 여겨야 했기 때문에 불가의 삼매에 특히 그윽하게 계합했다. 다만 선이란 지혜가 의존하는 곳이니, 만약 현묘한 거울[玄鑑]로 환히 비추어 유(有)와 무(無)의 이(理)를 깊이 통달한다면 스스로도 선법이 필요하지 않게 된다. 이 때문에 사부(謝敷)는 『안반수의경』 서문에서 이렇게 말했다.

> 진실로 마음으로 요체를 이해해서 유(有)에 접촉해 이(理)를 깨닫는다면, 밖을 빌리지 않음으로써 안을 안정시키고 선(禪)을 인(因)하지 않고도 지혜를 이루니, 이 때문에 '아유월치(阿惟越致)[9]는 사선(四禪)[10]을 따르지 않는다'고 한다.

사부는 원래 현학을 한 사람이다. 만약 현묘함을 통해서 도를 실천한다면 자연히 좌선을 취하지 않을 것이다. 남조에서 현학의 뜻을 치우치게 숭상하

---

8) '절성휴'는 성취나 파괴 모두를 단절하는 것이고, '유합산'은 결합이나 이산(離散) 모두를 버리는 것이다.

9) 아비발치(阿毘跋致)라고도 하며 불퇴(不退), 불퇴전(不退轉)이라 반역한다. 성불이 결정되어서 보살 지위에서 물러서지 않는 위치이다.

10) 사정려(四靜慮), 색계정(色界定)이라고 한다. 초선, 이선, 삼선, 사선이 있는데, 초선은 유심유사정(有尋有伺定), 이선은 무심유사정(無尋有伺定), 삼선은 무심무사정(無尋無伺定), 사선은 사념법사정(捨念法事定)이다.

고 마음 수행을 중시하지 않은 것은 아마도 이 때문일 것이다.

2) 송나라 초기 남방의 선법

여산의 혜원은 선법을 중시해서 제자를 서역으로 보내 선경(禪經)과 계율을 구하게 했으며, 또 각현을 청하여 선경을 번역했다. 각현은 또 건업에서 법을 전수했으며, 동시에 담마야사가 강릉에 와서 선법을 크게 폈는데 찾아와서 배우는 자가 3백여 명이었다. 송나라 초기 담마밀다는 선법에 특히 조예가 깊었다. 그는 양주(涼州)로부터 촉 지역[34:]을 거쳐 강릉까지 가서 장사사(長沙寺)에서 선각(禪閣)[35:]을 세웠다. 만년에는 건업에서 선을 가르쳤고 선경(禪經)을 번역했는데, 배우는 자들이 멀리서 와서 대선사(大禪師)라 불렀다. 당시 건업에 있던 구나발마와 불태습도 역시 선법에 능했고, 저거경성도 역시 송나라 초기에 건업에 와서 선경을 번역했으며, 또 승가달다 및 승가라다다도 원가 시기에 대중을 모아 선(禪)을 가르쳤다[36:]. 따라서 진(晉)나라 말엽 송나라 초기에 남방의 선은 상당히 성행해서 건업, 강릉, 촉군에서 선을 익히는 자가 적지 않았다. 송나라 때 중국 남방의 승려 중에 선을 익힌 사람은 다음과 같다.

정도(淨度)는 여항(餘杭) 사람이다. 늘 산이나 늪지대에 홀로 거처하면서 좌선하고 염송했다.

승려 종은(從隱)은 시흥(始興)의 폭포산(瀑布山)에 거주했고 내외 경전을 모두 공부했고 오문(五門)을 정밀하게 연수했다.

법성(法成)은 양주 사람이고 촉 지역에서 선법을 전파했다.

승인(僧印)은 금성(金城)의 유중(楡中) 사람이다. 현고의 제자이고[37:] 늘 강릉에서 교화를 폈다.

혜람(慧覽)은 주천(酒泉) 사람이다. 젊은 시절에 현고와 함께 적관(寂觀)[11]으로 칭송을 받았다. 후에 서역으로 가서 계빈에서 달마 비구로부터 선의 요체를 자문하여 전수받았고, 그 뒤에는 촉 지역에서 법을 전수했다. 『명승전초』에서는 이렇게 말했다.

"촉간(蜀間)[38]의 선학은 모두 법사를 스승으로 모셨다." 후에 나부(羅浮)로 이주했는데, 송문제가 도읍으로 내려오도록 청하여 경읍의 선승은 모두 그를 따라 공부했다.

법기(法期)는 촉 지역 사람이다. 지맹으로부터 선 수업을 받았고 법림과 함께 공부했다. 지맹은 원가 시기에 스스로 양주로부터 촉으로 들어갔다. 법기는 훗날 현창을 따라 강릉으로 내려가서 현창의 선법을 얻었다.

도법(道法)은 돈황 사람이다. 성도(成都)에 거주했고 선정의 수업을 전문적으로 정통했다.

보항(普恒)은 성도 사람이다. 청정한 업(業)을 익혀서 화광(火光) 삼매에 들어갔다.

송나라 초기에 선법이 유행한 지역은 촉 지역, 형주, 건업이다. 촉과 형주는 북방과 가까워서 선정이 매우 성행했으니, 그 지역의 중국 선승으로 법성, 혜람, 도법과 같은 승려는 모두 북방 사람이다. 승인도 역시 농(隴) 지역으로부터 형주로 와서 교화를 행했다. 송나라 이후 이 두 지역의 선사는 강남보다 많았는데, 그러나 역시 대부분은 북방에서 왔다. 건업에서는 각현의 제창을 가장 유력하게 생각했다. 각현의 제자 혜관, 보운도 일대 명승으로 모두 도량사에 머물렀다. 혜관은 『부정관경서(不淨觀經序)』

11) 적(寂)은 선정이고 관(觀)은 지혜를 뜻한다.

를 지었고 보운은 『관무량수경』을 번역했는데 모두 선정의 업을 전파했다. 당시 "투장(鬪場) 선사의 굴(窟)"이라는 말이 있었고, 그 후 외국 승려가 경성으로 와서 선법도 행했다. 다만 강남은 궁극적으로 의학의 중심지였고 송나라 말기부터 진(陳)나라 이전에는 외국에서 온 승려도 매우 적었다. 중국 승려는 여전히 의학에 몰려들었기 때문에 형주와 촉 지역을 제외하고 선법을 조금씩 행하는 자가 있었지만 남방의 선법은 지극히 쇠락했다.

3) 양주의 선법(禪法)과 현고(玄高)

후위(後魏)의 불법은 위로 북량(北涼)으로부터 이어받아서 양주는 진(晉)나라 말기에 선법이 가장 성행한 지역이다. 담무참은 본래 백두(白頭) 선사에게 배웠고 도술(道術)에도 능했다. 담무참의 제자 장액과 도진은 선정 속에서 계(戒)를 감지했고, 저거몽손의 사촌동생 저거경성은 서역으로 가서 불대선의 선법을 얻었다. 양주의 승려 지엄도 서역으로 가서 불대선을 만났고 아울러 각현에게 동쪽으로 돌아오라고 요청했다. 장안에서 두 승려는 함께 좌선을 했는데 사람이 와도 오랫동안 알아채지 못했다[39]. 보운도 각현의 제자라서 역시 양주의 승려로 불렸다. 서역으로 법을 구하러 간 지맹도 양주에 머문 적이 있고 후에 촉 지역으로 들어가서 선법을 가르쳤다. 담마밀다는 선법에 특히 조예가 깊어서 연미(連眉) 선사라 불렸고 역시 양주에 주석한 적이 있다. 혜람(慧覽)[40]은 주천(酒泉) 사람으로 서역으로 가서 선을 익혔고 선정 속에서 미륵을 보았다. 우전(于闐)의 사주(沙州)[41]에 대중들이 모여서 그를 따르며 공부했다[42]. 혜람과 현고는 모두 적관(寂觀)으로 서방 정토를 숭상했다[43].

현고는 농서(隴西)의 유명한 선사로서 훗날 북위에서 교화를 행했다[44]. 그는 어려서 선(禪)과 계율에 정통했고 장안에서 각현에게 선을 배웠으며,

서진(西秦)에서는 외국의 선사 담무비(曇無毘)를 따르며 공부했다. 그의 제자 현소(玄紹)는 갖가지 선을 탐구해서 신력(神力)이 자재했으며, 승인(僧印)도 선학의 종장(宗匠)으로 불렸다(『명승전초』). 현고가 피살될 때 제자들은 현고의 거주처인 탑에 빛이 세 번 돌고 선굴(禪窟) 속으로 도로 들어가는 것을 보았다. 현고는 평생 감응한 신이(神異)가 상당히 많았고 신선도의 취미를 갖추고 있었다[45]. 북위의 천사(天師) 구겸지와 현고의 세력은 서로 적이었지만 똑같이 존경을 받았으니, 그 까닭은 둘 다 도술을 중시했기 때문이다. 동시에 장안의 한산(寒山)에는 승주란 승려가 처음에는 숭산에서 두타(頭陀)를 행하면서 좌선을 했다. 또 혜통(慧通)은 선정 속에서 아미타불을 보았는데 역시 혜소의 제자이며, 혜소는 바로 현고의 문인(門人)인 현소(玄紹)이다[46]. 위나라의 태무제가 현고를 살해한 후에 불법을 훼손했다. 불법의 부흥은 담요의 힘이 커서 『고승전』에서는 "하서국(河西國) 저거목건 시대에 사문 담요는 선업(禪業)으로 칭송을 받았다"고 했으니, 이 담요가 바로 북위 석굴사의 승려이다. 불법이 다시 부흥한 것도 역시 이 선사 때문이다.

4) 선굴(禪窟)과 산거(山居)

『속고승전』에서는 이렇게 말했다.

"담요는 '어린 시절 출가하여 행실을 다스리는 것이 견고하고 정숙했다[堅貞]'고 하였다."

또 이렇게도 말했다.

"많은 승려들을 안온하게 해서 그 하나[一]를 묘하게 얻었다."

소위 '견고하고 정숙했다'나 "하나를 얻었다"는 모두 그가 선법에 능했음을 가리킨다. 그는 석굴사 조성을 도왔는데 복을 구하고 공덕을 쌓는데 뜻이 있었다. 허나 석굴사에는 3천 명이 거주할 수 있었다. 동두불사(東頭佛寺)는 항상 천 명의 승려를 공양했는데, 그 규모가 엄청나게 큰 것은 사문을 널리 초빙하여 함께 선정의 법을 수행하기 위한 것으로 보인다. 무릇 좌선을 하는 자는 산속이나 동굴 속에 거처했으므로 굴을 파서 선(禪)의 거처로 삼는 것 역시 예상할 만한 일이다. 고윤(高允)의 『녹원부(鹿苑賦)』에서는 이렇게 말했다.

"선굴(仙窟)을 파서 선(禪)의 거처로 삼고, 중첩된 계단을 만들어서 술수를 통하려고 했다."47:

또 이렇게 말했다.

"도를 연구하는 무리는 주장자를 잡고서 밟아나가거나, 혹은 숲을 걸으면서 경행(經行)하거나 혹은 고요한 좌선으로 단정히 명상했다."

북위가 낙양으로 도읍을 이전하기 전에 숭산은 점차 선승이 모이는 곳이 되었으니, 태무제 시대에 승주는 이미 숭산에서 두타행을 하고 좌선을 했다. 그 후 생(生) 선사는 숭양사(崇陽寺)를 세웠는데, 오늘날까지 현존하는 『중악숭양사비(中岳崇陽寺碑)』에서는 이렇게 말했다.

> 대덕(大德)이신 사문 생선사(生禪師)는… 자유롭게 출몰하면서 우뚝우뚝한 산마루에서 지내고 있었다……. 이 산은 예전에는 탑이나 사당[廟]이 없었다. 선사…… 이 복된 땅을 점지해서 신령한 도량을 창립했는데, 이곳은 중악(中岳)에 해당하는 요충지이자 온갖 도술에 대응하는 중추이다48: ……. 태화 8년 갑자년에 가람을 건립하고 탑과 전(殿)을 축조했다……. 석학(碩學)과 유명한 현자들이 줄지어 왔다……. 경건한 예배와 선(禪)의 적멸[寂滅]이 종일토록 그치지 않았다.

숭양사의 창립은 선사 때문이며 도읍을 이주하기 전의 일이다. 낙양으로 도읍을 이주한 후 태화 19년 효문제는 불타(佛陀) 선사를 위하여 숭산의 소실봉(少室峰)에다 소림사를 세웠다[49]. 선무제 시대에 풍량(馮亮)과 사문통 승섬, 하남윤(河南尹) 견심(甄深)에게 명령하여 숭산의 명당자리를 돌아보고 간거불사(閒居佛寺)를 짓게 했다[50]. 『낙양가람기』에서는 "숭산의 중간에 간거사, 서선사(栖禪寺), 숭양사, 도량사가 있고 위로는 중정사(中頂寺)가 있다"고 했으니, 그렇다면 숭산 일대는 불교 사찰이 아주 많았다. 그리고 간거사와 서선사 두 절의 이름으로 볼 때 숭양사와 마찬가지로 선승이 거주하는 곳이 아닐까 한다.

5) 불타(佛陀) 선사

소실봉의 소림사는 효문제 시대에 서역의 선사 불타[51]가 건립한 것이다. 『속고승전』에서는 "불타 선사는 본래 천축 사람이다[52]"라고 하였다. 처음에 친구 여섯 명과 결사(結社)를 해서 함께 선정의 업을 수행했는데, 다섯 승려는 과보를 증득했지만 오직 불타만은 얻지 못했다. 당시 어떤 도반이 그에게 말했다.

"도를 닦는 일은 기연(機緣)을 빌리는데 기연이 오면 문득 이루어집니다. 그대는 중국[震旦]에 특히 따로 인연이 있습니다."

그래서 함께 편력하면서 위나라 평성(平城)에 도착했다. 효문제는 그를 존경해서 따로 선림(禪林)을 마련하고, 암석을 조각해 감실(龕室)을 만들고, 대중들과 결사(結社)하여 선정에 잠기고[53], 나라에서 이들을 공양했다. 불타는 끝내 항안(恒安)(평성) 성내에서 도과(道果)를 증득했다. 그 후 제왕을 따라 남쪽으로 이주했는데 황제는 낙양에 다시 정원(靜院)을 마련한 뒤 칙령을 내려 거주하게 했다. 불타 선사는 성품이 그윽한 곳에 머물기를 좋아해서 산림과 계곡에 의탁했고, 아울러 숭악(嵩嶽)에도 여러 번 가서 인간 세상에서 완전히 물러났다. 황제는 소실산에 절을 지으라는 칙령을 내리고 옷과 음식을 제공했는데, 이곳이 그 유명한 소림사이다[54]. 사해(四海)에서 마음을 쉬려는 사람들이 소문을 듣고 모였는데 늘 수백 명이 되었다[55]. 이때부터 숭산의 소실봉은 더욱 선법으로 이름을 날렸다.

불타는 어느 날 낙양의 저자에서 사문 혜광을 만났다. 당시 나이가 12살인 그가 천가(天街)의 우물의 난간에서 밖으로 제기차기[反蹋蹀鍮]를 연속 오백 번 하는 것을 보고는 불타는 기이하게 여기다가 마침내 출가를 권유해 승려가 되게 했다. 또 제자 도방(道房)을 시켜서 승조(僧稠)를 출가시켰다. 혜광과 승조는 모두 불세출의 인물이다. 혜광은 현교(顯敎)를 배웠고 승조는 선으로 유명했다. 『혜광전』에서는 "불타 선사에게 가서 삼귀의(三歸依)를 받았다"고 했으며, 또 "불타는 소림사 주지를 담당했고 늑나마제(勒那摩提)는 처음으로 『십지경』을 번역했는데, 나중에 합쳐서 번역한 것은 별전(別傳)에 그 사적이 있다"고 했다. 늑나마제와 함께 『십지경』을 번역한 자는 불타선다인데, 이에 근거하면 소림사 주지인 불타 선사가 바로 지론사(地論師)인 불타선다이다[56]. 『속고승전』에 『불타선다전』이 없고 단지 『보리류지전』 속에 덧붙여 있으므로 따로 불타선사의 전기가 있다면 한 사람을 둘로 오인한 것이다. 늑나마제도 역시 선법을 전수했으니[57], 그렇다면 『십지론』의 법사로 선에 능한 자는 단지 불타만은 아니다.

6) 북방 선법에 관한 간략한 논의

효문제 이후 선법은 북방에서 크게 유행했다. 『낙양가람기』에 호태후 시절의 이야기 하나가 실려 있는데 아주 재미가 있다. 그 문장은 대략 다음과 같다.

숭진사(崇眞寺) 비구 혜응(惠凝)이 죽고 7일 만에 부활했다……. 지난 과거의 시기에 다섯 비구를 똑같이 열람한 일을 설했다. 한 비구는 보명사(寶明寺)의 지성(智聖)인데 좌선의 고된 수행으로 천당에 올라갈 수 있었다. 한 비구는 반야사(般若寺)의 도품(道品)인데 사십 권의 『열반경』을 외워서 역시 천당에 올라갔다. 한 비구는 융각사(融覺寺)의 담모최인데 『열반경』, 『화엄경』을 강의하여 수천 명을 이끌었다[58]. 염라대왕이 이렇게 말했다.

"경전을 강의하는 자는 마음속에 너와 나를 품고 있어서 교만함으로 사물을 대하니, 이는 비구에겐 첫 번째의 거친 행동이다."

…… 칙령으로 담당 관리에게 보내니, 즉각 푸른 옷을 입은 열 사람이 담모최를 서북문으로 보냈다. 거처하는 집이 모두 검정색으로 좋은 곳 같지가 않았다.

한 비구는 선림사(禪林寺)의 도홍(道弘)인데 스스로 사부(四部) 대중을 교화하고 일체 경전과 인중상(人中像) 열 개를 조성했다고 말했다. 염라대왕이 말했다.

"사문의 체(體)는 반드시 마음을 다스려 도를 지키고 선(禪)과 경전 독송에 뜻을 둠으로서 세상일에 간섭하지 않고 유위(有爲)의 행동을 하지 않아야 한다. 비록 경전과 불상을 만들더라도 타인의 재물을 올바로 얻으려 해야 한다. 허나 이미 타인의 재물을 얻으면 탐내는 마음이 즉시 일어나며, 탐내는 마음을 품고 있으면 삼독(三毒)이 제거되지 않고 번뇌가 구족한다."

역시 담당 관리에게 보내자 담모최와 마찬가지로 검은 문으로 들어갔다.

한 비구는 영각사(靈覺寺)의 보명(寶明)인데 스스로 "출가하기 전에는 농서(隴西) 태수를 지낸 적이 있고, 영각사를 지으면서 관직을 포기하고 도에 입문했다. 비록 선이나 경전 독송은 하지 않았지만 예배는 빠트리지 않았다"고 하였다. 염라대왕이 말했다.

"그대가 태수를 하던 시절에 도리에 어긋나고 법을 왜곡했다. 백성의 재물을 약탈해서 이 절을 임시로 지었을 뿐 그대의 힘이 아닌데, 어찌 그렇게 말하는가."

역시 담당 관리에게 보내자 푸른 옷을 입은 자들이 그를 검은색 문으로 보냈다.

호태후가 이를 듣고는 사람을 보내 …… 탐문해 보니 …… 모두 실제로 있었던 일이었다. 그래서 "사람이 죽으면 죄와 복이 있다"고 논의한 뒤에 즉시 좌선하는 승려 1백 명을 청하여 늘 궁전 안에서 공양했다……. 이때부터 경사(京師)의 비구는 모두 선과 독송을 하고 다시는 경전 강의를 중시하지 않았다.

이 이야기는 어쩌면 거짓된 전기일 수도 있지만 당시 보통 승려들의 태도를 반영하고 있다. 후위(後魏)의 불법은 본래 수행을 중시한다. 요진(姚秦)이 북방을 전복한 이래로 북방의 의학은 쇠락했으니, 일반 사문들은 스스로 다 선과 독송을 했고 경전 강의를 중시하지 않았다. 마침내 좌선하는 사람은 늘 경전의 뜻에는 밝지 않고 오직 수행(修持)만을 일삼았다. 도선(道宣)의 『승전・습선편(習禪篇)』에서 이를 언급한 적이 있는데, 그 문장은 아래와 같다.

최근에 세상에서 선정을 닦는 인사들은 대부분 의학을 깎아내린다. 여기저기서 듣게 되면 즉시 그것을 따라 배우지만 사유해 선택한 것이 아니라서 경전의 요달을 못하게 한다. 매번 지극한 종지를 이유로[59]: 명망을 많이 훼손했으며, 내뱉는 말은 꾸짖는 말로서 왕왕 번잡하기도 했으며, 혹은 세간의 선정에 탐닉하면서 진공(眞空)을 익힌다고 했으며, 서방세계를 독송으로 염(念)하면서 지향(志向)은 미혹의 소멸을 도모했으며, 목에 염주를 걸고 혼란스럽게 목탁을 두드리면서 선수(禪數)라고 칭했으며, 누더기 옷을 입고 걸식하면서 이런저런 계교(計較)를 마음의 도라고 생각한다. 또 법당이나 법전(法殿)에 의탁하여 두루두루 정성을 다하면서 삿되게 안주하는 형태를 흠모하지만 진실은 왜곡된 계교만 보존하면서 그것만을 바르게 여기고 나머지 학문은 부정한다. 얼음과 같은 상념이 견고한데 내가 넘어지면 누가 알아채겠는가. 그리하여 계율과 정견을 둘 다 취하여 바르게 행해야 하니 멋대로 부화뇌동하는 것을 없애지 않으면 어리석음만 늘어날 뿐이다. 만약 속세의 그물을 자르고 처음으로 법문에 입문할 때는 경전과 논서를 널리 듣고 지혜와 계율에 밝아야 한다. 그다음에 신(神)으로 돌아가 사려를 다스려서 부처님의 말씀을 기준으로 해야 한다. 움직일 때에는 언제나 계율을 따라 수행을 재촉하고 고요할 때에는 앞의 지혜를 잊지 말아야 하니, 진실로 사람과 법의 두 경계에 마주해선 진제와 속제의 네 가지에 의존한다. 지혜에 이른 것을 알지 못하면 오히려 허망한 의식만 간직하니, 이렇게 선정을 익히는 것은 지혜가 아니면 선정이 아니고 그냥 형산(衡山)의 절벽에서 바람만 일으킬 뿐이다.

도선이 말한 내용은 수나라와 당나라 승려를 가리킨 것이지만, 그러나 선법의 흥성과 지학(智學)의 폐기 및 교체는 저절로 이런 종류의 현상을 더 쉽게 낳았다. 북조 말엽 형악(衡嶽)의 혜사(慧思)와 천태의 지의는 선정과 지혜(定慧)는 반드시 쌍(雙)으로 수행해야 한다고 확고히 말했으니, 이는 아마도 북조의 일반적인 선승들의 과오를 바로잡기 위한 뜻이었을 것이다.

이상의 서술은 보통의 승려에 입각해 말한 것이다. 가령 인도에서 동쪽으로 온 대사(大師)가 전수한 선법은 모두 이론적 근거가 있으니, 불타선다와 늑나마제가 전수한 선법은 유가사종(瑜伽師宗)에 속하고, 보리달마는 『능가경』을 전수했고 그의 선법도 실제로 성공(性空)의 종지에서 나온 것이다. 위나라 말엽에 와서 북방은 의학이 흥성했으며, 중국의 승려는 모두 정법(定法)을 닦는 한편 종지로 삼는 경전이 있었다. 선과 지혜를 겸해서 전파하는 것은 한 시대의 기풍이 되었고, 이 기풍이 점점 숙성하면서 수나라와 당나라의 대종파를 이루었다. 이는 혜사와 지의가 『대품』, 『법화』를 종지로 삼은 것만이 아니라 소위 천태종을 건립한 것까지를 말하는 것이다.

7) 보리달마

위나라 때의 선사 보리달마는 지혜가 깊어서 그 영향도 가장 컸다. 달마는 중국 선종의 초조(初祖)라고 한다. 당나라 말엽에 나온 선종 역사의 기록에는 달마의 생애가 서술되어 있지만 그 내용을 다 믿을 수는 없다. 이에 대해서는 상세히 밝히지 않겠다. 오늘날 현존하는 가장 근거로 삼을 수 있는 보리달마의 기록에는 두 가지가 있다. 하나는 양현지(楊衒之)의 『낙양가람기』에 실린 내용이고, 다른 하나는 도선의 『속고승전』에 있는 『보리달마전』이다. 양현지는 거의 달마와 동시대이고, 도선도 그다지 달마와 멀리 떨어져 있지는 않다. 달마의 학설은 담림(曇琳)이 기록한 『입도사행(入道四行)』이 있는데[60], 이 글을 도선이 인용했다[61]. 당나라 초기 이전에 쓰여진 것으로 알고 있으며 결코 위조(僞造)는 아니다. 이제 이 책에 근거해 보리달마의 생애와 학설을 다음과 같이 간략하게 서술한다.

보리달마[62]는 남천축 사람이거나(『속고승전』 본전) 혹은 페르시아 사람이라고 한다(『낙양가람기』). 신령한 지혜가 맑아서 들은 내용은 모두 밝게 깨우쳤다. 대승에 뜻을 품고 있었으며, 그윽한 마음은 텅 비고 고요했으며, 도가 미묘해서 법수(法數)에도 철저했으며, 선정과 의학의 수준도 높았다(『속고승전』). 중국에 왔을 때 처음에는 송나라 경계인 남월(南越)에 도달했고 후에 다시 북으로 건너가 위나라에 도착했다[63].

낙양에서 영녕사(永寧寺)의 장엄함과 화려함을 보면서 스스로 "나이는 150세이고 여러 나라를 편력하면서 두루 다 돌아보았다"고 하였다. 그리고 이 영녕사는 정묘하고 화려해서 염부(閻浮)[12]를 다 뒤져도 이만한 것이 없다고 했으니, 불교의 지극한 경계가 이보다 더할 수 없다. 입으로는 남무(南無)를 외우면서 연일 합장을 했고(『낙양가람기』). 또 낙양 수범사(修梵寺)의 금강(金剛)을 보고는 역시 진상(眞相)을 얻었다고 칭찬했다[64]. 달마는 먼저 숭산과 낙수 지역을 유행(遊行)했으며[65], 나중엔 업에도 가서[66] 도착하는 곳마다 선(禪)을 가르친 것으로 보인다(『속고승전』). 늘 4권의 『능가경』을 배우는 자에게 전수했으며, 천평 시기(서기 534년에서 537년까지) 전에 낙수(洛水)의 물가에서 열반했거나(『속고승전』) 혹은 독살되었다고도 한다[67]. 달마의 제자 중에 유명한 자를 다음과 같이 열거한다.

혜가: 일명 승가(僧可)라고도 하고 호뢰(虎牢) 사람이다. 숭산과 낙수 지역에서 달마의 선과 『능가경』 4권을 전수받았다. 스승이 열반한 후에 천평 초기에 북방의 업(鄴)으로 가서 선을 전수했다. 그의 제자로는 나(那) 선사와 찬(粲) 선사 등이 있다[68]. 남방의 섭산(攝山)에 머물고 있는 혜포(慧布)도 업에서 혜가를 만난 적이 있다.

도육(道育)[69]: 도를 수학하고 마음으로 행했지만 입으로 말한 적은 없다(『법충전』의 말).

승부(僧副): 태원(太原)의 기현(祁縣) 사람이다. 『고승전』에서는 '성품이 조용함을 좋아하고 먼 곳이나 가까운 곳이나 모두 유행했다'고 하였다. 식량을 짊어지고 스승을 찾아다녔는데 궁벽한 곳까지 찾아다녔다. 달마선사가 관행(觀行)을 훌륭히 밝히고 있다고 해서 바위 동굴을 찾아가 질문을 했는데 심오하고 박대(博大)한 모습을 보자 스승으로 모시고 출가했다.

---

12) 염부제. 사대주(四大洲)의 하나. 수미산 남쪽 바다에 있다는 대륙 남섬부주로 인간이 사는 세계를 말한다.

이 달마가 바로 보리달마일 것이다[70:]. 승부는 제나라 건무 시기에 남방으로 유행했다[71:].

담림은 『입도사행(入道四行)』을 지었는데 아마 달마로부터 수업을 받았을 수도 있다. 당시 낙양에서 역경에 참여한 사람 중에 담림이란 자가 경전의 서문과 기(記)를 여러 편 지었는데 어쩌면 같은 사람일 것이다. 또 『혜가전』에도 담림 법사가 나오는데 아마 이 사람일 것이다.

보리달마는 4권의 『능가경』으로 혜가를 가르치면서 이렇게 말했다. "내가 한(漢; 중국) 지역을 살펴보니 오직 이 경전만 있다. 그대가 이 경전에 의거해 수행하면 스스로 세상을 건널 수 있을 것이다."[72:]

혜가 선사는 매번 이 경전에 의거해 법을 설했다. 나(那)[73:] 선사와 만(滿)(나 선사의 제자) 선사 등도 늘 4권의 『능가경』을 법의 요체로 여겼다[74:]. 혜가 선사의 후예는 이 경전을 많이 익혔고[75:], 이로 인해 달마의 일파(一派)는 능가사(楞伽師)라고 불렸다[76:]. 『속고승전 · 법충전』에서 "법충은 먼저 삼론의 법사 혜고(慧暠)[77:]에게 『대품』, 『삼론』, 『능가경』을 들었다. 또 『능가』의 오묘한 경전이 오랫동안 침체해 있자 그 소재지를 찾아 나섰다"고 했다.

> 또 혜가 선사를 만나 직접 전수받은 자는 '남천축 일승종(一乘宗)'에 의거해 강의했다……. 그 경전의 판본은 송나라 구나발타라 삼장이 번역했고 혜관 법사가 필사했기 때문에 그 경문의 이(理)는 조화롭고 행(行)의 질(質)은 서로 관통하고 있다. 오로지 지혜만을 염(念)할 뿐 말[話言]을 하는데 있지 않았으니, 후에 달마 선사가 남방과 북방에 전하면서 말도 잊고 염(念)도 잊는 무득(無得)의 정관(正觀)을 종지로 삼았다. 훗날 중원 지역에 행해지면서 혜가 선사가 선종의 기강을 창립했지만, 위나라 경내의

문학은 대부분 이를 다루지 않았다. 종지의 뜻을 이해한 사람은 때가 되면 능히 깨달을 수 있다.

이 내용에 근거하면, 달마 일맥은 송나라 번역의 『능가경』을 종지로 받들었고, 그들의 학문은 당시 사람들과 많이 달랐기에 비난을 받았다. 혜가의 후예도 스스로 그 법이 세상과 많이 다른 걸 알고 있었다. 그들이 『능가경』을 강의할 때는 '남천축 일승종'에 의거했다고 했는데, 그렇다면 당시 강의하는 자들은 아마 이 『능가경』의 종지에 의거하지 않았을 것이다. 또 『법충전』에서는 『능가경』의 전승(傳承)을 서술하면서 '천(遷) 선사는 소(疏) 4권을 출간했고 상덕(尙德) 율사는 『입능가소』 10권을 지었다'고 했는데78:, 모두 "혜가 스승에게 이어받지 않고 『섭론(攝論)』에 의존했다"고 했으니, 이처럼 "『섭론』에 의존한" 자가 "혜가에게 이어받지 않았다"면 역시 "남천축 일승종에 의거한" 것도 아니다. 그러므로 이 '남천축 일승종'이란 스스로 현묘한 종지가 있어서 천(遷) 선사79: 등이 『섭론』을 의존한 것과는 다르니, 그 현묘한 종지가 어디에 있는지 크게 주의해서 살펴야 할 일이다.

'남천축 일승종'은 위로 『반야』 법성의 뜻을 계승한 것이다. 어째서 그런가? 남천축이란 용수(龍樹)[13] 공왕(空王)께서 출현한 지역이다. 불법은 대중부의 소공(小空)에서부터 『반야』의 대공(大空)까지 모두 남인도에서 발원했다. 달마는 『속고승전』에 의하면 본래 남천축 사람이기 때문에 그 지방의 학풍에 영향을 받았다. 용수의 학설도 『반야』에서 나왔다.

---

13) 인도의 승려로 대승불교의 교리를 체계화하는 데 크게 기여하여 대승 8종의 종조(宗祖)로 불린다. 원래의 이름은 나가르주나(Nagarjuna)이다.

집착[封執]을 다 일소하여 곧바로 실상을 증득하는데, 이는 대승의 지극한 종지로서 소승의 유(有)에 대한 집착과는 다른 취향일 뿐 아니라 대승에서 말하는 유(有)라는 것[80]과도 역시 다른 길이다[81]. 『속고승전 · 습선편(習禪篇)』에서는 승조(僧稠)와 달마 두 종파의 선법에 대해 이렇게 논했다.

> 하지만 이 두 종파를 관찰하면 바로 승(乘)의 두 궤칙(軌則)이다. 승조는 염처(念處)를 품고 있어서 청정한 규범이 숭고하다고 할 수 있으며. 달마의 법은 비어있음의 종지[虛宗]로 현묘한 취지가 그윽하고 심오하다. 숭고하다고 할 수 있으면 정(情)의 일이 쉽게 드러나고, 그윽하고 심오하면 이(理)의 성품을 통하기 어렵다.

『속고승전』에서 "승조는 『열반경』의 신성한 수행인 사념처(四念處)의 법을 익혔다. 이는 승조 법사가 『열반경 · 성행품(聖行品)』에 실린 사념처의 법에 의거해 마음을 닦았음을 말한 것이다. 『열반경』은 비록 대승의 경전이긴 하지만, 그러나 사념처 법은 원래 소승의 가장 뛰어난 방편이다[82]. 승조는 특히 사념처법을 중시했기 때문에 달마가 대승의 허종(虛宗)에서 법을 취한 것과는 다르다[83] 그래서 "승(乘)의 두 궤칙"이라 말한 것이다[84]. 사념처법은 몸을 관하고[觀身], 지각을 관하고[觀受], 마음을 관하고[觀心], 법을 관하는[觀法] 것으로 단계별로 나가면서 그 보폭이 정연하기 때문에 정(情)의 일이 잘 드러나서 쉽게 준수해 행할 수 있다. 그러나 대승의 허종은 무분별지(無分別智)이고 무소득(無所得)인 마음으로 바로 실상을 깨달아 들어가니, 이 정관(正觀)[85]에 의거해 보리를 즉각 증득하기 때문에 그 종지는 현묘하고 그윽하고 심오하다. 일반인의 시각에서는 그 이(理)를 통하기 힘들므로 반드시 종지의 뜻을 이해해야[86] 능히 깨달을 수 있다[87].

『능가경』88:은 무상(無相)의 허종을 밝히고 있는데89:, 비록 법상(法相)의 유종(有宗)의 경전이지만90: 그 설법은 곳곳마다 망상을 타파하고 실상을 드러내 보이는데 착안(着眼)하고 있다. 망상이란 온갖 집착의 장애나 유(有)와 무(無) 등의 희론(戲論)이고, 실상이란 체(體)와 용(用)의 일여(一如)로서 바로 진여(眞如) 법신이고 또한 열반이다91:. 보리달마는 선관법(禪觀法)을 주로 행해서 진여를 증명해 알았다92:. 무상의 진여에 반드시 계합해야 하기 때문에 관행(觀行)은 일체의 모든 모습을 소탕함으로서 필경 죄와 복도 다 버리고 공(空)과 유(有)도 아울러 잊는다. 반드시 마음에는 얻는 것이 없고[無所得] 반드시 말을 잊고 사려(思慮)를 끊기 때문에 도선은 논서에서 또 이렇게 말했다.

> 보리달마에게 배운 자들은 달마의 종지를 신령스럽게 교화하고 강남과 낙양에서 법을 천양하여 사람들을 인도했다. 대승의 벽관(壁觀)93:은 그 공업(功業)이 가장 높으니……. 그들이 흠모하는 것을 살펴보면94: 소탕하려는 의지를 간직하고 있으며, 그들이 한 언설을 보면 죄와 복의 두 종지를 모두 버린다. 그래서 진(眞)과 속(俗)의 두 날개, 공(空)과 유(有)의 두 바퀴를 명확히 밝히면, 인드라 그물[14]도 구속할 수 없고 애착의 견해로도 인도할 수 없으니, 정려(靜慮)95:는 이를 헤아리기 때문에 말을 끊는다.

14) 제망(帝網)이라고도 한다. 제석천에 있는 보배 그물. 낱낱의 그물코마다 보배 구슬을 달았고, 그 보배 구슬의 하나하나마다 다른 보배 구슬 낱낱의 영상(影像)을 나타내고, 그 하나의 보배 구슬 안에 나타난 모든 보배 구슬의 영상마다 또 다른 일체 모든 보배 구슬의 영상이 나타나서 중중무진(重重無盡)하고 있다.

달마가 수행한 대승의 선법은 그 명칭이 벽관(壁觀)이고, 달마가 증득한 것은 진(眞)과 속(俗)이 둘이 아닌 불이(不二)의 중도(中道)이다. 벽관이란 마치 장벽처럼 중심이 곧아 흔들리지 않고 마음에도 집착이 없어서 일체의 집착하는 견해를 소탕하는 것이다. 중도(中道)의 언전(言詮;언어 표현)이 바로 무상(無相)의 실상(實相)이고, 무집착의 마음이 저 진실의 이(理)에 계합하는 것이 바로 달마 선법의 취지이다.

그러나 소위 계합[契]이란 상응을 말하는데, 불이(不二)이면 상응한다. 저 무집착의 마음과 진실의 이(理)는 본래 안과 밖이 없기 때문에 달마는 또 심성(心性)이란 하나의 뜻을 끄집어냈다. 심성이 바로 실상이고 바로 진여이고 열반이라서 모두 둘이 아니다. 종밀은 "달마는 오직 마음을 설했을 뿐"[96:]이라고 하였다. 심성이란 하나의 뜻이야말로 달마 설법의 특징으로 뒤이어 오는 선종과 매우 중요한 관계가 있다[97:]. 4권 『능가경』도 심성을 이렇게 이야기했다.

> 내가 설명했듯이, 열반이란 자기 마음의 현량(現量)을 잘 각지(覺知)하여 외적 성품에 집착하지 않아서 사구(四句)를 여의고 여실(如實)한 곳을 보는 것이다. (이하 생략)

또 이렇게 말했다.

> 비록 자성(自性)은 청정하지만 객진(客塵)에 덮여있기 때문에 오히려 청정하지 않게 보인다.

열반의 진제(眞際)와 본래 청정한 자기 마음은 원래 두 가지가 아니다.

이를 체득해 회통해서 본래 갖춘 심성을 터득함이 바로 무상(無上)의 열반을 증득하는 것이다. 열반과 심성은 똑같이 백비(百非;모든 부정)를 끊고 항상 청정한 것이다.

담림이 전한 보리달마의 『입도사행(入道四行)』도 그 주요한 취지는 앞에서 설한 내용과 같은데, 그 문장98:의 시작 부분에서는 총체적인 강령(綱領)을 말하고 있다.

> 이렇게 안심(安心)하는 것을 벽관이라고 하며, 이렇게 수행을 발하는 것을 사법(四法)이라고 한다. 이렇게 사물에 순응(順物)해서 비난과 미움으로부터 수호하게 하며, 이러한 방편으로 집착하지 않게 한다. 그렇다면 도에 입문하는 길은 여러 갈래이지만 중요한 것은 두 가지이니, 바로 '이(理)'와 '행(行)'이다.

달마는 도에 입문하는 길이 두 가지가 있다고 했다. 하나는 "이(理)로 들어가는 것[理入]"으로 바로 '벽관'이며, 또 하나는 "행으로 들어가는 것[行入]"으로 바로 '네 가지 행'을 가리킨다99:. 첫째 이입(理入)이란 다음과 같다.

> 가르침에 의거해 종지를 깨달아서 생명은 모두 동일한 참 성품[眞性]임을 깊이 믿는다. 다만 객진(客塵)[15]의 장애 때문에 거짓을 버리고 진실로 돌아가게 하고, 벽관에 집중하여 머물게 하고, 자기[自]도 없고 타자[他]도 없게 하고, 범부든 성인이든 평등하여 동일하게 하고, 견고히 머물면서

15) 번뇌는 본래부터 마음에 있는 것이 아니라 외부에서 들어와 청정한 마음을 더럽힌다는 뜻에서 '객진'이라 한다.

> 변천하지 않게 하고, 다른 가르침도 따르지 않게 함으로서[100:] 도와 더불어 그윽이 부합하여 고요히 무위(無爲)인 것을 이름하여 '이입'이라고 한다.

'이입'은 무소득의 마음[101:]으로 실상을 깨우쳐 들어가는 것이다. 우주의 실상은 바로 모든 생명에게 동일한 참 성품인데, 대승의 벽관은 이 본래의 성품과 도가 그윽이 부합해 상(象)을 잊고 말을 잊어서 고요히 무위(無爲)인 것에 그 취지가 있다. 둘째, 행입(行入)이란 말하자면 네 가지 행이다. 그 글은 다음과 같다.

> '행입'이란 네 가지 행으로 만행을 똑같이 섭수(攝收)한다.
>
> 첫째, 원한을 갚는 행[報怨行]; 수도(修道)의 괴로움이 지극하면 응당 지나간 겁에서 근본을 버리고 말단을 쫓다가 애착과 증오를 많이 일으킨 걸 염(念)해야 한다. 지금은 비록 범하진 않지만 내가 숙세(宿世)에 지었으므로 달가운 마음으로 받아들여서 도무지 원망하지 말아야 한다[102:]. 경전에서는 "고통에 직면해도 근심하지 않는 것은 숙세의 업을 알아채서 통달했기 때문이며, 이 마음이 일어날 때 도와 어긋나지 않는 것은 원망하는 까닭을 체득해서 도(道)에 나아갔기 때문이다"라고 하였다.
>
> 둘째, 인연에 따르는 행[隨緣行]; 중생은 무아(無我)라서 고통과 즐거움은 인연을 따른다. 설사 명예 따위를 얻더라고 숙세의 인(因) 때문에 금생에 얻는 것이니, 인연이 다하여 무(無)로 돌아가면 무슨 즐거움이 있겠는가. 득실(得失)은 인연을 따를 뿐 마음은 증가나 감소가 없어서 거스르든 순응하든 바람은 고요해서 그윽이 법을 따른다[103:].
>
> 셋째, 바라는 것이 없는 행[無所求行]이다. 세상 사람은 오랜 세월 미혹해서 곳곳에서 탐내고 집착하는데, 이를 이름하여 '구(求)한다'고 한다. 도사는 진리를 깨우치고 그 이(理)는 세간과 반대인지라 마음이 안정되고[安心] 작위가 없어서[無爲] 형상[形]은 운(運)을 따라 굴러간다. 삼계는 모두 고통인

데 누군들 안심할 수 있겠는가, 경전에서는 "구하는 바가 있으면 모두 고통이고 구하는 것이 없으면 바로 즐거움이다"라고 했다.

이상 세 가지 행은 바로 앞의 글에서 말한 소위 "이렇게 사물에 순응해서 비난과 미움으로부터 수호하게 하는" 것이다. 그래서 '원한을 갚는 행'은 응당 수행의 고통이 지극하고, '인연을 따르는 행'은 고통과 즐거움이 인연을 따르며, 구하는 바가 없는 행은 탐욕과 집착을 경계한다. 아마 이 세 가지 뜻을 근본으로 삼기에 달마의 한 유파는 두타행(頭陀行)을 아주 중시하는 것이다[104]. 그 넷째 행의 명칭은 법행(法行)이다. 원문에서는 이렇게 말했다.

넷째는 법행이라 칭(稱)하는데 바로 성품 청정의 이(理)이다[105].

칭(稱)이란 상당(相當)하다는 뜻이거나 상응(相應)한다는 뜻이고, 법이란 우주의 진리이고 또한 성품 청정의 도리[理]이다. 도를 행할 때 일[事]마다 진실과 상응한다. 우주의 실체는 물듦도 없고 집착도 없으며 이것[此]도 없고 저것[彼]도 없다. 도에 들어간 자는 응당 운(運)에 맡겨 행해야 하니, 이것이 수행의 방편으로 "집착하지 않게 하는" 것이다. 이 법과 상응하기[106] 때문에 '법행이라 칭한다'고 말한 것이다. 이는 '이입(理入)'과 본래 두 갈래가 아니다. '이입'이란 바로 선관(禪觀)이고 '행입'이란 바로 일상의 도행(道行)을 가리킨다.

'네 가지 행'은 대체로 『화엄경』의 열 가지 행[十行]과 같다[107]. 일상의 행사(行事)에서 저촉하는 일[事]마다 참[眞]이고, 생각 생각 법에 순응해서 일[事]마다 이(理)에 상응한다. 도에 들어가는 길은 여러 가지이지만 요약하면 오직 두 종류뿐이니, 대승의 벽관[108:]으로 곧바로 심성을 가리켜서 도(道)와 그윽이 부합해 고요히 무위(無爲)를 이루고, 대승의 행업(行業)[109:]은 일[事]의 기연(機緣)에 수순(隨順)해서 법에 상응하여 행하고 운(運)에 맡겨 나아간다. 근문(根門)[16]을 지키고 수호해서[110:] 도를 닦는 고통이 지극하면, 집착 없이 사물에 감응하고 마음을 정숙하고 고요하게 간직한다. 일상의 행사에서 고통스럽게 공부를 가하여 늘 생각하고 성찰하면 성품 청정의 이(理)가 자연히 흐르면서 드러난다.

무릇 괴로움이나 혼란스러움은 애착이나 미움보다 심한 것이 없고, 일체의 욕망은 고통과 쾌락에서 일어난다. 마음이 집착으로 달라붙어 있으면 미망(迷妄)에 길이 빠져서 모든 것을 탐내고 구한다. 만약 행업(行業)을 할 수 있을 때 스스로 섬세하게 체득해서 회통한다면 애증을 끊고 고락(苦樂)을 멸하고 탐욕을 쉬고 무위로 운(運)에 맡겨서 일[事]마다 법에 감응하여 행할 수 있으니, 그때는 원망과 친함이 평등하고 고통과 즐거움이 인연을 따르는지라 기도(企圖)하지도 않고 구하지도 않으면서 이(理)에 감응해 움직인다. 이렇게 하면 비록 행은 네 가지 뿐이지만 곧바로 만행을 포섭할 수 있으며, 비록 행업이더라도 그 "도에 들어가는 요긴한 길"과 벽관이 진실로 차이가 없어서 서로 성취하는 것이다.

앞에서 진술했듯이, 달마의 종지는 역시 대승의 공종(空宗)이다. '공종'이란 체(體)와 용(用)이 일여(一如)해서 진여와 우주 만유(萬有)가 본래 차별이 없는 걸 주축으로 삼고 있다. 차별이 생겨나는 것은 망상 때문이며, 모든 망상이 공(空)하기 때문에 공(空)을 종지로 삼는다. 『속고승전』에

16) 눈, 귀, 코, 혀, 몸, 뜻의 여섯 감각 기관을 육근(六根)이라 한다. '근문'을 지키는 것은 육근을 보호한다는 뜻이다.

기재된 향(向)거사가 혜가에게 보낸 서신에서는 이렇게 말하고 있다.

그림자는 형태를 말미암아 일어나고, 메아리는 소리를 쫓아오는 것입니다. 그림자를 희롱하면서 형태를 수고롭게 하는 것은 형태가 그림자임을 모르는 것이며, 소리를 크게 해서 메아리를 그치려 하는 것은 소리가 메아리의 근원임을 알아채지 못한 것입니다. 번뇌를 제거해서 열반을 구하는 자는 마치 형태를 제거해서 그림자를 찾으려는 것과 같으며, 중생을 여의고서 부처를 구하는 것은 소리를 침묵시켜서 메아리를 찾는 것과 같으니, 따라서 미혹과 깨달음은 하나의 길이고 어리석음과 지혜는 구별되지 않습니다. 이름 없음[無名]에서 이름[名]을 짓는데, 그 이름으로 인해 시비(是非)가 생겨나며, 무리(無理)에서 이(理)를 짓는데 그 이(理)로 인해 논쟁이 일어납니다. 환화(幻化)는 참[眞]이 아니니 무엇이 옳고 무엇이 그르겠으며, 허망(虛妄)은 진실[實]이 없으니 무엇이 공(空)이고 무엇이 유(有)이겠습니까. 그리하여 얻어도 얻는 것이 없고 잃어도 잃는 것이 없음을 장차 알게 됩니다. 말이 미치지 못하는 곳이지만, 이런 뜻을 펼쳐서 답장으로 삼으려 합니다.

혜가가 이렇게 답장을 했다.

이 진법(眞法)을 설하건대 모두 여실(如實)해서 참[眞]의 그윽한 이(理)와 끝내 다르지 않다.

근본적으로 마니(摩尼)[17]를 미혹해 기와나 자갈로 보게 하는 것을 활연히 자각(自覺)하는, 이것이 참 구슬[眞珠]이다.

---

17) 구슬[珠], 보배, 무구(無垢), 여의주(如意珠), 보주(寶珠) 등의 뜻이다. 여기서는 불성(佛性)을 비유하고 있다.

무명과 지혜는 평등해서 차이가 없는데, 반드시 알라, 만법도 또한 마찬가지란 걸.

이 두 가지 견해를 가진 무리들을 측은하게 생각해서 언사를 펼치고 붓을 놀려 이 편지를 쓰나니,

몸[身]과 부처가 차별 없다는 걸 살핀다면, 어찌 다시 저 무여(無餘) 열반을 찾을 필요가 있겠는가.

만법도 다 마찬가지지만 몸[身]과 부처는 차별이 없다. 소위 차별이 있다는 것은 바로 미망(迷妄)이다. 모든 법의 실상은 일체의 상(相)을 비우고 일체의 차별을 끊어서 일체의 미망을 멸한 것이다. 소위 본성의 청정은 집착이 본래 공(空)해서 실다움이 없음을 말한 것이니, 그래서 『속고승전』에서는 이렇게 말했다.

만(滿) 법사111:는 매번 법을 설하면서 이렇게 말했다.

"모든 부처가 마음을 말하면서 마음의 상(相)이 허망의 법이란 걸 알게 했다. 이제 마음의 상(相)을 가중하는 것은 부처의 뜻을 깊이 어긴 것이고 또한 논의만 늘어나니 큰 이치[大理]에 어긋나는 것이다."

진여는 무상(無相)이라서 사물의 형태로 드러낼 수 없고 언설로 구할 수 없기 때문에 선종의 사람은 달마 이래로 말을 잊으라[忘言]고 주장한다. 달마는 이렇게 말했다.

"언어의 가르침을 따르지 않는다."112:

도육(道育)은 도의 심행(心行)을 수학했지만 입으로 말한 적은 없다. 혜가 선사 이후 승찬(僧粲) 선사 등은 모두 입으로 현리(玄理)를 설했지만 문장의 기록은 남기지 않았다113:. 『능가경』의 법사 도충(道冲)은 이렇게

말했다.

"의(義)란 도리(道理)라서 언어로 말하면 조잡해지는데, 하물며 종이에다 글로 펼쳐놓으면 더더욱 조잡해진다."

대체로 실상은 본래 공(空)이다. 그런데도 언어 및 종이와 붓에 집착하면 반드시 분별하고 수립하는 바람에 마음은 상(相)에 집착한다[114:]. 상(相)에 집착하면 반드시 해명하고 분석하기 때문에 논의가 분분해서 큰 이치[大理]를 위배한다. 『속고승전』에서는 또 이렇게 말했다.

> 매번 가(可)(혜가)가 종일토록 법을 설했지만, 이 경전이 네 세대 후에는 명상(名相)의 변화를 이루었으니 어찌 슬프지 않은가.

이 혜가의 현기(懸記)는 그의 후예가 『능가경』에 소(疏)를 지은 걸 가리킨 것이 아닐까 한다. 『속고승전 · 법충전』에 의하면, 혜가 선사 이후에 소(疏)와 초록(抄錄)이 10부 50여 권이 있다고 하였으니[115:], 혜가를 전후해서 백 년이 되지 않았지만 기록에 보이는 것이 이토록 많다. 도선(道宣)은 달마의 후예에 대해 "독송한 말을 논란하고 궁구했을 뿐 정진하는 자는 대체로 적었다"[116:]고 해서 『능가경』의 법사들이 당나라 초기에는 아마 대부분 경문을 세밀하게 분석하고 명상(名相)에 집착하는 쪽으로 치우친 것으로 보인다. 그러나 좌선으로 마음을 닦고 게으름 없이 계속 정진하는 자는 적었다. 대감(大鑒) 혜능(慧能) 선사가 문자를 건립하지 않는 불립문자(不立文字)를 통렬하게 말한 것도 바로 이 때문이었다[117:].

보리달마는 4권의 『능가경』을 학인(學人)들에게 전수했고 대감 혜능은 『금강반야경』에 치중했으니, 그렇다면 고금의 선학을 구별하는 것이 법상(法相)과 법성(法性)에 있는 것 같지만 사실은 그렇지 않다. 달마의 현묘한 종지는 본래 『반야경』의 법성종의 뜻이라고 이미 앞에서 서술했다. 역사적 사실에 입각해서 보면, 여기에는 여섯 가지 증거가 있다.

(1) 섭산 혜포(攝山 慧布)는 『삼론』의 명사(名師)이면서도 선법도 중시했다. 업성에서 혜가를 만나자 문득 말로써 그의 뜻을 깨달았다[118]. 혜가는 "법사가 서술한 내용은 자아[我]를 타파하고 견해[見]를 없앤 것으로는 더할 나위가 없는 것이다"라고 하였다[119].

(2) 삼론의 법사 흥황 법랑(興皇 法朗)이 사람들에게 가르친 종지는 '얻을 것 없음', 즉 무득(無得)에 있다[120]. 달마가 가르친 『능가경』에서도 "말을 잊고 생각[念]을 잊는 무득(無得)의 정관(正觀)을 종지로 삼는다"고 하였다[121].

(3) 도신은 사람들에게 『반야』를 염(念)하라고 가르쳤다[122].

(4) 법융 선사는 『삼론』의 원로 거장인 모산의 대명 법사[123]에게 수학했다. 선종의 사람은 법융을 우두종(牛頭宗)의 초조(初祖)로 인정했다. 이는 비록 정확하진 않지만[124], 그러나 『삼론』과 선이 계합한 것은 알 수 있다.

(5) 혜명(慧命) 선사는 『대품의장(大品義章)』을 지었다[125]. 그가 지은 『상현부(詳玄賦)』는 『광홍명집』에 실려 있지만, 선종의 『능가사자기』에서는 승찬이 지은 것으로 잘못 알고 있다. 『반야경』을 종지로 삼는 혜명과 『능가경』의 법사인 승찬은 의리(義理)로 볼 때는 별로 차이가 없다.

(6) 법충은 『능가경』의 법사이다. 하지만 처음에는 안주의 혜고에게 삼론종을 배웠고[126], 후에 혜가의 『능가경』의 뜻을 공부했다[127].

이상 여섯 가지 사실에 근거하면, 북방의 선종은 섭산의 『삼론』과 묵묵히 계합하는 곳이 있다[128]. 양자는 모두 법성종의 뜻이면서 아울러 선법을 숭상했다[129]. 달마의 선법이 남방에서 널리 전파된 것은 삼론의 유행이 먼저 있었기 때문이다. 또 『반야』의 경전은 섭산의 법사들을 통해 남방에서 유행했다. 선종은 홍인(弘忍) 대사 이후에는 오히려 『금강반야경』을 숭상했는데 그가 남방의 기풍에서 영향을 받았기 때문이며, 달마는 원래 『능가경』으로 무상의 허종(虛宗)을 능히 드러내 보였기 때문에 『능가경』을 학인들에게 전수한 것이다. 그 후 선종의 선사는 모두 이 경전에 의거해 법을 설했지만, 그러나 세상사람 중에서 능히 그 뜻을 얻은 자는 적었고 문자에 걸린 자는 많았다. 그래서 이 선종의 후예는 매번 무상(無相)의 본뜻을 잃고 마음 위에서 상(相)에 집착했고[130]: 4대를 내려간 이후에 이 경전은 마침내 명상(名相)으로 변했으니[131]:, 그 결과 철학자의 지혜가 경사(經師)의 학문으로 일변(一變)하는 바람에 달마의 종지와는 더욱 멀어졌다. 『금강반야경』은 언어는 간결해도 뜻은 깊다. '뜻이 깊다'는 『금강반야경』이 허종(虛宗)의 오묘한 종지를 포함했음을 말하는 것이며, '언어가 간결하다'는 해석이 자유로워서 문자의 구속을 받지 않는 것이다[132]:. 그래서 대감 혜능 선사가 『능가경』을 포기하고 『금강경』을 취한 것도 학문이 발전하는 자연적인 추세였으니, 그렇다면 육조(六祖; 혜능) 대사는 혁명을 했다고 할 수 있고 선종을 중흥했다고 칭할 수도 있다. '혁명'은 단지 북종(北宗)의 경사(經師)가 주장하는 명상(名相)의 학문을 배척한 것이며, '중흥'은 위로는 달마까지 소급해서 "종지를 이해하고 뜻을 얻는데" 힘써서 "남천축의 일승종"의 본래의 정신을 발양(發揚)한 것이다.

8) 위나라 말엽부터 수나라 초엽까지 북방선(北方禪)의 유행

진(晉)나라 이래로 북방은 바로 선법의 원천이었지만, 그러나 북위의 태무제가 불법을 훼멸한 이후부터는 조금씩 쇠퇴했다. 『속고승전·보리달마전』에서는 "당시 합국(合國)[18])에서는 불법의 강연과 전수(傳授)가 크게 성행했는데 갑자기 선정의 법[定法]을 듣게 되자 대부분 비방했다"고 했는데, 하지만 이때 불타선사가 이미 낙수(洛水) 지역에서 교화를 펴고 있었으므로 이 말은 너무 지나친 것이다. 이후부터 선법은 북방 지역에 가득 퍼졌다. 천태종과 선종의 각 종파는 모두 이때부터 숙성되면서 형성되었는데, 그 관계가 지극히 중대하기 때문에 이제 당시의 선사들을 간략히 서술해 나가겠다.

북제의 선사 중에는 승조(僧稠)를 첫 손가락으로 꼽는다. 그의 선법은 『열반경』에 의거해 사념처의 법을 성스럽게 행한 것이다. 『속고승전』에서는 이렇게 간략하게 서술하고 있다;

승조는 처음에는 도방(道房)에서 지관(止觀)을 배워 행했고 고된 수행을 오래 한 후에 정(定)을 얻었다. 늘 『열반경』에 의거해 사념처의 법을 성스럽게 행했고, 나아가 잠을 잘 때도 도무지 욕망의 상념이 없었다. 후에 도명 선사로부터 16가지 특수하고 수승한 법을 받았다. 늘 작산(鵲山)의 조용한 곳에서 죽을 각오로 마음을 닦다가 깊은 선정을 증득하고는 9일간 일어나지 않았다. 나중에 선정에서 깨어나자 생각(情想)이 맑아졌다. 즉시 소림사로 가서 불타 조사(祖師)를 만나 자신의 증득한 내용을 보였다. 불타 조사가 말했다.

"총령 산맥의 동쪽에서 선학의 최고봉은 바로 그대이다."

승조는 숭악, 회주(懷州), 업성의 각 지역에서 도를 전파하면서 수백 명을 가르쳤다. 위나라 효무제가 그를 위해 선실(禪室)을 세웠고, 제나라 문선제가 몸소 교외에서 영접하면서 예의를 갖추어 후대했다. 문선제는 선법을 신뢰하여 만년에는 멀리 요동까지 가서 산사(山寺)에서 좌선을 했는데 승조의 영향이 아주 컸다. 북제의 황문랑(黃門郞) 이장(李獎)이

18) 자합국(子合國), 오늘날 신강(新疆) 파미르 고원, 소파미르 동부에 있다.

여러 대덕(大德)들에게 선의 요체를 출간해달라고 청했기 때문에 『지관법』 두 권이 편찬되었다. 승조는 제나라 건명(乾明) 원년 (서기 560년)에 81세로 세상을 떠났다.

북주의 선사 중에는 승실(僧實)이 특별한 존중을 받았다. 승실은 처음엔 도원(道原) 법사에게 배웠다가 태화 말엽(서기 499년)에 낙양으로 가서 늑나마제를 만나 선법을 공부했다. 늑나마제는 아주 기이하게 여기면서 이렇게 말했다.

"도(道)가 동하(東夏; 중국)로 흘러든 이래로 선정의 고요함[靜]을 맛본 자는 바로 이 사람이구나."

북주의 조정에서는 윗사람이든 아랫사람이든 모두 승실을 존경했다. 보정(保定) 3년(서기 563년)에 88세를 일기로 장안에서 임종을 맞았다. 제자로는 담상(曇相) 등이 있는데 당나라 초기까지 전등(傳燈)이 끊어지지 않았다.

당시의 선사로는 승조와 승실 두 사람이 가장 세력이 있었다. 하지만 당시의 선법은 이미 사방에 가득 퍼졌고 선사로 유명한 사람도 많았다. 드물긴 하지만 사적이 상세한 선사를 다음과 같이 열거한다.

혜초(慧初), 위나라 천수(天水) 사람이고 선정을 익혔다. 후에 양나라로 유행(遊行)하여 양무제가 정명사(淨名寺)에 건립한 선방(禪房)에서 거주했다. 선학을 공부하는 도인과 속인들이 구름처럼 모여 설법을 청했다.

도항(道恒), 북조의 천평 초기에 업성에서 선법을 가르쳤는데 신도와 승려가 천 명을 헤아렸다.

향거사는 혜가와 친한 벗으로 편지를 주고받았다. 그 밖에 달마 문하의 선사들은 이미 앞에서 서술했다.

혜만(慧滿)은 나(那) 선사의 제자이다.

화(和) 선사는 『혜가전』에 보인다. 바로 현경(玄景)의 스승이다. 『혜가전』에는 화공(化公)과 요공(廖公)이 있다고 했는데 역시 선가(禪家)의 인물로 생각된다.

도명. 승조는 도명으로부터 16가지 특수하고 수승한 법을 배웠다.

승달(僧達). 의학(義學)과 계학(戒學)을 잘했고 또한 선(禪)을 수업했다. 늘 남방을 유행하면서 양무제 및 보지(保志)의 존경과 칭송을 받았다.

담순(曇詢), 승조의 제자이다.

법상(法常), 고제(高齊) 시대의 사람이다. 업성에서 『열반경』을 강의했고 선(禪)도 가르쳤다. 후에 남쪽 형주에 머물렀다.

담준(曇准)선사, 담순은 처음에 담준 선사로부터 법을 배웠다.

은광(恩光)과 선로(先路) 두 대선사는 바로 혜명(慧命)의 스승이다.

혜명, 주(周)나라 선성산(仙城山)의 명승으로 천태산 혜사의 친구이다.

혜사, 천태종을 계승한 이조(二祖)이다. 혜명은 그를 따르면서 막힌 것을 제거했다. 섭산의 혜포는 그와 대의(大義)를 논의했다.

막(邈)선사, 혜명은 그를 따르면서 막힌 것을 제거했다. 섭산 혜포는 그와 대의를 논의했다[133].

혜효(慧曉), 북방의 영암사(靈巖寺)에서 선을 익혔다.

혜문(慧文), 천태종을 계승한 초조(初祖)이며 북제 사람이다. 『승전』에서는 '그의 신도가 수백 명이고 출가자든 재가자든 모두 숭상했다'고 하였다.

감(鑑)[134] 선사, 혜사가 그를 찾아가 만나 뵙고 자신이 증득한 내용을 기술했다.

최(最)선사, 혜사가 그를 찾아가 만나 뵙고 자신이 증득한 내용을 기술했다.

취(就)선사, 『승전』에서 "혜사는 취 선사에게 도를 배웠고, 취 선사는 또 최 선사에게 법을 받았다.

개(開)선사, 그는 담숭(曇崇)의 스승이고 문도(門徒)는 2백여 명이다. 담숭은 육행(六行)[135]과 오문(五門)[136]을 잘했다.

9) 양(梁)나라와 진(陳)나라 때 남방의 선법

『속고승전 · 습선편』에서 이렇게 말했다.

> 양무제 때부터 선정의 법문을 널리 개척했다. 천하에 마음공부[心學]를 하는 사람들은 모두 양군(揚郡)에 모였다[137]. 이들은 서로 깊고 얕음을 헤아리면서 스스로 부류(部類)를 이루었다. 또 종양(鍾陽)의 위와 아래에다 정림(定林)을 쌍(雙)으로 건립해서 마음을 쉬려는 도반들이 거주하며 수행하게 하였다. 당시 불교의 교화는 융성했지만 대부분 변론의 지혜에서 노닐었을 뿐이니, 언사의 날카로움으로 서로를 자극해 능멸할 뿐 증득하여 인용하는 것은 별로 없었다. 그러니 이름만 날리고 있을 뿐이지 끝내 직심(直心)의 알맹이[實]는 훼손했다.

따라서 남방에는 양나라 이후로는 끝내 선법의 대가가 없었다. 혜교(慧皎)의 『고승전 · 습선편』에는 양나라 승려가 없으며, 도선의 『속고승전』에도 불과 여섯 사람뿐이다. 그중 승부(僧副)는 역시 북방의 달마 선사로부터 선을 배웠고[138], 혜승은 교지에서 외국 선사 달마제바(達摩提婆)로부터 선을 배웠으며, 혜초는 위나라 천수 사람인데[139] 법을 얻은 것은 모두 강남에서가 아니다. 도진(道珍)은 여산에서 항상 아미타불의 업관(業觀)을 했는데 응당 혜원의 염불에서 영향을 받았을 것이다[140].

도선의 『고승전』에서는 '양나라의 승부(僧副)가 용촉(庸蜀) 지역[141]의 선법을 이때부터 크게 유행시켰다'고 하였다. 하지만 역사책의 기록을 보면, 양나라 이후엔 촉 지역의 선사로 뚜렷이 드러난 사람은 없다. 또 송나라 때 촉 지역에 선법이 성행한 것은 본래 북량(北涼)와 관계가 있으며, 촉 지역은 후에 주(周)나라의 판도에 편입되어서 더욱더 북방 승려의 영향을 자진해서 쉽게 받아들였다. 그리고 후량(後梁)의 형주와 양양 일대에서는 선법이 비교적 유행했다. 진(晉)나라 말기와 유송(劉宋) 시대에 불타발다라, 담마야사는 모두 형주에 머물면서 법을 가르쳤다. 하지만 양나라와 진(陳)나라 때 형주와 양양의 선정 공부는 역시 북방의 영향을 많이 받았다. 그중에서 승려 법총(法聰)은 숭산과 무당산을 편력했고, 법상(法常)은 원래 장(漳)과 업(鄴)에서 선을 전수했다. 그리고 형주의 선사 중에는 혜사의 제자가 많았고, 혜사는 형산(衡山)에서 가르쳤고 삼상(三湘)[19]에서도 선학을 일으켰다. 따라서 남조 말엽에는 선정을 닦는 것이 조금씩 성행했는데 이 역시 대부분 북방 사람들의 훈습을 받은 것이다.

10) 섭산과 천태

남조 말엽에 선법이 조금이나마 성행한 것은 섭산의 삼론 법사들 덕분인데, 이들과 천태종 사람과의 관계는 특히 주목해야 한다. 강총(江總)의 『서하사비(栖霞寺碑)』에서는 '섭산을 "사선(四禪)[20]의 경계"라고 했고 승려는 "팔정(八定)[21]의 반려"라고 했으며, 또 "명승(名僧)이 편안히 쉬고

19) 호남(湖南)의 상향(湘鄉), 상담(湘潭), 상음(湘陰;혹은 湘源)을 합쳐서 삼상(三湘)이라고 한다.

20) 사정려(四靜慮), 색계정(色界定)이라고도 한다. 즉 색계천(色界天)의 사선(四禪)으로 초선정, 이선정, 삼선정, 사선정이다.

21) 색계천의 사선과 무색계천의 사무색정(四無色定)을 합한 것이다. 사무색정은 공무변처정(空無邊處定), 식무변처정(識無邊處定), 무소유처정(無所有處定),

수승한 승려가 훈습을 닦고 있었다"고 했다. 섭산의 승려는 원래 산림에 은거해서 전적으로 고된 수행을 통해 선정을 맛보려고 했다. 당시 법도(法度)라는 승려는 늘 안양(安養; 정토의 세계)에 태어나길 원했기 때문에 『무량수경』에 치우친 강의를 많이 했다. 고려의 낭공(朗公; 승랑)에 대해서는 양나라 『승전』 말미에서 선으로 유명했다고 말했는데, 하지만 안쵸의 『중론소기(中論疏記)』에서는 "지관사(止觀寺)에 머무르면서 좌선을 수행했다"고 하였고, 또 "서하사에서 좌선을 수행했다"고 하였다. 『속고승전 · 법랑전』에서 이렇게 말했다.

> 처음에 섭산의 승전은 법랑에게 수학해서 현묘한 종지를 밝혔는데 중관(中觀)만을 간직했다. 스스로 마음의 회통(會通)으로 이(理)를 분석하지 않았다면 어찌 이 청정한 말씀에 계합할 수 있겠는가. 그래서 즉각 그윽한 숲에 은거하여 선의 맛을 얻었다. 아울러 그 후 사공(四公)[22]이 그곳으로 가서 삼업(三業)[23]을 전수받았다. 처음에는 언급하지 않겠다고 맹세했다가 오랜 후에야 강설을 펼쳤다. 그래서 승전은 이렇게 명했다.
>
> "이 법은 정교하고 미묘해서 식자(識者)라야 능히 행할 수 있다. 방(房)에서 나오지 않고도 문득 열어 보였기[開示] 때문에 경전에서는 '아견(我見)을 헤아리는 자는 이 경전을 말하지 말라'고 했다. 법을 깊이 즐기는 자는 많은 말을 하지 않으니, 진실로 약과 병이 까닭이 있기 때문에 헛되이 행할 수 없는 것이다."
>
> 승랑 등은 종지를 받들면서 감히 말하지 않았다. 그러다가 승전이 열반에

비상비비상처정(非想非非想處定)이다.

22) 승전(僧詮) 문하의 저명한 네 승려인 법랑(法朗), 지변(智辯), 혜용(慧勇), 혜포(慧布)를 말한다.

23) 신업(身業), 구업(口業), 의업(意業).

> 든 후에야 네 명의 제자인 사공(四公)은 말문을 열어서 각자 위용(威容)을 천양했고 모두 신묘한 책략을 갖추었다. 혜용(慧勇)은 선방에 거주했고, 지변(智辯)은 장간사(長干寺)에 거주했고, 법랑은 흥황사에 거주했고, 혜포는 섭산을 이끌었다. 선문(禪門)이 크게 열리면서 뻗어가고 지혜의 소리가 멀리까지 퍼졌지만 법랑을 능가하지는 못했다. 그러나 변공(辯公; 지변(智辯))은 수승한 업이 맑고 밝아서 선정과 지혜를 둘 다 얻었기 때문에 그의 강설은 선(禪)을 닦는 대중들을 포용했고 또한 승전의 독실한 격려를 받았다.

이는 법랑과 승전이 오직 중관(中觀)만을 밝혀서 선미(禪味)를 얻었음을 말한 것이다. 그들 선법의 종지는 성공(性空)에 의거했다. 공종(空宗)은 본래 사려를 끊고 말을 잊었기 때문에 승전은 지관사에 거주하며 지관전(止觀詮)이라 호칭했고 제자들에게도 언어로 교섭하지 않는다는 맹세를 시키면서 식자(識者)로서의 행실[能行]을 바랐다. 법랑은 산을 나서서142: 강연의 자리를 크게 펼쳤다. 혜포는 여전히 산사(山寺)에 거주했는데, 『속고승전』에서는 그가 늘 좌선을 즐기면서 강설하지 않겠다는 맹세를 했다고 하였다. 세상에서는 승전의 네 친구를 언급하면서 혜포가 실제로 최고이고 뜻을 얻었다고 했는데, 이 역시 상(象)을 잊고 통발을 버리는 것[24]으로서 강설을 중시하지 않았음을 말한 것이다. 혜포는 말년에 북방의 업성을 편력하다가 혜가를 만나 자신의 소견을 증명했고 또 혜사와 막 선사를 찾아가 논의해서 모두 인가를 받았다. 진(陳)나라 지덕(至德)[25] 시기에는 막 선사의 소개로 보공(保恭) 선사를 남방으로 청하여 서하사에 선을

---

24) 뜻을 얻으면 언어의 상(象)을 잊고, 물고기를 잡으면 통발은 버린다는 뜻으로 말한 것이다.

25) 남조(南朝) 진(陳)나라의 지독(至德) 시기는 서기 583년에서 586년까지이다.

닦는 대중을 형성했다[143].

혜사는 세상에서 천태종의 이조(二祖)라고 칭한다. 혜사는 혜명 선사와 친한 벗이고, 혜명은 막 선사의 제자이다. 혜사의 시절에 섭산의 승려는 이미 천태와 관계가 있었다. 천태종의 삼조(三祖)인 지의(智顗)는 건업에 왔고, 장간사의 지변도 승전의 네 친구 중 한 명으로 송희(宋熙)[144]로 들어갔다. 지변도 확실히 선정과 지혜를 쌍(雙)으로 갖추었고 그의 강설은 선(禪)을 닦는 대중들도 포용했는데, 『속고승전』에서는 '승전이 돈독히 격려했기' 때문이라고 하였다[145]. 따라서 섭산의 한 계통, 즉 흥황은 비록 강론으로 중시를 받긴 했지만, 그 문하 사람들은 대부분 선정을 익혔다. 예를 들면 나운(羅雲)은 척(陟) 선사로부터 선정과 지혜를 쌍(雙)으로 수행했고, 법안은 성(成) 선사와 함께 심성(心性)을 갈고 닦았고, 지개(智鍇)는 천태의 지의를 만나서 선법을 닦아 익혔다[146]. 그렇다면 지의의 시절에 섭산의 일맥과 천태는 특히 관계가 있었다. 무릇 천태의 관행(觀行)은 본래 『대품』을 존중했고, 섭산의 한 계통도 주로 선정과 지혜를 겸하여 운행(運行)했으니, 응당 그 이(理)의 맛이 서로 계합해서 관련이 많다. 그리고 또 산문(山門)의 종의(宗義)는 양나라와 진(陳) 나라 때 강남에서 크게 성행하여 한 시대의 기풍을 이루었다. 그 후 지자(智者) 대사는 먼저 양주(揚州)에 있다가 나중에 형주에 도착했다. 형주와 양주는 당시 삼론종 사람들의 세력이 가장 흥성한 지역이니[147], 그렇다면 천태종이 남방에서 성행한 것은 실제로 삼론의 여러 법사들이 앞길을 먼저 터놓았기 때문이다. 우리가 남제(南齊)부터 수나라까지 강동(江東) 불교학의 변천을 논한다면, 첫 번째는 섭산이 성실(成實)의 자리를 박탈한 것이고, 다음으로는 천태가 삼론의 자취를 이어받은 것이다. 전자는 의학의 논쟁이고, 후자는 선정의 학문으로 인해 계합한 것이다.

11) 북방 선법의 영향

북방의 선법은 편중되어 성행했는데, 그 영향에 대략 네 가지 단서가 있다. 북방지역의 불교도는 인과응보의 위력을 매우 두려워한 탓에 복전(福田)의 이익을 추구하는데 급급했다. 그래서 사찰과 탑을 전 지역에 세우고 불상도 숲을 이룰 정도로 많이 지었다. 하지만 그 재물의 출처를 묻지 않은 채 공덕을 크게 지은 것이라서 단밀(檀密)[26]의 뜻은 알지 못하고 단지 보시만 알 뿐이었다[148:]. 그래서 사사로운 욕심이 나날이 팽창하고 법사(法事)는 더욱 커져갔으니, 비록 '귀의(歸依)'를 말했지만 본래의 목적은 이익을 도모하는 것이었다. 승적(僧籍)이 범람하면서 현자는 탄식을 했고, 사문이 일으킨 반란을 역사에서도 늘 기록하였다. 만약 선정의 법으로 마음을 닦으라고 제창하지 않았다면 북방의 불법은 일찍이 붕괴했을 것이다.

대체로 좌선 수도는 마음을 맑히는데 중점을 두어[149:] 경박한 풍속을 응당 바로잡았으니, 이는 북방의 선법이 영향을 미친 것 중 하나이다. 강동의 불법은 의문(義門)을 중시했고 선법에 대해서는 멸시했다[150:]. 혜사가 남악에 머물고 지의가 강좌(江左)로 가면서부터 천태의 『지관(止觀)』은 남방에서 유행했다. 혜가 이후 승찬은 남쪽 환공산(皖公山)에 거주했고, 도신은 길주(吉州)에 머문 적이 있고, 홍인은 황매(黃梅)에서 동산(東山) 법문을 열었다. 선종의 세력은 남방에서 지극히 성행하다가 마지막엔 돈교(頓敎)가 대신 흥기하면서 전국적으로 퍼져나갔으니, 이것이 북조의 선법이 흥성하면서 끼친 두 번째 영향이다.

북방의 대선사(大禪師)들은 대부분 의학(義學)도 겸하여 건립했다. 예를

26) 단바라밀. 보시바라밀로 육바라밀의 하나이다.

들어 불타는 『지론』, 달마는 『능가경』을 선호한 것이 이에 해당한다. 이때부터 의리(義理)를 이야기하는 자는 반드시 관법(觀法)에 의존했으며, 수나라와 당나라 시대에 흥성한 큰 종파들은 모두 '정혜쌍수(定慧雙修)'로 자칭했다. 지의는 천태종의 종사였고, 담란은 정토종의 주춧돌이었다. 『지론』의 거장 담천은 남방의 진제(眞諦)의 학문을 융합하여 당나라 때 화엄의 일맥을 계발했다151:. 천태종, 정토종, 『지론』 및 현수종(賢首宗)27)은 모두 특유의 관법이 있으며 앞에 나열한 사람들 또한 선사이다. 이는 바로 수나라와 당나라 종파의 특색으로 역시 북방의 관행(觀行)을 중시하는 풍습에서 온 것이니, 이것이 북방의 선법이 끼친 세 번째 영향이다.

생각건대 불교의 선법에서는 전수를 가장 중시하는 것이 계율과 동일하다. 중국에서 종지를 전하고 조사(祖師)를 정하는 설은 혜원과 혜관의 『선경서(禪經序)』에 가장 일찍 보이고(『우록』 9), 다음에는 각현 선사의 『사자전(師資傳)』에 보이는데(『우록』 12), 모두 선문(禪門)의 전수가 확실히 믿을 만한 것임을 밝히는데 뜻을 두고 있다152:. 당시 북조에서 선정의 법이 성행할 때 선사들은 저마다 종지를 갖고 있었으니, 예컨대 "승조는 사념처를 품고 있었고, 달마는 허종(虛宗)을 법칙으로 삼았다"고 했으며, 이들을 따르는 학인(學人)들도 각자 진실한 전수(眞傳)를 받았다고 논쟁하면서 스승으로부터 받은 것을 의학 승려보다 더 심하게 주의를 기울였다. 수나라와 당나라 시대에 새롭게 흥기한 각 종파는 모두 북조에 근원을 둔 것으로 저마다 선문(禪門)이 있으며, 선정의 학문에 영향을 받았기 때문에 역시 스승으로부터 받은 것을 중시해서 각 종파가 서로 정립(鼎立)

27) 화엄종을 말한다. 현수에 의해 화엄의 교리가 대성했으므로 현수종이라고도 부른다.

하였다. 그 후 종파의 논쟁은 선종이 가장 치열했다. 중국 불교를 살펴보면 남북조 시대에는 본래 확립된 종파가 없다고 할 수 있다. 진(陳)나라와 수(隋)나라 시대에 문호의 견해가 크게 열린 것은 북방선(北方禪)의 유행과 관계되는데, 이것이 네 번째 영향이다.

12) 정토 경전의 전래와 번역

염불은 본래 선에 부속된 것이다. 신교(神教)의 신앙이 불교에 들어오면서 타력(他力)에 의지해 왕생(往生)하는 것이 점차 세력을 형성하면서 큰 무리를 이루었다. 중국의 정토교는 크게 두 가지로 나눈다. 첫째는 미륵 정토이고, 둘째는 아미타 정토이다. 이 두 종파에서 번역한 서적은 매우 많다. 수나라 이전의 주요 서적을 다음과 같이 열거한다.

(가) 미륵정토 경전

『대승방등요혜경(大乘方等要慧經)』 후한(後漢) 안세고가 번역함(현존)

『미륵보살소문본원경(彌勒菩薩所問本願經)』 서진(西晉) 축법호 역(현존)

『미륵성불경(彌勒成佛經)』 축법호 역

『불설미륵하생경(佛說彌勒下生經)』 축법호 역(현존)

『미륵당래생경(彌勒當來生經)』 양진(兩晉) 실역(失譯)

『미륵작불시사경(彌勒作佛時事經)』 동진(東晉) 실역

『미륵래시경(彌勒來時經)』 동진 실역

『미륵소문본원경(彌勒所問本願經)』 동진 기다밀(祇多蜜) 역

『미륵대성불경(彌勒大成佛經)』 후진(後秦) 구마라집 역(현존)

『관미륵상생도솔천경(觀彌勒上生兜率天經)』 양(涼) 저거경성 역(현존)

『미륵성불경(彌勒成佛經)』 후진(後秦) 도표(道標) 역

『미륵하생경(彌勒下生經)』 진(陳) 진제(眞諦) 역
『미륵보살소문경(彌勒菩薩所問經)』 후위(後魏) 보리류지 역
『미륵보살소문경론(彌勒菩薩所問經論)』 보리류지 역 (현존, 『미륵소문경』을 해석한 논서)

(나) 아미타 정토경전

(1) 『대아미타경(大阿彌陀經)』의 역본, 즉 『대보적경(大寶積經)』 제5회
『무량수경(無量壽經)』 2권, 후한 안세고 역
『무량청정평등각경(無量清淨平等覺經)』 2권 후한 지루가참 역(현존)
『아미타경(阿彌陀經)』 2권, 오나라 지겸 역 (현존)
『무량수경(無量壽經)』 2권, 위나라 강승개 역 (현존)
『무량청정평등각경(無量清淨平等覺經)』 2권 위나라 백연(白延) 역(북량의 백연으로 추측한다)
『무량수경(無量壽經)』 2권 진(晉) 축법호 역
『무량수지진등정각경(無量壽至眞等正覺經)』 1권 진 축법력(竺法力) 역
『신무량수경(新無量壽經)』 2권 송나라 불타발다라 역
『신무량수경(新無量壽經)』 2권 송나라 보운 역
『신무량수경(新無量壽經)』 2권 송나라 담마밀다 역

(2) 『소아미타경(小阿彌陀經)』의 역본
『무량수경』 1권 후진(後秦) 구마라집 역(현존)
『소무량수경』 1권 송(宋) 구나발다라 역

(3) 관경(觀經)의 역본
『관무량수불경』 1권 송나라 담마밀다 역

『관무량수불경』 1권 송나라 강량야사 역(현존)

(4) 석경론(釋經論)

『무량수경론』 1권 위(魏) 보리류지 역(현존)

(5) 앞의 1,2,3 항은 정토삼경(淨土三經)이라고 한다. 나머지 중에는 아미타불 경전 및 그 이역(異譯)과 관련된 번역이 아주 많다. 중요한 것만 간략히 다음과 같이 열거한다:

『무량문미밀지경(無量門微密持經)』 등[153]:

『혜인삼매경』

『덕광태자경(德光太子經)』 등

『비화경(悲華經)』 등

『결정총지경(決定總持經)』 등

『제제방등학경(濟諸方等學經)』 등

『법화경』 등

13) 담란(曇鸞)과 아미타 정토

정토교는 두 가지로 나눌 수 있는데, 하나는 정토 숭배이고 또 하나는 정토 염불이다. '정토 숭배'란 예불로 공덕을 짓는 것을 주로 한다. 일반적으로 북조 때 불상을 조성해서 표현한 것은 미륵불을 예배하거나 혹은 아미타불을 예배했으며, 또 온갖 부처를 접인(接引)하는, 예컨대 관세음(觀世音) 등을 숭배하기도 했다. 불상을 조성하고 탑을 세워서 부모 등이 극락에 왕생할 수 있도록 소원을 빌었으니, 이런 세속의 풍습은 일반인이 행하는 것으로서 그 특질은 서양의 소위 종교 신앙과 동일하다. '정토 염불'은 염불의 선정을 주로 한다154:. 선정의 힘 때문에 온갖 부처를 볼 수 있어서 안락한 정토에 왕생하는데, 그렇다면 이는 수행을 요체로 삼은 것이라서 불교도들이 숭배를 중시하는 것과는 다르다. 정토를 숭배하는 세력은 지극히 보편적이라서 역사적으로나 사회적으로나 일대 사건이지만, 그러나 정토 염불은 불교에서도 지극히 주목할 만한 이행(理行)이니, 이에 대한 논의는 모두 후자에 속한다.

미륵 정토의 염불은 석도안 이후에는 별로 듣지 못했다. 하지만 수나라와 당나라의 여러 법사들, 예를 들면 길장, 도작(道綽), 가재(迦才)는 늘 미타파(彌陀派)와의 우열을 논의했으므로 그 신앙이 끊어지지 않았다는 것을 알 수 있다. 양나라 시대의 보량(寶亮)과 북제 시대의 영유(靈裕)는 모두 미륵 경전에 대해 연구해서 미타의 정토는 정토의 정종(正宗)이 되었다. 여산의 혜원 이후 남제 시대의 법림은 늘 『무량수경』과 『관경(觀經)』을 독송했고, 북방의 혜광(慧光)과 도빙(道憑)은 서방 극락세계에 왕생하는 소원을 발했다. 영유와 정영(淨影) 혜원은 경전의 소(疏)를 지은 적이 있지만, 그러나 북방에서 정토 염불의 업을 크게 전파한 사람은 사실상 북위의 담란155:이다. 그의 영향력은 아주 크기 때문에 늘 정토교의 초조(初祖)로 추대되었다.

석담란은 안문(雁門)28) 사람이고 집은 오대산 근처였다. 신령(神靈)의 괴이한 사적(事跡)을 듣자 어린 나이에 찾아 나선 후에 바로 출가하여 경전을 널리 읽었고 특히 사론(四論)과 불성을 연구했다. 『대집경』을 읽고 그에 대한 주해(注解)를 지었는데 완성하기 전에 병이 들어서 치료를 받으러 두루 돌아다녔다. 어느 날 갑자기 천문(天門)이 열리면서 병이

28) 오늘날의 산서성(山西省) 대현(代縣).

단박에 나았고, 이로 인해 장생불사(長生不死)의 방법을 구하겠다고 마음을 일으켰다. 강남의 도은거(陶隱居)(도홍경(陶弘景))가 천양한 방술을 이어받으려고 그를 찾아가 스승으로 따랐다. 대통 시기에 남조(南朝)에 도착하여 양무제와 토론을 했지만 굴복시키지 못했다. 도홍경을 만나 『선방(仙方)』 10권을 얻어서 위나라 경내로 돌아왔는데, 낙양에 도착해 보리류지를 만나자 이렇게 말했다.

"불법에는 장생불사의 법이 있는데, 이 땅의 선경(仙經)보다 수승합니까?"

보리류지가 침을 뱉고 질책하면서 『관경』을 전수하며 말했다.

"이것은 대선(大仙; 부처)의 방법이므로 이에 의거해 수행하면 반드시 생사를 해탈할 수 있다."

담란은 『관경』을 높이 떠받들면서 『선방』을 불태우고 정토에만 전념했다. 그는 분주(汾州)의 북산 석벽(石壁)에 있는 현중사(玄中寺)에 거주하면서 신도들을 모으고 불사를 발전시켰다. 위나라 흥화(興和) 4년(서기 542년)에 67세로 임종을 맞았다. 담란은 정신세계가 높고 원대했으며 기연(機緣)에 대한 감응도 자재했다. 말을 잘했어도 사념이 일지 않았고, 움직임 속에서도 일[事]과 회통(會通)했다. 군과 읍에서 교화를 행하여 불법을 크게 전파했는데, 위나라 황제가 그를 중시하여 신란(神鸞; 신령한 담란)이란 호(號)를 주었다. 양무제는 늘 곁의 신하를 돌아보며 이렇게 말했다.

"북방의 담란 법사와 승달 선사는 육신(肉身) 보살이다."[156]

이상은 모두 도선의 『속고승전』에 실린 『담란전』에 근거한다.

담란은 양나라 대통 시기(서기 527년~528년)에 강남으로 갔다. 북위 영안 2년(서기 529년) 보리류지는 낙양에서 『무량수우바제사경론(無量壽優波提舍經論)』 1권을 번역하고 있었다[157]. 생각건대 담란이 북방으로 돌아갈 때 보리류지는 마침 이 논서를 번역하고 있었을 것이다158:. 따라서 그가 전수받은 것은 『관경』 외에 반드시 이 논서도 있었을 것이다159:. 각각의 서적에 근거하여 담란의 저술을 다음과 같이 열거한다.

『왕생론주해(往生論註解)』 2권160:
『무량수경봉찬칠언게백구십오행(無量壽經奉讚七言偈百九十五行)』161:
『약론안락정토의(略論安樂淨土義)』 1권162:
『조기론(調氣論)』163:
『요백병잡환방(療百病雜丸方)』 3권 (『수지』)
『논기치료방(論氣治療方)』 1권 (『수지』)
『복기요결(服氣要訣)』 1권 (『수지』)

담란이 행한 염불은 응당 염불 삼매이다. 가령 그의 『왕생론주』 하권에선 이렇게 말한다.

"사람은 삼도(三塗; 삼악도)를 두려워하므로 금계(禁戒)를 받아 지녀야 한다. 금계를 받아 지니기 때문에 능히 선정을 수행할 수 있고, 선정 때문에 신통을 닦아 익힌다."

또 그의 『약론정토의(略論淨土義)』에서는 『관경』의 내용에 근거해서 안락정토에 태어나는 자를 상(上), 중(中), 하(下) 세 무리로 나누었다. 상과 하29)의 두 무리는 모두 한결같이 무량수불을 전일(專一)하게 염(念)하지만, 하의 무리는 한결같이 뜻을 전일(專一)하게 해서 십념(十念)에 이르러서야 무량수불을 염(念)한다. 여기서 말하는 소위 십념(十念)은 『대아미타

29) 원문의 '하'는 '중'의 잘못으로 보인다.

경』과 『관경』 등에 나오는데, 담란의 『약론정토의』에서는 이렇게 해석하고 있다.

> 가령 부처의 명자(名字)를 염하든, 부처의 상호(相好)를 염하든, 부처의 광명을 염하든, 부처의 신력(神力)을 염하든, 부처의 공덕을 염하든, 부처의 지혜를 염하든, 부처의 본원(本願)을 염하든 다른 마음의 틈새나 섞임이 없이 마음 마음 이어져서 십념(十念)에 이르는 것을 이름하여 십념 상속(相續)이라고 한다.

여기서 소위 부처의 명자나 상호 등을 염(念)하는 것은 마치 선정의 억념(憶念)에서 말하는 염(念)과 같다. 십념의 상속으로 마음 마음마다 이어지는 것을 『왕생론』의 주해에서는 이렇게 말했다.

> 문: 어느 때를 이름하여 일념(一念)이라 하는가?
>
> 답: 백분의 일의 생멸을 이름하여 1찰나(刹那)라고 하고, 60찰나를 이름하여 일념이라고 한다. 여기서 염(念)이라 함은 이 시절(時節)을 취하는 것이 아니다. 단지 아미타불을 억념하는 것을 말하니, 총체적인 상[總相]이든 개별적인 상(別相)이든 관(觀)하는 바의 연(緣)을 따라 마음이 다른 상념[想]이 없어서 십념이 상속하는 것을 이름하여 십념이라고 한다(이하 생략).

중국어로 번역한 "염(念)"자에는 본래 세 가지 뜻이 있어서 저마다 서로 다르다. 첫째는 선정의 억념(憶念)이고, 둘째는 시간의 염(念)이고[164]; 셋째는 입으로 부르는 염(念)이다. 이 글의 『주해』에서는 '관(觀)하는 바의 연(緣)을 따라 마음에 다른 상념[想]이 없이 저절로 억념이 되는 염(念)이라 했지[165]; 구두(口頭)로 염(念)하는 것이 아니다.

그러나 구두로 염하는 걸 염불로 삼은 것은 세상 사람들이 구마라집이 번역한 『아미타경』에서 일찍부터 보았던 소위 "명호(名號)를 집지(執持; 잡아 지니는)하는" 것을 말한다. 허나 이미 '집지한다'고 말했다면 저절로 염(念)을 지니는 것이다[166]. 불경에서는 비록 부처님의 명호를 부르라고 했지만 사실상 "염불"과 "명호를 집지하는" 것은 동일하지 않다. 후세 세속의 승려들은 단지 명호를 부르는 것만 알았지 선정을 수행하지 않아서 사실상 염(念)자의 의의를 오해하였다. 정토종의 옛 법사들은 구두로 염하는 업을 별로 중시하지 않았다. 다만 구두로 염하는 설(說)은 담란이 중시하고 주의를 기울인 것은 아니지만, 그러나 그가 제창을 해서 점차 정토를 추구하는 사람들의 전문적인 업이 되었다. 담란의 『약론정토의』에서는 또 하(下)의 무리들의 십념에 대해 이렇게 논했다.

> 또 마땅히 뜻[志]을 같이 하는 세 명 혹은 다섯 명이 함께 약속을 해서 생명이 다할 때까지 서로 번갈아 알아듣도록 말하면서 '아미타불'(죽을 때 부처님의 명호를 독송하는 것은 『대아미타경』에 보인다)을 칭하며 안락 정토에 왕생하길 기원하는데 소리 소리가 이어져서 십념을 이루게 한다.

생각건대 진(晉)나라 담계(曇戒)가 사망할 때 미륵불(彌勒佛)의 명호를 외우는 것을 입에서 멈추지 않았는데[167], 그렇다면 담란이 말한 것을 중부 지역의 승려들은 이미 행하고 있었다. 후세 사람은 이 때문에 소리 소리로 이어지는 십념을 구두로 부처님의 명호를 열 번 염(念)하는 것이라 했으니[168], 그렇다면 '단지 명호만 칭하는[但稱名號]'[169] 것도 역시 염불이라고 말할 수 있다. 또 『왕생론주』에서 부처님 명호를 찬탄하는 것에는[170]

실제로 불가사의한 위력이 갖춰져 있다고 상세히 논했는데, 그 내용 중에 이런 말이 있다.

> 마치 금종사(禁腫辭)에 나오는 "동방에서 해가 뜨면 붉은색인 듯하다 노란 색이 되기도 한다" 등의 구절과 같으니, 가령 유시(酉時;오후 5시에서 7시까지)에도 해시(亥時;오후 9시에서 11시까지)에도 염불하면 해가 뜨는 것과 상관없이 부종(浮腫)에 차도가 있다. 또한 마치 군대가 진(陣)을 치고 있을 때 모두가 나란히 서서 "임병투자개진열전행(臨兵鬪者皆陳列前行)"을 독송하는데[171:], 이 아홉 자를 독송하면 다섯 가지 병기[五兵[30]]에 맞지 않으니, 이는 『포박자(抱朴子)』에서 말하는 군사를 다스리는 중요한 방법이다. 또 근육을 심하게 혹사한 자는 목과(木瓜;모과 나무)를 불에 구워서 아픈 곳에 바르면 바로 낫는다. 또 어떤 사람은 그냥 목과 이름만 불러도 나았다. 나는 몸소 그 효과를 보았다. 이런 최근의 일에 대해서는 세상이 모두 알고 있다. 하물며 불가사의(不可思議) 경계에 있는 자를 어찌 의심하겠는가.

이는 부처의 명호를 부르는 것을 주문과 비교한 것이다. 보리류지는 본래 총지(總持)에 능했으므로 담란은 아마 그의 영향을 받았을 수도 있지만, 그러나 앞의 문장을 살펴보면 담란은 실제로 도교의 설을 채취했다. 『속고승전』에서는 '담란은 본래 신선의 방술을 믿은지라 도홍경의 10권짜리 『선방』을 얻자 명산(名山)으로 가서 그대로 수행하려고 했다'고 했으며, 또한 '기(氣)를 연마하고 마음을 조절해서 병에 대한 인연을 알아챘기 때문에 『조기방(調氣方)』을 출간했다'고 하였다. 『운급칠첨(雲笈七籤)』

---

30) 여러 가지 설이 있으나, 대체로 활, 칼[刀], 검(劍), 극(戟), 모(矛)이다.

59권에 『담란법사복기법(曇鸞法師服氣法)』이 실려 있는데, 이는 아마 『수지』에 기록되어 있는 『복기요결(服氣要訣)』일 것이다. 그렇다면 담란이 보리류지의 질책을 받은 이후에도 여전히 농후한 도교의 냄새가 있다는 걸 알 수 있다. 생각건대 북조 시대의 불교는 본래 한(漢)나라 때 '불도(佛道)'의 색채를 벗어나지 못했으니, 담란이 그런 식으로 도를 크게 행한 것과 부처의 명호를 구두로 부르는 일이 점차 성행한 것은 응당 세상의 기풍이 그렇게 만들었기 때문이다.

14) 수명 연장[延壽益算]의 신앙

북조의 불교는 한나라 때의 색채를 벗어나지 못해서 특히 수명을 연장하는 설이 성행했던 것을 알 수 있다. 수명을 늘리는 것은 중생이 가장 탐내고 애착하는 것으로서 남북조 시대의 보편적 신앙이다. 이는 도교의 장생불사와 동일한 과(科)이기 때문에 불교와 도교가 섞인 가장 중요한 지점이다. 담란의 원래 목적도 장생불사를 구하는데 있었다. 돈황의 잔권(殘卷) 중에 『불설결죄복경(佛說決罪福經)』이 있는데 남방의 승우와 북방의 법경 두 승려의 목록에서는 모두 위경으로 의심하고 있다. 그 글에서는 이렇게 말하고 있다.

> 칠일 동안 재계(齋戒)하고 나서 매일 몸[身], 입[口], 뜻[意]으로 행한 자신의 허물을 세 번씩 반성한다. 불, 법, 승 삼보에 귀의하고 여덟 부처의 명호를 받들어 지니며, 향을 피우고 꽃을 뿌리고 등(燈)을 밝혀서 공양을 완전히 갖춘다. 칠일 동안 은혜를 베풀고 덕을 쌓으며, 자비로운 마음으로 중생을 대하고 빈곤한 사람들을 양육한다. 만약 청정한 도사와 함께하면 바로 수명을 연장할 수 있고 숙세(宿世)의 죄를 없앤다.

이런 종교는 허물을 참회하고 공덕을 행하면서 부처의 명호를 지니는 걸 중시한다. 생각건대 승우는 담란 이전에 살았으므로 그의 목록에는 이미 이 경전이 있었으니, 그렇다면 명호를 부르는 설이 민간에 오래도록 행해졌음을 알 수 있다. 담란도 역시 세속의 신앙을 채택해 받아들인 것이다. 또 허물을 참회하고 스스로를 질책해서 죄를 없애고 수명을 늘이는 것은 일찍부터 도교의 『태평경』의 요점이다. 한(漢)나라 말기의 황건적(黃巾賊)도 자신의 잘못을 스스로 고백하라고 가르쳤다. 사람들의 공적과 과실에 대해서는 항상 천신(天神)이 내려와 순찰한 기록이 있다는 것이 중국 도교의 중심 이론 중 하나인데, 이 또한 일찍부터 『태평경』에 실려 있다. 『태평경』 110권에서는 이렇게 말했다.

> 하늘이 신(神)을 보내 기록하게 했는지는 모르겠지만, 허물이 큰 것이든 작은 것이든 하늘은 모두 알고 있다. 선악의 기록부는 년도와 날짜도 확실히 대조해서 전후로 계산하여 (생존) 년도를 줄인다.

그리고 천신이 선악을 기록한다는 설은 이미 일반 불교도의 신앙 속에 편입되었다. 제석천(帝釋天)의 지위는 『태평경』에서 말하는 천(天)에 해당한다. 가령 『불설결죄복경』에서는 이렇게 말했다.

> 종묘(宗廟)에 머물면서 칠 일 밤낮으로 정진했다. 천조(天曹)[31]와 귀관(鬼官; 지옥의 귀신 관리)이 큰 공덕을 기록[記注]해서 공적으로 죄를 없앴으니, 바로 제석(帝釋)에게 여쭈어 수명을 늘리고, 죄를 없애서 이름을 정하고, 화를 소멸하여 복을 낳는 것이 반드시 이러할 것이다.

31) 도가에서 칭하는 천상(天上)의 관서(官署).

또 불경 속에도 사천왕(四天王)[32]이 선악을 관찰한다는 전설이 있다. 현존하는 장경(藏經) 속에 『사천왕경』이 있는데, 사천왕이 각자 한 곳을 관리하면서 매월 8일, 15일, 30일에 직접 세상에 내려와서 시찰한다. 14일, 23일, 29일은 태자(太子)나 사자(使者)를 내려 보내는데, 그 글에서는 대략 이렇게 말했다.

> 사천왕 신(神)은……. 각자 한 곳을 관리한다. 항상…… 천하를 다니면서 제왕, 신민(臣民), 용(龍), 귀(鬼), 벌레, 기어 다니는 부류, 심념(心念), 구두의 말[口言], 몸의 행위[身行], 선악을 살폈다……. 각각을 분별하여 천석(天釋; 제석천)에게 보고한다. 만약 덕을 많이 닦으면 정진이 위태롭지 않고…… 제석천은 담당관리[伺]172:에게 명을 내려 수명을 연장케 한다.

32) 사천왕은 33천중 욕계 6천의 첫 번째인 사천왕천의 지배자로서 수미산의 4주(洲)를 수호하는 신(神)으로 호세천이라 한다. 4명의 4천왕은 각각의 세계를 다스리고 있다; (1) 동쪽은 지국천왕으로 손에 칼을 들고 있으며, 인간 감정 중 기쁨의 세계를 관장하고, 계절 중에는 봄을 관장한다. 동쪽을 상징하는 청색을 띠고 있고, 역할은 선(善)한 이에게는 복(福)을, 악(惡)한 이에게는 벌을 준다. (2) 남쪽은 증장천왕으로 손에 용과 여의주를 들고 있으며, 사랑의 감정의 세계를 관장하고 계절 중에는 여름을 관장한다. 남쪽을 상징하는 적색을 띠고 있고, 역할은 만물을 소생시키는 덕을 베풀어 준다. (3) 서쪽은 광목천왕으로 손에 삼지창과 보탑을 들고 있으며, 노여움의 감정의 세계를 관장하고 계절 중에는 가을을 관장한다. 얼굴은 백색을 띠고 있고, 역할은 악인(惡人)에게 고통을 줘 구도심을 일으키게 한다. (4) 북쪽은 다문천왕으로 손에 비파를 들고 있으며, 즐거움의 세계를 관장하고 계절 중에는 겨울을 관장한다. 얼굴색은 흑색을 띠고 있고, 역할은 어둠 속을 방황하는 중생을 구제한다.

이 경전의 현재 제목을 보면 양주의 사문 지엄(智嚴) 보운(寶雲)의 번역으로 되어 있으며 『우록』에도 기록되어 있다. 하지만 『대지도론』 권13에서는 『사천왕경』의 이 글을 인용했는데 그 중엔 수명 연장의 뜻인 익산(益算)이란 말이 없다. 그렇다면 이 경전의 중국어 번역은 중국 사람이 원래의 경전에다 도교의 학설을 첨가하여 만든 것이지 지엄 등이 번역한 것이 아니다. 또 돈황의 권(卷) 속에 있는 『묘법연화경(妙法蓮華經) · 마명보살품(馬明菩薩品)』은 대략 진(晉)나라 시대의 북방에서 지은 위경이다[173:]. 그중에 인용된 사천왕소(疏)의 선기(善記)와 악신(惡神)의 이야기에서는 이렇게 말했다.

> 악을 행하는 자는 제석천의 서관(書關)을 받아서 지옥으로 내려 보낸다. 염라대왕은 즉시 지옥의 오관(五官)을 보내 수명을 줄이고 빼앗아서 일일이 찔러 죽인다.

돈황에는 또 잔권(殘劵)인 『불설칠천불신부경(佛說七千佛神符經)』[174:]과 『대주록(大周錄)』의 기록이 있는데 『익산경(益算經)』이라고도 한다[175:]. 그 중에서 간지(干支)를 오행과 배합한 것은 전적으로 천사도(天師道) 사람들의 책으로 보인다.

또 『법경목록(法經目錄)』 권2 위경 속에는 『정도삼매경(淨度三昧經)』 4권이 있는데 남제(南齊) 경릉왕이 초록한 경전 중의 하나라고 한다. 초록할 때 대본(大本) 안에서 "늘이기도 하고 혹은 줄이기도 하면서 진짜 경전을 혼란스럽게 하고 신성한 가르침을 위반했다"고 하였다[176:]. 『법원주림』 62에서 이 경전을 인용하면서 이렇게 말했다.

팔왕일(八王日)[177]에 여러 천(天)의 제석(帝釋)들, 32명의 대신, 네 명의 진대왕(鎭大王), 명(命)을 출납하는 관리, 기록을 담당하는 관리, 다섯 명의 나대왕(羅大王), 여덟 명의 왕의 사자(王使者)는 모두 사방으로 나서서 직무를 행한다. 다시 네 왕은 15일과 30일의 상소문에 근거하여[178] 백성들이 행하는 선악을 비교해 검증한다. 지옥의 왕도 역시 보좌하는 대신과 작은 왕[小王]을 함께 보내서 죄가 있으면 즉시 기록하게 한다. 재(齋) 이전의 팔왕일에는 과오를 범해도 복이 강하면 구할 수 있으니, 안온하고 편하여 복을 통해 근본적인 사면을 받는다. 나중에 재일(齋日)이 되었을 때 중범죄를 많이 지은 자는 수명을 줄이는 조목에 이름을 올려서 죽음을 약정하고 어느 해, 어느 달, 어느 날, 몇 시에 지옥에 내려가 갇힌다. 지옥에서 문서를 받으면 즉시 지옥의 귀졸(鬼卒)들에게 명부의 이름을 갖게 한다[179]. 지옥의 귀졸은 자비가 없어서 죽는 날이 오지 않았어도 강압적으로 악을 행하여 명을 빨리 재촉하도록 한다. 그러나 복이 많은 자는 수명을 늘린다. (이하 생략)

당나라 선도(善度) 비구는 정토종의 삼조(三祖)로 불린다. 그가 지은 『공덕법문(功德法門)』에서는 소리 내어 염불하는 사람은 "이번 생(生)에서 수명을 연장해 장수할 수 있다"고 했으며, 또한 『정도삼매경(淨度三昧經)』을 인용해 증명했는데 그 문장은 다음과 같다.

또 예를 들면 『정도삼매경』에서 다음과 같이 말한 것과 같다.

"부처님께서 병사(甁沙)대왕에게 고했다;

만약 어떤 남자와 여자가 매달 육재일(六齋日)과 팔왕일에 천당과 지옥 등 일체 업의 길을 향해 일일이 허물을 고백하고 재계(齋戒)를 받아 지닌다면, 부처님은 육욕(六慾) 천왕에게 칙령을 내려서 각자 25명의 선신(善神)을 파견하여 계율을 지키는 자를 잘 찾아다니며 수호하게 한다[180].

또 선도의 『법사찬(法事讚)』 상권의 첫 게송은 "사천왕을 받들고 청해서 곧바로 도량 속에 들어갔다"로 시작하는데, 그렇다면 사천왕이 선악과 장수를 살피고 헤아린다는 설은 이미 정토교의 일부가 된 것이다. 이는 무량수불 숭배에는 반드시 나타나는 의미로서 남북조 시대에 이미 유행했지 선도로부터 시작된 것은 아니다[181].

일반인의 불교 신앙에서 가장 뚜렷한 현상이 두 가지 있다. 첫째는 선과 악은 보응을 받는다는 것이고, 둘째는 보시의 공덕이다. 전자는 사람들에게 "온갖 악한 일을 함부로 짓지 말고, 온갖 선(善)을 받들어 행하라"고 권유하는 것이다[182]. 사천왕이 세상 사람을 관찰한다는 설은 원래 여기서 착안한 것이며, 수명이 감소하는 것도 모두 행위의 선악 때문이다. 후자는 삼보를 존경하고 부처님과 승려에게 보시할 것을 주장해서 자비로운 마음에 머물고 빈곤을 구제하며, 전자는 계율에 치중한 탓에 북방에서는 담정(曇靖)의 가르침을 가장 큰 표현으로 삼는다. 후자는 사유재산을 갖고 있지 않고 몸소 고행을 하면서도 끊임없이 타인에게 보시하니, 이는 북방 지역에서 마침내 신행(信行) 선사가 만든 삼계교(三階教)의 중심 사상 중 하나로 전개되었다.

15) 오계(五戒)와 십선(十善), 인천교(人天教)의 문(門)

현존하는 위경 중 대부분은 계율을 특별히 중시하고 있다. 예를 들면 『결죄복경』에서는 이렇게 말한다.

> 작은 악이 쌓이지 않으면 몸은 소멸할 수 없고, 길흉과 화복은 모두 마음을 말미암아 생겨나니, 반드시 오계(五戒)를 사람의 근본으로 삼아서 따르지 않을 수 없다. 십선(十善)은 복의 뿌리이고 오계는 덕의 뿌리이다.

십선은 하늘의 종자이고, 부처는 일체의 부친이고, 경전은 일체의 모친이다. 동사(同師)(동귀(同歸)로 의심된다)는 형제로서 많은 겁에 걸쳐 늘 친했다. 오계는 사람의 오체(五體)이니, 오계를 구족한 자는 사람의 몸을 이룬다. 만약 계가 하나라도 모자라면 사람이 되지 못한다.

돈황본 『불설대변사정경(佛說大辯邪正經)』[183]에서는 이렇게 말했다.

이때 문수사리 보살이 거듭 석가모니 부처님께 여쭈었다.
"커다란 이익이란 무엇입니까?"
부처님이 말씀하셨다.
"문수사리야, 커다란 이익이란 과오가 없어서 일체의 악을 일체의 선으로 능히 뒤집을 수 있으니, 이를 이름하여 커다란 이익이라 한다."

악을 그치고 선을 따르는 것은 자연스럽게 중국의 유교와 도교의 이론을 인용할 수 있으니, 이를 말미암아 담정이 위조한 『제위파리경(提謂波利經)』의 사적이 있고 인천(人天)에 태어나는 오계교(五戒敎)의 설이 있다.

양나라 승우와 수나라 법경의 두 목록에는 모두 『제위파리경』에 두 종류가 있다고 한다. 하나는 1권본(卷本)으로 진짜 경전이다. 다른 하나는 두 권짜리로 송나라 효무제 시대의 북국(北國) 사문 담정이 위조한 것이다. 『속고승전·담요전』에서는 이렇게 말했다.

또한 담정이라는 사문이 불일(佛日)을 연 구역(舊譯)의 경전들을 모두 태워버렸기 때문에 인간을 인도하는 준거가 될 만한 것이 없었다. 그래서 그는 『제위파리경』 2권을 출간했는데, 그 의도는 깨달음을 위한 것이지만 많은 말들이 거짓이었다.

이 말에 따르면, 담정은 위나라 태무제가 불경을 불사른 후에 이 경전을 거짓으로 만든 것이다. 또 『방록』에서는 이렇게 말했다.

> 송나라 효무제 때 원위(元魏)의 사문 담정(曇靜)이 북대(北臺)(평성(平城)) 에서 편찬했다. 그 글에서는 이렇게 말하고 있다.
>
> "동방의 태산(太山)은 한나라 말[漢言]로는 대악(代嶽)이라고 한다. 음양이 교대(交代)하기 때문에 '대악'이라 말한다."
>
> 위나라 시대에 출현했으면 응당 위나라 말이라고만 해야 하는데도 한나라 말이라고 했으니, 시대를 분별하지 못한 것이 첫 번째 거짓이다. 태산은 바로 중국의 말인데도 '대악'으로 번역해서 두 언어를 서로 번역했으니, 산스크리트와 위나라 말을 알지 못한 것이 두 번째 거짓이다. 이런 사례는 아주 많아서 일일이 서술할 수 없다. 그는 두 권의 경문을 만들었는데, 구록(舊錄)에 실린 『제위경』 1권은 여러 경전들과 말이 같지만, 반면에 담정은 오방(五方)과 오행(五行)을 추가하였고 돌을 가지고 금을 제련했기 때문에 의심스럽다.

담정은 한 권의 『제위경』에다 음양오행설을 추가했다. 그의 가르침은 세속의 일반적인 신앙을 채취해서 도술하는 사람들의 말과 섞었는데 역시 한(漢)나라 시대 불교와 도교의 유산이다.

부처님이 도를 이룬 후에 제위(提謂)와 파리(波利) 두 상인에게 법사(法事)를 설명한[184] 일이 불교 경전에 매우 많이 보인다. 『서응본기경(瑞應本起經)』에는 당시 부처님의 설법이 기록되어 있는데, 그 글에서는 이렇게 말하고 있다.

선한 마음으로 덕의 근본을 세웠기 때문에 착한 귀신들이 늘 옹호해서 도가 행해지는 지역을 알려주어서 그들과 함께 어울려 이익을 얻게 하고 불운한 사람들은 다시는 환난을 겪지 않게 한다. 사람으로서 견해가 바르다면 믿음으로 기꺼이 존경하고, 정결(淨潔)하고 후회 없이 도덕을 베푸는 자는 복덕이 더욱 커서 그 따르는 바가 더욱 수승해서 길(吉)하여 이롭지 않음이 없으니, 해와 달과 다섯 개의 별[五星][33], 28수(宿), 천신(天神), 귀왕(鬼王)이 늘 따라다니면서 보호하고 도와준다.

사대천왕은 선량한 사람에게 따로 상을 준다. 동쪽의 제두뢰(提頭賴), 남쪽의 유섬문(維睒文), 서쪽의 유루륵(惟樓勒), 북쪽의 구균라(拘均羅)가 너희들을 보호하여 화를 입지 않도록 한다. 또 능히 지혜가 있어서 학문을 정밀히 연구하고 불법의 대중을 존경하며, 온갖 악을 버려서 스스로 방탕하지 않으면 결국 길상(吉祥)을 받는다. 복을 심으면 복을 얻고 도를 행하면 도를 얻는데, 먼저 부처님을 보고서 한마음으로 신봉한다면 응당 이로부터 첫 번째 복을 이루고 현세에 보호를 받는다. 이를 신속히 이해해서 진리를 본다면 부유하고 즐겁고 장수해서 저절로 열반에 이른다[185:].

부처님이 제위와 파리 두 사람에게 한 설법은 모두 선(善)을 권유하고 복을 지으라는 것이었다. 담정은 세상 사람을 유도하고 싶었기 때문에 1권본의 경문을 취해서 중국의 예교(禮教)에 덧붙이고 다시 음양과 술수(術數)를 섞었는데, 이는 북조 시대 일반 사람들의 신앙에 가장 적합한 탓에 매우 유행하였다. 『속고승전』에서는 이렇게 말하고 있다.

---

33) 고대 중국에서부터 알려져 있던 세성(歲星:목성)・형혹(熒惑:화성)・태백(太白:금성)・진성(辰星:수성)・진성(鎭星:토성)의 5개 행성을 말한다. 동, 남, 서, 북, 중앙에 각각 위치한다.

수나라 초 개황(開皇) 시기에 관양(關壤)에서는 왕왕 민간인이 오히려 『제위경』을 익히기도 했다. 읍의(邑義[34])는 각자 의발을 들고 매달 재(齋)를 지냈는데 의식의 규범과 올바른 규율을 서로 번갈아 감독하고 검사한 것이 아주 상세했다고 한다.

제위의 가르침은 역시 스스로 그 의식의 규범을 갖추었고 아울러 검사와 감찰도 상당히 엄격했다.

『우록』 9에 실린 남제 시대 형주의 은사 유규(劉虯)의 『무량의경서(無量義經序)』에서는 '부처님은 근기에 따라 법을 설했고 그 단계는 일곱 가지'라고 하면서 이렇게 말했다.

"먼저 파리 등에게 오계를 설했는데, 소위 인천(人天; 인간계와 천상계)의 선근이 첫 번째이다."

정영사(淨影寺) 혜원(慧遠)의 『대승의장』 권1에서는 유규의 말에 대해 이렇게 말했다.

"여래의 한결같은 교화로 설한 내용은 돈(頓)과 점(漸)으로 분리되지 않았다. 『화엄』 등의 경전에서는 돈교를 내놓으면서 나머지를 점교라고 칭했는데, 점교 속에는 다섯 시기인 오시[五時]와 일곱 단계[七階]가 있다. '오시'에서 첫 번째는 부처님이 처음 도를 이루고서 제위 등에게 오계(五戒), 십선(十善)의 인천교(人天敎)의 문(門)을 설한 것이다."

이 내용에 따르면, 오계와 십선의 세간법은 바로 부처님이 인천(人天)의 선근(善根)을 위하여 설한 것이다. 근기에 따라 법을 설했을 뿐 출세간의

34) 읍의는 법의(法義)라고도 한다. 중고시대의 불교신도가 조직한 종교단체이고 도시와 시골에 보편적으로 존재했다. 공동으로 불교를 수행하거나 의식에 참여한다.

정도(正道)를 펼치지 않았기 때문에 '인천교(人天教; 인간계와 천상계를 위한 가르침)'라고 한다[186]. 이 '인천교'는 어느 책에서 그 이름이 나왔는지 모른다. 『대승의장』의 말에 근거하면, 인천교의 문은 근거하는 바가 없다. 그리고 『제위경』의 문장을 인용해서 두 상인 등이 얻은 것이 바로 "출세간의 정도(正道)"라고 증명하는 것은 인천교의 문이 아니며, 혜원이 인용한 것은 응당 1권본의 경전에서 나온 것이니, '인천교'가 중국 사람이 지은 명칭이란 걸 알 수 있다. 혹은 담정의 저서에서 나온 것일 수도 있지만 현재로선 알 수 없다. 생각건대 유규는 담정 이후이고, 『법화현의(法華玄義)』에서는 남과 북이 교리에 대한 판단이 다르다는 걸 논하면서 이렇게 말했다.

"북방의 법사는 역시 오시(五時)의 가르침을 만들었고, 제위와 파리를 취해서 인천교로 삼았다."

여기서 알 수 있는 것은 인천교가 북방의 이설(異說)이고 유규 역시 북방의 설을 채택했다는 사실이다.

담정은 오계를 오상(五常), 오행(五行), 오장(五臟), 오방(五方)등과 균등히 배합했는데, 이는 한(漢)나라 때 음양가의 방법을 따른 것이다. 『변정론』 권1에서는 명교(名教)와 불법의 차이를 논하면서 다음과 같이 『제위경』을 인용하고 있다.

> 살생하지 않는 것을 인(仁)이라고 한다. 인은 간(肝)과 나무[木]를 주관하는 자리이다. 춘양(春陽)의 시절에는 만물이 모두 생겨나니, 정월과 2월에는 소양(少陽)이 일을 해서 온갖 품류(品類)을 양육한다. 그래서 생(生)을 좋아하고 죽이는 걸 싫어하며, 죽이는 자에겐 인자함이 없다.
>
> 사악하지 않은 것을 의(義)라고 하는데, 의(義)는 폐(肺)와 금(金)을 주관하는 자리이다. 7월과 8월에는 소음(少陰)이 일을 해서 밖으로는 질투가 몸을 위협하는 피해를 방지하고 안으로는 성명(性命)이 정(精)을 다하는

우환을 간직한다, 그래서 사욕을 금지해서 음란하지 않아야 하며, 음란한 자에겐 의(義)가 없다.

술을 마시지 않는 것을 예(禮)라고 한다. 예는 심장(心)과 화(火)를 주관하는 자리이다. 4월과 5월에는 태양(太陽)이 일을 해서 천하는 너무 덥고 만물은 발광(發狂)한다. 그리하여 술을 마시면 취하고 마음도 발광해서 입으로는 망언을 하여 도의 근본을 어지럽히고 몸은 위험을 초래해 천명을 다하지 못하기 때문에 술을 금지해야 하며, 술을 마시는 자에겐 예(禮)가 없다.

도둑질하지 않는 것을 지혜[智]라고 하는데, 지혜는 신장(腎臟)과 수(水)를 주관하는 자리이다. 10월과 11월에는 태음(太陰)이 일을 해서 만물을 거두어 저장한다. 그러나 도둑질하는 자는 하늘에 순응하지 않고 사물을 얻어서 갈무리하기 때문에 도둑질을 금지해야 하며, 도둑질하는 자에겐 지혜가 없다.

망언하지 않는 것을 신뢰[信]라고 한다. 신뢰[信]는 비장(脾臟)과 토(土)를 주관하는 자리이다. 3월, 6월, 9월, 12월, 중앙(中央)이 일을 해서 네 영역을 통제한다. 그리하여 나쁜 말로 사람을 해치면 화가 입에 있는데, 말을 하면 재앙을 초래하고 기(氣)를 발하면 형상을 상해서 몸을 위협해 수명을 재촉하기 때문에 입과 혀를 조심해야 하며, 혀를 놀리는 자에겐 신뢰[信]가 없다.

지자(智者) 대사의 『법계차제초문(法界次第初門)』 상권의 하(下)에서는 이렇게 말했다.

따라서 부처님의 제위 등 재가(在家)의 제자에게 삼귀의(三歸依)를 받도록 한 뒤 오계를 전수해 우바새로 삼았다. 만약 재가의 불제자가 이 오계를 파괴한다면 청정한 신도가 아니다. 그래서 경전에서는 이렇게 말하고 있다.

"오계는 천하의 큰 금기이다. 만약 오계를 범하면 하늘에서는 오성(五星)을 위반한 것이고, 땅에서는 오악(五嶽)[35]을 어긴 것이고, 방위에서는 오제(五帝)[36]를 위반한 것이고, 몸에서는 오장을 위반한 것이다."

또 『마하지관』 6의 상(上)에서는 세 가지 법시(法施)가 있다고 말했다. '상(上)'은 출세간의 상상(上上)의 법시이고, '중(中)'은 출세간의 법시이고, '하(下)'는 세간의 법시이다. 세간의 법시는 바로 오계와 십선 등을 말한다. 오상과 오행도 역시 오계과 비슷하고[187:] 또한 오경[188:]과도 서로 어울린다[189:]. 『지관보행홍결(止觀輔行弘決)』 권6의 2에서는 이 단락을 매우 상세히 해석했는데, 그 글은 대략 다음과 같다.

'오상이 오계와 비슷하다'는 말은 마치 『제위경』 속에 나오는 내용과 같다;

장자(長者)가 부처님께 여쭈었다.

"어찌하여 단지 다섯이고 넷이나 여섯은 말하지 않습니까?"

부처님이 대답했다.

"다섯을 말하는 것은 이것이 천지의 근본이고 태을(太乙)의 시초이고 신기(神氣)의 시작으로써 천지를 다스리고 음양을 통제하여 만물과 중생의 영(靈)을 성취하기 때문이다. 하늘은 이를 가져서 음양을 화합하고, 땅은

---

35) 중국의 오대 명산으로 동악 태산(泰山), 남악 형산(衡山), 서악 화산(華山), 북악 항산(恒山), 중악 숭산(嵩山)의 총칭이다. 신선이 사는 곳이라고 하여 역대 많은 제왕이 몸소 제사를 지냈다.

36) 오제(五帝)는 동서남북(東西南北)과 중앙(中央)의 5방신(五方神)을 의미함. 동방의 신을 창제(蒼帝), 남방의 신을 적제(赤帝), 중앙의 신을 황제(黃帝), 서방의 신을 백제(白帝), 북방의 신을 흑제(黑帝)라 한다. 오방오행사상(五方五行思想)에서 기원한 것이다.

이를 가져서 만물이 생겨나고, 사람은 이를 가져서 오장이 편안하니, 천지의 신이고 만물의 조상이기 때문에 단지 다섯일 뿐이다."

또 말씀하셨다.

"오계를 지키는 자는 미래의 오체(五體)와 세상에 순응하는 오상과 오덕의 법을 이루게 한다. 살생은 인(仁)을 위반하고, 도둑질은 의(義)를 위반하고, 음란함은 예를 위반하고, 술을 마시는 것은 지혜를 위반하고, 망언은 신뢰를 위반한다. 상처를 불쌍히 여겨서 살생하지 않는 것을 인(仁)이라 하고, 깨끗하게 살펴서 도둑질하지 않는 것을 의(義)라고 하며, 피해를 방지하고 음란하지 않는 것을 예라고 하고, 마음을 잡고 금주(禁酒)하는 것을 지혜라고 하며, 법이 아니면 말하지 않는 것을 신뢰라고 한다190:. 이 다섯 가지는 잠시라도 훼손할 수 없으며 잠깐이라도 폐기할 수 없는 것이다. 군자는 이를 받들어서 자신을 세울 뿐 잠시라도 대체해 쓰지 않기 때문에 오계라고 한다."

또 말씀하셨다.

"살생하지 않음은 음과 양의 양의(兩儀)보다 중요하고, 도둑질하지 않는 것은 마치 태소(太素)[37]와 같고, 삿된 행을 하지 않는 것은 마치 허공과 같고, 망언하지 않는 것은 마치 사 계절과 같다."

인천교의 문(門)은 세간법이다. 말하자면 부처는 우바새를 위해 설했기 때문에 이를 확충해서 명교(名教)의 오상과 견주었다191:. 또 한(漢)나라 시대 음양의 도술을 이어받아서 삼교가 하나로 합일하여 아주 널리 유행했다. 수나라 지의(智顗)와 당나라 법림도 이를 인용하면서 의심하지 않았다.

---

37) 1. 고대에 가장 원시적인 물질로 칭했다. 2. 천지(天地). 3.소박함, 질박함. 도가에서 천지개벽 이전에 출현한 원시물질 우주의 상태로 태역(太易), 태초(太初), 태시(太始), 태소(太素), 태극(太極)를 선천(先天)의 오대(五太)라 칭한다.

담정의 저서는 악을 멈추고 선을 권유하는데 뜻이 있었기 때문에 역시 천신(天神)과 하계(下界)(지옥)에서 선악을 관찰한다는 설이 실려 있다. 『법원주림』 88에서는 『제위경』을 인용하면서 이렇게 말했다.

부처님께서 말씀하셨다; 사계절은 교대하고 있으며, 음과 양은 자리[位]를 바꾼다. 연말에는 삼복(三覆)[38]과 팔교(八校)를 하고, 1월에는 육주(六奏)를 한다. 삼계는 밝고 밝아서 오처(五處)는 기록이 되며, 중생은 행이 달라서 다섯 관리가 법전을 집행하는데, 죄와 복을 헤아려 정할 때 행에 높고 낮음이 있어서 품격이 만 가지로 다르다. 여러 천제석, 태자, 사자, 일월(日月), 귀신, 지옥의 염라대왕과 백만 명의 신들 따위는 모두 정월 1일, 5월 1일, 9월 1일에 제왕, 신하와 백성, 팔이(八夷), 새와 짐승, 귀신과 용이 행하는 선악을 사방으로 순찰한다. 사천왕과 더불어 매달 8일, 15일에 30일까지 상주(上奏)된 내용이 똑같이 다 균등한지 알아보고서 천하에 억울한 잘못이 없도록 삼계 중생의 죄와 복이 어느 정도이고 누구에게 속했는지를 반복하여 검토한다. 복이 많은 자는 바로 천상으로 올라가서 즉시 사진(四鎭)과 오라(五羅) 대왕, 사명(司命)에게 칙령을 내려서 수명을 연장하고, 아래의 염라왕과 보좌하는 다섯 관리는 죄의 명칭을 없애고 복록(福祿)을 정하기 때문에 세 번의 긴 재(齋)를 지니게 한다. 그러므로 삼복과 팔교란 팔왕일인 것이다.

여기서 소위 '삼복'이란 정월, 5월, 9월의 초하루를 말하는데 바로 세 번의 긴 재를 지내는 달이다. '팔교'란 팔왕일[39]이고 역시 재를 지낸다.

---

38) 삼복: 정월, 5월, 9월에 신령의 검증을 받는 것을 말함.
39) 천지의 모든 신과 음양이 교대하는 여덟 날. 입춘, 춘분, 입하, 하지, 입추, 추분, 입동, 동지를 이른다. 이날은 제석천왕의 사신이 사주(四洲)를 돌며 살피는

육주(六奏)란 한 달의 8일, 15일, 30일, 14일, 23일, 29일의 육재일(六齋日)을 가리킨다[192:]. 『변정론』 1에서는 또 『정토경』[193:]을 인용하면서 이렇게 말했다.

> '팔왕'이란 팔절일(八節日)을 말한다. 천왕(天王)이 올린 문서에서는 1년에 여덟 번 나오기 때문에 팔왕이라 한다고 하였다. 이날은 가장 중요하다……. 한 달에 육주(六奏)란 육재일이 그에 해당한다. 1년에 '삼복'이란 바로 세 번의 긴 재(齋)를 지내는 달이다.

담정의 위서에서 말한 내용도 동일하니, 이로서 당시 사람들의 일반적인 신앙을 알 수 있다.

16) 삼계교(三階教)의 발생

삼계교의 창시자는 위군(魏郡)의 신행(信行) 선사이다. 삼계교는 수나라 시대에 흥기하긴 했지만, 그러나 실제로는 북조 시대에 유행한 신앙이 낳은 결정체이다. 이제 조목을 나누어 다음과 같이 간략히 서술하겠다[194:].

1. 삼계교 사람은 당시 불법이 이미 말법 시대에 들어갔다고 믿었다. 이 설의 전래는 매우 일찍부터 있었다. 가령 담무참은 "석가모니 부처님은 정법(正法) 시대에 5백 년 거주하고, 상법(像法)[195:] 시대에 1천 년 거주하고, 말법 시대에 1만 년 거주한다"고 하였으며[196:], 『우록』에 실린 북량(北涼) 도랑(道朗)의 『열반서(涅槃序)』 뒤에 있는 발문(跋文)에서는 "천년의 상법 시대 말기에 비록 이 경전이 있긴 하지만, 인정은 각박하고 존경심과

날이므로, 특히 재(齋)와 계(戒)를 지키고 조심하여야 한다고 한다.

신앙심이 없는 것이 바로 석가모니가 남긴 법이 장차 소멸하려는 모습이란 걸 반드시 알아야 한다"고 했으며, 왕간서(王簡栖)의 『두타사비문』에서도 "정법은 이미 소멸하고 상법의 가르침도 쇠락하고 있다"고 했으니, 남북조 시대 초기부터 이미 세상이 말법 시대가 들어갔다고 믿는 자가 있었다.

현존하는 돈황의 위경 중에는 말법에 대한 설이 있는 것이 많다. 예를 들면 『결죄복경』[197]에서는 "정법의 가르침은 은폐되고, 말세에 스승의 법은 명확하지 않다"고 했으며, 『상법결의경(像法決疑經)』[198]에서는 "무상(無上)의 법보는 오래지 않아 소멸한다"고 했으며, 『대통방광경(大通放光經)』[199]에서는 "나의 말법 속에서는 능히 한 사람을 교화할 수 있다"고 했으며, 『수라비구경(首羅比丘經)』[200]에서는 "세상은 마지막으로 가면서 점차 악을 일으키는데 내년을 넘기가 힘들 것이다"라고 했으며, 『법왕경(法王經)』[201]에서는 "멸도한 후 천 오백 년이 되면, 오탁(五濁)의 중생은 악업을 많이 짓고 오로지 열 가지 악행만 행한다"고 하였다. 『법경록』 2권 4에 실린 『소반니원경(小般泥洹經)』은 일명 『법멸진경(法滅盡經)』, 『불설법멸진경』, 『오탁악세경(五濁惡世經)』 등이다. 돈황의 잔권(殘卷) 중에 『소법멸진경』이 있는데, 이것은 말법이 이미 왔다고 선전하는 수나라 이전의 경전으로 민간에서 유행했다.

2. 삼계교의 교의와 계행은 대부분 북조 시대에 이미 유행했다. 첫째, 신행은 본래 선사라서 그의 가르침은 선정 수행을 격려했으니, 이는 바로 북방의 선법이 유행했음을 보여주는 것이다. 둘째, 『보거경(寶車經)』[202]에서는 "마치 맹인이 해와 달을 보지 못하는 것과 같다……."라고 했는데, 삼계교에서는 '제3 단계에서 중생은 마치 청맹과니처럼 안색(顏色)을 분별하지 못한다'고 했다. 셋째, 『법경록』 4의 위경 중에 『두타경』이 있는데, 북위시대에는 두타의 고행을 익힌 자가 적지 않았다. 삼계교 사람 역시

고행으로 유명했다. 넷째, 돈황의 위경 중 『요행사신경(要行舍身經)』[203] 에서는 사람들에게 죽은 뒤에 피와 살을 분할해서 시다림(尸陀林)에 보시하라고 권고했고, 『법경록』 4에도 위경 『시타림경』 1권이 기록되어 있으니, 그렇다면 수나라 이전에 이미 이런 풍습이 있었다. 이 또한 삼계교 사람이 보편적으로 행한 것이다. 다섯째, 삼계교는 중생을 때[時]와 단계의 기연(機緣)과 근기(根器)의 차이로 나누어서 근기에 대응해 행(行)을 일으키라고 주장했다. 이런 설법은 이미 일찍부터 유행했으니, 예를 들면 유규가 말한 오시(五時)와 칠계(七階)[40]가 이에 해당한다. 수나라 초기에 창주(滄州)의 도정(道正) 선사는 선법을 즐겨 익혔고 두타행으로[41][204] 걸식을 했다[205]. 그는 일찍이 헌법(憲法)을 종합적으로 서술하여 세상에 유포했는데 그 명칭은 『육행범성수법(六行凡聖修法)』이다[206]. 즉 '하나의 교화[一化]'를 포괄적으로 들어서 만 갈래의 길을 융합하니, 첫째는 범부의 죄행(罪行)이고, 둘째는 범부의 복행(福行)이고, 셋째는 소승인의 행이고, 넷째는 소보살의 행이고, 다섯째는 대보살의 행이고, 여섯째는 불과(佛果)를 증득하는 행이다. 도합 여섯 부(部)를 지극히 간략하게는 한 권으로, 자세하게는 스무 권으로 만들었는데, 전반부는 서분(序分)이고 후반부는 행체(行體)이다[207]. 이는 범부와 성인의 차이를 구분해서 각자의 수행을 결정했는데 신행이 창설한 가르침과 그 뜻이 같다.

3. 보시를 제창하고 무진장(無盡藏)[42]을 건립한 것은 삼계교의 특색이

---

40) 천태종의 오시(五時)는 세존의 가르침을 설한 순서에 따라 분류한 화엄시(華嚴時)・녹원시(鹿苑時)・방등시(方等時)・반야시(般若時)・법화열반시(法華涅槃時)를 말하고, 칠계(七階)는 제2 녹원시에 삼승의 구별이 있는 것이다.

41) 도정 선사는 창주 난야 출신이라서 그 수행을 난야법종이라고 했다.

42) 원래는 다함이 없는 광대한 공덕을 간직한다는 의미인데, 중국에서는 일반적으

다. 하지만 남북조 시대에 유행한 불교 신앙에도 그런 의미는 부족하지 않았다. 이는 또 위경 속에서도 볼 수 있으니, 예를 들면 『결죄복경』에서는 이렇게 말하고 있다.

> 큰 복은 모두 재물을 사용해야 이룰 수 있다. 무릇 보시하는 자는 지금 현재의 세상에서 열 배의 보답을 받고 후세에는 억 배의 보답을 받으며, 다시 억만 배로 헤아릴 수가 없다. 나는 늘 만 배의 과보를 받는다고 말했지만 이는 적게 말한 것이다. 사람들이 믿지 않을까 두려워서 적게 말한 것이다.

당나라 때의 삼계교 사람 사리(師利)가 『시소범자유가법경경(示所犯者瑜伽法鏡經)』을 위조한 적이 있는데, 이 경전의 끝머리에서 이렇게 말했다.

> 이 경전은 첫째, 상법(像法)이라 이름하고, 둘째, 의심을 해결한다(決疑)고 이름하고, 셋째, '빈곤하고 외로운 자를 구제해서 안락하게 부양한다'고 이름하고, 넷째, 최하의 세계에 비전(悲田)[43]의 수승한 법이고, 다섯째는 유가(瑜伽)의 법경(法鏡)을 범한 자를 보여준다.

대체로 이 경전은 북조 시대에 유행한 위서 『상법결의경(像法決疑經)』을 더 증보한 것이다. 『상법결의경』은 상법의 말세에는 응당 보시를 해야

로는 사원에 놓인 금융기관을 가리킨다. 신자가 기부한 금전을 적립해서 대출하고 거기서 벌어들인 돈을 사원의 유지비 등에 충당하는 것으로 남북조 시대부터 행해졌다. 특히 장안에 있었던 삼계교(三階教)의 무진장원이 유명하다. 후세에는 장생고(長生庫), 해고(解庫) 등으로 불리면서 더 한층 성행하고 그 수익은 사원의 중요한 재원이었다.

43) 여덟 가지 복전(福田)의 하나. 가난한 사람에게 은혜를 베푸는 일이다.

한다고 주창한 것으로 그 글은 다음과 같다.

> 이 사람은 삿된 생활과 아첨, 왜곡으로 명예와 이익을 구했고 빈곤한 걸인에게 보시하는 것을 보면 분노를 일으켰으니, 이렇게 생각한다면 출가한 사람이 어찌 보시하겠는가. 하지만 선정과 지혜의 업을 닦으면 어찌 무익한 일에 분분히 움직일 필요가 있겠는가. 이렇게 생각하는 자는 마귀의 권속(眷屬)이다.

또 이렇게 말했다.

> 선남자여, 내가 성불을 염(念)하는 것은 모두 광겁(曠劫)에 걸쳐 보시를 행해서 빈곤과 액난(厄難)을 겪는 중생을 구제했기 때문이다. 시방의 모든 부처도 역시 보시로부터 성불하게 된 것이다.

삼계교의 전적(典籍)에서는 항상 이 경전을 인용했으니[208:], 그렇다면 이 역시 신행 선사가 당시 유행하던 불교도의 신념을 채택한 뒤 자신의 뜻에 따라 경전을 원용(援用)함으로써 하나의 종파를 창안했다는 걸 알 수 있다.

또 담정과 신행은 모두 계율을 중시했다. 그 근본 원인은 당시 민간의 풍속이 부패했고 삶과 죽음이 어둠 속에 있었기 때문이다. 그래서 오탁(五濁) 중생은 이미 말법 시대에 이르러서 지혜와 선정을 모두 수행할 수 없고 단지 계율로만 다스릴 수 있다고 했다. 예를 들면 『속고승전·습선편론(習禪篇論)』에서는 이렇게 말했다.

"어떤 사람이 물었다; 대성(大聖)께서 내리신 가르침은 정법(正法)과 상법(像法)이 최초이고, 선법(禪法)이 널리 행하니 응당 그 뜻[義]을 닦아 익혀야 한다. 지금 이 시기가 아니면 진실로 그 줄기와 실마리가 단절되어 그다음을 잇지 못하는 것을 말법(末法)이라 칭하는데, 그래서 계를 지키는 행을 지극히 중시하는 것이다."

이 내용에서 말법 시대에는 계행의 중시가 지극히 통상적인 설이란 걸 알 수 있다.

17) 지공(誌公)과 부대사(傅大士)

남조 시대의 선법은 전수해 익히는 일이 적었지만 제나라와 양나라 시대부터는 조금씩 성행했다. 보지(寶誌)[209]와 부홍(傅弘)은 모두 선을 공부했는데 특히 신통(神通)으로 유명했다. 두 사람에 관한 신화는 매우 많지만 믿을 만한 것은 별로 없다[210]. 양나라의 혜교와 지공(誌公)은 같은 시대 사람으로 『승전』에 상세한 기록이 있다. 진(陳)나라의 서릉(徐陵)도 부대사와 동시대 사람으로 『동양쌍림사부대사비(東陽雙林寺傅大士碑)』의 글을 지었다. 이 비문에 의거해 두 사람의 사적을 간략히 다음과 같이 서술한다.

석보지(釋寶誌)의 본래 성(姓)은 주(朱)씨이고 금성(金城) 사람이다. 어린 시절 출가하여 경사(京師)의 도림사(道林寺)에 머물렀다. 사문 승검(僧儉)을 스승으로 섬기면서 화상(和尙)이 되어 선정을 배우고 수행했으며 강량야사의 선법을 숭상했다[211]. 송나라 태시 초기에 갑자기 이상해지면서 거처를 정하지 않고 음식도 제시간에 들지 않았다. 머리는 늘 길었고 항상 맨발로 거리를 다녔다. 손에 석장(錫杖)을 갖고 다녔는데, 석장의 머리에 가위와 거울을 걸거나 혹은 천을 한두 필 걸고 다녔다. 제(齊)나라 건원 시기에 조금씩 기이한 사적을 보였다. 며칠 동안 먹지 않아도 굶은 기색이 없었고, 사람들에게 한 말은 처음에는 이해하기 힘들었지만 나중엔 모두 검증되었다[212]. 때때로 시를 읊었는데 마치 참기(讖記)와 같았다. 경성의 관리와 백성들이 모두 그를 존경했다. 제나라의 무제는 중생을 미혹한다고 여겨서 건강(建康)에 거주하게 했는데 신비한 이적(異蹟)을 보이자 궁궐로 불러들였다.

양무제가 즉위하자 각별히 예의로 모셨다. 예전에 제(齊)나라 때엔 지공의 출입을 대부분 금지했는데, 양무제는 즉위하고 나서 즉시 조서를 내렸다.

"보지[誌公]는 홍진(紅塵)의 세상에 매여 있지만 그 정신은 그윽한 적멸(寂滅)에서 노닐고 있다. 물에 젖거나 불에 타지도 않고 뱀이나 호랑이도 그를 해치지 못한다. 그가 말한 불법의 이치는 이미 성문(聲聞) 이상이며, 그가 은사(隱士)를 이야기하면 은둔한 신선처럼 고매했으니, 어찌 세속 인사의 평범한 정서로 비어있는 모습[空相]을 구속할 수 있겠으며, 어찌 그 세속 인사의 비천하고 협소함이 이 지경까지 이르렀는가. 지금부터는 마음대로 출입하며 다녀도 다시는 금지하지 않을 것이다."

이때부터 보지는 왕궁에 출입하는 일이 많아졌다. 보지는 분신(分身)도 할 수 있었다. 또 그가 양무제를 위하여 비가 오도록 기도했는데 역시 기적 같은 효험이 있었다. 천감 13년(서기 514년) 겨울에 아무런 질병 없이 임종을 맞았을 때도 죽음이 왔다는 걸 미리 알았다. 양무제는 장례를 후하게 치른 뒤에 종산(鍾山)의 독룡(獨龍) 언덕에 묻었다. 그리고 육수(陸倕)에게 칙령을 내려서 무덤 속에 넣을 명(銘)을 짓도록 했고 왕균(王筠)에게는 사찰 문(門)의 비문(碑文)을 쓰도록 했다. 그의 유상(遺像)은 곳곳마다 존재했다고 전한다. 보지가 처음으로 사적(事跡)을 드러낼 때의 나이는 오, 육십 살 정도였고 죽을 때까지도 늙지 않아서 사람들은 그의 나이를 추측할 수 없었다. 서첩도(徐捷道)라는 사람은 경사(京師)의 구일대(九日

臺) 북쪽에 거주하면서 스스로 보지의 외삼촌의 동생이라고 했는데, 그는 보지보다 4살 연하이므로 보지가 사망했을 때 나이를 계산해 보면 97세라고 할 수 있다.

부대사[213:]는 동양군(東陽郡) 오상현(烏傷縣) 사람이다. 자서(自序)에서 말하기를 "미륵보살이 분신(分身)한 세계에 속해서 중생을 구제한다"고 했다. 24세에 가족을 버리고 오상현의 송산(松山)에 은거했으며, 깊은 골짜기에서 선을 수행하면서 곡식을 끊고 재계를 오래했다. 태수 왕휴(王烋)는 그가 속임수를 썼다고 하면서 후조(后曹)[44)]에 감금하자 20일 동안 곡식을 끊고 먹지 않았다. 그래서 주(州)와 향(鄕)의 사람들이 그에게 복종하면서 멀리서도 귀의하자 산림 속으로 도망가 자유롭게 은거했다. 그는 자서(自序)에서 이렇게 말했다.

"일찍이 일곱 분의 불여래(佛如來)가 시방에 나란히 나타나는 걸 보았으며, 석가세존께서 정수리를 어루만지자 심오한 법을 전수받길 원했다. 매번 추(鎚)를 두드리고 법의 북소리가 울리면 공계(空界)의 신선도 함께 와서 도를 행하였다."[214:]

평범한 사람이라면 여러 부처를 감응해 볼 수 없겠지만, 그러나 부대사의 경우는 황금 빛깔이 가슴에 나타나고 기이한 향기가 손바닥 안에 흐르는 걸 보았다고 하며, 혹은 신장은 1장(丈)이 넘고 발의 길이는 2척(尺)이고 손가락 길이는 5촌(寸)이 넘는 것을 보았다고 했다. 그래서 부대사는 선의 수행이 이미 원만해지자 향리(鄕里)로 나가 교화했는데, 마을 사람들은 아마 삭발을 하거나 재물을 공양해서 부대사가 좌선하던 높은 바위의 소나무 아래에 절을 짓고 그 이름을 쌍림사(雙林寺)라고 했다. 부대사

---

44) 한나라 때 법령(法令)과 형옥(刑獄)을 담당하는 관서(官署).

역시 집으로 돌아가 처자식을 재물과 바꾸어서 공덕을 지었으며, 아울러 구층 벽돌 탑을 조성하고 천여 권의 경전을 지었다. 부대사를 따라 공부하는 자도 많았다.

양나라 대통 원년(서기 527년) 현(縣)에 사는 부보통(傅普通) 등 백여 명은 현령 범서(範胥)에게 가서 공동 서명으로 추천했고, 중대통 4년(서기 532년)에 부덕선(傅德宣) 등 삼백 명은 현령 소후(蕭詡)에게 가서 그의 덕업을 자세히 늘어놓았는데 모두 신뢰를 얻지 못했다. 또 2년 후 부대사는 자신의 제자 부왕(傅暀)을 경성으로 보내서 양무제에게 서신을 올리며 자칭 "쌍림사 나무 아래서 장차 해탈할 선혜(善慧) 대사(大士)"라고 했다. 당시의 승려가 제왕에게 올린 서신을 보면 그 언사가 지극히 공손했으니, 가령 국사(國師)인 지자 법사(즉 혜약(慧約)) 등도 문첩(文牒)을 보면 자신을 낮추고 공손했다. 그러나 지금 부대사는 사문도 아니고 장로도 아니지만 지존(至尊; 황제)에게 서신을 올려서 치도(治道)를 가르치고 있으니, 이 때문에 도가와 속가가 모두 경악하고 의심했다. 하지만 부왕(부대사)은 커다란 서원(誓願)을 발하고는 황제에게 가는 길에 자신의 왼손을 불에 태웠고, 이로 인해 천자가 허락하자 부대사는 도읍으로 가서 궁전에 들어가 강론하고 몇 개의 게(偈)를 지었다. 양무제가 특별한 예의로 대우하자 부대사는 평상시에도 선(禪)을 가르쳤다. 그는 또 『유마경』과 『사익경(思益經)』 등도 강의했다[215].

부대사는 세상이 장차 크게 혼란에 빠질 걸 미리 알아서 자신의 몸을 태워 중생의 죄를 없애려고 했다. 학도(學徒)들이 이를 듣고는 비통하게 절규했다. 제자인 거사(居士) 서보발(徐普拔), 반보성(潘普成) 등 아홉 사람은 자신의 목숨으로 대체하려고 했는데, 그중 몇 사람은 목을 베고 코를 자르거나 혹은 팔을 태우고 몸을 불사르기도 했다. 부대사가 인간 세상에 더 머물겠다고 하자, 제자인 거사 범난타(範難陀), 비구 법광 (法曠), 우바이 엄비구(嚴比丘)는 각자 산속에서 분신(焚身)했다. 다음에 비구 보월(寶月) 등 두 사람은 몸에 밧줄을 묶고 정(錠; 제사 그릇)을 걸어서 등(燈)으로 삼았고, 비구 혜해(慧海), 보리(菩提) 등 여덟 사람은 손가락을 태웠고, 비구니 담전(曇展), 혜광(慧光), 법섬(法纖)등 49명은 음식을 먹지 않는 재법(齋法)을 행했고, 비구(比丘) 승발, 혜품(慧品) 등 62명은 귀를 베어 피를 내서 향(香)과 섞었다. 이렇게 해서 모두들 스승을 공양했다. 부대사는 태건 원년(서기 569년) 여름 본주(本州)에서 세상을 버리고 임종을 맞았다. 서릉이 지은 비문에서는 부대사에 대해 '소학(小學)의 나이[45]에 학교를 다니지 않았다'고 했으며, 길장의 『중론소』에서는 "대사는 본래 학문을 하지 않았다"고 하였다. 스스로 미륵의 강생(降生)이라고 하면서 신통을 많이 나타내어 신봉자를 열광하게 했다. 당나라 초기에 도선이 지은 『속고승전』의 『감통문(感通門)』에도 들어가 있으며, 후세의 선종 사람들은 부대사가 달마를 뵙고 『금강경』의 게송을 읊은 적이 있다고 했는데, 그들이 기록한 부대사에 대한 내용에는 처음으로 종문(宗門)의 풍미(風味)가 많이 풍긴다.

소신(燒身)으로 공양하는 것은 남북조 시대에 많이 유행해서 『승전・망신편(忘身篇)』 및 『속고승전・유신편(遺身篇)』에 상세하다. 예를 들면 송나라 승유(僧瑜)는 여산에서 장작더미에 앉아 합장한 채 평상시처럼 『약왕품』을 독송했는데216: 불길이 드세도 합장을 흐트러뜨리지 않았다. 송나라 혜익(慧益)은 길패(吉貝)[46]로 몸을 감싸고는 기름을 부어 태웠다.

---

45) 여덟 살 때를 말한다.

46) 길패(吉貝)는 산스크리트나 혹은 말레이시아 언어로 나무 이름이다. 그 꽃이

북주(北周)에서 가장 유명한 승애(僧崖) 보살은 천으로 좌우 다섯 손가락을 감싸서 태우는데, 이렇게 시간이 흘러 왼손가락이 다 타서 기름으로 태우는 불이 꺼지려고 하면, 오른손의 남은 손가락으로 대나무를 쑤셔 불을 지폈다. 아침부터 저녁까지 두 손을 모두 태웠는데 눈썹도 까딱하지 않았다. 후에 다시 분신을 해서 몸체와 얼굴이 갈라지고 탔지만 여전히 불속에서 예배했다.

생각건대 소신(燒身)의 의미는 세 가지가 있다. 첫째는 불법의 중시이고, 둘째는 약왕처럼 몸을 태운 후에 천국에 왕생하길 기원하는 것이며, 셋째는 선정의 위력을 보여주는 것이다. 혜가가 팔을 잘라도 지각하지 못했고, 지의(智顗)는 독에도 상하지 않았으니, 이런 이야기는 모두 선정의 공부가 완성되었음을 증명한다. 그러나 혜교는 이렇게 논했다.

> 가령 범부에 속하는 자들은 넓게 관찰하질 못하니, 결국 수명을 다하여 도를 행한다는 걸 안다면 어찌 몸과 생명을 포기하고 버리겠는가. 혹은 한때에 명예를 떨치려고 하거나, 혹은 만대(萬代)에 명성을 전하려고 하지만, 장작 위에서 분신하려 할 때는 후회와 공포가 교차하고, 칭송의 말이 이미 퍼져서 수치스러움이 그 지조를 빼앗는다. 그래서 힘써서 소신(燒身)에 종사(從事)하더라도 쓸데없이 온갖 고통만 가할 뿐이니, 만약 그렇다면 말할 만한 것이 아니다.

만약 이런 식이라면 소신(燒身)은 대중을 놀라게 해서 명예를 얻으려는 짓이다. 소신은 바로 종교적 정서의 열렬한 표현으로 왕왕 군중의 마음을 선동해서 온 나라를 열광하게 하기 때문에[217]: 몸을 버림으로써 명성을

필 때는 거위의 솜털과 같고, 그 실을 뽑아서 베를 만드는데, 깨끗하고 하얀 것이 저포(紵布: 모시)와 다르지 않다.

떨쳐 후세에 전하길 원하는 자가 있는 것이다.

18) 남방의 『십송률(十誦律)』

『십송률』은 구마라집 등이 관중 지역에서 번역했고 『비마라의(卑摩羅義)』가 수춘(壽春)에서 전했다. 승업, 혜관 등은 건업에서 법을 폈고, 남방 지역엔 송나라 시대엔 『십송률』 외에는 거의 율학이 없었다218:. 제나라와 양나라는 더 심했는데, 이제 그 명가(名家)를 간략하게 서술한다.

석지도(釋志道)는 승우의 『사자전(師資傳)』에 실려 있는 도율사(道律師)로서 역시 『십송률』의 율사이다. 종산의 영요사(靈曜寺)에 거주했고 특히 율품(律品)에 뛰어나서 하상지는 그의 덕을 흠모하고 존경했다. 예전에 위나라 태무제가 불법을 훼멸했다가 후세에 부흥을 한 탓에 계율의 전수는 많이 부족했다. 석지도는 불법을 널리 전파하겠다고 맹세한 후에 고통과 난관을 꺼리지 않았다. 그래서 같은 뜻을 가진 십여 명과 함께 호뢰(虎牢)에 가서 낙주(洛州), 진주(秦州), 옹주(雍州), 회주(淮州), 예주(豫州)의 도사를 모집하여 인수사(引水寺)에서 만나 계율을 강의하고 밝히는 한편 거듭 법도 수학하였다. 위나라 지역에서 승려의 계율이 온전해진 것은 석지도의 노력 때문이다. 후에 남방으로 돌아왔으며 제(齊)나라 영명 2년에 73세로 상(湘) 땅에서 임종을 맞았다.

『광홍명집・지칭행장(智稱行獎)』에 따르면 율학의 흥성은 지칭(智稱)으로부터 시작했다고 하며, 혜교의 『명률편론(明律篇論)』에서도 지칭은 제나라와 양나라 사이에 명세(命世)[47]를 호칭했다고 하였다. 석지칭은 위나라의 기주자사(冀州刺史) 배휘(裵徽)의 후예이고, 그의 선조는 난리를

---

47) 한 시대에 뛰어난 인물.

피해 경구(京口)에 거주했다. 종공앙(宗公仰) 선사와 은(隱)과 구(具) 두 율사로부터 선과 계율을 전수받았으며, 경사에 가서 법영(法穎)의 계율 강의를 들었다. 승우의 『십송의기서(十誦義記序)』에서는 "대율사는 하서(河西)에서 도를 축적하고 강동에서 덕을 진흥했다"고 했는데, 이는 법영을 가리키는 말로서 법영의 가치를 볼 수 있다219:. 정림사의 법헌(法獻)은 지칭의 명성을 듣고 산사에 가서 머물렀는데 법헌 역시 유명한 율사이다. 제나라의 문선왕 등은 늘 지칭을 청하여 『십송률』을 강설하도록 했으며, 지칭은 평생 대본(大本)을 사십여 번 강의했다. 제나라 영원 3년 72세로 임종을 맞았으며, 저술로는 『십종의기』 8권이 있는데 세상에 성행했다220:.

남조 시대의 율사 중에 가장 유명한 자는 승우이다. 젊은 시절에 승범 도인과 법달 법사를 섬겼으며, 정림사의 법헌을 스승으로 모셨고 법영에게 수학했다. 법영은 "한 시대의 명장(名匠)으로 율학의 종사"라서 승우는 깊은 사유로 탐구하고 게으름 없이 노력하여 마침내 율부를 크게 정통해서 선배들을 능가했다. 제나라의 경릉 문선왕은 매번 그에게 계율 강의를 청했는데 청중이 늘 칠, 팔백 명을 헤아렸다. 그는 영명 시기에 칙령을 받고 오(吳) 지역에 들어가 오중(五衆)[48]의 시험을 치렀고 아울러 『십송률』을 강의하여 계(戒)의 법을 받도록 했다. 신자들의 보시를 받으면 다 절을 짓는 한편 무차대회(無遮大會)와 사신재(捨身齋)[49] 등을 마련했으며, 또한 경장(經藏, 삼장의 경전)을 지어서 서적[卷軸]을 수집하고 조사했다. 승우는 성품이 사유에 능숙했고 자신의 심계(心計)에 준거했는데, 이는 장인(匠人)

48) 비구, 비구니, 식차마나, 사미, 사미니.

49) 사신은 자신의 몸을 희생해서 다른 생물을 구원하고 부처에 공양하는 보시행의 하나이다.

이 의거하는 표준으로서 조금도 어긋남이 없었다. 그래서 광택사와 서하사 두 사찰의 대불상과 섬현의 석불 등은 모두 승우를 청해서 처음부터 그의 의칙(儀則)을 준거로 삼았다. 양무제와 왕공 귀족들도 모두 그의 계(戒)의 규범을 숭상했으며, 개선사의 지장은 그를 청해 스승의 예의로 모셨다. 출가자와 재가자의 문도가 모두 1만 1천여 명에 달했으며, 천감 17년 5월 26일 건초사에서 74세로 임종을 맞았다. 애초에 승우는 경장(經藏)의 결집이 이루어지자[221] 사람을 시켜 요점을 초록해서 『출삼장기집(出三藏記集)』, 『법원기(法苑記)』, 『세계기(世界記)』, 『석가보(釋迦譜)』 및 『홍명집』 등을 편찬케 했고 아울러 『사바다종사자전(沙婆多宗師資傳)』을 지었다.

지칭의 제자로는 법초(法超)가 있다. 양무제는 칙령으로 『출률요의(出律要儀)』 14권을 결집하도록 했고 양나라 경내에선 모두 이 경전을 상세히 따르라고 했다. 진(陳)나라 시대의 담원(曇瑗), 지문(智文)도 유명한 율사인데, 『속고승전』에서는 이렇게 말했다.

> 선제(宣帝)는 국내에 조서를 내려서 처음 계를 받은 후 다섯 번의 여름을 보내지 않은 자는 모두 율사(律肆)에 참여하여 도읍의 큰 사찰에 덕장(德場)[222]을 널리 마련할 수 있게 했다. 그래서 담원을 총괄 감독으로 임명하고 과거(科擧)를 명시했다. 담당 관리가 이에 준거해 옷과 음식을 제공해서 살림의 부담으로 공부 성적을 훼손하지 않도록 했다. 담원은 이미 황제의 은총으로 국내의 승려들을 교육하게 되어서 그 가르침이 만리(萬里)나 떨어져 있는 사방의 먼 곳까지 미쳤다. 당시 언사(言辭)의 뜻을 분명히 이해하는 자를 20여 명 찾아내어 일시에 훈육을 했다. 대중이 삼백 명에 달하자 바로 이 시기에 경성과 읍은 모두 경전을 독송하는 소리로 시끄러웠고 나라의 공급은 풍요로웠으며 학인(學人)도 폐단이 없었다. 그래서 몇 년이 지나지 않아 바로 도의 그릇[道器]이 대폭 증가했다. 그중 학문을

성취하여 본래의 읍으로 돌아가려는 자가 있었는데, 담원은 그 제자들을 모아서 질문을 해서 이(理)와 사(事)가 걸림이 없는 자만 보냈다. 이로 말미암아 율학(律學)은 더욱 새로워져서 제왕까지도 귀를 기울여 들었다.

이 글의 내용은 보면 마치 하나의 계율 전문학교를 설치한 것 같다. 지문(智文)은 진제와 함께 진안(晉安)에 머물다가 수나라 개황 19년 91세로 임종을 맞았다. 평생 『십송률』을 85번 강의했고 대소승의 『계심(戒心)』, 『갈마(羯磨)』등을 20여 번 강의했으며, 『금광경』, 『유교경』 등은 각각 차이가 있다. 저술로는 『율의소(律義疏)』 12권, 『갈마소』 4권, 『보살계소』 2권이 있으며. 그에게 수계(受戒)를 한 승려와 비구니가 3천여 명에 달했다.

19) 보살계(菩薩戒)의 유행

보살계는 대승의 계(戒)이다. 중국은 항상 대승을 중시했기 때문에 보살계가 유행하였다. 제나라와 양나라 시대에 양무제 등은 모두 보살계를 받은 제자로 불린다. 보살계는 『지지경(地持經)』, 『보살영락본업경(菩薩瓔珞本業經)』 및 『범망경(梵網經)』을 위주로 했으며, 『열반경』, 『대지도론』 등에도 모두 대승계에 대한 설명이 있다. 『지지경』은 담무참이 번역한 것으로 송나라의 구나발다라가 번역한 『보살선계경』과 같은 판본으로 유가종(瑜伽宗)에 속한다. 북조 시대의 승범, 혜순, 영유, 법상 등은 모두 『지지경』의 소를 지은 적이 있으며, 혜광, 담천도 역시 이 경전을 널리 알렸다. 영유의 제자 담영(曇榮)은 이 경전에 전문적으로 정통했지만, 남방에서는 연구하는 자가 특히 적었다. 『범망경』은 대승계의 가장 중요한 경전이지만 위경(僞經)이니, 까닭인즉 범망경에 실린 계율과 다른 대승경전의 계율이 일치하지 않기 때문이다. 『장방록』에 처음 기재되면서 구마라집이 번역했다고 했는데, 『법경록』에서는 제가(諸家)의 목록에 의심스러운 품(品)이 많이 들어가 있다고 했다. 『승우록』에는 『범망경』이 없고 단지 구마라집이 『바라제목차(波羅提木叉)』를 번역했다고 했으니[223], 그렇다면 이 경전은 북방 사람이 위조했다는 걸 알 수 있다. 그 서문은 구마라집이 번역한 『바라제목차후기』에 근거해 더 늘리고 고쳤으며, 그 경문은 『만수천비(曼殊千臂)』와 『우바새계』 등에서 취한 뒤에 사사로운 뜻을 섞어서 개조한 것이다[224]. 북방 지역에서 이 경전이 출현한 까닭은 대승계를 제창했기 때문이다. 태무제가 불교를 훼멸한 후에 북방의 승가는 파괴되고 기강(紀綱)은 완전히 사라졌기 때문에 지도(志道) 율사는 특별히 낙양으로 가서 계를 밝혔다[225]. 『범망경』은 아마 이 시기에 수요에 응해 위조되었을 것이다. 그 후 남방으로 전파되면서 양나라의 혜교가 소(疏)를 지었는데, 하지만 남방에서는 혜교 외에 이를 연구한 사람은 없었다. 『우록』에는 경전의 이름도 실려 있지 않았고, 『승전』에서도 언급하지 않았다. 총체적으로 말해서 『범망계』는 본래 북방에서 유행했을 뿐 남방에서는 거의 주의하지 않았다.

20) 북방에서 『사분률(四分律)』이 흥기함

북방의 원위(元魏) 시기에 행한 계율은 『승기율』과 『십송률』이다. 『사분률』의 전파는 누구로부터 시작되었는지 모르는데, 여기에는 두 가지 설이 있다. 『속고승전 · 혜광전』에서는 이렇게 말했다.

> 예전에 『사분률』은 널리 유통되지 않다가 도부(道覆) 율사가 처음 소개하기 시작하면서 6권의 소(疏)를 지었다. 하지만 이 과(科)의 문장을 제창해 종지를 전파한 것은 세상에 별로 알려지지 않았기 때문에 혜광(慧光)이

배운 것은 오직 구전(口傳)에만 의존한 것이다.

혜광은 북제 사람이고, 도부는 위나라 말기에 살았다. 일본의 교넨(凝然) 대덕(大德)이 지은 『율종강요(律宗綱要)』에서는 이렇게 말했다.

> 『사분률』의 번역은 이미 육십여 년이 되었고, 원위(元魏)의 여섯 번째 황제인 효문제 시대에는 북대(北臺)의 법총(法聰) 율사가 본래 『승기율』을 배워서 정밀히 연구하여 정통했다. 하지만 최초에 전수받은 율부를 궁구해 보면 『담무덕』에 의한 것이었다. 그래서 법총은 『승기율』의 강설을 멈추고 처음으로 『사분률』을 전파했다. 전수는 상(相)에 따라 계합했어도 사(事)는 하나의 도리로 돌아갔는데, 하지만 이 구전의 전수는 서적에는 실려 있지 않았고 도부 이후부터는 소(疏)를 지어 문장을 해석했다.

이 글에 따르면, 도부 이전에 법총은 이미 『사분률』을 연구했다. 하지만 『담무덕률(曇無德律)』이 누구로부터 시작되었는지 모르겠지만 크게 성행한 것은 혜광 때문이다. 혜광은 북조 말엽에 최고의 대사(大師)였고 또한 『지론』의 거장이었다. 그의 사적을 이제 간략히 서술하겠다. 당나라 도선이 전파한 계율도 『사분률』의 종지였는데, 그는 『고승전』을 지으면서 혜광을 『명률편(明律篇)』에 편입시켰다. 혜광은 북제 시대에 임종을 맞았고, 그 후에 『사분률』을 연구하는 자는 아주 많아서 북방에서는 보편적으로 받들어 행했다. 혜광이 죽고 나서 백 년 후에 당나라 중종(中宗)은 남방에서 『십송률』의 사용을 금지시켰고, 그 결과 북방의 『사분률』이 천하에 행해졌다. 진(陳)나라 말엽부터 수나라 초기까지의 『사분률』의 율사는 대부분 혜광의 후배이다. 이는 수나라와 당나라 시대의 율종의 건립과 특별한 관계가 있으므로 지금은 언급하지 않겠다.

미주

제19장

1) 『잡심(雜心)』에서는 "삼보에 대해 청정한 마음으로 의심하지 않는 것을 '믿음'이라 명명한다"고 했다.

2) 『고승전~승가발징전』에서는 "당시에는 선수의 학문이 매우 성행했다"고 하였다.

3) 『속고승전 · 습선편(習禪篇)』의 논의에 따르면, 이 말들은 응당 『선경서(禪經序)』에서 나왔을 것이다.

4) 10장에 상세히 보인다.

5) 『대정장』 614의 『좌선삼매경(坐禪三昧經)』이 바로 이것이다. 일명 『보살선법경』이라고도 한다.

6) 『대정장』 616

7) 『대정장』 613

8) 『대정장』 618. 일명 『수행도지경(修行道地經)』이라 한다.

9) 이 때문에 소위 『삼매경』 혹은 『관경(觀經)』과는 다르다.

10) 『대정장』 619. 소위 오문(五門)이란 바로 오정심(五停心)이다.

11) 『대정장』 620

12) 모두 경서(經序)에 보인다.

13) 1. 수식(數息), 2. 상수(相隨), 3. 지(止), 4. 관(觀), 5. 환(還), 6. 정(淨)

14) 즉 선정에 들어갈 때 부처가 나타나 앞에 서 있는 것이다.

15) 『우록』에서는 "도안이 옛 경전에 들어가서 가장 일찍 역출한 경전 중의

하나이니, 바로 앞의 4품이다"라고 하였다.

16) 원제(原題)는 지참 번역으로 되어 있다. 그러나 사카이노 코오요는 축법호 번역으로 고증했다.

17) 앞으로 상세히 밝힘

18) 상(相)은 32가지, 호(好)는 80가지

19) 『사론현의(四論玄義)』의 금강심 조목에서 이 단락을 인용했으므로 그 문장을 참고할 수 있다.

20) 이는 당나라 때 위조(僞造)한 『대불정경(大佛頂經)』이 아니다.

21) 『우록』 2에 2권이 실려 있다. 또 『우록』 7에서는 작자 미상의 서문에서 자칭 주(注)를 지은 적이 있다고 했고, 아울러 지도림이 이 경전을 강의했다고 말했다. 또 서문 말미의 주석에서는 이렇게 말했다; "도안의 『경록』에서는 '중평(中平) 2년 12월 8일 지루가참이 역출했는데, 이 경전의 첫머리에는 여시아문(如是我聞)이 생략되었고 오직 부처가 왕사성 영조정산(靈鳥頂山)에 있다고만 칭했다'고 하였다.

22) 『우록』 권2에 기록되어 있다. 또 『우록』 권7 지민도의 『합수능엄경서』에서는 "지겸은 아마 지루가참의 번역에 입각해 산정(刪定)만을 했지 다시 번역한 것은 아닐 것이다"라고 하였다.

23) 『우록』 2에 기록되어 있다. 아울러 주석에서는 "달리 역출되었으니, 첫머리에서 '아난이 말했다'고 칭했다"고 하였다.

24) 『우록』 2에 기록되어 있다. 또 주석에서 말했다; "도안은 『수능엄경』을 다시 역출했다고 했다." 원강 원년 4월 9일에 출간했다. 또 『우록』 7에 기재된 『용복정경기(勇伏定經記)』가 실려 있다.

25) 『우록』 2에 기록되어 있다. 또 지민도가 합친 것은 지겸, 축법회[응이다], 축숙란의 세 경전으로 『우록』 7권 지겸의 서문에 보인다.

26) 『우록』 7 경후기(經後記)에 보인다. 또 『우록』 2에는 조위(曹魏) 시대의

백연(白延)이 번역한 이 경전이 실려 있는데 바로 양주에서 번역한 경전이 잘못 실려 있는 것이다.

27) 『우록』 2에 기록되어 있다. 또 권7에 홍충(弘充)의 서문이 있는데 이 경전에 주해(注解)를 지었다고 한다. 이 경전은 현존하지만[『대정장』 642] 다른 번역본은 이미 유실되었다.

28) 『우록』 권4의 『실역록(失譯錄)』에서는 "이 구록(舊錄)에 실린 것은 마치 촉 땅에서 출간된 것으로 보인다"고 하였다. 권2의 『이출경록(異出經錄)』을 참고하라.

29) 『우록』 4에서는 "구록(舊錄)에 실려 있다"고 말했으며, "열 개의 게송이 있다"고 하였다. 또 『우록』 2 『이출경록(異出經錄)』에서는 '이 경전은 일곱 사람이 역출했다'고 했는데, 즉 한역(漢譯)에서부터 촉역(蜀譯)까지 일곱 사람이다[모두 여덟 번 역출했다]. 후에 역출된 것은 이 일곱 사람에 넣지 않았다.

30) 승예의 『유마서(維摩序)』

31) 『우록』에는 작자 미상이라고 실려 있지만 사실은 도안이 손수 지은 것이다.

32) 도솔은 또한 도술이라고도 한다.

33) 혜원의 『선경서(禪經序)』를 보라.

34) 당시 지맹은 촉에서 선을 전수했다.

35) 대체로 그 후에 현창은 형주에서 선을 전수했다.

36) 『명승전초』와 『고승전・강양야사전』에 보인다. 『고승전・각현전』에서는 "각현에겐 동문수학한 승려 승가달다가 있었다"고 하였다.

37) 『고승전』에 보인다.

38) 원래는 문(聞)으로 되어 있다.

39) 본전에 상세히 보인다.

40) 『명승전초』에는 람(攬)으로 되어 있다.

41) 원래는 주(洲)로 되어 있다.

42) 이는 『명승전초』에 보인다.

43) 이상은 대부분 『고승전』에 보인다.

44) 그의 사적은 제14장에서 이미 보았다.

45) 제14장에 상세히 보인다.

46) 아마 『명승전초』에 전기가 있는 도소(道韶)일 것이다.

47) 중계통술(重階通術)은 천대(天臺)에 통한다는 의미가 있으므로 역시 선(禪)과 도교가 섞였음을 증명한다.

48) 이것 역시 도가의 말을 채택했다.

49) 『태평환우기(太平寰宇記)』에 근거함.

50) 『북사・은일전(隱逸傳)』

51) 『석로지』에는 발타(跋陀)라고 함.

52) 『석로지』에는 서역 사람으로 되어 있다.

53) 이에 근거하면, 동굴을 파는 것은 대부분 좌선을 위한 것임을 알 수 있다.

54) 『석로지』에도 실려 있다.

55) 이상은 모두 『속고승전』에 근거한다.

56) 사카이노 코오요의 『강화(講話)』 상권 592페이지를 참고하라.

57) 『속고승전・승실전(僧實傳)』

58) 『낙양가람기・융각사』 조목에 근거하면, 담모최는 최초에 역시 선학을 좋아했다.

59) 연(緣)은 지(指)로 되어 있기도 하다. 이 문장의 뜻은 명확치 않다.

60) 일본의 『속장경』에 수록되었다.

61) 역시 『소실육문(少室六門)』에 실려 있다.

62) 마(磨)는 마(摩)로 되어 있기도 하다.

63) 이 말은 『속고승전』에 나온다. 이에 근거하면, 달마가 송나라 때 중국에 왔다는 걸 알 수 있다.

64) 역시 『낙양가람기』에 보인다.

65) 『속고승전 · 혜가전』에 보인다. 후세에는 그가 소림사에 거주했다고 전한다.

66) 『속고승전』에서는 제목에서 북제(北齊) 업하(鄴下)의 남천축 승려라고 했다. 또 혜가도 역시 업의 승려이다.

67) 『구당서 · 신수전(神秀傳)』 및 『보림전(寶林傳)』

68) 나머지 제자는 『속고승전 · 법충전(法沖傳)』에 상세하다.

69) 법충전에서는 혜육(慧育)이라고 했다.

70) 승부는 바로 『전등록』에 나오는 도부(道副)이다.

71) 그러므로 달마는 늦어도 송나라 말엽에는 이미 북방으로 갔다.

72) 달마는 남천축 사람이며 『능가경』 역시 남인도에서 나왔다. 달마는 원래 이 경전과 묵묵히 깊게 계합하였다. 달마가 중국에 왔을 때 먼저 남방에 도착해서 4권의 번역본을 얻었기 때문에 스스로 따르면서 배우는 자들에게 전수했다. 달마가 이 4권의 송나라 번역본만을 반드시 고집한 것은 아니지만 다른 번역은 배척했다.

73) 혜가의 제자

74) 이는 『혜가전』에 보인다.

75) 『법충전』의 말

76) 당나라의 현색(玄賾)은 『능가인법지(楞伽人法志)』를 지었고, 그 후 정각

(淨覺)이 『능가사자기(楞伽師資記)』를 지었다.

77) 모산(茅山) 대명(大明) 법사의 제자이다.

78) 『입능가경』은 보리류지가 번역했다.

79) 즉 『지론』 법사인 담천(曇遷)으로 『섭론』을 전파했다. 앞으로 상세히 밝힘.

80) 예를 들면 『지론』, 『섭론』 등 법상종의 뜻

81) 하지만 법상의 지귀(指歸)와 법성은 정말로 서로 동일하다.

82) 역시 유부(有部)가 중시하는데 『비담』의 갖가지 논서를 보면 알 수 있다.

83) 허종이란 말에 본래 두 가지 뜻이 있다. 하나는 대승을 가리키는데, 가령 『속고승전 · 지념전(志念傳)』에 "정(情)이 허종(虛宗)에 귀속되었다……"는 말이 있다. 둘째는 반야의 법성종(法性宗)을 말하는데, 가령 담영(曇影)의 『중론서』에서 "무상(無相)의 허종에 계합한다"고 한 것이다. 도선이 말한 것은 아마 두 가지 뜻을 겸하여 취했을 것이다.

84) 대승과 소승이 바로 두 궤칙이다.

85) 좌선을 말함

86) 뜻을 얻는 자는 상(象)을 잊는다.

87) 이는 『법충전』의 말을 인용했다.

88) 이 경전은 아마 남천축에서 나왔을 것이다.

89) 가령 108구(句)는 바로 무상을 밝힌 것이다.

90) 그 속에 이미 팔식(八識)의 뜻이 있다.

91) 4권의 『능가경』에서는 "열반은 버리지도 못하고 얻지도 못하며, 단절되지도 않고 항상하지도 않으며, 하나의 뜻[一義]도 아니고 갖가지 뜻[種種義]도 아니다"라고 했다.

92) 즉 실상의 체험이니, 역시 법신을 성취해 열반에 들어간다.

93) 『전등록』에서는 『별기(別記)』를 인용해서 "달마가 2조(祖)에게 '밖으로 온갖 반연을 쉬고 안으로 마음에 헐떡거림이 없어서 마음이 마치 장벽과 같으면 도에 들어갈 수 있다'고 했는데, 종밀(宗密)의 『선원제전집(禪源諸詮集)』 2의 상(上)에서 말한 달마의 사람을 안심(安心)케 하는 법문과 언어가 동일하다. 벽관(壁觀)은 선법의 명칭이다.

94) 원문에는 소(所)자가 없는데 호씨(胡氏)의 뜻에 근거해 보완했다.

95) 선(禪)의 의역(意譯)

96) 『선원도전(禪源都詮)』하 1을 보라.

97) 그렇다면 달마의 가르침은 무상(無相)과 심성의 두 가지 뜻이 그 특징이다. 축도생의 학설을 살펴보면, 반야의 소상(掃相;모습을 일소하는 것)과 열반의 본성(本性) 두 가지 뜻을 종합했는데 이는 달마의 설과 아주 같다. 제16장을 참고하라.

98) 다음에 소개하는 글은 모두 『속고승전』의 글에 의거한다.

99) 이렇게 사물에 순응하고, 이렇게 방편을 쓰는 것이 모두 행입(行入)에 속한다.

100) 『능가사자기(楞伽師資記)』에서 이를 인용하면서 "말의 가르침은 더욱 따르지 말라"고 했다.

101) 무소득이기 때문에 견고히 머물면서 변천하지 않으니, 마음은 장벽과 같아서 말을 잊고 사려를 단절한다.

102) 소(訴)는 또한 대(對)로 되어 있다.

103) 『능가사자기』에서는 '기쁜 마음이 흔들림 없이 그윽이 법을 따른다'고 했다. 선법에서 가장 중시하는 것은 안팎의 바람에 흔들리지 않는 것이다. 흔들리면 혼란에 빠져 마음을 잃는다. 『사자기』에서는 원문을 고쳤는데 잘못이다.

104) 호적의 최근 저서 210페이지 이하에 상세히 보인다.

105) 이는 『속고승전』의 문장에 근거한다.

106) 법은 법 아님이 없다는 뜻이다.

107) 진역(晉譯) 권11

108) 선법(禪法)

109) 네 가지 행

110) 그래서 두타행을 수행한다.

111) 나(那) 선사의 제자

112) 이는 『능가사자기』에 근거한다.

113) 이상은 모두 도충전(道冲傳)에 보인다.

114) 예를 들면 만 선사가 설한 내용

115) 혜가 선사를 이어받지 않은 자는 제외한다. 원래의 전기에 상세히 보인다.

116) 이 말은 『습선편』에서 논한 것으로 보인다.

117) 고금의 선학(禪學)의 구별은 이미 수나라와 당나라 시대에 속하므로 상세히 서술하지 않는다. 호적의 『신회화상유집(神會和尙遺集)』 34페이지 이하 및 내학(內學) 제1집(輯) 몽문통(蒙文通)의 『중국선학고(禪學考)』 둘째 단락을 참고하라.

118) 혜포는 혜가의 뜻을 얻었다고 말한다.

119) 『혜포전』에 보인다.

120) 제18장에서 이미 설명했다.

121) 『법충전』의 말

122) 본전에 보인다.

123) 홍황의 제자임

124) 그는 도신의 제자가 아니기 때문이다.

125) 혜명은 천태산 혜사의 친구이다. 혜사도 역시 『대품』을 중시했다.

126) 역시 모산 대명 법사의 제자이다.

127) 법충은 혜고의 능가학을 들은 적이 있다.

128) 천태종도 역시 반야를 숭상하기 때문에 도신의 제자 법현(法顯), 선복(善伏)도 모두 천태 법사와 관계가 있다.

129) 섭산의 승려가 좌선한 일은 앞으로 상세히 밝히겠다.

130) 마치 만 선사가 배척한 것처럼

131) 이는 혜가 선사의 현기(懸記)

132) 다스굽타(Dasgupta)의 『인도철학사(History of Indian Philosophy)』 상권, 429페이지에서 말했다; "고다파다(GaudaPada)는 베단타 종파의 새로운 뜻을 천양하면서 가장 작은 만두카야(Mandukya) 오의서(奧義書; 우파니샤드)를 취하여 게송을 지음으로써 그 종지를 발명했다. 이 때문에 오의서의 문자가 짧고 간단했기 때문에 해석할 때 문자에 따른 구속은 아주 적어서 자유롭게 그 믿는 바를 발휘할 수 있었다. 남종(南宗)의 선사가 『금강경』을 취한 그 사적도 이와 비슷하다.

133) 『혜포전』에서 "막 선사는 혜명의 스승이다"라고 하였다.

134) 감(監)이라고도 한다.

135) 육묘문(六妙門)

136) 오문선(五門禪)

137) 양무제는 서역으로 선경(禪經)을 구하러 사신을 보냈다.

138) 앞에서 이미 보았다.

139) 역시 앞에서 보았다.

140) 이 밖에 법귀(法歸)와 혜경도 역시 여산에 거주했다.

141) 지금의 사천성

142) 법랑 역시 보지(保志)로부터 선법을 전수받았다.

143) 『속고승전』의 『혜포전』 및 『보공전』을 참고하라.

144) 사찰 이름. 송(宋)은 원래 종(宗)으로 되어 있다.

145) 앞의 인용을 보라.

146) 이상은 모두 『속고승전』에 보인다.

147) 형주도 선법이 유행한 지역이다.

148) 예컨대 앞서 인용한 『낙양가람기』의 이야기에 나온 보명(寶明)과 도홍(道弘)이다.

149) 스스로 천상에 태어나고 싶어 하는 자도 있었다.

150) 『혜사전』에 그 내용이 보인다.

151) 이상의 여러 사람은 담란을 제외하고는 모두 『속고승전』 습선문(習禪門) 속에 열거되어 있다.

152) 『부법장전(付法藏傳)』을 번역한 담요도 역시 선사이다.

153) '등(等)'은 이역(異譯)을 동등하게 취한 것임

154) 여기에 예배를 부가한다.

155) 또한 만(巒)이라고도 한다.

156) 『속고승전 · 승달전』

157) 『장방록』 등에서는 보태 원년(서기 531년)이라고 하지만, 여기서는 『개원록』에 근거한다.

158) 이름은 역시 『정토론』이고 또한 『왕생론』이라고도 한다.

159) 담란이 이에 대한 주석을 지은 것도 역시 이를 증명한다.

160) 오늘날 현존, 이름은 가재(迦才)의 『정토론』 하권에 보인다.

161) 오늘날 현존, 이름은 『찬아미타불게(贊阿彌陀佛偈)』이다. 하지만 소주(小注)에서 "석(釋(오기로 의심된다) 이름은 『무량수불[원작 방(傍)은 오기임] 경봉찬』이다. 이 이름 역시 가재의 『정토론』 하권에 보이는데 바로 『속고승전』의 『예정토십이게(禮淨土十二偈)』이다.

162) 오늘날 현존, 가재의 글에는 문답 1권이 있다. 『승전』에 『안락집(安樂集)』 두 권이 있는데 모두 이것을 가리킨 것으로 생각된다.

163) 『속고승전』에 보인다. 왕소(王邵)의 주, 『수지(隋志)』에서는 『조기방(調氣方)』 1권이라 했다.

164) 소위 염념생멸(念念生滅)이 이에 해당한다.

165) 하지만 역시 시간[時]과 관계있다. 주해에서 이를 밝힌 적이 있어서 여기서 상세히 서술하지는 않겠다.

166) 염을 지니는[持念] 것을 염주(念住) 혹은 염처(念處)라고 번역한다.

167) 『승전』에 보인다.

168) 이는 선도(善導)의 설이다.

169) 이 말은 『왕생론주』 상권 말미에서 나왔다.

170) 이는 구업(口業)이 된다.

171) 다른 한 판본에는 열(列)자 뒤에 재(在)자가 있다.

172) 혹은 사(司)자이다.

173) 그 속에서 진나라 천자와 낙타 등을 언급했다.

174) 원래는 천(千)자가 빠져 있다.

175) 『개원록』 18

176) 『개원록』에 근거하면, 이 경전은 지엄, 보운, 구나발다라 및 담요의 네

번역이 있다고 하는데, 지금은 모두 현존하지 않는다.

177) 바로 입춘, 춘분, 입하, 하지, 입추, 추분, 입동, 동지를 말한다.

178) 8일, 15일, 30일에는 사천왕이 직접 세상에 내려온다는 것은 이미 앞에서 인용했다. 이 문장은 15일 위에 '팔일(八日)' 두 글자가 빠진 것 같다.

179) 녹(錄)자 아래에는 응당 빼야 한다.

180) 이 말은 『사천왕경』에도 보인다.

181) 모치즈키 신코[望月信亨][1]의 『정토교의 기원과 발전(淨土教之起原與發展)』 196페이지 이하를 참고하라.

1) 1948년 생. 불교학자이며 정토종 승려이다.
대정(大正) 대학 전신(前身)인 정토종학본교에서 불교학을 배워다.
대정 대학 교수와 학장을 역임했다. 불교학의 기본서인 『망월불교대사전(望月佛教大辭典)』과 『대일본불교전서(大日本佛教全書)』를 편찬했다.

182) 이 말은 『법구경』에 나온다.

183) 『대주록(大周錄)』에 기록되었다. 사정(邪正) 아래에 법문(法門) 두 글자가 있다.

184) 이는 법륜(法輪)을 굴리기 전이다.

185) 『과거현재인과경(過去現在因果經)』 권3을 참고하라.

186) 『변정론』 1에서는 『마화비구경(魔化比丘經)』을 인용하면서 "오계는 인간의 근기이고, 십선은 천계(天界)의 종자이다…….."라고 했다. 오계를 지키면 응당 사람 몸을 얻고 십선을 수행하면 반드시 천상의 과보를 얻는다는 말이니, 이것이 아마 인천교의 명칭이 근본으로 삼는 것이리라.

187) 이는 『제위경』의 설이다.

188) 『예(禮)』, 『악(樂)』, 『시(詩)』, 『서(書)』, 『역(易)』이며 『춘추』는 없다.

189) 이는 지자 대사의 사적인 뜻이다.

190) 이는 『변정론』에서 인용한 것과 다르다.

191) 『안씨가훈 · 귀심편(歸心篇)』에서도 이 설을 채택했다.

192) 이는 이미 앞에서 인용했다.

193) 『정토삼매경』으로 의심된다.

194) 야부키 케이키[矢吹慶輝][1]의 『삼계교 연구』를 참고하라.

1) 1879~1939年. 일본의 종교학자이자 사회사업가. 서양에 유학해서 돈황 출토의 불교경전을 연구하여 1925년 「삼계교의 연구[三階教之研究]」로 학사원은사상(學士院恩賜賞) 수상.

195) 상(像)이란 비슷하다는 뜻이다.

196) 『문선(文選) · 두타사비문(頭陀寺碑文)』 이주(李注)에서 인용함.

197) 『법경』에 기록되어 있음.

198) 『법경』에 기록되어 있음

199) 『법경』에 기록되어 있음

200) 『법경』에 기록되어 있음. 경전 속에서 낙양을 언급했다. 『삼계교적목록(三階教籍目錄)』에 이 경전이 있는데 야부키 케이키의 책 177페이지에 보인다.

201) 언제 지어졌는지 모른다. 하지만 경문을 보면 아마 남북조 시대일 것이다.

202) 법경에 기록되어 있다. 회주(淮州)의 사문 담변(曇辨)이 편찬했다.

203) 그 내용을 검토해보면 『개원록』 7에 기재된 위경이 아니므로 또 다른 책이다.

204) 종난야법(宗蘭若法)

205) 이는 모두 삼계교와 동일하다.

206) 『내전록』에 기록되었고 그 이름은 『범성육행법』이다.

207) 『내전록』에서는 20권, 10권, 7권, 5권, 3권, 1권의 여섯 종류가 있다고 한다.

208) 야부키 케이키의 『삼계교 연구』 595페이지에 보인다.

209) 보지(寶志)라고도 한다.

210) 『전등록』에 실린 두 사람의 게송 등은 모두 뒤늦게 나온 전설이다.

211) 『승전 · 강량야사전』

212) 『승전』에 많은 사적이 서술되어 있으므로 여기서는 생략한다.

213) 『속고승전 · 혜운전(慧雲傳)』에서는 이름이 홍(弘)이라고 했으며, 『전등록』에서는 이름을 흡(翕)이라고 했다.

214) 이상은 부대사 자서(自序)의 말이다.

215) 『금강경』은 언급하지 않았다.

216) 『법화경』의 이 품에서는 약왕이 몸을 불태운 일이 실려 있다.

217) 마치 부대사의 사적처럼

218) 『사분률(四分律)』, 『오분률(五分律)』, 『승기율(僧祇律)』을 공부하는 자가 극히 적었다. 『홍명집』에 실려 있는 혜의가 범태(范泰)에게 보낸 서신에서는 기환사(祇洹寺)에서 『승기율』을 사용한다고 했다.

219) 『승전』에 전기가 있음.

220) 『광홍명집』에 지칭의 행장이 실려 있다.

221) 유협(劉勰)이 도왔다.

222) 청장(聽場)이라고도 함.

223) 역시 『승전』의 『보살계본』이다.

224) 모치즈키 노부토루의 『정토교의 기원과 발전』 154페이지 이하를 참고하라.

225) 앞에서 보았다.

20

북조 시대의 불교학

『고승전』에 실린 제(齊)나라의 『승종전(僧宗傳)』에서는 이렇게 말했다. "예전에 북방의 법사 담준(曇準)은 승종이 『열반경』에 특히 능했다는 소식을 듣자 남방으로 유행(遊行)해서 담준의 강설을 보고 들었다."

이처럼 남북의 상황이 달라서 사유가 서로 섞이지 않았다. 담준이 개별적으로 더 강설한 내용은 대부분 북방에서 스승으로 삼았으므로 남북의 학문은 실제로 차이가 있다[1]. 석가모니의 가르침은 공(空)과 유(有)의 두 바퀴인데, 남방은 공(空)의 학설이 비교적 성행하고 북방에서는 유(有)의 학설에 치우쳤다. 대승에 대해서는 『열반경』[2], 『화엄경』, 『지론』을 연구하고, 소승에 대해서는 『비담』, 『성실』을 공부했다. 『법화현의석첨(法華玄義釋籤)』에서는 "강남에서는 『성실』이 성행하고, 하북에서는 『비담』에 치우쳤다"고 했는데, 이는 바로 남북조 말엽의 학설을 비교해 말한 것이다. 『성실』은 비록 필경공(畢竟空)은 아니지만 이미 대승 법성학(法性學)의 영향을 받았고, 『비담』은 사바다(娑婆多)로서 일체유(一切有)를 설했으니, 북방에서 『비담』이 『성실』을 능가한 것은 아마 이 때문이었을 것이다. 정영사(淨影寺)의 혜원은 『대승의장(大乘義章)』을 지으면서 매번 먼저 『비담』을 서술하고 다음엔 『성실』을 언급하고 『지론』, 『열반』의 학설로 귀결했다. 그 의도는 소승의 유[小有]에서부터 소승의 공[小空](『성실』)과 대승의 유[大有](『지론』)와 묘유(妙有)(『열반』)까지 걸쳐 있으며, 이 네 가지는 북방의 주요한 학술이다. 또 법상(法相)의 옛 학문을 살펴보면, 남방에는 『섭론』이 있고 북방에는 『지론』이 있다. 하지만 『섭론』이 최초로 전래되었을 때 남방에서는 믿는 자가 적었고 진(陳)나라와 수나라 시대에 와서야 조금씩 퍼져나갔다. 하지만 『섭론』이 아주 성행한 이유는 담천(曇遷), 정숭(靖嵩) 등과 같은 북방의 『지론』 법사 때문이다. 따라서 『섭론』도 사실은 역시 북방의 학문이라 할 수 있다. 이제 북방 불교학이 유행한 사적(事跡)을 서술하면서 『섭론』도 덧붙이겠다.

1) 팽성(彭城)의 불교학

북방 불교의 의학(義學)은 구마라집이 장안에 있을 때 가장 흥성했다. 그 후 연이여 변란을 겪게 되자 학승(學僧)은 별처럼 흩어져서 양주(涼州)의 사문은 평성(平城)으로 이주했다. 북조 초기의 불교는 도안과 구마라집 시대와는 그 취향이 크게 달랐다. 선사(禪師)인 현고와 담요가 사실상 불교계의 우두머리였는데, 이로 인해 정토와 염불이 성행했고, 또한 계율을 치우치게 중시했고, 방술과 음양의 신교(神教)를 섞었다. 한(漢)나라 시대 불법의 잔재는 대부분 북방에서 유행한 것으로 보인다. 가령 의학은 북조 시대 초엽에는 멸시를 받았다. 북조의 의학은 대략 효문제 시대에 흥기했는데, 처음에는 대부분 팽성에서 시작했고 후에는 낙양에서 불법의 의의를 많이 강의했다. 그래서 마지막 동위(東魏)와 북제(北齊) 시대에는 업성을 학해(學海; 학문의 바다)라고 칭했다.

팽성에서 불교학이 흥성한 이유는 관중의 불법이 박해를 받았기 때문이다. 처음에는 구마라집 만년에 일어났다가 급기야 요진(姚秦) 시대에 완전히 훼멸되면서 학승은 대부분 강동으로 내려갔으니, 담영은 양적군(陽翟郡)의 구애암(九崖巖)에 은거했다고 하였다[3:]. 도융이 팽성에서 도(道)를 강설했을 때 문도 삼백 명을 포함해 천여 명이 모였으며, 혜의(慧義)도 원래 팽성과 송나라 사이를 다녔으며, 동아(東阿)의 혜정(慧靜)은 젊은 시절에 이수와 낙수 지역을 다녔고 만년에는 서주(徐州)와 연주(兗州)를 편력했으며, 승포(僧苞)는 송나라 영초 시기에 북서(北徐)를 편력했고, 도빙(道憑)도 팽성에서 법을 전수했는데[4:] 그 명성이 발해와 태산 지역까지 덮었으며, 승도는 수춘사에 머물면서 『삼론』과 『성실』을 전수했다[5:].

대체로 관중 지역의 학문은 이미 동쪽의 서해(徐海)로 이주했다. 구마라집의 제자 승숭도 팽성의 백탑사(白塔寺)(『석노지』)에 거주하면서 원래 대품(『중론소』)을 주로 했지만 겸하여 수론(數論)에도 밝았다(『승전 · 도온전(道溫傳)』). 소위 수론이란 『성실』과 『비담』을 겸비한 것이다. 승숭은 남북 성실론 학문의 대사(大師)이니, 『중론소』에서는 "승숭은 원래 『대품』을 믿었지 『열반경』이 아니다"라고 했다[6:]. 그는 원래 구마라집의 학설을 돈독하게 믿었지만, 그러나 만년에는 예전의 치우친 고집을 후회하면서 『열반』의 설을 신봉했으니[7:], 그렇다면 양주의 학설도 역시 팽성에 전래되었다고 할 수 있다.

승연(僧淵)은 처음에 서주(徐州)를 유행(遊行)하면서 백탑사의 승숭으로부터 『성실』과 『비담』 두 논서를 수학했다[8:]. 당시 팽성은 이미 북위의 판도에 편입되었다. 승연의 제자 중 유명한 자는 네 명인데[9:], 그중 도등(道登), 혜기(惠紀)[10:], 담도(曇道)[11:]는 『성실』로 유명했으며 모두 위나라 효문제의 중시를 받았다. 태화 19년 효문제는 몸소 백탑사에 행차하여 승숭 법사가 거주했던 절을 추모했다. 당시 서주는 사실상 북위 의학의 중심지였으며[12:], 북방 의학은 효문제 때 실제로 서주를 가장 뚜렷한 원천으로 여겼다.

2) 북방의 열반학(涅槃學)

『열반경』은 본래 양주에서 출간되었다. 당시 혜숭과 도랑은 이미 『열반경』으로 유명했고, 그 후 『열반경』은 남방에 전래되어 지극히 성행했다. 양주(涼州)의 사문이 평성에 왔을 때도 『열반경』을 가지고 왔다[13]. 하지만 송나라와 제(齊)나라 시기에 북방에서 『열반경』을 연구한 사람에 대해서는 역사 자료가 부족하기 때문에 상세히 알 수 없다. 그러나 승연의 제자인 도등은 서주의 승약(僧藥)으로부터 『열반경』을 익혔고, 보량(寶亮)은 청주(靑州)의 도명(道明) 법사로부터 배웠다[14]. 담준(曇準)은 북방에서 지탄(智誕)에게 수학했으며, 도약, 도명, 지탄은 모두 송나라 때 북방의 『열반』 학자로 생각된다. 동시에 『열반경』에 능한 담도는 남방에서 배웠다. 송나라 초기에 북방에서는 동아의 혜정이 특히 유명했고 그의 제자 중에도 『열반』을 해석한 자가 많았다[15]. 혜정의 저작은 대부분 북방 지역에서 유행했고 강남으로는 별로 전파되지 않았다.

앞서 말한 것처럼 북방의 송나라와 제나라 때는 일찍부터 『열반경』을 연구한 자가 있었다. 하지만 담준은 제나라 시대에 남방을 편력하면서 특히 승종(僧宗)이 강의한 『열반경』을 들었는데, 이 학설을 살펴보면 남과 북이 달라서 사상이 서로 섞이지 않았음을 알 수 있으니, 그렇다면 북방의 『열반』에는 자못 특이한 점이 있는 것이다. 북위 효문제 이후 학자들이 크게 번성하면서 위나라 말엽과 수나라 초기의 북방에서는 『열반』으로 이름이 난 자가 더욱 많았다. 위나라 중엽부터 수나라 초기까지 『열반』을 익힌 자를 헤아려보면, 담준, 담무최(曇無最), 혜광, 원통(圓通), 도빙, 도신(道愼), 보전(寶篆), 영순(靈詢), 승묘(僧妙), 도안, 법상(法上), 담연(曇延),

혜장(慧藏), 영유, 혜해(慧海), 융지(融智), 혜원, 정숭(靖嵩) 등이 있다.

대체로 효문제 때 북방에선『열반』을 익힌 자가 특히 많았다. 이 경전은 양주에서 왔으므로 원위(元魏) 시대의 불법은 양주와 관계가 밀접했음을 알 수 있다. 석승범은『열반』을 듣고 출가했기 때문에 처음『열반』을 배우자 그 이치를 단박에 다 이해했고, 후에 다시 혜광에게 가서 배운 뒤에『열반소』를 지었는데, 소(疏)의 개변과 경전의 인용으로 논서를 완성했기 때문에『열반론』이라고 부른다. 석혜순도 처음에는『열반』을 듣고 나중에는 혜광에게 가서 출가하여 막힌 곳을 해결했다. 도빙 역시 일찍부터『열반』,『성실』 등을 배웠고 후에는 혜광에게 계율을 배웠으며, 석영순도 젊은 시절『성론』,『열반』을 익혔고 후에는 역시 혜광에게 배웠으니, 이로서 알 수 있는 것은 당시에는 늘『열반』을 강의했다는 점이다. 혜광 대사는 경전과 논서에 모두 능통해서 당시의 종사(宗師)였기 때문에『열반』을 배우는 자는 역시 그에게서 수업을 받았다. 혜광은『열반소』를 저술했으며, 그의 문인(門人) 법상(法上)과 재전(再傳) 제자 혜원은 특히 이 경전으로 이름을 날렸다. 수나라의 승려 영유도 도빙에게 배우면서 역시『열반』에 능했고 경전의 소(疏)를 지었다.

북제 시대의 법상은 한 시대의 명장(名匠)이다. 아홉 살 때『열반경』을 얻어서 읽고는 외워버렸다. 그리고는 바로 세상을 싫어하여 도약 선사를 찾아가 출가했고[16], 출가한 후에는 임려산(林慮山)에 깊숙이 칩거하면서『법화경』,『유마경』을 독송했다. 그는 낙양에 가서『법화경』을 강의했다. 후에 흉년을 만나자 옷과 음식이 모두 부족했지만, 법상은 오로지『열반경』에만 뜻을 두었을 뿐 추위나 배고픔에는 무심했다. 후에 혜광에게 가서 구족계를 받았다.『십지경』,『지지경』,『능가경』,『열반경』 등을 강의했고, 나라의 승통(僧統)이 되었으며, 저술로는『불성론』 2권이 있다. 주(周)나라 대상(大象) 2년에 86세로 임종을 맞았다. 법상의 제자 혜원[17]은 제나라와 수나라 시대의 태두(泰斗)로 추앙을 받은, 『지론』과 『열반』을 겸한 학자였다. 『속고승전』에서는 혜광이 본래 청화(淸化)[18]에 머물면서 『열반』을 익혔는데 사찰의 대중이 백여 명이고 중요한 제자가 삼십 명으로 당나라에 선 으뜸으로 칭했다고 하였다. 그의 저작 중에는 『열반소』 10권이 있으며, 그의 『대승대의장』은 늘 『열반경』을 궁극적 종지로 삼았다. 하지만 북조 말년에 『열반경』으로 가장 유명한 사람은 담연이다. 『속고승전』에서는 '당나라 석현회(釋玄會)는 담연과 혜원이 돌아간 후부터 작자로서 이전의 가르침을 조술(祖述)했는데, 오직 석현회 한 사람만이 홀로 발군(拔群)이었다'고 하였다.

담연은 포주(蒲州) 상천(桑泉) 사람이다. 젊은 시절에 하동의 사문 승묘(僧妙)의 『열반경』 강의를 들었는데, 승묘는 이 경전을 강의하고 해석하면서 영원한 업(業)이라 여겼다. 담연은 그 종지를 깊이 깨닫고 마침내 출가했으며, 후에 『화엄경』, 『대론』, 『십지경』, 『지지경』, 『불성』, 『보사유(寶思惟)』 등의 경전을 들었다. 주무제가 불법을 파괴할 때 태항산에 은거했다. 수나라 문제가 즉위한 후 다시 장안으로 갔고, 수문제는 그를 스승으로 모셨다. 개황 8년에 73세로 임종을 맞았다. 수나라와 당나라 때 그의 제자 중에는 『열반경』에 능한 자가 아주 많았고, 담연은 『열반소』 15권을 지었다[19].

3) 북방의 사종(四宗)

교리를 판단하고 해석하는 일이 언제부터 시작되었는지는 모른다. 지금 알고 있는 바에 따르면, 혜관 법사가 돈교, 점교, 부정(不定)의 삼교(三敎)를 나눈 것이 가장 빠르므로[20] 교리를 판단하고 해석하는 설은 대체로 북량 담무참 법사의 시대에 있었던 것으로 보인다. 또 교리를 판단하는 일에 근거가 되는 경전도 각 가(家)마다 다르다. 가장 유행한 것은 오시(五時)의 설인데, 이는 『대열반경』에서 나온 것이다. 이 경전은 담무참이 번역했고, 또 혜관 법사가 늘 유념한 경전이다.

『화엄경』은 돈교라고 하는데, 이 경전을 역출할 때 혜관 법사는 반드시 직접 참여했을 것이다[21]. 남북조 시대 말엽이 되었을 때 『화엄경』은 온 나라에 유행했다. 지론종(地論宗) 사람들 중에 교판(敎判; 교리의 판단)을 하는 자가 지극히 많았는데 그 이유는 이 경전 역시 근본경전이기 때문이다. 『법화경』은 삼승을 회통해 일승으로 돌아가고[會三歸一] 온갖 교리를 종합해 하나의 궤칙으로 포용한 경전이라서 교판의 여러 설이 의존하는 기본 이론이기 때문에 이 경전도 아주 중요하다[22].

남북조 시대에는 교판의 이설(異說)이 지극히 많았다. 여러 책에 실린 내용[23]은 분분히 나뉘어져 일치하지 않았다. 하지만 이들을 비교해 논해 보면, 남방의 학설은 간소해서 교판의 설이 성행하지 않았고[24] 또 복잡하지도 않았다[25]. 관정(灌頂)은 천태종이 전한 '남방은 셋, 북방은 일곱'이라는[26] 설을 기록하고 있다. 북방에 칠가가 있고 남방에 삼가가 있을 뿐만 아니라 또한 세 가지만으로 나누기도 하는데 소위 돈교, 점교, 부정(不定)이다. 북방에는 칠가가 있어서 교판이 성행했음을 엿볼 수 있고, 또 돈교, 점교, 부정으로 나누는 것 외에도 다양한 설이 있다. 북방에서 교판의 번잡함은 남방과 다른데, 이는 아마 북방의 학설이 깊고 복잡해서 그 지엽(枝葉)을 궁구했기 때문일 것이다.

인도의 불교 경전이 세상에 나온 것은 선후로 같지 않아서 각자 수립한 교의(敎義)의 종지가 다르고 학설의 배경도 다르다. 그래서 교의의 진술이 복잡해서 대승과 소승의 경전들과 성종(性宗)과 상종(相宗)의 각 종파가 있는 것이다. 아울러 경전과 논서가 중국으로 전래되면서 연구하고 독송하는 자가 많아졌고 또 저마다 자신의 소견을 펼치면서 이설(異說)이 흥기했다. 교판의 설은 대체로 인도 불교 경전의 다양한 갈래를 하나로 정리, 통일해서 구획 짓는 것이고, 또 교판에 의거한 자의 종의(宗義)로 중국에 유행하는 이설(異說)을 평가해서 '하나의 존귀함[一尊]'을 정하고자 하는 것이다. 교판은 광범위하게 포용하고 그 계획도 지극히 위대해서 중국 종파의 형성은 사실상 이 교판에 근거한 것이다. 천태종, 화엄종, 지론종 등 종파의 성립은 본래 북방에서 있었고, 화엄종과 천태종의 교판은 전체 학설의 골격이라서 지극히 중요하다. 또한 북방의 기풍으로 숙성되었기 때문에 그 교판은 북방의 여러 학설을 선택해 이루어진 것이다[27:].

교판은 종지의 성립과 지극한 관계가 있을 뿐 아니라 교판의 내용을 연구하면 그 시대에 유행한 학설과 연구하고 있는 경전이 무엇인지 알 수 있다. 교판하는 사람이 채택한 것은 반드시 당시 성행한 경전과 학설이기 때문에 실제로는 당시 불교 학설의 상황을 반영한 것이다. 수나라와 당나라의 장소(章疏)[28:]는 모두 북방의 네 가지 종지의 설을 서술했는데, 이 설은 지론의 법사가 수립했다고 하며(『대승현론』) 또한 광통(光統)(혜광(慧光))의 설이라고도 한다[29:]. 혜광은 고제(高齊) 시대에 북방 승려의 우두머리였고 지론의 최고 대사(大師)였다. 또 이것이 대연사(大衍寺) 담은(曇隱) 법사[30:]의 학설이라고 하였다(『중론소』). 담은은 혜광 법사의 제자이다. 안쵸의 『중론소기』에서는 비록 이것이 혜광 율사의 설이라고 하긴 했지만, 그러나 또 "위나라 때의 도변(道辨)은 간략히 네 가지 종지로 표시했다"고도 하였다. 도변은 위(魏)나라 효문제 시대의 승려이니, 그렇다면 이 학설은 세력이 가장 큰 지론 법사가 사용했을 뿐 아니라 그 기원도 아주 오래된 것이다.

네 가지 종지란 인연(因緣)[31:], 가명(假名)[32:], 부진(不眞)[33:], 진(眞)[34:]이라고 한다. 첫째는 『비담』을 말하는 것이고, 둘째는 『성실』을 말하는 것이고, 셋째는 『반야』의 사론(四論)을 말하는 것이고, 넷째는 『열반』, 『화엄』[35:] 및 지론을 말하는 것이다(『대승현론』). 이 네 가지는 반야의 사론 외에는 모두 북방의 현학(顯學)이다. 혜원의 『대승의장』에서는 광범위하게 수집했지만 단지 『비담』, 『성실』, 『지론』, 『열반』과 같은 경전들의 교의만 진술했으니, 이를 통해 북방 불교학의 기풍을 알 수 있다.

첫째로 비담은 인연종(因緣宗)이다[36:]. 『중론소기』 1에서는 이렇게 말했다.

> 첫째는 인연종이다. 이제(二諦)의 모든 법은 자성이 없어서 인연으로 작용을 일으키는 것을 속제(俗諦)로 삼지만 이(理)는 본래 적멸(寂滅)하므로 진제(眞諦)로 삼는다. 하지만 범부는 망상의 정(情)으로 결정된 법[定法]이 있다고 계교하는데, 이 망상의 정을 비우기 때문에 '색(色)이 곧 공(空)'이라 말하는 것이다. 후세 사람은 이를 비담종이라 이름을 붙였다.

비담이란 사바다부(沙婆多部)를 말한다. '사바다'는 일체의 모든 법이 다 자체의 성품[自性]이 있다고 설하기 때문에 『대승의장』에서는 이 종지를 서술하면서 이렇게 말했다.

> 성품이 성립한다고 말하는 자는 소승 중의 천박한 견해로 모든 법은 각자 체성(體性)이 있다고 설한다. 비록 성품이 있다고 설하지만 모두 연(緣)으로부터 생겨나서 외도에서 말하는 자연의 성품과는 다르다. 이 종지가 바로 저 아비담(阿毘曇)이다.

안쵸가 말한 이 종지의 이제(二諦)도 역시 그렇지 않다. 『대승의장』에서는 '비담은 사(事)와 이(理)의 이제를 수립했다'고 말했다.

처음[初[37]의 종지에는 사(事)와 이(理)가 상대한다. 사(事)는 세제(世諦)이고 이(理)는 진제(眞諦)이다. 음(陰; 오음), 계(界; 십팔계), 입(入; 십이입) 등은 피차 막혀있으니 이것이 사(事)이고, 고(苦)와 무상(無常) 등 16가지 성제(聖諦)는 상(相)을 통달하는 법이니 이것이 이(理)이다.

혜원이 서술한 내용은 비담인데 실제로 근거가 있다. 안효가 서술한 첫 번째 종지는 일본 사람들이 잘못 전래한 것으로 의심된다[38].

둘째로 『성실』은 가명종(假名宗)이다[39]. 『중론소기』에서는 이렇게 말했다.

둘째는 가명종이다. 만법은 비록 다르더라도 가상(假相)으로 있어서 모두 그 실재[實]가 없지만 명자(名字)의 작용은 있기 때문에 이름하여 속(俗)이라고 한다. 또 이 가명(假名)의 법은 체성이 적멸하므로 이름하여 진(眞)이라고 한다. 무릇 가(假)는 연(緣)을 빙자하지만 그 체(體)는 적멸하기 때문에 '색이 바로 공'이라 말하는 것이다. 후세 사람은 이를 성실종이라고 하였다.

이는 혜원이 서술한 내용과 같으니, 그 글에서는 이렇게 말했다.

성품을 타파한다고 말하는 자는 소승의 깊은 견해이다. 모든 법이 허망한 가짜라서 성품이 없다고 설하므로 앞의 종지에서 법의 자체 성품이 있다고 하는 것과는 다르다. 법은 비록 성품이 없지만 가상(假相)이 없지 않은 것이니, 이 종지가 바로 저 성실종이다.

또 말했다.

두 번째 종지에서는 인연의 가유(假有)를 세제로 삼으며, 성품이 없는 공(空)을 진제로 삼는다.

셋째로 반야는 부진종(不眞宗)이다[40]. 『중론소기』에서는 이렇게 말했다.

셋째는 부진종이니, 일체의 모든 법은 모두 실체가 없고 마치 허깨비나 꿈과 같다. 업력의 기관이 흥기하여 성립하는 것을 이름하여 속(俗)이라 하고, 속(俗)이 허깨비나 꿈과 같아서 허망하여 실재가 아니고 본래 적멸한 것을 진제로 삼는다. 허깨비나 꿈과 같은 색(色)의 체(體)는 이름도 없고 상(相)도 없기 때문에 '색이 바로 공'인 것이다. 후세 사람은 이를 삼론종이라고 하였다.

『대승의장』에 실린 내용도 대략 비슷하지만 비교적 더 절실하다. 그 글에서는 이렇게 말했다.

파상종(破相宗)은 대승 중 얕은 견해이니, 앞의 종지에서 말한 허가(虛假)의 상(相) 역시 '있는 바가 없음[無所有]'을 밝힌 것이다. 마치 사람이 멀리서 아지랑이를 물로 보다가 가까이 가서 보니 본래 없는 것과 같으니, 성품이 없을 뿐만 아니라 물의 상(相)도 없다. 모든 법도 이를 본떠서 비록 무상(無相)을 말하지만 법의 실상은 드러내지 못했다.

또 이렇게 말했다.

세 번째 종지에서 일체의 모든 법은 망상(妄[41]相)의 유(有)를 세제로

삼고 있으며, 무상의 공(空)을 진제로 삼고 있다. (이하 생략)

넷째는 진종(眞宗)이다[42]. 『중론소기』에서는 이렇게 말했다.

넷째는 진종이다. 세간 법은 꿈과 허깨비 같아서 그 의(義)가 홀로 일어나지 않고 진리(眞理)에 의탁하니, 참[眞]도 여의고 허망함도 없으며 허망함은 참[眞]을 말미암아 일어난다. 따라서 경전에서는 이렇게 말하고 있다. "태어나고 죽는 것은 여래장(如來藏)에 의탁한다. 여기에 두 가지 뜻이 있다. 첫째, 세제는 망상이라서 공(空)이고 그 이(理)는 참[眞]이 아니다. 둘째, 그 체(體)는 진실로서 적멸하니, 이 때문에 공(空)이고 그 이(理)는 진묘(眞妙)이다."

『대승의장』에서 말한 내용도 동일하니, 그 글에서는 이렇게 말했다.

현실종(顯實宗)은 대승에서 모든 법은 망상이기 때문에 유(有)라고 깊이 설한 것이다. 망상은 체(體)가 없어서 반드시 참[眞]에 의탁해 일어난다. '참[眞]'이란 소위 여래장 성품이니, 갠지스 강의 모래알 같은 불법은 동일한 체(體)의 연(緣)이 집합한 것이라서 (여래장 성품을) 여의지도 않고 벗어나지도 않으며 단절되지도 않고 다르지도 않다. 이 참 성품[眞性]의 연기(緣起)가 모여서 생사와 열반을 이루는데, 참[眞]이 모인 것이기 때문에 진실 아님이 없다. 이 실다운 성품을 밝히기 때문에 진종(眞宗)이라고 한다.

또 이렇게 말했다.

네 번째 종지에는 두 가지 교의(敎義)가 있다. 하나는 의지(依持)의 교의이고, 둘째는 연기(緣起)의 교의이다. 만약 의지(依持)에 입각해 이제(二諦)[43]

를 밝힌다면 망상의 법은 능의(能依; 능히 의탁함)가 되고 참[眞]은 소의(所依)가 되는데, 능의의 허망[妄]은 세제라 설하고, 소의의 참[眞]은 진제라고 판단한다. 하지만 저 성품을 타파하고 상(相)을 타파하는 종지에서는 유위(有爲)가 세제이고 무위(無爲)가 진제이다. 이제 이 종지에서는 망유이무(妄有理無;허망함은 있으나 이는 없다)를 세제로 삼고, 상적상유(相寂相有; 상이 적멸하고 상이 있다)를 진제로 삼는다. 만약 연기에 입각해 이제[44]를 밝힌다면, 청정 법계의 여래장 체(體)는 연기로 생사와 열반을 이루고 참 성품[眞性] 자체는 진제라고 설한다. 연기의 작용은 세제로 판단한다.

혜원의 『대승의장』은 본래 당시 불학(佛學)의 개론이다. 하지만 네 가지 종지[四宗]의 설이 각 종지를 모두 포괄했다면 또한 북조 불법 개론의 개론이다. 북방 지역을 연구하는 학자는 먼저 이것부터 발견해 나가야 할 것이다.

4) 『비담』의 번역

육조 시대의 소위 『비담』은 매우 광범한 내용을 포함하고 있다. 예를 들면 『사리불아비담』 및 『가전연팔건도(迦旃延八犍度)』도 이에 속하는데, 하지만 『삼론현의』에서는 이렇게 말했다.

『아비담』은 18부의 살바도부(薩婆多部)이다.

『비담』이란 소위 일체유부(一切有部)에 속한다[45]. 일체유부의 본론은 통상 『팔건도』라고 부르는데 바로 당나라 시대에 번역한 『발지론(發智論)』이다. 다음으로 중요한 것은 이를 해석한 『비바사』이니, 육조 시대 사람들이 가장 연구한 것은 법승(法勝)의 『아비담심(阿毗曇心)』과 달마다라[46]의

『잡심론(雜心論)』이다. 이제 수나라 이전에 번역된 『비담』을 다음과 같이 열거하겠다.

『아비담감로미론(阿毗曇甘露味論)』 2권 존자(尊者) 구사(瞿沙)47:가 지었고 위(魏)와 오(吳) 시대에 실역(失譯)되었다.

『비바사론(鞞婆沙論)』 14권. 존자 시다반니(尸陀槃尼)가 지었고, 부진(苻秦)의 승가발징이 역출했고, 난제(難提)가 산스크리트를 기록하고, 불호(佛護)가 번역했고 민지(敏智)가 필사했다. 이것은 또 『광설(廣說)』이라고도 하고 『십사권비바사』라고도 한다.

『아비담팔건도론』 30권. 존자 가전연자(迦旃延子)가 지었고, 부진(苻秦)의 승가제바가 역출했다. 당나라 시대에 번역한 『발지론』과 동일한 판본이다.

『아비담심』 16권. 부진(苻秦) 건원 18년에 도안이 구마라제바를 시켜 번역했다. 부견(苻堅)이 죽은 뒤에 승가제바가 낙양에서 다시 16권을 역출했으며, 승가제바가 여산에 유행(遊行)해서 다시 『아비담심론』 4권을 번역했다. 『개원록』에 의하면, 16권짜리 판본은 바로 법구(法救)의 『잡심론』이고, 네 권짜리 판본은 법승(法勝)의 『심론(心論)』이다.

『아비담심론』 4권. 동진 시대의 승가제바가 여산에서 역출했으니 바로 법승(法勝)이 지은 것이다.

『사리불아비담론(舍利弗阿毗曇論)』 22권. 요진(姚秦) 시대의 담마야사와 담마굴다가 공역함.

『잡아비담심론』 13권. 동진의 법현과 각현이 공역했다. 법구의 저작이다.

『아비담비바사론』 60권. 북량 시대의 부타발마가 번역했다. 원래의 서문에서는 혼란으로 40권을 유실하고 60권만 남았다고 했다. 이는 당나라 시대에 번역한 『대비바사』와 동일한 판본이다.

『잡아비담심』 13권. 송나라 시대의 이엽파라(伊葉波羅) 등이 공역했다. 법구의 책이다.

『잡아비담심론』 11권. 송나라의 승가발마가 번역했다. 법구가 지은 것이다.

『중사분아비담론(衆事分阿毗曇論)』 12권. 송나라 구나발타라와 보리사가 공역했다. 이것은 바로 『품류족(品類足)』이다.

『육족아비담(六足阿毗曇)』 1권. 송나라 실역.

『입세아비담(立世阿毗曇)』 10권. 진(陳)나라 진제(眞諦) 번역.

『법승아비담심론경(法勝阿毗曇心論經)』 6권. 우파선다 지음. 북제(北齊) 시대의 나련제려야사와 달마사나가 공역했다.

그 밖에 진제가 번역한 『구사론(俱舍論)』은 순수한 일체유부의 『아비담』이 아니라서 열거하지 않았다.

5) 『비담』의 연구

이상 열거한 것을 보면, 『비담』의 번창은 부진(苻秦) 시대의 도안으로부터 시작되었다. 도안이 관중에서 경전을 번역할 때 그가 지은 경전의 서문 속에 비담이라는 말이 있는데 모두 계빈국에서 온 승려가 번역한 것으로서 일체유부의 논장(論藏)을 가리킨다. 하지만 『고승전·축도잠전』에서는 '축도잠의 제자 축법우는 스승으로부터 『아비담』을 공부했는데 하룻밤 사이에 바로 독송했다'고 했는데, 그 나이를 추측하면 응당 도안이 관중으로 들어가기 전이다. 그가 말한 『아비담』이 무엇인지는 모르겠지만, 그러나 하룻밤 사이에 바로 독송했다면 권수(卷數)가 많지 않았을 터이니 어쩌면 위(魏), 오(吳) 시대에 실역한 『감로미론(甘露味論)』일 수도 있다. 도안이 관중에서 일체유부의 논서를 역출한 후에 관중은 크게 혼란해졌다.

승가제바는 강남으로 갔지만 그의 학설은 강남 지역에서 별로 퍼지지 않았다. 여산의 혜원과 도생, 혜지, 건업의 혜관, 왕순 등은 일체유부의 학설을 상당히 전파했고, 이에 대해서는 이미 제11장과 16장에서 상세히 논술했다. 다만 오래지 않아 구마라집이 와서 대승을 전파하자 『비담』을 연구하고 배우는 자는 줄어들었다.

그러나 진(晉)나라 말기와 유송(劉宋) 시대에도 늘 『비담』을 번역한 것으로 보이니, 그렇다면 이 『비담』의 학문은 당시 사람들이 비교적 자연스럽게 주의를 기울인 것이다. 송(宋)나라와 제(齊)나라 때의 북방에는 정통한 자가 적었지만 남조 시대에는 많았다.

법업(法業)은 건업의 남림사(南林寺)에 거주했다. 『대품』, 『소품』 및 『잡심(雜心)』에 능했고, 『화엄』을 전파한 사람으로도 유명하다.

혜정(慧定)은 건업의 중흥사에 거주했다. 『열반』과 『비담』에 능했다.

담빈(曇斌)은 건업의 장엄사에 거주했고 법업으로부터 『화엄』, 『잡심』을 전수받았다.

승경(僧鏡)은 경사(京師)의 하정림사(下定林寺)에 거주했다. 『우록』에 그의 『잡심서(雜心序)』가 실려 있는데 마치 그가 지은 『비담현론서(毘曇玄論序)』와 같았다. 그 서문에 따르면, 구나발마가 『잡심』을 번역할 때 승경이 참여했다. 승경은 『법화경』, 『유마경』, 『니원경』에 능했고 아울러 『실상육가론(實相六家論)』을 지었다.

담기(曇機)는 회계에 살면서 『법화』, 『비담』에 능했다.

혜통(慧通)은 경사의 야성사(冶城寺)에 거주했다. 『대품』, 『승만경』, 『잡심』, 『비담』 등의 의소(義疏)를 지었다.

성구(成具)는 강릉에 살았고 『십송률』, 『잡심』, 『비담』 등에 능했다.

이상의 여러 사람은 모두 송나라 시대에 열거되어 있다.

승연은 제주(濟州)에 있으면서 승숭으로부터 『성실』, 『비담』을 전수받았다. 하지만 승연은 특히 『성론』의 대가였다.

승혜는 강릉에 있었고 그의 스승은 담순(曇順)이다. 담순은 혜원의 제자로서 『열반경』, 『법화경』, 『십주경』, 『정명경(淨名經)』, 『잡심』 등을 강의할 수 있었다.

혜기(慧基)는 회계에 있었다. 대승의 경전들에 능했고 『비담』도 알고 있었으니, 앞으로 서술할 것이다.

지림(智林)은 건업에 있었고 후에 고창으로 돌아갔다. 삼론의 학자로서 『아비담잡심기』를 지었다. 이상은 남제 시대에 열거되어 있다.

이상 열거한 내용을 보면 유명한 대사(大師)가 특히 적다. 그리고 법업, 승경, 승연, 지림은 모두 『비담』을 특출한 학문으로 여기지 않았다. 또 송나라 시대에도 『비담』에 능한 자는 적었고 제나라 시대에는 더욱 쇠락했다[48]. 양나라 시대의 남방에는 도승, 승소, 법호[49], 법총, 법령, 혜집, 지장, 및 정(靖) 법사[50], 혜개 등은 대부분 한 시대의 호걸은 아니다. 오직 지장만은 남방의 명승으로 『성실』의 대가일 뿐만 아니라 『열반』으로도 이름을 날렸다. 『비담』의 전문적 연구에 공적이 있는 자는 혜집이다. 『승전』에서는 혜집이 회계에 머물렀고 혜기(惠基) 법사의 제자라고 했다. 혜기의 스승은 승가발마, 즉 송나라 때 『잡심』을 번역한 사람이다. 『승전』에서는 계속해서 이렇게 말하고 있다.

> 후에 경성으로 나가서 초제사(招提寺)에 머물렀다. 다시 많은 스승을 편력하며 서로 다른 설을 융합해서 『삼장(三藏)』, 『방등(方等)』을 모두

종합해 통달했다. 『대비바사』 및 『잡심』, 『건도』 등을 광범위하게 살펴서 서로 대조하며 비교했다. 그래서 『비담』 1부(部)는 당시 가장 독보적이었다. 대체로 아주 어렵고 확실히 의심되는 것은 모두 가려내 해석했다. 온 나라의 학승이 모두 와서 배웠으며, 매번 개강(開講)할 때마다 천 명이 책을 짊어지고 왔다. 사문 승민, 법운도 명성이 한 시대에 높았지만 역시 책을 갖고 와서 물었다. 이제 황제(양무제)는 깊은 존경심으로 대하면서 매번 강의를 마련하길 청했다. 천감 14년에 오정(烏程)[1]에 돌아와서 60세를 일기로 병에 걸려 임종을 맞았다. 저술로는 『비담대의소(毘曇大義疏)』 십여만 언(言)이 세상에 성행했다.

이보다 앞서 연구한 『비담』은 대부분 『잡심』이었고, 혜집에 와서야 처음으로 『바사(婆沙)』와 『건도』의 대부(大部)를 탐구했다. 그가 지은 소(疏)는 십여만 언(言)이고 배우는 자는 천 명이었다. 장엄사의 승민과 광택사의 법운은 모두 그의 강설을 들어서 그 성과도 볼만했다[51].

그러나 동시대에 북방의 『비담』은 특히 성행했다. 송나라와 제나라 때 북방의 불교학은 비교적 쇠퇴했고 의학(義學)도 유행하지 않았지만 『비담』도 마찬가지였다. 하지만 북방의 대덕(大德) 영유는 도안, 지유, 영(榮) 세 법사로부터 『잡심』을 들었다. 유(遊)는 바로 지유(智遊)이고, 혜숭도 역시 지유로부터 『비담』과 『성실』을 들었다. 이 세 법사는 제나라와 양나라 때 북방에서 『비담』에 능한 사람이다.

혜숭은 고창국(高昌國) 사람이다. 젊은 시절 출가했고 특히 『잡심』을 선호해서 이미 고창국의 중시를 받았다. 고창왕은 불교를 더욱 개척하기 위하여 혜숭과 그 제자를 위나라에 바쳤고, 승상 고씨(高氏)가 그를 중시했

1) 호주(湖州) 진대(秦代)를 오정(烏程)이라 칭한다. 오늘날 절강성 직할시.

다. 당시 지유 논사는 세상에서 영걸(英傑)로 칭송을 받았는데, 지숭은 그로부터 『비담』, 『성실』을 들은 후에 학문을 이루자 업성과 낙양에서 교화를 폈다. 법상은 승통(僧統)으로 북제 시대 문선제의 중시를 받았다. 혜숭은 지혜와 학문이 뛰어나서 자주 법의 뜻으로 사람들을 능가했고 서주(徐州)로 이주하고 나서는 오랜 세월 승통이 되었다. 그리고 팽성과 패주(沛州)에 거주하면서 불법을 크게 폈는데 강남과 하남에서 교화를 이끌었다. 북제 천보 시기에 서주에서 임종을 맞았다. 혜숭은 소승을 통합적으로 이해해서 세상에서는 그를 비담의 공자(孔子)라고 불렀다. 그의 제자로는 사문 도유(道猷), 지홍(智洪), 황각(晃覺), 산위(散魏) 등이 있는데 모두 유명한 승려였고, 제자 지념(志念)은 특히 불세출의 영걸이있다. 지념의 제자 중에 『비담』에 능한 자도 많았기 때문에 팽성의 혜숭은 북방 『비담』의 중진(重鎭)이었다.

석지념은 학문이 지극히 박식한 사람으로 『비담』만을 일삼지는 않았다. 그의 스승으론 『지론(智論)』을 통달한 도장(道長)이 있었고 『지론(地論)』에 능한 도총과 비담의 공자 혜숭이 있었다. 그는 강설할 때 항상 『지도론(智度論)』을 먼저 하고 나중에 『잡심』을 계발했다. 당시 북방 『성실론』의 거장(元匠)인 명언(明彥)은 자신의 제자 홍해(洪該) 등 삼백여 명을 특별히 이끌고서 몸소 지념의 『심론(心論)』52: 강의를 들었다. 『승전』에서는 이렇게 말했다.

> 가연(迦延)의 본경[2]은 오류를 전래한지 오래되었으니, 『업건도(業犍度)』 중에 네 장의 종이(紙)가 빠져 있다. 여러 법사의 강해(講解)는 다른 추심(推

---

2) 즉 『팔건도』이다.

尋)이 없어서 지념은 위와 아래의 관계를 추측하여 그 문장을 이었는데, 이치의 이해와 언사의 연결도 모두 앞서 지은 것과 부합되었다. 그러나 처음에는 이를 깨닫지 못하다가 나중에 강남에 전래된 번역본을 갖고 흔적을 검토하여 지념이 지은 것과 비교해보니 조금도 증감(增減)이 없었다. 그래서 당시 사람들은 불가사의한 인물로 여겼다. 『가연잡심론소』와 『광초(廣抄)』 각 9권을 편찬하여 세상에 전파했다.

이 내용에 따르면, 지념은 이 두 가지 논서 중에 아마 『잡심』으로 이름을 날렸을 것이다. 『승전』에 열거된 그의 제자로 유명한 이는 이십여 명으로 모두 수나라와 당나라 시대의 대덕이지만 이들이 모두 『잡심』에 능한 것은 아니다. 하지만 북방 『비담』의 성행은 혜숭이 앞서고 지념이 이어받았다는 사실은 의심할 바가 없다.

이제 혜숭의 비담학 계통을 다음과 같이 열거한다[53].

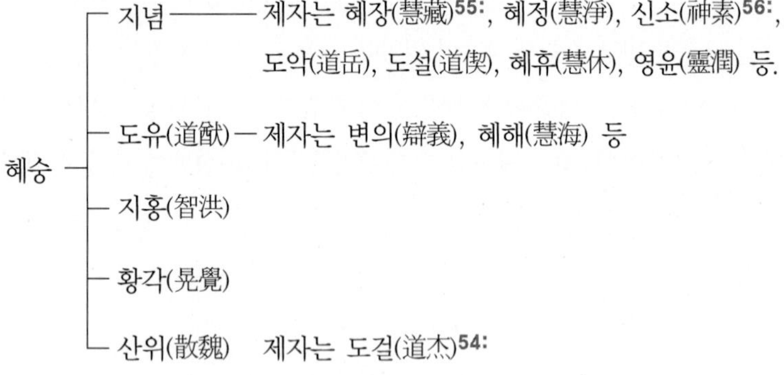

지념은 수나라 대업 4년에 임종을 맞았다. 그의 제자 혜휴는 당나라 초기의 거장[元匠]이었고, 그 후 혜휴의 제자 현장 법사는 일체유부의 갖가지 논서를 크게 번역했다. 하지만 『비담』의 연구는 당나라 때는 실제로 성행하지 않았고, 양나라 말엽부터 수나라 초엽까지는 이 『비담』에 정통한 자가 많았다. 『법화현의석첨(法華玄義釋籤)』에서는 "강남은 『성실론』이 성행했고 하북은 『비담』에 치우쳤다"고 했는데, 이는 남북조 말엽을 가리키는 것이다. 그 당시 정영, 혜원은 『대승의장』을 지으면서 매번 『비담』, 『성실』을 먼저 열거했고 그다음의 종지는 『지론』, 『열반』으로 귀결했다. 이 밖에 전문적으로 나머지 가(家)를 열거하진 않았어도 『비담』이 사람들의 중시를 받았다는 건 알 수 있다. 하지만 하북에서 『비담』에 대한 치우친 숭상은 양나라 이후이고, 강남에서 『성실론』의 유행은 양나라 시대 이전에 시작되었다. 또 『성실론』의 세력은 대국(大國)에 비할 수 있지만, 이에 비해 『비담』은 그저 부용(附庸)에 불과하다고 할 수 있다.

6) 북방의 성실론 법사

구마라집이 『성실론』을 번역한 후부터 북방의 의학은 매우 쇠락했다. 또 역사서에는 실려 있지 않지만 팽성의 승숭이 이 학설을 승연에게 전수했다는 것만은 겨우 알고 있다. 승연의 제자 도등과 혜기(慧紀)[57:], 담도는 모두 『성실론』에 능했다. 위나라 효문제는 도등을 스승으로 모셨고 『성실론』을 좋아했다. 석법정(釋法貞)은 소년 시절에 낙양 아래의 광덕사(廣德寺)에 있었고 사문 도기의 제자이다. 어른이 되자 『성실론』에 능해서 그 취지를 깊이 터득했다. 법정과 승건, 혜총, 도적과 함께 도기를 스승으로 모시고 수론(數論)을 궁구했으며 아울러 오취(五聚)(『성실론』)에 밝았다. 당시 사람들은 승건을 지목하면서 "문구(文句)가 전에 없이 뛰어났다"고 했으며, 법정을 지목하면서 "미묘함에 들어간 것이 독보적이었다"[58:]고 하였다. 이들의 스승 도기는 바로 『성론』의 법사 혜기(慧紀)이다.

생각건대 법정 등이 수학한 시대는 응당 효문제 시대이다[59:]. 그리고 선무제 때 위나라 지역에서 성행한 불법은 『지론』, 『비담』, 『열반』과 선법 및 정토 등이고 『성실』의 학설은 별로 중시 받지 못했다고 생각한다. 하지만 이때부터 남과 북의 학술적 교류는 더욱 성행했고, 『성실』의 학문은 강좌(江左)를 통해 북방 지역으로 유입되었다. 예컨대 지탈(智脫)은 강도(江都) 사람으로 원래는 업성의 영(潁) 법사의 제자였다가 나중에 다시 강도의 강(強) 법사에게 『성실』과 『비담론』을 들었고, 또 단양 장엄사의 작(爝)법사가 『성론』에 독보적이고 새로운 교의를 창안했다는 소식도 들었다. 그래서 지탈은 작 법사를 찾아가 따랐는데, 작 법사는 임종할 때 간곡히 부촉(付囑)을 했다. 지탈은 후에 진(陳)나라와 수나라 황제들에게 중시를 받았다. 지탈은 논서와 소(疏) 40권을 지었고 또 양나라 시대 염(琰) 법사의 『현의(玄義)』 17권을 삭제하고 바로잡았으며, 『성론』, 『현문(玄文)』을 각각 오십 번 강의했다.

또 도장(道莊)은 건업 사람으로 처음엔 팽성의 경(璟) 법사에게 『성론』을 배웠으며, 석법론(釋法論)은 남군(南郡) 사람으로 처음엔 청계(青溪)에서 역시 『성론』을 연구했으며, 또 신라의 석원광(釋圓光)은 바다 뱃길로 금릉(金陵)에 와서 승민의 제자의 강설을 들었고 아울러 『성론』도 연구했다[60]. 이상의 여러 승려들은 모두 진(陳)나라와 수나라 사이에 남방에서 『성실론』을 공부했다가 나중에 북방에 갔다. 대체로 북조 말엽에는 이 『성실론』을 연구하는 자가 많았고, 그중 팽성의 혜숭과 발해의 명언이 특히 중요한 인물이다. 혜숭은 『수론』을 잘해서 『성실론』의 명승 영유는 혜숭으로부터 『성실론』을 전수받았다. 명언은 역사에서 『성실』의 원조라고 부른다. 생각건대 혜숭은 『비담』으로 유명한 자이고, 명언도 홍해(洪該) 등 삼백 명의 제자를 거느리고 비담의 스승 지념에게 배웠다. 대체로 『성실론』은 본래 『바사(婆沙)』에서 나왔는데, 당시 『성실론』이 유행한 것도 『비담』

연구가 상당히 성행했기 때문인 듯하다. 하지만 『성론』의 세력은 수나라 이후에는 다른 종파에게 빼앗겼다. 당나라 초기에도 『성실론』을 연구하는 자, 예를 들면 명언의 제자 혜휴, 홍해, 그리고 홍해의 제자 도걸(道杰)과 회소(懷素) 및 팽성사 혜개의 제자 도경(道慶)과 도종(道宗), 경탈(敬脫)등이 있긴 했지만 이미 쇠락에 빠져서 다시는 진흥하지 못했다.

7) 『십지경론(十地經論)』의 전래와 번역

법상종(法相宗)의 경전은 중국에서는 유송(劉宋) 초기부터 점차 많이 번역되었다. 예를 들면 구나발다라가 역출한 4권의 『능가경』 및 『해심밀경(海深蜜經)』 1부(部)가 가장 저명했다. 양나라 시대에는 더 많이 전래되면서 남과 북의 두 종(宗)으로 나뉘었다. 북방에선 지론종(地論宗)이 되었는데 세친의 『십지경론』에 의거해 명성을 얻었고, 남방에선 섭론종(攝論宗)이 되었는데 무착(無著)의 『섭대승론』에 의거해 명성을 얻었다. 북방 법상종의 번역자는 보리류지, 늑나마제, 불타선다 등으로 그들의 학설은 한때 지극히 성행했다. 남방의 번역자는 진제로서 사실상 최대한 세친의 진전(眞傳)을 수입하려고 했다. 다만 처음엔 남방 승려들 대부분이 무진유식(無塵唯識; 법진은 없고 오직 식일 뿐이다)을 믿지 않아서 널리 전파할 수 없었다. 하지만 제자들의 노력과 북방 『지론』 사람과의 계합으로 수나라 시대에는 크게 성행했다. 당나라 현장의 시대에 이 학문은 정오의 태양과 같았다.

『십지경론』은 세친 보살이 지은 것이다. 북위 선무제 영평 원년(서기 508년) 낙양에서 번역했는데, 최광(崔光)은 서문에서 이렇게 말했다.

> 영평(永平) 원년 세차(歲次) 현효(玄枵)[3] 4월 초하루, 삼장(三藏) 법사인 북천축국의 보리류지(위(魏)나라 말로는 도희(道希)임), 중천축국의 늑나마제(위나라 말로는 보의(寶意)임), 및 전역(傳譯)의 사문인 북천축의 복타선다 및 의학 승려와 유학자 일천여 명에게 칙령을 내려 태극자정(太極紫庭)에서 이 논서 십여 권을 번역하도록 했다[61]. 이 이삼장(二三藏)[4]은 세속을 벗어난 역량으로 고매하게 도문(道門)을 걸었으며, 온갖 장서(藏書)와 심오한 부(部)를 다 연구하고 열람했다. 그리하여 지(地)의 상황을 잘 이해하고 논술의 취지를 오묘하게 궁진(窮盡)하니, 모두 손에 산스크리트를 잡고 구두로 직접 읊으면서 일언반구(一言半句)라도 빠뜨리지 않고 뜻을 변론했다. 당시 황제가 직접 아름다운 문사로 앞에서 붓을 날리고 대신과 승려들은 교화가 퍼지길 도왔다. 영평 4년 첫 여름에 번역을 완성했다.

『삼보기』에서는 『이곽록(李廓錄)』[62]을 인용해서 이렇게 말하고 있다.

"처음 번역할 때 황제가 친히 대전(大殿)에 왕림했는데, 어느 날 직접 필사한 후에 사문 승변에게 넘겨주어[63] 완성하도록 했다."

이것이 이 『십지경론』 번역의 시작으로 지극한 중시를 받았음을 알 수 있다. 또 최광의 서문에 의하면, 번역자는 보리류지와 늑나마제 이삼장(二三藏)이고[64] 불타선다는 전어(傳語)의 책임을 맡았다[65].

하지만 『장방록』 권9에 따르면, 늑나마제의 경전 번역을 서술하면서 이렇게 말했다.

---

3) 12성좌(星座)의 하나. 28숙(宿)에 배당하면 여(女)·허(虛)·위(危) 3숙(三宿)이 되고, 12진(辰)에 배당하면 자시(子時)가 된다.

4) 불교대장경의 간단한 분류법. 즉 성문장(聲門藏; 소승 경전)과 보살장(菩薩藏; 대승 경전)이다.

처음에 보리류지가 번역을 도왔지만, 나중에는 서로 논쟁하다가 각자 따로 번역했다.

『속고승전 · 보리류지전』에서는 세 사람의 경전 번역 상황을 이렇게 서술했다.

경전을 번역하는 날이 되면, 낙양의 내전(內殿)에서 보리류지가 전역(傳譯)하고 나머지 승려가 참여해 도왔다. 그 후 세 대덕[66]은 유언비어를 경계하면서 각자 스승에게 배운 것을 전수했지만 서로 방문하지는 않았다. 황제는 법의 홍보가 성행하자 번잡한 내용을 간략히 서술하고 세 곳에서 각자 번역하라고 명한 뒤에 완성 후에는 교정에 참여했다. 그 사이의 산실(散失)된 곳이 서로 같지 않고 문장의 취지도 때때로 달랐지만, 후세 사람이 합해서 공통의 부(部)를 만들었다.

이처럼 모두 세 사람이 경전을 번역하면서 벌인 논쟁 때문에 각자 따로 번역했다고 한다. 『십지경론』은 원래 세 개의 판본이 있었지만 후세 사람이 하나로 합해서 하나의 판본으로 만들었다. 하지만 『속고승전 · 혜광전』에서는 이렇게 말하고 있다.

늑나마제가 처음 『십지경』을 번역했다가 나중에 합하여 번역했는데, 이 사적은 별전(別傳)에 있다. 광(光)(혜광)은 그 번역의 자리에 미리 참여함으로써 평소 지역의 언어[方言]를 익히고 양쪽의 논쟁을 통달해서 깨달음을 통해 취하고 버리면서 강령을 간직했다. 이로부터 『지론』이 전파되면서 장(章)을 만들고 해석을 시작했다.

『속고승전 · 도총전』에서는 이렇게 말했다.

> 위나라 선무제는 불법을 숭상했다. 천축국의 승려 보리류지는 자극전(紫極殿)에서 최초로 『십지경』을 번역했고 늑나마제도 태극전에 있으면서 각각 저마다 호위 병사를 두고 있었지만 말의 소통은 허락하지 않았다. 번역 내용을 비교하다가 허무맹랑한 곳이 있을까 걱정했기 때문이다. 영평 원년에 시작해서 영평 4년에 완성했다. 서로 대조하여 교감을 해보니 오직 '유불이부진(有不二不盡)'과 '정불이부진(定不二不盡)'의 한 글자만 달랐고 모두 같아서 감탄했다.

이 내용에 따르면 따로 번역한 자는 보리류지와 늑나마제 두 사람뿐이다. 그 원인은 아마 칙령을 받고 번역하다가 허무맹랑한 곳이 나올까 걱정했기 때문이거나, 혹은 두 사람의 논쟁이 유언비어에 불과하기 때문일 수도 있는데, 이는 단정하기 어렵다. 어쩌면 두 사람의 논쟁 때문에 칙령으로 따로 번역케 해서 두 승려의 재능과 학문을 살펴보려 한 것일 수도 있다. 하지만 『십지경론』은 지론종의 정전(正典)이고, 지론종은 당시 남북 두 파로 분리되었다. 혜광은 늑나마제를 스승으로 모시고 도총은 보리류지를 스승으로 모셨는데, 두 파가 특별한 차이는 이미 경전의 번역에서도 보였다.

8) 상주(相州) 북파학(北派學)의 전파

북천축의 보리류지는 영평 초기에 낙양에 왔다. 선무제는 그를 매우 중시했으며 후에 칙령을 내려 영녕사에 거주하게 했다. 그 후 위나라가 동서로 분리되면서 효정제(孝靜帝)를 따라 업도(鄴都)로 이주했다. 이때를 전후해서 30부의 경전을 번역했으니 모두 101권이다. 그의 방 안에는 산스크리트 판본이 만 협(夾)이나 있었고 역출한 원고도 방 한 칸을 채웠다. 그가 번역한 중요한 법상유식(法相唯識)의 전적(典籍)은 다음과 같다.

『십지경론』 12권 세친 지음
『심밀해탈경(深密解脫經)』 5권
『입능가경』 10권
『금강반야바라밀경론』 세친 지음
『무량수경론』 세친 지음

석도총의 원래 이름은 장빈(張賓)으로 국학(國學)의 대유학자인 웅안생(雄安生)의 제자였는데 후에 출가하여 널리 경전을 탐구했다. 『십지경론』을 번역할 때 도총은 보리류지를 방문하여 심오하고 궁극적인 이치를 구했다. 그리하여 『십지경』을 전수받고서 경전을 삼 년간 가르쳤으며, 배운 대로 소(疏)를 출간했고 출간하고 나선 학문을 개시(開示)해 널리 교화를 폈다. 업성[67]에서는 그를 거장(巨匠)으로 추앙했으며, 그에게 배운 인사(人士) 중에는 전도할 수 있는 자가 천여 명이 되었다. 그중에서 학문이 높은 자는 승휴, 법계(法繼), 탄례(誕禮),한의(罕宜), 유과(儒果) 등이다[68]. 또 지념은 수나라 시대의 명승으로 역시 도총으로부터 수업을 받았다. 지념의 제자 중에는 유명한 자가 아주 많았다.

9) 상주(相州) 남파학(南派學)의 전파

중천축의 늑나마지(勒那摩地)는 선무제 정시 시기에 낙양에 도착해서 『법화론』(세친 지음) 등 삼부와 『십지경론』을 번역했는데 그의 지혜와 이해력은 보리류지와 비슷해서 서로 화목하지 못했다. 설한 자는 세 사람에게 가르쳤다고 말했는데, 방(房), 정(定) 두 인사(人士)에겐 심법(心法)을 전수했고 혜광 한 사람에겐 법률(法律)에 치중해서 가르쳤다. 따라서 혜광은 실제로 법상의 학문을 전수받은 것이다[69]:.

석혜광은 지론종의 거장[元匠]으로 역시 사분률의 대사이자 선학의 명승이다. 속가의 성은 양(楊)씨이고 정주(定州)의 장려(長廬)사람이다. 13세에 부친을 따라 낙양에 갔고 4월 8일에 불타선사로부터 삼귀의(三歸依)를 받았다. 경전을 독송하는 것을 보면 마치 일찍부터 익힌 것 같았고, 또 경전의 뜻에도 널리 통했을 뿐 아니라 이치를 궁구하고 담론에도 능했다. 출가 후에 당시 사람들은 신성한 사문이라고 호칭했다. 불타 선사도 그를 비상한 사람이라고 하면서 만약 대계(大戒)를 받으면 먼저 계율을 배워야 한다고 했다. 도복(道覆) 율사는 『사분률』을 창설했고 여섯 권의 소(疏)를 지었지만, 단지 과문(科文;조례, 조항)만이었을 뿐 큰 종지를 잡아 전파했다는 소식은 세상에서 듣지 못했다. 그래서 혜광이 배운 것은 오직 구전에만 근거한 것이다. 네 번의 여름철에 『승기율』을 강의했는데 듣는 신도가 구름처럼 모였으며, 또 도변을 따르면서 경전과 논서를 공부했다. 후에 늑나마제 등이 『십지경』을 번역할 때 혜광도 그 자리에 참여했으니, 이로부터 『지론』이 전파되면서 장(章)을 나누고 해석을 시작했다. 『사분률』 1부(部)로 처음 기초를 다졌고, 『화엄경』, 『열반경』, 『유마경』, 『십지경』, 『지지경』 등의 오묘한 종지를 소(疏)로 지어서 도를 전파했으며, 『승만경』, 『유교경』, 『온실경(溫實經)』, 『인왕경(仁王經)』, 『반야경』 등에 대해서도 모두 주석을 지었다. 또 다시 『사분률소』 백이십 지(紙)를 지었는데 후대에 이를 인용해 의절(義節; 예법)로 삼았고, 아울러 『갈마계본』에도 모두 산정(刪定)을 가했다. 또 저술로는 『현종론』, 『대승의율장』, 『인왕칠계(仁王七戒)』, 『승제십팔조(僧制十八條)』가 있다. 먼저 낙양에서 국승도(國僧

都)가 되었다가 나중에 업성에서 국통(國統)이 되었으며, 북제 시대에 업성의 대각사(大覺寺)에서 70세로 임종을 맞았으니 당시는 진(陳)나라 때었다. 혜광의 제자 담은(曇隱), 홍리(洪理), 도운(道雲) 등은 모두 사분률종(四分律宗)의 명가(名家)였다.

전하는 바에 의하면, 혜광의 제자들 중에 추앙을 받은 자는 열 명이라고 한다. 행해[5]를 가려내 입실(入室)[6]한 제자가 아홉 명이고, 유생(儒生)이던 풍곤(馮袞)도 혜광은 대중 속에 편입시키려 했다. 또 도총은 도북(道北)에서 뢰(牢)와 의(宜) 등 네 사람을 가르치고, 혜광은 도남(道南)에서 도빙(道憑)과 승범(僧範) 등 열 명을 가르쳤기 때문에 세상에서는 혜광의 문하에 열 명의 철인(哲人)이 있다고 전한다. 하지만 도빙과 승범 두 사람 외에 열 명의 철인의 이름을 명확히 알 수는 없다. 그 밖의 제자로는 법상(法上), 혜순(惠順), 영순(靈詢), 승달(僧達), 도신(道愼), 안름(安廩), 담연(曇衍), 담준(曇遵), 풍곤[70:] 및 위에서 언급한 담은 등이 있다.

이 제자들 중에선 법상이 상수(上首)이다[71:]. 속가의 성은 유(劉)씨로 조가(朝歌)[7] 사람인데 어린 나이에 도약(道藥) 선사를 스승으로 출가했고 혜광을 계사(戒師)로 구족계를 받았다. 뛰어난 지혜가 알려지면서 대중의 요청으로 『십지경』, 『지지경』, 『능가경』, 『열반경』 등을 강설했고 아울러 문장과 소(疏)도 지었다. 40세에 회위(懷衛)에 가서 교화를 하다가 위(魏)나

---

5) 행해(行解)는 마음이 취한 경계의 상(相)이다.

6) ① 수행자가 친히 스승의 지도를 받기 위해 그의 방에 들어감. ② 스승이 수행자를 자신의 방으로 불러들여 그의 수행 상태를 점검함. ③ 제자가 스승의 법맥(法脈)을 이어받음. 여기서는 세 번째로 보인다.

7) 옛날의 지명. 하남성 북부 학벽(鶴壁)의 기현(淇縣)에 위치해 있다. 은(殷)나라 말엽 주왕(紂王)이 도읍을 정하면서 '조가'라 개칭했다.

라 대장군 고징(高澄)의 상주(上奏)로 업성에 갔다. 위나라와 제나라 두 시대에 내리 통사(統師)를 역임하면서 거의 사십 년을 통솔했는데, 사만여 개의 사찰이 모두 그의 가르침을 받았고 고구려도 역시 그의 기풍을 들었다. 86세에 업성의 서산(西山) 합수사(合水寺)에서 임종을 맞았으니, 바로 주(周)나라 대상(大象) 2년 7월 18일이고 진(陳)나라 선제(宣帝) 태건 13년이다. 『증일법수(增一法數)』 40권, 『불성론(佛性論)』 2권, 『대승의장』 6권과 『중경록(衆經錄)』 1권을 편찬했다.

법상의 제자로 유명한 사람은 법성, 융지, 혜원 세 사람인데 혜원이 가장 유명했다. 정영사의 석혜원은 본래의 성(姓)이 이(李)씨이고 돈황 사람으로 상당(上黨)의 고도(高都)에 거주했다. 출가해서 나이가 차자 구족계를 받았는데, 법상을 화상(和尙)으로 모시고 순도(順都)를 아사리로 삼았으며 혜광 법사의 십대 제자가 다 증명하는 계사(戒師)가 되었다. 또 대은(大隱)[72] 율사에게 나아가 『사분률』을 들었고, 말년에는 오로지 법상 통사(統師)만을 스승으로 모셨다. 7년에 걸쳐 지극한 이치[至理]를 아득히 통해서 미묘한 오의(奧義)를 확실히 끄집어냈다. 주나라의 무제(武帝)가 제나라를 멸하고 업성에서 승려를 모아 불법의 폐기를 논의할 때 혜원만이 홀로 항의하며 논쟁했고 불법을 훼멸한 후에는 혜거가 불경을 독송했다. 그리고 수문제가 등극하자 다시 낙양에서 불법을 폈다. 개황 7년에 칙령을 내려 여섯 명의 대덕(大德)을 관중에 들어오도록 했는데 혜원도 그중 한 명이었다. 아울러 그를 따르는 학사 이백여 명 중에도 대덕 열 명이 있었다. 혜원은 후에 장안의 정영사에 거주했는데 사방에서 공부하러 온 사람이 칠백여 명이었다. 고승들도 함께 왔지만 혜원보다 높은 자는 없었다. 개황 12년에 임종을 맞았는데, 당시는 진(陳)나라가 망한지 4년이 된 해였다. 혜원은 7년 동안 여름철에 업성에서 『십지경』

강의를 시작했고 그 이후로도 늘 강의했다. 강의하는 대로 바로 소를 지었는데 『지지소』 5권, 『십지소』 10권, 『화엄소』 7권, 『열반소』 10권, 『유마경』, 『승만경』, 『수관경(壽觀經)』, 『온실경』 등을 모두 칙령을 받아 권부(卷部)로 만들었고, 또 『대승의장』 14권을 249과(科)와 합쳐서 편찬했다. 본래는 청화(淸化)[73]에 거주하면서 『열반경』을 익혔는데, 사찰의 스님은 백여 명이고 이들이 이끄는 신도는 삼천 명으로 당나라 시대에 최고였다. 수나라와 당나라 시절에 그의 제자들은 기록에 있는 자만 19명인데, 그 중에서 영찬(靈璨), 혜천(慧遷)은 모두 『지론』에 능했다.

법상의 제자 융지는 사적(事跡)이 자세하지는 않다. 하지만 융지의 제자 정숭은 지극히 관계가 있다. 융지 법사는 늘 『열반경』과 『지론』을 강의했고 정숭은 법상으로부터 배웠다. 후에 주무제가 불법을 파괴할 때 남방으로 피난을 갔지만, 이에 앞서 진제가 세친의 저서를 번역해서 강의하고 전수할 때도 별로 듣지 않았다. 정숭은 건업에 있으면서 늘 진제의 제자 법태(法泰)를 찾아가 의문을 해결해서 몇 년 안에 『섭론』, 『구사론』을 정통했고, 『불성』, 『중변(中邊)』, 『무상(無相)』, 『유식』, 『이집(異執)』 등 사십여 부의 논서로부터도 그 강요(綱要)를 총괄했다. 후에 팽성으로 이주했다. 정숭은 북방의 『지론』과 남방의 『섭론』을 겸비해서 강회(江淮)의 학설을 하북으로 이전시켰으니, 그 결과 섭론종은 마침내 북방으로 전파되기 시작했다. 정숭은 『섭론소』 6권, 『잡심소』 5권을 편찬했고, 또 『구식(九識)』, 『삼장(三藏), 『삼취계(三聚戒)』, 『삼생사(三生死)』 등 『현의(玄義)』를 편찬했다. 그의 제자 지응(智凝)도 혜원으로부터 수학한 적이 있으며, 지응의 제자 승변(僧辯)은 현장 법사가 그에게 『섭론』을 물은 적이 있다.

혜광의 제자 승범은 열 명의 철인 중 한 사람으로 많은 소(疏)를 지어서 일가(一家)를 이루었다. 도빙도 역시 열 사람 중 하나로서 『지론』, 『열반경』, 『화엄경』, 『사분률』을 강의했다. 도빙의 제자 중에는 영유(靈裕)가 가장 유명한데, 영유의 본성은 조(趙)씨이고 정주(定州) 거록(鉅鹿)의 곡양(曲陽) 사람이다. 조군(趙郡)의 명(明)과 보(寶) 두 스승에게 출가했고, 혜원에게 『사분률』을 배웠고, 도빙에게 『지론』을 삼년간 배웠고, 도안(安),지유(游),영(榮) 세 법사로부터 『잡심』을 들었고, 혜숭(嵩)과 림(林) 두 법사로부터 『성실론』을 배웠다. 수나라 때 부름을 받아 장안으로 들어가서 대중의 신망을 받았다. 대업 원년 상주(相州) 연공사(演空寺)에서 88세로 임종을 맞았다. 나이 서른 살부터 저술이 있어서 소(疏)와 논서, 잡문 50여 종 및 경전의 서문 등이 있다. 또 시평(詩評)과 잡집(雜集) 등 50여 권이 있는데, 너무 번잡해서 상세히 서술하지는 않겠지만 성대한 업적이라고 할 수 있다.

또 혜광의 제자 담준(曇遵)과 담준의 제자 담천이 있다. 담천은 후에 북방의 섭론 종사가 되어서[74] 역시 남방의 섭론종과 북방의 지론종을 융합했다. 그리고 당나라 시대의 혜휴도 영유와 담천을 스승으로 모셨고 현장 법사도 그에게 『섭론』을 자문했다.

10) 진제의 경력

지론종과 섭론종은 비록 법상유식(法相唯識)의 학문이지만, 그러나 남방의 진제는 실제로 무착과 세친의 진전(眞傳)을 얻었기 때문에 진(陳)나라와 수나라 사이의 북방 지론 학자는 대부분 섭론으로 전환하여 공부했다. 진제는 아마 세친의 진전을 계승했기 때문에 오로지 그의 학문을 전파하는 것을 할 일로 삼았을 것이다. 그는 대략 48세 때 중국 남해에 도착했고 또 2년 뒤에 건업에 도착했다. 양무제는 그를 청하여 경전을 번역하려고 했지만 후경(侯景)의 난(亂) 때문에 이루지 못했다. 후에 민(閩)과 월(越)의 각 지역을 떠돌면서 늘 서쪽으로 가려고 생각했다. 마지막에 광주에 머물렀는데 자사 구양위(歐陽頠) 부자(父子)가 우대해 주었고, 나중에 그는 경전과 논서를 널리 번역했다. 태건 원년 정월 11일에 임종을 맞았다. 양무제 말엽부터 진(陳)나라 선제(宣帝) 초기까지 23년간 번역한 경전과 논서, 전기가 모두 삼백여 권이다.

생각건대 진제가 중국에 왔을 때는 중국 남방에 변란이 있던 시절이다. 그래서 그는 이리저리 떠도느라 품은 뜻을 이루지 못하자 몇 번이나 서역으로 돌아가려고 했다. 다행히 구양위 부자의 우대로 편안히 거주할 수 있게 되면서 제자가 점차 많아졌다. 비록 계속 건업으로 돌아가려고 했지만 건업[揚輦[8])의 명사들이 당시 누리던 영예를 빼앗을까봐 진(陳) 선제에게 상소문을 올렸다.

"영남 지역에서 번역한 경전들은 대부분 무진유식(無塵唯識[9])을 밝힌 것이라서 통치술에 어긋나 나라의 풍습에 좋지 않다고 합니다. 그렇다면 중화에 속해 전파할 수 있는 것이 아닙니다."

남해(南海)의 새로운 글은 진(陳)나라 세상에 알려지지 않았기[75] 때문에 진제는 『섭론』, 『구사론』 등의 논서를 지닌 채 멀리서 와서 교화를 펼쳤다. 처음에는 양나라의 변란을 겪었고 나중엔 진(陳)나라를 편력하면서 20여 년간 모든 지역에 전파했다. 비록 번역을 전파한다고 말하긴 했지만 강의하고 가르쳤다는 것은 듣지 못했다[76]. 진제가 사망한지 19년이 지나서 진(陳)

---

8) 당시 건업을 양도(揚都)라 불렀는데 양련(揚輦)이 바로 양도이다.

9) 진(塵)은 티끌 경계로서 삼계의 온갖 법을 말한다. 말하자면 만법은 오직 아알라야식이 지은 것이라서 식(識) 외에는 어떤 티끌 경계도 없는 것을 말한다.

나라가 망했다. 진제의 제자는 강남에 흩어지면서 대부분 별로 신봉을 얻지 못했다. 북방의 담천과 정숭이 남방으로 와서야 비로소 그의 학문이 북방의 지론 법사가 모르는 부분을 보충할 수 있다는 걸 알게 되면서 자주 선양을 하였으니, 이때부터 진제의 학문은 크게 빛을 발했다.

이제 각 서적을 고증하여 진제의 경력을 다음과 같이 열거한다[77:].

양무제는 대동(大同) 시기에 부남에서 보낸 사자가 본국으로 돌아갈 때[78:] 조정의 시위(直後)[10)] 저파로감(苴破虜監) 장기(張記)[79:]에게 부남으로 따라가서 명승(名僧)과 대승의 논서들, 잡화엄(雜華嚴) 등의 경전을 청해오도록 명했다. 부남국에서 진제에게 강요하자 그는 경전과 논서를 갖고 중국에 왔다.

중대동 원년(서기 546년)[80:] 진제의 나이 48세였다.

8월 15일 남해(광주)에 도착해서 바로 경읍(남경)으로 갔는데 그 여정(旅程)에서 2년을 머물렀다[81:].

태청(太淸) 원년(서기 547년), 나이 49세이다.

태청 2년(서기 548년), 나이 50세이다.

윤(閏) 8월[82:]에 처음 건업에 도착했다[83:]. 황제가 몸소 예를 올리면서 보운전(寶雲殿)에 공양했다. 경전과 논서를 번역하려고 했지만 후경의 반란 때문에 성과를 이루지 못하고[84:] 걸어서 동쪽으로 들어갔다[85:].

태청 3년(서기 549년), 나이 51세이다.

여전히 동쪽 지역에 있다가 후에 부춘(富春)에 갔다[86:].

태청 4년(서기 550년), 나이 52세이다.

---

10) 직후(直後)는 관직 이름이다. 수레의 뒤에서 시위(侍衛)를 맡고 있다.

부춘(富春)의 현령인 육원철(陸元哲)은 사문 보경(寶瓊)[87] 등 20여 명을 불러서 삼장(三藏)을 청하여 그 자택에서 『십칠지론(十七地論)』을 번역케 했는데 단지 다섯 권만 하고 그만두었다[88].

같은 해에 다음과 같은 경전을 번역했다. 『중론』 1권, 『여실론(如實論)』 1권[89], 『열반경본유금무게론(涅槃經本有今無偈論)』 1권[90], 『삼세분별론(三世分別論)』 1권[91]

태청 5년(서기 551년), 대보 2년, 천정 원년, 나이 53세이다.

여전히 부춘에 남아있었다[92].

대보 3년(서기 552년) 즉 승성(承聖) 원년, 나이 54세이다.

후경은 그를 건업에 돌아오도록 청해서 중앙관서에서 공양했다. 3월에 후경이 패배하면서 동쪽으로 피했고 경성은 점차 안정되었다. 11월에 원제(元帝)는 강릉에서 즉위했고, 진제는 금릉의 정관사(正觀寺)에 머물면서[93] 원(願) 선사 등 20여 명과 함께 『금광명경(金光明經)』을 번역했다(본전).

같은 해 혹은 다음 해에 석도량(釋道諒)이 아들을 데리고 왔는데, 삼장은 길장(吉藏)이라고 이름을 지었다[94].

승성 2년(서기 553년), 나이 55세이다.

2월 25일 건강현(建康縣) 장범리(長凡里) 양웅(楊雄)의 자택에 있는 별각도량(別閣道場)에서 『금광명경』을 번역했다. 번역된 경전의 순서에 따르면 7권이 된다. 당시 법사는 도읍에 머문 기간이 오래되어서 언어도 어느 정도는 통했다. 사문 혜보(慧寶)가 말을 번역했고 소작(蕭碏)[95]이 필사했다.[96]

승성 3년(서기 554년), 나이 56세이다.

진제는 작년 혹은 이해에 구강(九江)에 이르렀다(『섭론서』). 2월에 예장으로 "돌아가서"(본전) 보전사(寶田寺)에 거주했다. 혜현(慧顯) 등 10여 명을 위하여 『미륵하생경(彌勒下生經)』 1권을 역출했으며, 같은 해에 같은 사찰에서 『인왕반야경』 1권[97]과 『소』 6권을 번역했다[98]. 진제는 예장에서 경소(警韶) 법사를 만나 "『신금광명경』을 번역하고, 아울러 유식론(唯識論) 및 『열반중백구장해탈십사음(涅槃中百句長解脫十四音)』 등을 아침에 가르치고 저녁에 번역하고 밤에 배우고 새벽에 기록했습니다"라고 하였다[99].

후에 신오(新吳)(본전)로 가서 미업사(美業寺)에 거주하면서 『중론소』 2권, 『구식의기(九識義記)』 2권, 『전법륜의기(轉法輪義記)』 1권을 번역했다[100].

또 시흥(始興)으로 갔다[101]. 이해 9월에 소발(蕭勃)은 시흥으로 이주했다[102].

승성 4년, 대정(大定) 원년, 소태(紹太) 원년(서기 555년), 나이 57세이다.

소태 2년, 태평 원년(서기 556년), 나이 58세이다.

이 두 해에는 시흥에 있었다. 삼장이 번역한 『수상론십육제소(隨相論十六諦疏)』 1권은 시흥에서 출간했다고 한다. 또 『구나마저수상론(求那摩底隨相論)』 1권이 있는데 아마 동시에 역출했을 것이다.

소태 3년, 태평 2년, 진(陳)나라 영정(永定) 원년(서기 557년), 나이 59세이다.

2월에 소발(蕭勃)은 병사를 일으켜 영(嶺)을 넘어 남강(南康)으로 갔다가 3월에 피살되었다(『통감』). 『속고승전』에서도 '진제는 그 후 소태보(蕭太保)를 따라 영(嶺)을 넘어 남강으로 갔다'고 했는데 응당 이 시기일 것이다. 9월 8일 평고현(平固縣)(남강에 속함)의 남강 내사(內史) 유문타(劉文陀)가 『무상의경(無上依經)』 2권의 번역을 요청했다[103]. 『속고승전』에서 "법사는 예장의 신오, 시흥, 남강에서 모두 '가는 곳마다 번역하느라 경황이 없을 정도로 바쁘다'고 했다"고 하였고, 또 혜개(즉 지개(智愷))의 『섭론서』에서는 "마지막에 구강으로 갔고 오령(五嶺)을 유람했으며, 번역한 권수(卷

數)는 많지 않았다"고 했다. 이는 모두 승성 3년 이후에 법사가 편력한 자취와 사적을 서술한 것이다.

영정 2년(서기 558년), 나이 60세이다.

7월에 예장(본전)으로 돌아와 서은사(栖隱寺)에서 『대공론(大空論)』 3권을 역출했다[104:].

다음 임천군(臨川郡)에 와서 『중변분별론(中邊分別論)』 3권[105:]을 번역했고 아울러 소(疏)도 3권을 지었다[106:].

후에 다시 진안(晉安)에 갔고 불력사(佛力寺)에서 『정론석의(正論釋義)』 5권을 역출했다(『장방록』). 진제는 과거에[107:] 『보행왕정론(寶行王正論)』 1권, 『정론도리론(正論道理論)』 1권을 번역한 적이 있는데, 이 석론(釋論)은 어느 책을 해석한 건지 모르겠다.

당시에 지문(智文) 법사도 진안에 머물렀기 때문에 "경도의 모임에서 강의하고 번역하면서 법문을 서로 비추어 보았다"고 하였다. 승종과 법준도 지문에게 법문을 청했으므로 이때 이미 진제를 만난 것이다[108:]. 또 승인(僧忍)도 때로 진안에서 대사를 뵈었을지 모른다[109:].

영정 3년(서기 559년), 나이 61세이다.

이해(『장방록』) 혹은 작년(『내전록』)에 『입세아비담(立世阿毗曇)』 10권을 번역했다[110:].

진제는 경전과 논서를 전했지만 본뜻은 펼치지 못했다[111:]. 그래서 배를 타고 능가수국(棱伽修國)으로 가려고 했는데 출가자와 재가자가 간곡히 만류해서 남월[112:]에 머물렀다. 그리고 예전 양나라의 옛 친구들[113:]이 번역한 것을 다시 천착했다.

천가(天嘉) 원년(서기 560년), 나이 62세이다.

여전히 남월에 머물렀다.

천가 2년(서기 561년), 나이 63세이다.

진제는 이리저리 떠도는 삶에 마음 기탁할 곳이 없자 다시 작은 배를 타고 양안군(梁安郡)[11]에 갔고 그곳에서 큰 배를 갈아타고 서역으로 돌아가려고 했다. 하지만 학도(學徒)들이 만류하고 태수 왕방사(王方奢)114: 도 요청을 해서 바닷가에 잠시 머물렀다115:.

이해에 건조사(建造寺)에서 『체절경(諦節經)』 1권과 『의소(義疏)』 4권을 번역했다116:.

천가 3년(서기 562년), 나이 64세이다.

양안의 태수 왕방사의 요청으로 '건조가람(建造伽藍)'(즉 건조사)에서 5월 1일 『금강경』을 거듭 번역했다. '바수(婆藪)(세친)의 석론(釋論)에 의거하여' 『경전』 1권, 『문의(文義)』(즉 소(疏)) 10권을 번역했고 9월 25일에 완성했다. 그 당시 진제 법사는 이미 중국말을 잘 했기 때문에 전역(傳譯)이 필요 없었다. 대(對)117: 는 승종 법사와 법건(法虔) 등과 함께 필사했다(『금강경』 후기). 승종은 진안을 경유하여 진제 법사를 따라 여기에 왔을 것이다. 9월에 양안에서 출발하여 배를 타고 서쪽을 향해(본전) 천축으로 돌아가려고 했다118:. 그러나 바람 때문에 12월 중순에 광주에 표류해 도착했다(본전).

『섭론서』에서는 "후에 민월(閩越) 지역(광동 지역)에 가서 적지 않게 교설(教說)을 펼쳤다"고 했는데, 이는 대사께서 임천의 진안, 양안에 있을 때의 사적을 가리킨다. 또 『구사서(俱舍序)』에서는 "당시 양나라 황실이 기울어지고 시국이 혼란에 빠지자 법사는 동쪽 서쪽으로 20년 동안 피난 생활을 했다"고 했는데, 진제가 중국에 온 해부터 이해까지를 헤아려

---

11) 원주 양안: 광동의 흠주(欽州)인 것으로 의심한다. 양나라 시절에는 안주라고 했다.

보면 모두 16년이다[119]. 광주자사는 구양위(歐陽頠)이고 구양위는 원래 소발에 속했으니 진제와도 오래 전부터 알았을 것이다. 그는 법사를 보살계사(菩薩戒師)로 받들면서 제자의 예의를 다했고(『섭론서』) 제지사(制旨寺)에서 거주하도록 한 후에 새로운 경문의 번역을 청했다(『본전』). 그의 세자(世子) 흘(紇)도 불법을 신봉해서 예의로 섬겼다.

천가 4년(서기 563년), 나이 65세이다.

진제는 제지사에 있었다. 정월 16일 혜개는 진제 삼장에게 『대승유식론』[120] 1권을 번역하도록 요청했고 3월 5일에 완성했다. 또 외국의 의소(義疏) 두 권을 번역하고 혜개가 필사했다. 삼장은 한편으론 번역하고 또 한편으론 강의하면서 본문을 더 해석했고 혜개는 주(注)를 기록해서 또 두 권을 얻었다. 말미에는 승인 법사가 북위의 보리류지가 번역한 것을 가져다 혜개의 교정을 거친 후에 상당한 차이가 있다는 걸 알았다는 내용이 있다.

『본전』에서는 이렇게 말했다.

'천가 4년 양도(楊都) 건원사(建元寺)의 사문 승종, 법준, 승인 등은 "멀리 강남을 떠돌면서 직접 가르침을 받고 질문을 했다."

『법태전』에서는 이렇게 말했다.

"법태는 혜개, 승종, 법인(즉 승인) 등과 함께 양나라 시대의 명승이다. 그는 진제가 남해에 도착하자 의학 승려를 두루 방문했고, 마침내 승종, 혜개 등과 함께 '고생을 마다하지 않고 멀리 광주의 제지사에 가서 삼장을 찾았다'고 하였다."

『속고승전』에서는 또 이렇게 말했다.

"혜개(즉 지개)는 '양도사(楊都寺)에 거주하다가 처음으로 법태와 선후로 출발하여 함께 영남으로 갔다'고 하였다."

하지만 삼장은 작년 12월에 남해에 왔고, 이해 정월에 혜개는 이미 가르침을 받았으며, 승인은 3월[121:]에 역시 광주에 있었으니, 이 때문에 사람들은 진제가 광주에 와서 멀리 강남을 떠돌았거나 함께 영남으로 왔다는 것은 필경 사실이 아니라고 말한다. 혜개의 『섭론서』에서는 스스로 이렇게 말하고 있다. "혜개는 과거에 수업을 받은 적이 있어서 씻어내야 할 폐단이 별로 없었다[122:]. 복응(服膺)12)이 오래지 않아 헤어지게 되었지만 오늘 다시 시봉하게 되었다."[123:]

따라서 혜개는 일찍부터 진제를 만났고, 승종, 법준은 이미 진안에서 진제를 만났으며, 승인은 '스스로 진안에서 왔다'고 하였으니, 이상의 여러 승려들은 모두 오랫동안 삼장의 문하로 지냈다고 할 수 있다. 또 혜개는 조카 조비(曹毗)를 데리고 함께 왔다고 한다[124:]. 하지만 『혜광전(慧曠傳)』에서는 혜광이 "승종, 혜개, 승준 및 운(韻)[125:]과 같은 법사들과 함께 진제를 만났다"고 했으니, 이상의 여러 법사는 모두 남해 근처에 있다가 삼장의 행적을 듣고 앞뒤로 찾아와 따른 사람들이다[126:].

남쪽 광주로 와서 따르는 제자로 또 혜간(慧侃)이 있다[127:]. 그가 진제를 만난 시기가 언제인지는 모르겠다.

3월 구양흘(歐陽紇)의 요청으로 『섭대승론』을 역출했다. 삼장이 직접 번역하고 혜개가 필사했으며 승인 등과 함께 공부했다. 10월에 문의(文義)가 완성되니 본론은 3권이고 석론(釋論)은 12권이고[128:] 의소(義疏)는 8권이다[129:]. 제지사의 주지 혜지(慧智)는 정남장사(征南長史) 원경덕(袁敬德)을 경시의 단월(檀越; 시주)로 삼았다(『섭론서』).

9월 광주자사 양산공(陽山公) 구양위가 죽고 아들 구양흘이 부친의 작위를 이어받았다(『통감』).

---

12) 잘 지켜서 잠시도 잊지 않는 것.

11월 10일 제지사에서 『광의법문경(廣義法門經)』 1권을 번역했다[130].

진제가 광주에 도착하자 혜개는 『섭대승론』 등의 번역과 강의를 요청하면서 2년을 보냈다. 법사가 또 다시 돌아가려고 하자 광주자사 구양흘이 만류했다(『구사서』). 혜개와 승인은 『구사론』 번역을 요청했는데, 이해[131] 갑신년(甲申年) 정월 25일에 삼장이 제지사에서 스스로 번역하고 혜개가 필사했다. 그러나 『혹품(惑品)』을 완성하지 못하고 남해군 안으로 이주해서 윤10월[132]에 문의(文義)를 다 궁구했는데[133], 바로 『논문』 22권, 『논게(論偈)』 1권, 『의소』 53권이다[134]. 광주자사는 성(城) 안에서 강설하기를 요청했고(『구사서』), 당시 지교(智敫)[135]도 강연석을 마련했다.

천가 6년(서기 565년), 나이 67세이다.

천강(天康) 원년(서기 566년), 나이 68세이다.

2월 2일[136] 혜개와 승인의 요청으로 『구사』의 논문을 거듭 번역하고 의의(義意)를 다시 해석했다(『구사서』). 『속고승전』에서는 혜개가 진제를 현명사(顯明寺)[137]로 불러들여 『구사론』을 한 번 다시 강의했다고 말했는데, 바로 이를 가리키는 것이다.

광대(光大) 원년(서기 567년), 나이 69세이다.

이해[138] 12월 25일 『구사론』을 다시 번역하는 작업을 완성했는데 이전의 판본을 교정하여 처음부터 끝까지 다 정비했다. 정남장사 원경(袁敬)[139]의 맏아들 원원우(袁元友)가 이 사업의 시주(施主)가 되었다(『구사서』). 『속고승전・법태전』에서는 이렇게 말했다.

"진(陳)나라 광대 시기에 승종, 법준, 혜인[140] 등은 영(嶺)을 넘어 진제에게 가서 학문을 배웠다. 진제는 이들이 아직 『섭론』을 듣지 못했기 때문에 『섭론』을 번역하고 강의했다. 사월 초에 시작해서 선달 8일에 마쳤다."

이 내용도 응당 같은 해의 일일 것이다. 『섭론』, 『구사론』은 모두 혜개가 필사했다. 진제는 이렇게 말했다.

"내가 일찍이 그대를 만나 경론(經論)을 편집할 때 이전에 번역했던 것을 결집해서 결함이 적지 않았다. 허나 오늘 이 두 논서를 번역하니 언사와 논술이 모두 원만하여 나는 유감이 없다."(『법태전』)

『속고승전 · 진제전』에서 『섭론』은 심승상(心勝相)[13] 뒷부분의 소(疏)에 의지했지(후사품소(後四品疏)) 승종이 진술한 것이 아니라서 '대의(大義)는 어긋나는 부분이 없다'고 했으니, 응당 이 해에 승종 법사는 혜개 법사가 먼저 기록한 『의소(義疏)』의 후사품(後四品)에 대해 증보하고 개정했을 것이다. 승종도 역시 『섭론』에 능했다.

광대 2년(서기 568년), 나이 70세이다.

정월 20일 남해군 안에 있으면서 양도(陽都) 정림사 법태의 요청에 따라 『율이십이명료론(律二十二明了論)』을 역출했는데, 이 논서는 본래 한 권이고 주(註)를 기록한 것은 다섯 권이다. 혜개가 필사했다(논서 후기).

승종 등은 혜개를 청하여 『구사론』을 강의했는데, 도니(道尼) 지교141: 등 20여 명의 동문과 기타 유명한 학사 칠십여 명이 들었다. 6월 삼장이 세상을 싫어해 남해 북산(北山)으로 자살하러 갔는데, 혜개가 뒤를 쫓아갔고 도인과 속인 및 구양흘도 모두 왔다. 삼장은 자살을 그만두고 왕원사(王園寺)에 머물렀다. 승종과 혜개 등은 건업으로 모시고 돌아가려 했지만 경성(京城)에 있는 승려의 참언으로 이루지 못했다. 8월 20일 혜개는 병이 들어 죽었다. 『구사론』 강의를 논문 제사업품(第四業品)까지 했고 의소(義疏)는 제9권까지 하다가 중단되었다. 삼장은 크게 비통해 하면서 도니, 지요 및 향(嚮) 등 열두 명과 함께 법준의 방에서 공동으로 향불을 전했고

13) 원문의 지(止)는 심(心)의 오기(誤記)이다.

『섭론』, 『구사론』을 전파하겠다는 서원을 끊어지지 않게 하라고 명했다. 삼장은 혜개를 이어 강의하다가 『혹품(惑品)』 제3권에 이르자 역시 병으로 그만두었다(『속고승전』).

태건 원년(서기 569년), 나이 71세이다.

삼장은 병에 걸리자 유언으로 엄정하게 인과를 확실히 제시해서 제자 지휴에게 부촉했다. 정월 11일 오시(午時)에 입적(入寂)했다[142:]. 12일 조정(潮亭)에서 다비(茶毘)를 하고 탑을 세웠다. 13일 승종과 법준은 각각 경전과 논서를 갖고 여산으로 돌아갔다(『본전』). 사문 법해가 마지막에[143:] 스승의 문장을 결집하여 책을 만들었다(『장방록·내전록』).

진제의 역출에서 번역 시기를 알 수 없는 중요한 경전으로는 『삼무성론(三無性論)』 2권, 『현식론(顯識論)』 1권, 『전식론(轉識論)』 1권, 『무상사진론(無相思塵論)』 1권, 『대열반경론』 1권[144:], 『결정장론(決定藏論)』 3권(『개원록』), 『금강반야론』 1권[145:], 『사제론(四諦論)』 4권, 『불성론』 4권, 『보행왕정론』 1권, 『정설도리론(正說道理論)』 1권, 『십팔공론(十八空論)』 1권, 『성취삼승론(成就三乘論)』 1권, 『의업론(意業論)』 1권, 『해권론(解拳論)』 1권, 『불아비담경(佛阿毘曇經)』 1권, 『유교론(遺教論)』 1권[146:], 『수선정법(修禪定法)』 1권, 『승삽다율(僧澁多律)』 1권, 『부이집론(部異執論)』 1권(즉 『십팔부론』), 『금칠십론(金七十論)』 3권, 『바수반두전(婆藪槃豆傳)』 1권이 있다.

진제가 역출한 의소(義疏) 중 연월(年月)의 시기를 모르는 것으로는 『여실론소(如實論疏)』 3권, 『금광명소(金光明疏)』 13권, 『부이집론소(部異執論疏)』 10권, 『사제론소(四諦論疏)』 3권, 『무상의경소(無上義經疏)』 4권, 『파아론소(破我論疏)』 1권[147:], 『불성의(佛性儀)』 2권, 『선정의(禪定

儀)』 1권, 이밖에 『중경통서(衆經通序)』 2권이 있다[148:].

대체로 삼장이 번역한 것으로는 경전[149:]이 있고, 계율[150:]이 있고, 논서[151:]가 있고, 경전과 논서에 대한 해석이 있고[152:], 논석(論釋)이 있다[153:]. 때로는 논서와 게송을 단행본으로 따로 발행했고[154:], 만약 따로 소(疏)를 말하는 경우엔 경본(經本)[155:]이나 논본(論本)이라고 했다[156:]. 의소(義疏)의 경우는 아마 외국에 원래 있었거나[157:] 혹은 진제가 전한 구의(口義)이다[158:]. 진제는 또한 번역가일 뿐만 아니라 사실상 의학(義學)의 대사(大師)이다. 그는 경전을 역출할 때 번역도 하고 강의도 했다. 제자는 스승 진제의 뜻[義]을 기록해서 이를 의소(義疏)라 부르거나[159:], 혹은 주기(注記)라 호칭하거나[160:], 혹은 본기(本記)라고 칭하거나[161:], 혹은 문의(文義)라고 칭했다[162:]. 진제가 가지고 온 패엽(貝葉)[14)]의 산스크리트 판본은 2백40 박(縛;묶음)이고, 진(陳)나라 때 번역한 것은 불과 몇 묶음인데도 이미 2백여 권이나 되었고 양나라 시대까지 미치면 3백여 권에 달했다. 『화엄경』, 『열반경』, 『금광명경』의 산스크리트 판본은 건강(建康)에 있었고, 나머지는 대부분 광주의 제지사와 왕원사 두 사찰에 있었다[163:]. 진제는 중국에 와서 환란의 시기를 많이 겪으며 이리저리 떠돌았지만 경전 번역을 아주 많이 했고 매우 부지런히 제자를 가르쳤으니[164:], 이는 대사의 정신이 결코 평범하지 않았기 때문이다.

---

14) 인도 다라수(多羅樹) 나무의 잎. 불경(佛經). 이 잎사귀에 종이 대신 불경을 써 둔 것이 많아서 불경을 패엽이라고도 함. 패다엽(貝多葉). 패다라엽(貝多羅葉).

11) 진제의 제자와 『섭론』의 북방 전래

진제의 학문은 양나라와 진나라 시대에는 뚜렷이 드러나지 않았다. 양나라 때는 세상이 혼란해서 진제의 도(道)가 막혔고, 진(陳)나라 시대에는 그의 제자 승종, 혜개가 건업으로 모시려고 했지만 진나라 수도의 유명한 승려들이 질투했다. 『속고승전』에서는 이렇게 말하고 있다.

"양무제는 『대론』을 숭상할 뿐 아니라 『성실론』도 좋아했으며, 진(陳)나라 무제는 앞의 왕조와 다른 것을 좋아해서 『대품』을 널리 유행시키고 『삼론』을 특히 돈독하게 여겼으니, 이 때문에 『섭론』의 종지는 확대되질 못했다."

진제의 제자로는 혜개(즉 지개)의 공적이 가장 두드러졌다. 혜개의 속가 성은 조(曹)씨이고 건업의 아육왕사에 거주했다(『명료논기(明了論記)』). 그는 양도(揚都)에서 법태와 함께 선후로 남방으로 가서 진제를 시봉하며 현명사(顯明寺)에 거주했다. 진제가 『섭론』, 『구사론』 등을 역출할 때 도왔고 본인은 『구사론』을 강의하다 마치질 못하고 병에 걸려 임종을 맞았다. 당시 나이는 51세로 광대 2년 8월 20일이다. 혜개가 죽자 진제는 크게 애통해 했고, 다음 해에는 진제도 열반에 들었다. 조비는 혜개의 숙부의 자식이다. 혜개를 따라 남방으로 와서 『섭론』을 배우고 여러 부(部)의 경전도 자문해서 뚜렷한 공적(功績)이 있었다. 태건 2년에 조비는 건흥사(建興寺)의 승정(僧正)인 명용(明勇) 법사를 청하여 『섭론』을 계속 강의하도록 했으며 당시 명승 오십여 명이 학문을 성취했다. 저녁에는 강도(江都)에 머물면서 이전의 공부를 종합적으로 익혔고 간간히 여러 논서도 강의했는데 청중은 대부분 유명 인사였다. 또 승려 법간, 승영 등을 따르면서 그들의 학문 성취에 이바지했다. 조비는 또 진제를 위해 『별력(別歷)』[165]을 지었다.

진제의 제자 법태는 아주 유명한 사람으로 먼저 건업의 정림사에 거주했다. 양나라 시대에 이름을 날렸는데, 진제가 광주에 도착하자 험난함을 무릅쓰고 광주에 가서 진제를 만나 그를 위해 20년간 문의(文義)를 필사해서 전후로 오십여 부(部)를 역출했고 아울러 의기(義記)를 서술했다[166:]. 진제는 또 법태와 함께 『명료론』을 번역해서 율(律)의 22가지 대의(大義)를 해석했고 아울러 『소(疏)』 5권을 지었다. 진(陳)나라 태건 삼년이 되자 법태는 건업으로 돌아갔는데 새로 번역한 경론을 갖고 가서 의지(義旨)를 창안해 당시 사람들을 놀라게 했다. 여러 부(部) 중에 『섭대승론』, 『구사론』은 언사가 풍부하고 이(理)가 현묘해서 법태가 누차 설명했지만 출가자든 재가자든 모두 받아들이지 못했다. 유일하게 팽성의 사문 정숭이 금릉에 피난하던 중에 법태의 학문을 깊이 얻었고 후에 북방으로 가서 『섭론』을 크게 전파했다.

또 순주(循州)의 지요[167:]는 먼저 유명한 스승의 강의를 널리 들었다. 진제가 『섭론』을 역출하면서 구양위의 요청으로 그의 저택에 안거할 때는 전문적으로 익히지 못하다가 진제가 『구사론』을 번역할 때 비로소 자리를 마련했다. 혜개가 이 논서를 강의하자 지요와 도니 20명은 문장과 소(疏)를 받아 적으면서 강당에서 가르침을 들었다. 후에 건업으로 가서 또 광주와 순주의 승정(僧正)을 했다. 마지막엔 순주(循州)에서 늘 『섭론』을 강의했는데, 이 강의가 십여 번에 이르자 통달한 자가 25명이 되었다. 인수 원년에 임종을 맞았다. 진제의 『번역력(翻譯歷)』을 편찬했는데 처음부터 끝까지 수정을 가하고 아울러 권(卷)과 부(部), 시절, 인세(人世)를 상세히 갖추어서 널리 서술했다.

승종은 양주(揚州)의 승려로 『섭론』에 능했다. 『소(疏)』의 후사품(後四品)은 그가 손수 정한 것이라고 하며 아울러 『삼장행장(三藏行狀)』을 저술했다. 진제가 사망한 후 법준 등과 함께 경전과 논서를 갖고 여산으로 돌아갔다. 그리고 도니 역시 구강(九江)[15]에 머물면서 『섭론』을 크게 전파해서 세상에 이름을 알렸다. 승종은 수나라 개황 10년에 칙령을 받고 장안으로 들어가서 깨달음을 널리 폈고, 혜휴와 도악은 그를 따라 수학했다. 현장 법사는 도악으로부터 『구사론』 강의를 들었다. 그에 앞서 승종 등과 함께 여산에 있던 사람으론 혜광도 있었는데, 혜광은 승종, 혜개, 승준, 승운 등 법사와 함께 진제를 만나 『섭대승론』, 『유식론』 등과 『금고경(金鼓經)』168:, 『광명경』 등의 경전을 배웠다. 진제가 열반에 들자 동창인 승종과 함께 여산에 거주하면서 시간을 나누어 법을 설했다. 또 상주(湘州)와 영주(郢州)에서 불법을 전파해서 법의 교화가 더욱 번성했다.

진제의 학문이 먼저 민(閩), 월(越), 광주 지역에 전파된 것은 지개의 공로가 가장 크다. 그가 죽은 후 법태는 건업에서 전파하고, 승종과 도니(道尼) 등은 구강에서 교화하고, 조비는 강도(江都)에서 법을 전파하고, 지요는 순주와 광주에서 강설했다. 그리고 승정과 승숭169:은 북으로 가서 팽성에 머물렀고 도니는 장안에 들어가 거주해서 『섭론』의 북방 전파는 확고해졌다. 하지만 북방의 『섭론』 대사는 승정과 승숭 외에 실제로는 지론(地論) 학자인 담천이다.

담천의 속가 성은 왕(王)씨이고 박릉(博陵)의 요양(饒陽) 사람이다. 13살 때 부모는 그의 원대한 깨우침을 기뻐해서 외삼촌에게 전수받도록 했는데, 그의 외삼촌은 바로 북제 시대의 중산대부(中散大夫) 국자제주(國子祭酒) 박사 권회(權會)이다. 권회는 육경(六經)에 능했지만 특히 『주역』 연구에

15) 강서성에 위치하며 양자강 중류에 위치해 있다. 파양호와 여산이 위치해 있고, 불교 정토종이 발원지인 동림사(東林寺)가 있다.

치중했다. 그는 담천의 탁월함을 기특하게 여겨서 먼저 『주역』을 가르치고 다시 『예기』, 『시경』, 『서경』, 『노자』, 『장자』 등을 전수했다. 담천은 경전을 한 번 열람하면 다시는 뜻을 묻지 않았다. 훗날 정주(定州) 가화사(賈和寺)의 담정(曇靜) 율사를 스승으로 모시고 출가했는데 당시 21세였다. 구족계를 받고 나서는 담준(曇遵)을 따라 공부했다. 담준은 『지론』의 대가인 혜광의 제자이다. 담천은 늘 당시의 승려가 세속의 이익을 추구하는 것을 멸시하면서 이렇게 말했다.

"학문을 통해 법을 알고 불법을 통해 수행하는 것이니, 어찌 부귀와 이익을 도(道)라 칭할 수 있겠는가."

마침내 담천은 임려산(林慮山) 황화곡(黃花谷)의 부국사(淨國寺)에 은거해서 『화엄경』, 『십지경』, 『유마경』, 『능가경』, 『지지경』, 『기신론』 등을 연구해 정통했다. 나라를 건국해서 평정한 후에 불법을 훼멸하자 불도를 보호하고 계율을 지키기 위해 금릉으로 은밀히 여행가서 도량사에 머물렀다. 당시 도반들과 유식(唯識)의 뜻을 담론했으며, 후에 계주자사(桂州刺史) 장씨(蔣氏)의 자택에서 『섭대승론』을 얻어서 완전한 여의주로 삼았다. 비록 유식을 먼저 강의해서 종지의 통달을 궁구했지만 사상의 구조가 유현하고 미묘한 곳에 이르면 흐름이 막히는 경우도 있었다. 후에 선(禪)을 전수받고 팽성에 가서 거주했는데 새로운 인사와 과거의 인사가 멀고 가까운 데서 기꺼이 모여들어서 수많은 대중이 되어 『섭론』을 전파하기 시작했고, 또한 『능가경』, 『기신론』, 『여실(如實)』 등의 강의도 끊이지 않고 지속되었으니, 『섭론』의 북방 지역 개척이 이때부터 성행하기 시작하자 서주와 광릉 사이에서 법륜을 굴렸다. 개황 7년 황제의 조서를 받고 제자 10명과 함께 경성에 들어와서 낙양의 혜원, 위군(魏郡)의 혜장, 청하의 승휴, 제양의 보진, 급군(汲郡)의 홍준과 장안에 모였다. 당시 좋은 대우를 받았다. 『섭론』을 처음 시작하자 이를 배우려는 사람들이 천 명에 달했다. 사문 혜원은 법문의 영수(領袖)였지만 역시 와서 경전을 들었다. 주(周)나라가 불법을 훼멸한 이후에 문제(文帝)는 예전의 금지를 풀고서 불법을 회복했는데 대부분 담천의 말을 들은 것이다. 담천은 수나라 양제(煬帝) 대업 3년에 66세로 임종을 맞았다. 『섭론소』 10권을 편찬했고 『능가경』, 『기신론』, 『유식론』, 『여실』 등의 소(疏)와 『구식(九識)』, 『사명(四明)』 등의 장(章), 『화엄명난품현해(華嚴明難品懸解)』 등 총 20여 권을 저술했다. 당나라 도선은 담천으로부터 『섭론』이 전파된 일을 말하면서 "전등(傳燈)이 끊어지지 않아서 오늘날엔 많이 늘어났다"고 했으니, 그렇다면 당나라 초기 법상종(法相宗)의 성행은 아마 담천이 가장 많은 노력을 기울였기 때문일 것이다. 혜원은 수나라 때 승려의 우두머리로 역시 존경과 예우를 받았고, 혜원의 제자 정변, 정업, 변상은 모두 『섭론』을 연구했다. 북방에서 『섭론』을 배운 도영(道英), 도철(道哲), 정림(靜琳), 현완(玄琬)은 모두 담천의 제자이며, 당나라 현장의 스승 혜휴도 담천을 따르며 공부했다. 진(陳)나라 말엽과 수나라 초기에 남방의 건업과 구강, 북방의 팽성과 장안은 모두 『섭론』의 중심지였고, 팽성의 정숭의 제자 지응(智凝)은 촉 지역에 『섭론』을 전파했으니, 이로 인해 유가 법사의 학문은 중국에 두루 전파되었다.

12) 『화엄경』의 유행

북위 말엽에 『지론』과 『화엄』의 학문이 매우 성행해서 사실상 당나라 시대의 화엄종파를 개척했다. 『화엄경』의 산스크리트 판본에는 십만 개의 게송이 있다. 중국의 번역본은 두 가지가 있는데, 하나는 진(晉)나라 때 번역한 『화엄경』 60권으로 단지 2만 6천 개의 게송이 있다고 하며, 또 하나는 당나라 때 번역한 『화엄경』 80권으로 단지 4만5천 개의 게송만 역출했다. 60권본 『화엄』은 8회(會)로 나누고, 80권본 『화엄』은 9회로 나누는데, 둘을 비교하면 대략 다음과 같다.

(60권 『화엄경』)
『적멸도량회(寂滅道場會)』(4권, 2품)
『보광법당회(普光法堂會)』(4권, 6품)
『도리천회(忉利天會)』(3권, 6품)
『야마천궁회(夜摩天宮會)』(3권, 4품)
『도솔천궁회(兜率天宮會)』(10권, 3품)
『타화자재천궁회(他化自在天宮會)』 (14권, 11품)
『보광법당중회(普光法堂重會)』 (14권, 11품)
『급고독원회(給孤獨園會)』 (16권, 1품)

(80권 『화엄경』)
『보리장중설(普提場中說)』 (11권, 6품)
『보광명전설(普光明殿說)』 (4권, 6품)
『도리천궁설(忉利天宮說)』(3권, 6품)
『야마천궁설(夜摩天宮說)』(3권, 4품)
『도솔천궁설(兜率天宮설)』(12권, 3품)
『타화자재천궁설(他化自在天宮說)』 (6권, 1품)
『보광명전설(普光明殿說)』 (13권, 11품)
『보광명전설(普光明殿說)』 (7권, 1품)
『급고독원설(給孤獨園說)』 (21권, 1품)

60권 『화엄경』이 세상에 출간되기 전에 이미 대본(大本) 중에 또 다른 판본의 역출이 있었지만 아직은 『화엄경』이란 이름은 보이지 않았다. 60권 판본이 번역되고 나서 『화엄경』에 대한 연구가 시작되었다.

60권 『화엄경』이 세상에 나오기 전, 후한(後漢) 시대의 지루가참이 『도사경(兜沙經)』을 번역했는데 바로 제2회 중 『여래명호품』이다. 진(晉)나라 시대의 축법호는 『점비일체지덕경(漸備一切智德經)』을 번역했고 구마라집은 『십주경(十住經)』을 번역했는데 바로 제6회 중 『십지품(十地品)』이다. 진(晉)나라 승위(僧衛)는 『십주주(十住注)』를[170] 지었고 축법호, 섭도(聶道), 진기다밀(眞祇多密)도 『십지경』을 번역했는데 역시 『화엄경』의 부(部)에 속하거나 혹은 『화엄・십주품』일 것이다. 진(晉)나라의 도융은 『십지의소(十地義疏)』를 지었고, 진(晉)나라와 송나라 사이에 『십지경』에 능한 자는 담빈(曇斌), 법안(法安), 승종(僧鐘),홍충(弘充) 등이 있었다.

60권 『화엄경』은 불타발다라가 건업에서 역출했다. 진(晉)나라 의희 14년 3월 11일에 시작하여 원희 2년 6월 10일[171]에 마쳤는데, 번역할 때 법업이 충분히 필사해서 『화엄지귀(華嚴旨歸)』 2권을 지었고 사문 담빈 등 수백 명이 가르침을 받았다[172]. 『화엄경』에 대한 연구는 이로 인해 번창했다. 당시 혜엄, 혜관 등이 모두 번역 사업에 참여했는데, 이 두 사람은 모두 구마라집의 제자이다. 혜관은 교판(敎判)에서 『화엄』을 돈교(頓敎)라고 했다. 구나발다라는 광주에 왔다가 북쪽으로 가서 건업에 머물렀고 나중엔 초왕(僬王) 의선(義宣)을 따라 형주로 가서 신사(辛寺)에서 『화엄경』을 강의했다. 얼마 후에 북방의 선가(禪家)인 현고의 제자 현창(玄昌)이 강남으로 갔다. 최초의 『화엄』 대부(大部)는 문장의 취지가 너무 넓어서 예로부터 분명한 해석이 없었다. 현창은 현묘한 뜻을 사유하여 장(章)을 뽑고 구절을 비교했으니, 이 경전을 전하고 강의한 것은 현창이 그 시초이다. 제(齊)나라 유규(劉虯)는 돈교와 점교의 교판(敎判)을 하면서 역시 『화엄』을 돈교로 삼았다. 제(齊)나라 문선왕은 『화엄』 대부를 15권으로 초록(抄錄)하고 화엄재(華嚴齋)를 지냈으며, 그 법회의 성대함을 글로 지어서 『화엄재기(華嚴齋記)』 1권을 만들었으니 이 경전을 중시했음을 엿볼 수 있다. 하지만 진(晉)나라부터 제(齊)나라, 그리고 양나라 시대까지 『화엄경』 종류에 대한 연구는 보편적이 아니었다. 그래서 제(齊)나라의 주옹은 『십주(十住)』가 널리 전파되면 세상의 학문은 장차 죽을 거라는 말을 했다[173:].

진(晉)나라부터 양나라까지 남방에서는 『화엄경』을 연구하는 자가 별로 없었고, 동시에 북방에서 이 경전을 익힌 자는 더욱더 드물었다. 『화엄전』에서는 사문 영변이 이 경전을 품고서 오대산에 들어가 희평(熙平) 원년(서기 516년)에 『화엄소』를 지었다고 하였다. 후에 위나라 호태후의 초청으로 낙양에 들어가서 신귀(神龜) 3년에 완성했는데 모두 백 권이다[174:]. 또 영변은 낙양의 융각사(融覺寺)에 거주했다고 하는데, 이 사찰의 담무최(曇無最)도 역시 이 경전을 강의한 적이 있다[175:]. 그의 제자 지거(智炬)는 『화엄경』에 능통해서 오십여 번 강의했고 10권의 소(疏)를 지었다[176:]. 북위 희평 원년은 바로 남조 양무제 천감 15년으로 60권 『화엄경』의 번역이 완성된 후부터 대략 백 년이 지난 시기이다. 이 기간에 북방의 『화엄경』 연구는 거의 기록이 없지만, 남방은 발원지이기 때문에 공부하는 자가 조금 많았다. 하지만 『성실론』이나 『열반경』에 비하면 실제로 지극히 미미했다.

양나라 시대 이래로 남방과 북방에서는 『화엄』 연구가 크게 번성해서 남방의 『삼론』 학자는 이 경전을 겸하여 연구했다. 현창이 처음 강설을 시작했는데, 현창은 『삼론』에 능한 사람으로 섭산의 법맥을 이어받아 많이 강의했다177:. 하지만 북위 말엽에는 『화엄경』에 대한 존중이 남방보다 나았는데, 그 이유는 『지론』과의 관계 때문이다. 또 당시 유행한 화엄재회(華嚴齋會)와 독송을 살펴보면 사회에서 갖는 세력을 알 수 있다. 수나라의 후백(侯白)은 자(字)가 군소(君素)인데 『정이기(旌異記)』를 지어서 '북위 태화 첫 해에 경성의 환관(宦官)이 스스로 자기 모습을 부끄러워한 나머지 사람들을 쫓지 않고[16] 산에 들어가 도를 닦겠다는 상소문을 올리자 칙령을 내려 허락했다. 그래서 『화엄경』 1부를 갖고 밤낮으로 독송하면서 쉼 없이 예배하고 참회하다가 초여름에 산에 돌아가서 6월 말에야 수염이 다 생기며 장부(丈夫)의 모습을 회복했다. 멀리서 올린 장계(狀啓)를 본 고조(高祖)는 원래 『화엄경』을 공경하고 신뢰해 오다가 갑자기 보게 되자 크게 놀라면서 평상시보다 더욱 중시했다. 그리하여 대대(大代)의 나라에서는 『화엄경』이 이로 인해 더욱 성행했다178:. 위나라 사문 법건(法建)은 촉(蜀) 지역에서 『화엄』 1장(藏)을 지향하고 독송했고(『속고승전』), 주(周)나라 보원(普圓)과 그의 제자 보제(普濟), 보안(普安), 북제의 혜보179:는 모두 『화엄』을 독송해서 모두 신령한 공능(功能)이 드러났다. 영유의 제자인 변재(辯才), 혜오(慧悟), 담의(曇義)(오대(五臺))도 모두 이 경전을 독송했으며, 혜구는 이 경전을 삼 년이나 공경히 모셨다. 수나라 법념(法念)180:, 법안(法安), 해탈(解脫), 명요(明曜)181:는 모두 이 경전을 돌려가면서 읽었다182:.

사람들이 『화엄』의 독송으로 기이한 결과를 드러내서 화엄재회를 지내는 것은 제나라 문선왕부터 시작했다. 수나라 시대에는 해옥(海玉)이 화엄대중을 구축했고 보안183:도 역시 큰 재(齋)를 지냈다. 당나라 익주의

---

16) 환관으로 만들기 위하여 생식기를 자르는 일을 의미한다.

굉(宏) 법사도 『화엄』에 뜻을 두고 사대부나 세속의 인사 50명이나 60명에게 하나의 복사(福社)를 만들라고 권유해서 사람들은 각자 한 권을 독송했다. 15일마다 한 집에서 재(齋)를 마련하여 화엄도량의 고좌(高座)에 설법자를 모시고 나머지 신도는 제자리에서 각자 경전을 독송하다가 다 마치고 나면 흩어졌다184:. 그들이 예배한 대상은 비로자나 부처이거나 혹은 시방불(十方佛)일 것이다. 또 부처의 명호(名號)를 부르고 보현행(普賢行)[17]을 닦아서 현수국(賢首國)에 왕생하는 것 역시 하나의 왕생설이다185:. 『고승전』을 보면 대부분 『법화경』을 독송했다. 그러다가 위나라와 수나라 시대에 『화엄』을 읽는 자가 있어서 처음으로 화엄참법(華嚴懺法)을 행했으니, 『화엄경』이 일반 대중의 신봉을 얻었음을 알 수 있다. 무릇 남북조의 송나라부터 양나라까지 천하에 『화엄』을 연구하는 사람은 적었다. 하지만 양나라 말기부터 당나라 초기까지 남방과 북방에선 학승이든 세속 인사든 대부분이 숭배하고 신앙하면서 화엄종이 성립하게 되었다.

지론의 법사는 『십지경론』을 종지로 삼았다. 『십지경론』은 바로 『화엄경』 제6회 중 『십지품』을 해석한 논서이다. 번역자는 보리류지와 늑나마제 및 불타선다 세 사람이다. 그중 특히 늑나마제와 『화엄경』의 관계가 가장 깊다. 위나라 선무제는 칙령을 내려서 늑나마제에게 『화엄경』을 강의하도록 했는데, 그는 훌륭한 해석으로 깨달음을 열고 정묘한 뜻을 매번 밝혔다(『내전록』). 늑나마제의 제자 혜광은 『지론』의 거장이면서 또한 『화엄』 연구에도 가장 관계가 밀접한 사람이다186:. 『화엄전』에서는 혜광이 『화엄』을

---

17) 한 가지 행(行)을 닦으면 일체 행을 갖춘다는 화엄 원융(圓融)의 묘행(妙行). 원융은 일체 법의 사(事)와 이(理)가 차별 없이 널리 융통하여 하나가 됨을 말함.

듣고서 깊은 곳까지 오묘함을 다했고 거장이 되어서 친히 강의하고 전수했다고 하였다. 또 정교(正教)의 근본으로 이 경전을 넘어서는 것은 없다고 생각해서 네 권의 소(疏)를 지었다[187:]. 그의 제자 중에 『화엄』과 관계가 있는 자를 다음과 같이 열거한다.

승범(僧範), 『화엄』을 강의하고 소기(疏記)를 지었다.

혜순(慧順), 『화엄』의 강의하고 소(疏)를 편찬했다.

도빙(道憑), 이 경전을 강의했다.

담연(曇衍), 일곱 권의 소(疏)를 지었다.

법상(法上), 제자 혜원은 『화엄』에 능했고 그에게서 가장 오래 배웠다.

담준(曇遵), 일곱 권의 소(疏)를 지었다[188:]. 그의 제자 담천, 지윤(智潤)은 『화엄』에 능했다.

도운(道雲), 수나라 홍준(洪遵)은 숭산의 운공(雲公)에 의존해 『화엄』을 공부했다. 홍준은 일곱 권의 소(疏)를 지었다. 이상의 승려들은 모두 북방에 있었다.

안름(安廩), 건업에서 『화엄』을 강의했다.

이들 모두는 혜광 법사의 가장 큰 제자이며[189:], 이때부터 북방에서 『화엄』에 대한 연구는 지극히 성행했다. 상주(相州)의 영유도 유명한 승려인데 『소(疏)』와 『지귀(旨歸)』를 함하여 아홉 권을 지었다. 그는 도빙의 제자이다[190:]. 담준의 제자 담천 역시 『화엄』에 정통했고 『명난품현해(明難品玄解)』를 지었다[191:]. 북방의 원로로는 혜원이 첫째인데 역시 혜광의 제자이다. 홍준은 아마 도운의 제자로 이 경전을 배웠을 것이며, 영간(靈幹)은 바로 담연의 제자로서 『화엄』을 지향하고 신봉했다. 동시에 낙양 정토사에 있는 해옥 법사는 화엄 대중을 구축해서 이 경전의 흥성을 지향했으며 영간을 청해 강연을 펼쳤다. 수나라 때 북방의 원로로서 가장 추앙을 받는 혜원은 바로 혜광의 재전(再傳) 제자로서 일곱 권의 『화엄소』를 지었다. 수나라 때 남방 섭산의 후예인 가상(嘉祥) 대사는 관내로 들어가서 평생 『화엄』을 수십 번 강설했고 『화엄경유의(華嚴經遊意)』 한 권을 지었다. 이 밖에 북방 지역에서 이 경전에 능한 자로는 병주(并州)의 혜각(慧覺) 영(穎)법사[192], 정원(淨願), 도찬(道璨) 등이 있지만 어느 스승을 이었는지는 명확하지 않다. 총체적으로 지론의 법사는 『화엄』 연구의 첫자리를 차지하고 있으므로 실제로도 화엄 법사라고 할 수 있다.

『화엄경』이 빨리 전래된 것은 중국의 오대산과 관련이 있다. 하지만 중국 『화엄경』의 중심지는 주나라와 수나라 사이에는 종남산이다. 주나라 무제가 불법을 훼멸할 때 장안의 승려들은 대부분 산속으로 피난했다[193]. 가령 정애(靜藹)는 법난(法難)이 장차 오리란 걸 알자 사십여 명의 문인(門人)들과 함께 종남산으로 가서 동쪽과 서쪽에 27개 사찰을 지었다[194]. 이들을 따라와 거주한 승려도 적지 않았는데, 그중 보안(普安)은 속가 성이 곽(廓)씨이고 경조(京兆) 경양(涇陽)사람이다. 젊은 시절에 보원(普圓) 선사[195]에게 의존하다가 만년에는 애(藹) 법사(즉 정애)를 따랐다. 삼장(三藏)을 밝게 통달했으면서도 늘 『화엄』을 공부했고 독송과 선의 사유[禪思]에 의거해 헤아리고 표방했다. 주무제가 불법을 파괴할 때 종남산 편재곡(楩梓谷) 서쪽 갈림길에 은거했다. 당시 경성의 유명한 승려 30여 명을 보안이 모두 은밀한 거처에 안치(安置)했는데, 그 이유는 직접 걸식하러 나가면 가혹한 주살(誅殺)을 피하지 못했기 때문이다. 보안은 원래 의곡사(義谷社) 영(映)씨 세가(世家)의 굴속에 숨은 정애를 청하여 산으로 모셔왔고, 또 팽연(彭淵)[196]을 인도해서 함께 산야(山野)에 머물렀다. 팽연은 속가의 성이 조(趙)씨이고 무공(武功) 사람인데 늘 영유에게 물으면서 배운 혜광의 재전(再傳) 제자이다. 그는 『화엄경』, 『지지경』, 『열반경』, 『십지경』을 강의했으며[197] 종남산에 은거해 사찰을 짓고 신도를 결집했다. 사찰의 이름은 지상사(至相寺)라고 했다. 보안은 늘 화엄의 모임(社)을 결집해서 신령한 이적(異蹟)을 뚜렷이 드러냈고, 팽연도 의학(義學)으로 유명했다. 보안은 대업 5년 80세로 임종을 맞았고 탑을 지상사 옆에 세웠다. 팽연은 대업 7년 지상사에서 서거했다. 그 전에 혜장(慧藏) 사문은 수나라의 여섯 대덕 중 한 사람인데 장안에 들어가 공관사(空觀寺)에 거주했다. 그는 평생 『십지경』, 『화엄경』 등을 익혔고 『화엄』을 유독 중시했다. 대업 원년에 서거해서 지상사 앞에 묻혔다. 그리고 법순(法順), 지정(智正), 지엄(智儼)은 모두 화엄종의 조사로 역시 종남산에 머물렀다.

당나라 초기에 홍지(弘智)란 사문은 대업 초기에 지상사에 거주하다가 영휘 6년에 임종을 맞았다. 그 역시 『화엄』, 『섭론』 등을 강의했다. 『화엄전』에서는 영순(永淳) 2년에 지상사의 사문 통현(通賢)[198], 거사 현상(玄爽), 방현덕(房玄德) 등[199]이 모두 이 경전을 공부했고 함께 오대산에 가서 문수보살을 예배한 후 병주의 동자사(童子寺)에서 영변(靈辯)의 『화엄기』을 얻고는 돌아와 유통시켰다고 했다. 따라서 주나라 말기부터 당나라까지 종남산은 승려들이 모여든 장소로서 특히 『화엄』의 학자가 많았고 지상사가 중심이었던 것 같다.

당나라 사문 두순(杜順)[200]은 세상에서 추앙하는 화엄종의 초조(初祖)이다. 그가 거주한 의선사(義善寺)는 종남산과 멀지 않았다. 그는 뛰어난 재능과 신령한 행업(行業)으로 신승(神僧)이라 불렸다. 또 번현지(樊玄智)는 16세에 출가하여 두순을 따르면서 온갖 수승한 행(行)을 익혔고, 두순은 그에게 『화엄』의 독송을 업(業)으로 삼으라고 했다. 그리고 종남산 지상사의 지정은 바로 『지론』 법사인 담천의 뛰어난 제자로 보이는데 의학(義學)을 정통하고 『화엄소』 10권을 지었다. 이 두 승려는 똑같이 정관(貞觀) 시기에 임종을 맞았다201:. 『화엄』 종파의 이조(二祖) 지엄(智嚴)은 처음엔 두순 선사를 따라 출가했다가 나중엔 지정에게 배웠는데, 한편으로는 북방의 선풍(禪風)을 이어받고 다른 한편으로는 『지론』의 의학(義學)을 받아들였다. 현수(賢首)의 종문(宗門)18)은 이렇게 해서 기초가 다져졌다. 현수종의 의취(義趣)와 『지론』의 관계에 대해서는 이미 수나라와 당나라의 불교사 범위에 속하기 때문에 여기서는 상세히 논할 수 없다. 하지만 개괄적으로 말하면 지론의 학문은 사실상 화엄종의 옛 학문[古學]이고, 화엄종은 실제로 지론 법사의 후예이고 지론 역시 옛날의 법상종이다202:. 세상에서 전하는 바에 의하면, 강장(康藏)의 국사(國師)203:가 장안에 유행(遊行)했을 때 현장의 번역에 참여했다가 나중에 소견이 달라서 떠나갔다고 했다204:. 이 사건이 만약 확실하다면 실제로 고학(古學)의 대가와 신학(新學)의 대사(大師)가 충돌한 것이다.

13) 발문(跋文)

중국불교사는 설명하기가 쉽지 않다. 불법(佛法)은 종교인 동시에 철학이다. 종교의 정서(情緖)는 사람 마음 깊숙이 존재하므로 혹시 있을지 모르는 사실(史實)을 상징(象徵)으로 삼아 이따금 신묘한 작용을 발휘한다. 그래서 단지 과거 사적(事跡)의 수집과 검토에만 의존할 뿐 동일한 종교적 정서의 암묵적 상응이 없다면 그 진실을 얻을 수 없다. 또 철학은 정밀하고 미묘해서 실상(實相)을 깨달아 들어간다. 옛 철인(哲人)은 천진(天眞)의

---

18) 화엄종을 대성한 사람이 현수라서 현수종이라고도 부른다.

지혜를 발해서 신중히 사유하고 분명히 밝혔으니, 왕왕 말은 간략해도 지취(旨趣)는 원대해서 비유가 설사 비근하다 해도 도는 깊고 넓게 보았다. 따라서 한갓 문자의 고증으로만 탐구할 뿐 심성의 체득이 모자란다면 쭉정이와 지게미만 얻을 뿐이다.

생각건대 불교 역사를 연구하려면 반드시 서역의 언어와 문장에 대한 훈련을 먼저 해야 하고 중국과 인도의 역사와 지리에도 정통해야 한다. 최근에 국내외의 학자들은 수년간의 노력으로 전문적인 과제를 토론하면서 많은 것을 밝혀냈다. 하지만 아직까지는 뜻이 막히고 난관도 많기 때문에 지금 전 역사를 종합해 서술하려 한다면, 이는 마치 소경이 코끼리를 만지는 것과 같아서 그 전모를 얻을 수 없다.

나는 어린 시절 가정교육을 통해 일찍부터 을부(乙部;역사서)를 읽었다. 돌아가신 아버지 탕위싼(湯雨三)[19] 공(公)께서는 사람을 가르칠 때 입신(立身)과 행기(行己)의 큰 실마리를 간곡히 일러주면서 우매함을 깨우치게 하였고 선인(先人)들의 말과 실천을 늘 술회하면서 훈계를 하셨다. 나는 점점 자라나면서 깊고 미묘한 철리(哲理)의 학문에 마음을 두고 늘 내전(內典) 읽기를 좋아했다. 돌이켜보면 역시 고대 사상의 맥락과 종파의 변천을 탐구(疏尋)하기를 상당히 즐겼다. 십여 년 동안 남방과 북방에서 학문을 가르치면서 중국불교사를 전수한 적이 있는데 여러 해를 강의하다보니 책을 만들 수 있게 되었다. 불법은 묵묵히 체득하고 회통해야 함을 스스로는 알고 있지만 뜻만 있을 뿐 이루지는 못했고, 언어, 문장, 역사 및 지리에 대해서도 아는 것이 매우 적다. 그래서 내용에 대한 설명이 천박하고

19) 이름은 탕림(湯霖)이고 위싼은 호(號)이다. 호북성 황매(黃梅) 사람으로 1850년에 태어나 1911년에 사망했다.

상세함과 간략함도 질서를 잃어서 백에 하나도 마땅한 것이 없다.

다만 이제 이민족이 침입하는 국가의 변란을 만났기 때문에 마지못해 그 1부[20]를 인쇄소에 넘겨주었다. 고증학이 시대의 어려움을 해결한다고는 말할 수 없지만, 그러나 낡은 빗자루라도 내 것은 소중한지라 여러 해 동안 연구해서 얻은 것을 하나의 결실로 맺고 싶다. 훗날 국세(國勢)가 융성해서 세상이 다시 안정된다면 학자들이 이 책을 읽으면서 중국불교사를 계속해서 서술하기 바란다. 그리하면 옛 성현(聖賢)의 위대한 인격과 사상이 세상에서 빛을 볼 수 있도록 하는데 이 졸작도 조금이나마 보탬이 될 것이다. 책 속에서 채용한 당시 현자(賢者)의 학설은 모두 문장에 따라 주(注)를 달았다. 이 과정에서 지인과 벗들이 나 대신 초록(抄錄)하고 수집을 했거나 혹은 수정을 해서 내게 많은 도움을 주었기에 이 자리를 빌려 감사를 표한다.

중화민국 27년 원단(元旦), 탕융동(湯用彤)이
남악(南岳) 척발봉(擲鉢峰)아래에서 쓰다.

20) 탕융동의 불교사 강의노트는 2부가 있다. 1부는 〈한위양진남북조 불교사〉이고 또 다른 1부는 〈수당불교사〉이다. 후자에 대해 탕융동은 생전에 여러 가지 요인으로 수정을 가하지 못해서 출판하기를 원하지 않았다. 탕융동이 돌아가신 후에 그의 아들 탕이제가 강의 노트 내용을 정리하여 〈수당불교사원고〉라는 이름으로 출판했다.

미주

제20장

1) 수나라와 당나라의 장소(章疏)도 늘 남북의 학설을 분별했다.
2) 『열반경』은 그 자체 공종(空宗)이지만 강설하는 자는 늘 유(有)에 떨어졌다.
3) 『위서 · 은소전(殷紹傳)』
4) 『삼론약장(三論略章)』에 보인다.
5) 이상은 동아(東阿)의 혜정 외에 모두 구마라집의 제자이다.
6) 역시 『우록』 5 『유의론(喩疑論)』에 보인다.
7) 역시 『중론소』에 보인다.
8) 『명승전초 · 설처(說處)』에 승연이 승숭으로부터 『성실론』을 수학한 사적이 실려 있다.
9) 제18장에 상세함.
10) 기(記)라고도 함.
11) 법도(法度)라고도 함.
12) 제14장을 참고하라.
13) 위(魏)나라 태무제는 원래 담무참의 명성을 듣고 부르려고 했다.
14) 『속고승전』에서는 승밀(僧密)이 도명 사문으로부터 수학했다고 하는데 아마 동일한 사람일 것이다.
15) 예를 들면 법요(法瑤), 혜량 등인데 이미 제17장에서 보았다.
16) 앞에서 언급한 서주의 승약이 바로 이 사람인지는 모르겠다.
17) 사적은 뒤에 간략하게 보인다.

18) 사찰 이름으로 택주(澤州)의 고도(高都)에 있다.

19) 앞에서 서술한 각각의 소(疏) 외에도 북주 시대의 보전 역시 『열반소』를 지었다.

20) 천태의 『법화현의』 10상(上)

21) 혜관의 거주처인 도량사에서 번역했다.

22) 혜관의 저술에 『법화종요』가 있다.

23) 예를 들면 혜원의 『대승의장』 1, 길장의 『대승현론』 권1, 권5, 지자의 『법화현의』 10, 법장의 『화엄탐현기(探玄記)』 1 및 『분제장(分齊章)』 권1, 규기(窺基)의 『법원의림장(法苑義林章)』 권1 등이다.

24) 예를 들면 양무제는 오시(五時)의 설을 비난했다.

25) 유규의 오시칠계(五時七階)는 번잡하지만, 이 설은 이미 북방의 『제위경(提謂經)』이란 위경에 들어가 있어서 순수한 남방의 설이 아니다.

26) 교판의 십가(十家)를 말하는데 남방이 삼가(三家)이고 북방이 칠가(七家)이다.

27) 예를 들면 원교(圓敎)는 남방 사람의 교판에는 보이지 않지만 북방에는 있다. 또 천태종이 북방 선사에게 전수한 것도 교판이다. 그 중 하나는 유상(有相)과 무상(無相)의 대승으로 나누는데 무상은 『능가경』 등이다. 『능가경』을 특히 무상이라고 가리키는데, 이는 필경 선종이 처음으로 일으킨 설이다. 그리하여 선사도 역시 교판을 했으니, 북방에서는 이런 일이 성행했음을 알 수 있다.

28) 길장의 『대승현론』, 『중론소』, 혜원의 『대승의장』 및 천태의 『법화현의』, 화엄의 『탐현기』 등.

29) 『법화현의』 및 『중론소기』. 또 혜광 역시 삼종설(三宗說)이 있다고 하였다.

30) 『탐현기』 및 『분제장(分齊章)』

31) 또 이름하여 입성종(立性宗)이라고 한다.

32) 이름하여 파성종(破性宗)이라고 한다.

33) 또 이름하여 파상종(破相宗) 혹은 광상종(誑相宗)이라고 한다.

34) 또 이름하여 현실종(顯實宗) 혹은 상종(常宗)이라고 한다.

35) 천태의 『현의』, 화엄의 『분제장』

36) 『법화현의』에서는 '비담은 육인(六因) 사연(四緣)[1]을 가리킨다'고 해석했다.

1) 육인은 능작인(能作因), 구유인(俱有因), 동류인(同類因), 상응인(相應因), 편행인(遍行因), 이숙인(異熟因)이고, 사연은 인연(因緣), 등무간연(等無間緣), 소연연(所緣緣), 증상연(增上緣)이다.

37) 약(約)으로도 되어 있는데 잘못이다.

38) 안쵸가 인용한 『조론술의(肇論述義)』도 일본인의 책이다.

39) 『법화현의』에서는 '성실의 세 가지 가(假)를 가리킨다'고 했다.

40) 『분제장』에서는 '공리(空理)에 즉(卽)함을 설해서 일체 법이 진실이 아님을 밝힌다'고 하였다.

41) 이(異)로 되어 있기도 한데 잘못이다.

42) 『법화현의』에서는 "항상 머무는 불성은 본래 담연(湛然; 고요함)하다"고 했으며, 『분제장』에서는 "불성(佛性)인 법계의 진리 등을 밝혔다"고 하였다.

43) 원래는 제(諦)자가 없는데 지금 보충한다.

44) 원래 제(諦)자가 없는데 지금 보충한다.

45) '살바다'는 중국어로 '일체유(一切有)'를 말한다.

46) 법구(法救)이다.

47) 일체유부의 논사(論師)

48) 북방에는 승연 한 사람뿐이다.

49) 『속고승전』에 전기가 있는데 『비담』을 가르친 자라고 했다. 즉 『승전 · 승

성전(僧盛傳)』의 승호(僧護)이다.

50) 흥황사에서 배웠다.

51) 진(陳)나라 때 고려 사람 지황(智晃)은 양주(揚州)에 있었고 일체유부에 능했다. 『속고승전 · 담천전』에 보인다.

52) 응당 『잡심』일 것이다.

53) 혜숭과 지념의 제자 중에 『비담』에 능한지 아닌지를 알 수 없는 자는 열거하지 않았다.

54) 역시 지념을 스승으로 모심

55) 제자 지은(智隱)

56) 제자 해순(海順)

57) 기(記)라고도 함

58) 이상은 『속고승전』에 보인다.

59) 법정은 양나라 보통 2년 61세로 임종을 맞았다.

60) 이상은 모두 『속고승전』에 보인다.

61) 현재 12권이 현존함.

62) 영평 시기에 지어졌다.

63) 『개원록』에는 승변 등으로 되어 있음.

64) 즉 산스크리트 판본을 들고 구두로 읊은 자이다.

65) 즉 산스크리트를 중국어로 번역했다.

66) 보리류지, 늑나마제 및 불타선다.

67) 고대에는 업하(鄴下)라고 했다.

68) 이 사람들은 모두 전기가 없고 오직 승휴만 영건전(靈乾傳)에 보인다.

69) 이는 『도총전』에 근거한다. 하지만 불타선다도 혜광의 스승이란 건 앞에서

상세히 서술했다. 또 이 일은 혜광이 불타선다에게 배운 사적과 거의 같다.

70) 아마 열 명의 철인 중 한 명일 것이다.

71) 그러므로 어쩌면 열 명 중의 한 사람일 수 있다.

72) 즉 혜광의 제자 담은

73) 사찰 이름으로 상당(上黨)에 있다.

74) 다음에 밝힘

75) 이상의 말은 『진제전』에 보인다.

76) 이상의 말은 『정숭전』에 보인다.

77) 우이 하쿠조의 『인도철학 연구』 제6권에 『진제전 연구』가 있다. 또 소공망(蘇公望)의 『진제의 번역과 사적고(事迹考)』가 있는데 『미묘성(微妙聲)』 잡지에 실려 있다.

78) 『남사 · 부남전』을 보면, 대동 5년에 다시 사자를 보내서 무소뿔을 바쳤으며, 또 그 나라에는 길이 1장(丈) 2척(尺)인 부처님의 머리카락이 있다고 하였다. 칙령으로 사문 석담보를 보내서 사신을 따라가 마중하도록 했다.

79) 본전(本傳)에서는 직후(直後) 장사(張汜)로 되어 있고, 『개원록』에서는 나중에 생략되었다.

80) 대동 12년 4월에 원년을 고쳤다.

81) 본전(本傳)에서는 승성(承聖) 3년에 예장으로 '돌아갔다'고 했으니, 아마 진제는 남경에 가면서 예장에 머물렀을 것이다.

82) 진원삭윤표(陳垣朔閏表)에 따르면 이해는 윤 7월이다.

83) 본전. 하지만 승은의 『금광명서(金光明序)』에서는 태청 원년이라고 했다. 혜개(慧愷)의 『섭론서』에서는 2년이라고 했다.

84) 이해 8월에 후경이 반란해서 10월에 경성에 도착했다.

85) 『금광명서』 및 본전

86) 시기는 같은 해이거나 혹은 다음 해이다.

87) 『유가론기』에서는 택경(擇璟)이라고 했는데 오류이다. 당시 두 명의 보경이 있었는데, 한 명은 건초사의 오경(烏璟)이고 다른 한 명은 팽성사의 백경(白璟)이다.

88) 『유가론기』 권1, 『삼보기』 권1 및 본전

89) 여러 기록에 실려 있으며, 『반질론(反質論)』, 『타부론(墮負論)』은 모두 이 『중론』 2품(二品)을 따로 떼어낸 것이다.

90) 『인수록(仁壽錄)』에서는 광주에서 번역했다고 한다.

91) 『삼보기』 권11. 또 『삼보기』에서는 '같은 해에 『십팔부론(十八部論)』을 번역했다'고 하는데, 그러나 『개원록』에서는 '이는 바로 『부이집론(部異執論)』으로 진(陳)나라 시대에 번역했다'고 하였다.

92) 11월에 후경(侯景)이 선양(禪讓)을 받아서 황제로 칭했다.

93) 원래는 천감 시기에 경전을 번역하던 곳이다. 『속고승전·승가바라전』에 보인다.

94) 『속고승전·길장전』에 보인다. 당시 길장의 나이는 대략 네, 다섯 살이다.

95) 『삼보기』에는 양(梁)으로 되어 있고 또 걸(桀)로 되어 있기도 하다.

96) 이상은 승은의 『금광명경소』에 근거한다. 『속고승전』에서는 '작년에 법사는 이미 정관사(正觀寺)에서 이 경전을 역출했다'고 하는데, 지금 어찌하여 다시 역출했는지는 모르겠다. 또한 서문에서 "법사의 번역은 양주(涼州)의 번역보다 네 품이 더 많았다. 양주의 번역은 단지 18품인데 지금은 22품이 있다"고 하였다. 『장방록』에서는 "광수량품(廣壽量품) 이후 혜보(慧寶)가 말을 번역하고 소양(蕭梁)이 필사했다……."라고 하였다. 이에 근거하면 작년에 번역했다는 것은 어쩌면 양주의 번역에서 모자랐던 네 품일 것이며,

오늘에서야 그 나머지 품을 번역했을 수 있다. 이 품들에는 이미 양주의 번역이 있기 때문에 진행이 매우 빨라서 이십여 일만에 바로 완성했다.

97) 이상은 모두 『장방록』에 근거함.

98) 원측(圓測)의 『인왕경소』에 보인다. 『법경록』에서는 진제가 이 경전을 번역했다고 하지 않았고 『인왕경』은 위경으로 의심된다고 했다.

99) 『속고승전 · 경소전』에 보인다. 여기서 『금광명경』을 번역했다는 말은 잘못된 것이다. 또 여기서 소위 번역자란 구두로 그 문장을 전수하고 그 뜻을 강설하는 것이다. 『금광명소』는 아마 경소가 강설할 때 출간되었을 것이다.

100) 이는 송나라 판본의 『장방록』에 보인다. 하지만 『장방록』에서는 '당시는 태청(太淸) 3년'이라고 했는데 응당 오류이다.

101) 『기신론서』에 의하면, 이해에 시흥에서 이 논서와 『현문(玄文)』 등을 역출했다. 하지만 『기신론』은 의심스러워서 서문도 근거로 삼을 수 없다. 당시의 현자들은 이에 대해 많이 논의했지만 여기서는 상세히 서술하지 않는다.

102) 이는 『통감』에 근거한다.

103) 『개원록』에서는 경전의 후기를 인용했다. 『장방록』에서는 영정 3년에 들어갔다고 하는데 잘못이다.

104) 진제는 예장에 세 번 갔었다. 『장방록』에서는 이 논서가 역출된 연월(年月)을 적지 않았다. 그래서 여기서는 이 해라고 가정한다.

105) 2권이라고도 한다.

106) 『내전록(內典錄)』. 소(疏)는 응당 진제의 편찬으로 이 논서를 번역할 때 강의한 것이다.

107) 연대를 알지 못함.

108) 『속고승전 · 지문전』

109) 『유식론』 후기를 참고하라.

110) 『내전록』에서는 시흥군에서 역출했다고 한다. 『대주록(大周錄)』에서는 광주와 시흥에서 역출했다고 하는데 설이 달라서 해석할 수 없다.

111) 그 당시 세친의 『법상경론(法相經論)』을 전수할 사람을 얻지 못했다.

112) 여기서는 진안(晉安)을 가리킴.

113) 응당 승종, 법준, 승인 등이다. 『속고승전 · 법태전』에서는 "세 사람은 모두 양나라 때 유명했다"고 하였다.

114) 『개원록』에서는 만사(萬奢)라고 했으니 방(方)자는 아마 본래 만(萬)자였을 수도 있다. 사(奢)자는 사(賒)로 되어 있다.

115) 여기서 양안은 해변가에 있다는 걸 알 수 있다. 『속고승전』에서는 양안의 사적이 논서를 번역한 후라고 서술하는데, 이는 원문이 잘못 뒤섞였기 때문이다. 즉 '진(陳)나라 문제(文帝) 천가 4년'부터 '종지(宗旨)를 거듭 소(疏)했다"의 한 단락은 "그리하여 이리저리 떠도는 삶에"부터 "당시 다시 허락했다[時又許焉]"까지의 단락 이후이다. 우이 하쿠주의 『연구』와 소씨(蘇氏)의 『연보』를 참고하라.

116) 원측의 『해심밀소』에서는 『진제번역목록』을 인용하여 이렇게 말했다. 하지만 원측의 『해심밀소』에서는 또 보정 시기에 '서안(西安)의 옛 성안에 있는 사천왕사(四天王寺)'에서 역출했다고 했다. 서안은 아마 양안의 오류일 것이고, 건조사는 사천왕사라고도 한다. 보정 시기는 잘못된 것이다.

117) 응당 사람 이름이다. 아마 원래는 개(凱)자였을 것이다. 개(凱)와 개(愷)는 통용한다. 만약 그렇다면 혜개는 이때 이미 법사를 만난 것이다. 『속고승전 · 도악전(道岳傳)』에서는 개(愷)가 개(凱)로 되어 있다.

118) 『구사론』 서문의 말이다. 또 『섭론소』에서도 본래 왔던 나라로 돌아가려고 했다고 하였다.

119) 『법태전』에서는 십여 년이라고 했다.

120) 즉 『이십유식(二十唯識)』

121) 『섭론』을 번역할 때

122) 혜개의 서문에서 '법사에게 『섭론』 번역을 세 번 요청했지만 허락하지 않았다'고 하니, 혜개는 일찍부터 진제의 학문에서 이 논서가 지극히 중요하다는 걸 알고 있었다.

123) 천가 4년을 가리킴.

124) 『속고승전・진제전』

125) 운법사는 고증할 수 없다. 아마 소(韶)자의 오류일 수 있어서 경소(警韶)를 가리킨 것으로 의심된다. 하지만 『속고승전』에서는 경소가 광주에 갔다고 말하지 않았다.

126) 이미 광주에 있던 자는 혜개인 듯한데, 『섭론서』를 참고하면 추측해 알 수 있다. 또 『법태전』에서는 '승종, 법준, 혜인은 『섭론』을 듣지 못했다'고 했으니, 그렇다면 세 사람이 광주에 도착한 것은 천가 시기 이후이다.

127) 전기가 있음.

128) 『법경록』에는 『섭론』 12권 혹은 15권이 실려 있다. 12권은 『석론』을 말하는 것이고, 15권은 본론과 합친 것을 말한다.

129) 『속고승전・법태전』에서는 이 논서의 역출이 7월 중에 문장과 소(疏)를 나란히 마쳤다고 한다.

130) 경전 후기에서는 『중아함』을 역출했다고 했다.

131) 서문에서는 4년이라 했는데 잘못이다.

132) 이해 10월은 윤달이고, 4년에는 윤달이 없다.

133) 『속고승전・법태전』에서는 이 논서의 번역이 10월에 완성되었다고 하였다.

134) 『장방록』 등에는 『구사론본』이 있는데 바로 게(偈)나 혹은 논문일 것이다.

135) 지부(智敷)라 하기도 한다.

136) 서문에서는 천가 5년이 유조(柔兆)의 해라고 했다. 하지만 유조는 이해 [병술년]이지 천가 5년이 아니다.

137) 『속고승전 · 도악전』에서는 혜개가 이 절의 주지라고 한다.

138) 서문에서 '세차(歲次) 강어(强圉)[1]의 해와 부합한다고 하였다.

1) 천간(天干)인 정정(丁)의 별칭이다.

139) 『섭론서』에서는 원경덕(袁敬德)이라고 했다.

140) 승인이 아닐 것이다.

141) 지부(智敷)라고도 함.

142) 『장방록』에서 인용한 조비전(曹毘傳)

143) 『장방록』에는 말(末)이 미(未)로 되어 있다.

144) 즉 『장수게론(長壽偈論)』으로 진제의 상좌(上座)인 법태가 강의했다.

145) 바로 천친(天親)의 석론(釋論)이다.

146) 『법경록』에는 의심 부분에 들어 있다.

147) 이는 『구사품의소(俱舍品義疏)』의 또 다른 판본으로 의심된다.

148) 『장방록』에서는 진제의 편찬이라고 한다. 하지만 이는 아마 역출된 경전의 서문으로 제자의 편찬일 수도 있으므로 반드시 진제의 손에서 나온 것이라고는 할 수 없다.

149) 예컨대 『금광명경』

150) 예를 들면 『명료(明了)』

151) 예를 들면 『섭론』

152) 예를 들면 『열반론』

153) 예를 들면 『섭론석』

154) 예를 들면 『구사론게』 및 『유식론후기』에 기록된 게문

155) 예를 들면 『금강경』

156) 예를 들면 『구사론』

157) 예를 들면 『유식논의소』

158) 이것도 진제가 편찬한 『섭론의소』와 같은 것이라고 할 수 있고, 그 후의 사품(四品)은 승종이 기록한 것이다.

159) 예를 들면 『섭론』, 『구사소』

160) 『유식론주기』

161) 『동역전등록(東域傳燈錄)』에 실린 진제의 『인왕소』 주석에서는 '여러 소(疏)를 본기라고 한다'고 했으며, 『동역전등록』에는 또 '『금강경』 본기……'라고 실려 있다.

162) 예를 들면 『금강경후기』에서는 이 경전의 소(疏)를 문의라고 칭했다.

163) 『방록』에서 인용한 『조비전』

164) 혜개의 『섭론서』에서는 '학문을 배우면서 밤낮으로 게으르지 않았다'고 했으며, 『구사서』에서는 '밤낮으로 계속 공부했다'고 하였다.

165) 또 『진제전』이라고도 함.

166) 여기에 기록된 연수(年數)와 부수(部數)는 모두 지나치다.

167) 지부(智敷)라고도 함.

168) 고(鼓)자는 연(衍)자인 것 같다.[1]

1) 원주는 '고(鼓)자는 연(衍)자인 것 같다'고 했는데 고(鼓)자가 맞다.

169) 승숭의 사적은 앞의 글에서 보았다.

170) 『우록』에 서문이 있다.

171) 서기 418~420년

172) 『화엄전(華嚴傳)』에 보인다.

173) 『초성실논서(抄成實論序)』에 보인다.

174) 이 일의 완전한 확실성 여부는 고증할 수 없다. 다만 『고청량전(古淸凉傳)』의 기록은 이것과는 조금 다르다.

175) 『가람기』에 보인다.

176) 『화엄전』에 보인다.

177) 제18장에 상세함.

178) 이는 『속고승전』에 보인다. 당나라 시대에는 『화엄전』, 『고청량전』에다 더 많이 살을 붙였다. 말하자면 환관의 이름은 유겸지(劉謙之)이고, 입산한 산은 오대산이고, 아울러 『화엄론』 6백 권을 지었다고 한다. 『내전록』을 살펴보면 역시 『정이기』의 이 단락을 인용했지만, 그러나 6백 권 『화엄론』에 대해선 언급하지 않았고 목록에도 기재하지 않았으니 거짓임을 알 수 있다.

179) 『속고승전』에서 '그는 『화엄』을 듣기 좋아했는데 이상한 승려가 『화엄』을 독송하는 것을 만났다'고 하였다.

180) 지거(智炬)의 제자

181) 이 세 사람은 모두 오대산에 갔다.

182) 이상은 모두 『화엄전』에 보인다.

183) 즉 보원(普圓) 선사의 제자

184) 『화엄전』에 보인다.

185) 당나라 초기 도영(道英)은 임종할 때 『화엄현수게(華嚴賢首偈)』를 읽게 했는데 『속고승전』에 보인다.

186) 혜광 역시 불타선다에게 가르침을 받았다. 『의천록(義天錄)』에는 불타선다 삼장이 『화엄지귀(華嚴指歸)』를 지었다고 실려 있다.

187) 앞서 서술한 영변, 담무최는 대체로 혜광과 동시대이다. 지론가(地論家)의 영향을 받았는지 여부는 고증할 수 없기에 여기에 열거하지 않는다.

188) 『화엄전』에 보인다.

189) 나머지 제자 중에 유명한 자는 기록에 빠져 있지만, 아마 이 경전에 능하지 못한 자는 없을 것이다.

190) 명승 혜휴는 『화엄경』을 짊어지고 영유를 찾아가 배운 적이 있다.

191) 이 품은 제2회에 있다.

192) 『속고승전·지탈전』에 보인다.

193) 예를 들면 지설(智說), 보제(普濟), 통달(通達)이니 『속고승전』에 보인다.

194) 『속고승전』에 보인다.

195) 앞에서 살폈다. 보원의 제자 보제도 역시 『화엄』을 읽었다.

196) 원문에서는 정연(靜淵)인데 오류이다.

197) 『화엄전』에서는 그의 이름을 강해(講解) 안에 열거했다.

198) 도현(道賢)이라고도 함. 『화엄전』 속의 『보제전』 말미에서 통(通) 법사 운운(云云)했는데 아마 이 사람일 것이다.

199) 원래는 사(寺)로 되어 있다.

200) 즉 법순(法順)

201) 두순은 정관 14년이고 지정은 정관 13년이다.

202) 『화엄』, 『지론』의 학문은 모두 대승의 유종(有宗)이다.

203) 화엄의 삼조(三祖)

204) 『송승전(宋僧傳)』에 보인다.

찾아보기 (서명/문헌)

ㄱ

가귀(訶鬼) 281
가기(家記) 1111
가람기(伽藍記) 122, 421, 990, 991, 993, 996, 1014, 1055, 1057, 1058, 1131, 1580
가람기서(伽藍記序) 1002
가리발마전(訶梨跋摩傳) 1097, 1399
가섭보살품(迦葉菩薩品) 1144
가섭유율(迦葉維律) 771, 772
가섭유율기 811
가섭품(迦葉品) 1267
가연잡심론소 1528
가전연대론(迦旃延大論) 1332
가전연팔건도(迦旃延八犍度) 1521
각성론(覺性論) 1082
각성집(覺性集) 1165
각의(刻意) 303
각현록 817
각현전(覺賢傳) 682, 686, 806
간영불골(諫迎佛骨) 126
간적관비(簡寂觀碑) 733
간적선생육군비(簡寂先生陸君碑) 734
간정록(刊定錄) 153
갈마(羯磨) 1492
갈마계본 1536
갈마문 784
갈마소 1492
감로미론(甘露味論) 1523
감씨성경(甘氏星經) 94
감응기(感應記) 84
감응전(感應傳) 844, 1102, 1103
감천궁부(甘泉宮賦) 104, 105
감통문(感通門) 1487
감통전 84
갑을(甲乙) 1020
강남통지(江南通志) 1133
강동명덕전(江東名德傳) 1104
강량야사전 954
강부찰기(康復札記) 5
강표전(江表傳) 218, 237, 304
강화(講話) 1498
개법사(開法師; 우법개)에게 보내는 글 546
개선사비(開善寺碑) 858
개원록(開元錄) 89, 172, 201, 319, 320, 330, 338, 354, 360, 361, 372, 373, 375, 419, 421, 504, 505, 506, 581, 584, 618, 670, 679, 779, 796, 812, 813, 815, 817, 819, 1055, 1061, 1108, 1113, 1124, 1133, 1134, 1138, 1141, 1407, 1504, 1505, 1507, 1522, 1551, 1572, 1573, 1574, 1575, 1576

개원록, 북위법장전(北魏法場傳) 497
개원목록 89
개원석교록(開元釋敎錄) 89, 803
개황삼보기(開皇三寶記) 145
갱생론(更生論) 842
거시비론(去是非論) 1084
거안론(蘧顔論) 845, 1091
건강실록(建康實錄) 361, 427, 703
742, 944, 952, 960, 1323
건도 1526
격마문(檄魔文) 1240
견정론(甄正論) 307
견집론(遣執論) 1084
견해(甄解) 460
결정사부비니론(決定四部毘尼論) 1086
결정장론(決定藏論) 1551
결정총지경(決定總持經) 1456
결죄복경 1468, 1479, 1481
경기(經記) 384, 418
경록(經錄) 91, 92, 242, 464, 1496
경론도록(經論都錄) 561
경론별록(經論別錄) 561
경률분이기(經律分異記) 1086
경률이상(經律異相) 1094
경릉왕발강소(竟陵王發講疏) 897
경사기(京寺記) 1131
경사사탑기(京師寺塔記) 1107, 1131
경서(經序) 119, 121, 131, 362
577, 616, 1114, 1324
경의고(經義考) 213
경적지(經籍志) 923
경전석문(經典釋文) 227
경정건강지(景定建康志) 944, 1161
경제서(經題序) 1300
경초(經鈔) 307
경패도사집(經唄導師集) 469, 472
경패신성(經唄新聲) 957
경후기(經後記) 418
계단경 817
계단문(戒壇文) 781
계본 484
계심(戒心) 784, 1492
계요론(戒要論) 1086
계율 1015
계응험기(繫應驗記) 1103
고록(古錄) 1113
고문상서(古文尙書) 106
고미서(古微書) 303
고승법현전(高僧法顯傳) 358
고승전(高僧傳) 38, 95, 110, 111, 116
118, 119, 120, 121, 123, 125, 135, 136
141, 142, 201, 233, 234, 241, 242, 274
295, 306, 323, 324, 331, 335, 336, 337
361, 367, 380, 394, 401, 402, 419, 420
421, 424, 426, 429, 434, 438, 439, 441
459, 469, 473, 478, 495 498, 500, 502
503, 504, 520, 560, 561, 578 579, 586
590, 591, 594, 596, 597, 599, 601 609

612, 628, 631, 634, 655, 668, 669, 670
671, 673, 674, 675, 679, 695, 714, 718
720 729, 731, 732, 734, 740, 741, 744
746, 747, 749, 756, 758, 768, 779, 786
797, 805, 807, 809, 810, 811, 815, 816
817, 818, 819, 829, 843, 844, 845, 846
847, 848, 850, 851, 852, 855, 859, 891
895, 897, 901, 940, 944, 947, 948, 949
950, 951, 953, 954, 955, 961, 965, 966
968, 969, 970, 971, 972, 975, 979, 1041
1049, 1050, 1051, 1052, 1054, 1059
1063, 1068, 1080, 1081, 1083, 1091
1093, 1098, 1099, 1102, 1103, 1104
1109, 1111, 1114, 1119, 1129, 1130
1131, 1147, 1148, 1149, 1151, 1153
1155, 1158, 1159, 1162, 1164, 1167
1172, 1176, 1205, 1223, 1240, 1241
1247, 1248, 1249, 1251, 1254, 1260
1261, 1271, 1272, 1319, 1323, 1325
1334, 1354, 1367, 1382, 1383, 1397
1398, 1399, 1400, 1401, 1421, 1429
1447, 1497, 1498, 1509, 1562
고승전(高僧傳), 불도징전(佛圖澄傳) 141
고승전, 강법랑전(康法朗傳) 1051
고승전, 관전(觀傳) 1170
고승전, 구마라집전 520
고승전, 담가가라전(曇柯迦羅傳) 272
고승전, 담계전(曇戒傳) 417, 475
고승전, 담서전(曇恕傳) 1049
고승전, 도량전(道亮傳) 1248
고승전, 도안전 475, 478, 1093
고승전, 도연전 945
고승전, 도온전(道溫傳) 886
고승전, 담빈전 1324
고승전, 법안전(法安傳) 1320
고승전, 법태전 1247
고승전, 법현전 770, 809
고승전, 법화전(法和傳) 453
고승전, 보지전(保誌傳) 1299
고승전, 본전(本傳) 811, 945
1164, 1323, 1325
고승전, 불도징전 126, 436, 1107
고승전, 서록(序錄) 431
고승전, 석승광전(또는 석승선전) 517
고승전, 승광전 452
고승전, 승달전 1323
고승전, 승도전(僧導傳) 1049
고승전, 승예전 820
고승전, 승원전(僧遠傳) 1269
고승전, 승인전(僧印傳) 1077
고승전, 승종전(僧鐘傳) 1321
고승전, 신이부(神異部), 담곽전(曇霍傳) 1102
고승전, 안세고전 232
고승전, 역경편(譯經篇) 306
고승전, 축도잠전 499
고승전, 축법태전 539, 559

고승전, 축승보(도안의 벗)전 475
고승전, 혜륭전(慧隆傳) 1321
고승전, 혜엄전(慧嚴傳) 1143
고승전, 혜원전 451, 457, 478, 517
526, 596, 741, 744, 1176
고승전, 혜정전 1323
고승전, 혜지전(慧持傳) 828
고승전, 흥복편(興福篇) 135
고승전~승가발징전 1495
고승전・각현전 1497
고승전・강양야사전 1497
고승전・경사전론(經師傳論) 470
고승전・담무참전 1052
고승전・담배전(曇斐傳) 956
고승전・담시전(曇始傳) 1052
고승전・담천전(曇遷傳) 955
고승전・도등전(道登傳) 1353
고승전・도맹전 1406
고승전・도성전(道盛傳) 733, 954
고승전・도연전(道淵傳) 945, 946
고승전・도온전(道溫傳) 1053, 1398
고승전・도왕전(道汪傳) 954
고승전・도유전(道猷傳) 1402
고승전・도조전(道照) 954
고승전・도혜전 856
고승전・명달전(明達傳) 956
고승전・법궤지도전(法匱志道傳) 950
고승전・법도전(法度傳) 949, 956
고승전・법안전(法安傳) 947
고승전・법요전(法瑤) 955
고승전・법헌전 881, 884, 886
고승전・보지전(寶誌傳) 956
고승전・사종전(史宗傳) 808
고승전・석혜엄전 828
고승전・승경전(僧鏡傳) 951
고승전・승우전 956
고승전・승원전 880
고승전・승인전 1337
고승전・승조전 680
고승전・승철전(僧徹傳) 954
고승전・지도전(志道傳) 948
고승전・지림전(智林傳) 1400
고승전・지장전 948
고승전・축도생전 855, 869
고승전・축도잠전 1523
고승전・현고전 978
고승전・혜거전(慧璩傳) 955
고승전・혜량전(慧亮傳) 867
고승전・혜륭전(慧隆傳) 853, 1353
고승전・혜엄전 867
고승전・혜예전 811
고승전・혜외전(慧嵬傳) 807
고승전・혜원전 728, 811, 861
고승전・혜의전(慧義傳) 944
고승전서 1131
고왕관세음경(高王觀世音經) 1122
고유마경(古維摩經) 207
고일사문전(高逸沙門傳) 409, 425

426, 428, 429, 499, 1100
고좌도인별전(高座道人別傳) 1098
고좌별전(高座別傳) 421
고증법현전(考證法顯傳) 1110
고청량전(古淸涼傳) 1580
고행전(高行傳) 1271
고화품록(古畵品錄) 428
곡수편(穀水篇) 1274
공덕법문(功德法門) 1467
공씨보(孔氏譜) 191
공유이제론(空有二諦論) 1083, 1335
공자정언(孔子正言) 1326
공작명왕경(孔雀明王經) 392
과거현재인과경(過去現在因果經) 1506
과금강비서(科金剛錍序) 1075, 1269
관경(觀經) 1457, 1458, 1459, 1495
관고당각송진종주사십이장경(觀古堂刻宋眞宗注四十二章經) 171
관무량수경 1420
관무량수불경 1455
관미륵상생도솔천경(觀彌勒上生兜率天經) 1454
관세음멸죄주(觀世音滅罪呪) 771
관세음미륵이관경(觀世音彌勒二觀經) 781
관세음수기경(觀世音受記經) 770
관음무외론(觀音無畏論) 1122
관음수기경(觀音受記經) 795
관음응험기(觀音應驗記) 1103
관음응험전 1103
관중근출니계기(關中近出尼戒記) 813
관중근출니단문기(關中近出尼壇文記) 586
관중소(關中疏) 1163
관중집해(關中集解) 628
관중출선경서(關中出禪經序) 601, 679, 683
괄지지(括地志) 106, 107
광명경 1555
광명보조고귀덕왕보살품(光明普照高貴德王菩薩品) 1144
광명삼매경(光明三昧經) 214
광명홍집 631, 667, 677, 947
광박엄정경(廣博嚴淨經) 784
광설(廣說) 489, 1522
광의법문경(廣義法門經) 1549
광찬 527
광찬경(光讚經) 150, 462, 467, 507, 527, 577, 774, 812
광찬반야경(光讚般若經) 49, 358, 368, 369, 375, 377, 378, 384, 447, 526, 527, 647
광찬방광수약해서(光贊放光隨略解序) 812
광찬절중해(光讚折中解) 525
광찬초해(光讚抄解) 525
광천화발(廣川畵跋) 179, 181, 199, 239, 240
광초(廣抄) 1528

광하언덕단가양론(廣何彦德斷家養論) 867
광홍명집(廣弘明集) 78, 84, 98, 110, 111, 117, 141, 181, 299, 306, 360, 361, 363, 503, 544, 576, 579, 631, 656, 669, 674, 675, 687, 692, 696, 700, 705, 710, 735, 739, 740, 741, 747, 748, 749, 776, 847, 851, 857, 858, 862, 870, 876, 877, 878, 881, 897, 912, 922, 933, 940, 944, 950, 952, 953, 954, 955, 958, 960, 961, 988, 1026, 1036, 1041, 1043, 1044, 1050, 1053, 1054, 1061, 1062, 1063, 1064, 1084, 1090, 1130, 1134, 1147, 1165, 1244, 1249, 1250, 1299, 1302, 1325, 1326, 1348, 1396, 1398, 1399, 1400, 1405, 1442, 1508
광홍명집, 법의편(法義篇) 1253
광홍명집, 변종론 959
광홍명집, 소도론(笑道論) 141
광홍명집, 승행편(僧行篇) 478
광홍명집・강대품발제의(講大品發題義) 1399
광홍명집・금강경집주서(金剛經集注序) 951
광홍명집・변종론 855
광홍명집・서도림변무제제불법조(叙道林辯武帝除佛法詔) 1065
광홍명집・서열대왕신체혹해 1040, 1062
광홍명집・승행편(僧行篇) 1062
광홍명집・정업부서 961
광홍명집・지칭행장(智稱行獎) 1340, 1489
광홍명집・창단육경경제(唱斷育經竟制) 961
교계비구니법(教戒比丘尼法) 1086
교문집(敎門集) 1166
교수비구니이세단문(教授比丘尼二歲壇文) 482, 813
교진여품(憍陳如品) 1144
구나마저수상론(求那摩底隨相論) 1544
구당서(舊唐書), 경적지(經籍志) 219
구당서・신수전(神秀傳) 1499
구당지 746
구록(舊錄) 146, 147, 465, 151, 171, 1113
구마라집 법사의 추도문[什法師誄文] 669
구마라집 추도문 669
구마라집법사뢰(鳩摩羅什法師誄) 656
구마라집에게 보내는 서신[與什公序] 746
구법고승전(求法高僧傳) 806, 1100
구사 1549
구사론(俱舍論) 798, 1523
구사론 1539, 1541, 1549, 1550, 1553, 1554, 1555, 1576, 1579
구사론게 1579
구사론본 1577
구사론인연사(俱舍論因緣事) 1093

구사서(俱舍序) 1546, 1549, 1579
구사소 1579
구사품의소(俱舍品義疏) 1578
구생관세음경(救生觀世音經) 1122
구식(九識) 1557
구식의기(九識義記) 1544
구십팔결경(九十八結經) 201, 202
구십팔결해련약통해(九十八結解連約通解) 1088
구씨영귀지(苟氏靈鬼志) 1103
구잡비유경(舊雜譬喻經) 306
구장(九章) 1019, 1020
국수학보(國粹學報) 860
국청백록(國淸百錄) 748
국학계간(國學季刊) 196, 958
군보록(群輔錄) 304, 386
군신청진무제참문(群臣請陳武帝懺文) 878
군재독서지(郡齋讀書志) 99, 1131
군재독서지 1131
궁통론(窮通論) 731, 947, 1091
궁통론 731
균선론(均善論) 912, 945
균성론(均聖論) 912
극가빈에게 보냄 543
극여개법사서(郄與開法師書) 1081
극여법준서(郄與法濬書) 1081
극여부숙옥서(郄與傅叔玉書) 1087
극여사경서서(郄與謝慶緒書) 1087
극여지법사서(郄與支法師書) 1081
근본설일체유부비나야(根本說一切有部毗奈耶) 789
근저(根著) 171
금강경 627, 987, 1358, 1443, 1487, 1503, 1508, 1546, 1579
금강경론 791
금강경주 631
금강경후기 1579
금강반야경(金剛般若經) 73, 620, 860, 877, 1077, 1441, 1443
금강반야경집주서(金剛般若經集注序) 631
금강반야론 1551
금강반야바라밀경론 1535
금강신품(金剛新品) 1144
금강후심론(金剛後心論) 1240
금강후심론 1319
금고경(金鼓經) 1555
금곡시서(金谷詩序) 393
금광경 1492
금광명경(金光明經) 647, 778, 1343, 1543, 1552, 1575, 1578
금광명경소 1574
금광명서(金光明序) 1573, 1574
금광명소(金光明疏) 1551, 1575
금광수경(金光首經) 774
금루자(金樓子) 247, 501, 942, 960, 961, 1112

금루자(金樓子, 취서편(聚書篇) 1134
금릉신지(金陵新志) 363
금석록(金石錄) 493
금석췌편(金石萃編) 956, 997
금장론(金藏論) 1092
금칠십론(金七十論) 1551
급고독원설(給孤獨園說) 1558
급고독원회(給孤獨園會) 1558
기(記) 807, 900
기바맥결(耆婆脈決) 631, 632
기신론 1318, 1556, 1575
기신론서 1575
기요(紀妖) 281
기원정사도게(祇洹精舍圖偈) 1092
기진해(起盡解) 1075, 1078

ㄴ

나습전 455
낙서(洛書) 279, 973, 1051
낙양가람기(洛陽伽藍記) 36, 116, 121
124, 389, 804, 812, 819, 986, 1030, 1035
1062, 1107, 1111, 1274, 1423, 1424
1428, 1499, 1504
낙양가람기 · 융각사 1498
난백흑론(難白黑論) 67, 498
난범진신멸론(難范縝神滅論) 1090
난이하론(難夷夏論) 911
난장장사문논(難張長史門論) 950
난차(難差) 1167, 1233, 1234
남사(南史) 772, 805, 818, 825, 846
848, 849, 874, 878, 889, 917, 918, 921
932, 942, 947, 948, 953, 955, 956, 957
960, 961 1101, 1118, 1129, 1131
남사(南史), 외국전(外國傳) 805
남사(南史), 육고전(陸杲傳) 1130
남사(南史), 효의전(孝義傳) 1134
남사, 본기(本紀) 952
남사, 본사(本史) 944
남사, 본전 856, 943, 947
남사, 천축전(南史, 天竺傳) 805
남사 · 무제본기(武帝本紀) 878
남사 · 부남전(扶南傳) 772, 1573
남사 · 소전(邵傳) 948
남사 · 우원전(虞願傳) 872
남사 · 육궐전(陸厥傳) 950
남사 · 천축국전 873
남사 · 하점전(何點傳) 948
남제남군왕사신소(南齊南郡王舍身疏) 876
남제문혜태자해강소(南齊文惠太子解講疏) 876
남제서(南齊書) 808, 874, 895, 949, 950
953, 955, 957, 958, 959, 1050, 1054
1349, 1381, 1396, 1398, 1400
남제서 본기 884
남제서 본전 859
남제서 · 고환전 912
남제서 · 왕융구자시계(王融求自試啓)

1401
남제서・위로전(魏虜傳) 971, 1050
남제서・주옹전 857, 1361, 1400
남제황태자예배원소(南齊皇太子禮拜願疏) 953
남조불사기(南朝佛寺記) 960
남조불사지(南朝佛寺志) 742, 951, 952
내기거(內起居) 989
내습육바라밀경(內習六婆羅密經) 207
내장경(內藏經) 1114
내전록(內典錄) 245, 656, 680, 688 1080, 1100, 1108, 1130, 1131, 1139 1165, 1398, 1507, 1545, 1562, 1575 1576, 1580
내전박요(內典博要) 940, 1095, 1129
내전비명집림(內典碑銘集林) 1112
노자(老子) 1, 8, 11, 13, 16, 17, 18, 19 128, 147, 168, 189, 194, 222, 226, 230 246, 251, 254, 257, 266, 284, 314, 315 316, 318, 334, 339, 349, 352, 353, 356 363, 367, 394, 399, 406, 407, 425, 435 449, 457, 507, 508, 518, 523, 524, 534 537, 567, 571, 581, 635, 649, 650, 652 658, 661, 662, 666, 695, 696, 718, 719 830, 831, 835, 840, 848, 852, 908, 910 912, 913, 927, 941, 942, 976, 985, 986 1016, 1018, 1021, 1032, 1044, 1064 1068, 1228, 1240, 1263, 1270, 1348 1349, 1352, 1370, 1373, 1556
노자강소(老子講疏) 1298
노자개천경(老子開天經) 1034, 1035
노자경(老子經) 198, 570
노자명(老子銘)190, 199, 254, 335, 350, 352
노자전씨경설(老子傳氏經說) 246
노자주(老子注) 631, 657
노자찬 351
노자화서호품(老子化西胡品) 197
노자화호경(老子化胡經) 15, 115, 137 179, 360, 388
노자화호설고증(老子化胡說考證) 958
노장신한열전(老莊申韓列傳) 189
녹원부(鹿苑賦) 984, 1422
논 689
논검(論檢) 867
논게(論偈) 1549
논공석서(論孔釋書) 845, 846
논기치료방(論氣治療方) 1459
논문(論文) 321, 1549
논문품(論門品) 1365
논방술(論方術) 321
논사편 302
논삼행(論三行) 547, 1087
논삼행상(論三行上) 546
논삼행하(論三行下) 546
논서(論序) 1333
논십주(論十住) 1083
논어 선진편(先進篇) 840
논어(論語) 106, 226, 914, 941, 1147

논어집해의소(論語集解義疏) 914, 915
논육가요지(論六家要指) 249
논형(論衡) 80, 133, 183, 241, 253, 278
논형, 논사(論死) 281
논형, 논사편(論死篇) 183, 253
논형, 도허편(道虛篇) 249, 265, 304
논형, 복허편(福虛篇) 253
논형, 제의편(祭意篇) 183
능가 1430
능가경(楞伽經) 354, 640, 788, 1048, 1299
1427, 1429, 1430, 1433, 1434, 1440
1441, 1443, 1453, 1500, 1513, 1531
1537, 1556, 1557, 1570
능가사자기(楞伽師資記) 1442, 1500
1501, 1502
능가인법지(楞伽人法志) 1499
능엄경(楞嚴經) 159, 376
능엄경주서(楞嚴經注序) 1215
니계(尼戒) 472
니계본(尼戒本) 490
니계서(尼戒序) 472
니법광제기(尼法光題記) 1057
니수대계법(尼受大戒法) 775
니수대계법후기(尼受大戒法後記) 1121
니원(泥洹) 1139, 1140, 1142, 1143, 1145
1155, 1156, 1157, 1158, 1159, 1189
1200, 1246, 1352, 1367
니원, 서품 1145
니원경(泥洹經) 55, 648, 783, 795, 820
1138, 1139, 1159, 1202, 1232, 1258
1270, 1524
니원경의소(泥洹經義疏) 55, 1164
니원경후기 816
니원범패(泥洹梵唄) 338
니원의소(泥洹義疏) 1199, 1320
니원후제비구경(泥洹後諸比丘經) 1245
니전(尼傳) 1130

ㄷ

다린니(陀隣尼) 330
다린니경 330
단주육문(斷酒肉文) 925, 1299
달마다라선경(達磨多羅禪經) 625, 718
1410, 1411
달성론(達性論) 26, 67, 273, 837, 841
842, 844
달장론(達莊論) 364
담가가라전(曇柯迦羅傳) 241
담감전찬(曇鑑傳贊) 1099
담감찬(曇鑒贊) 846
담광전(曇光傳) 955
담란법사복기법(曇鸞法師服氣法) 1463
담란전 1458
담마류지전 744
담무덕 1494
담무덕갈마(曇無德羯磨) 44, 320
담무덕률(曇無德律) 1494
담비(曇毘) 491

담영전(曇穎傳) 955
담현전 1062
담휘전(曇徽傳) 500
담휘전 576
답범백륜서(答范伯倫書) 1083
답법강문(答法綱問) 1228
답법장난(答法將難) 458, 1084
답법태난(答法汰難) 458, 1084
답변(答辯) 1083
답사선명(회)난불리(答謝宣明(晦)難佛理) 1091
답사장하(答謝長遐) 543
답산지이난(答山摯二難) 1090
답소사도서(答蕭司徒書) 910
답영랑서(答英郎書) 1087
답요흥통삼세논서(答姚興通三世論書) 631
답유유민서(答劉遺民書) 654
답칙문신멸론(答敕問神滅論) 911
답하진남서(答何鎭南書) 914
답혹인문(答或人問) 952
답환현권파도서(答桓玄勸罷道書) 746
답환현요간사문서(答桓玄料簡沙門書) 746
당경사록전서(唐京寺錄傳序) 1131
당고승전(唐高僧傳) 110
당대조령집(唐大詔令集) 620
당래변경(當來變經) 1245
당지(唐志) 219, 656, 1099, 1101, 1102, 1103, 1111, 1129, 1131
대경(大經) 1075, 1200
대경(大經, 여래성품) 1301
대경(大經; 대열반경) 1200, 1299
대공론(大空論) 1545
대니원(大泥洹) 770
대당내전록(大唐內典錄) 84, 1233
대당서역기(大唐西域記) 359
대당소주쌍봉산조계보림전(大唐韶州雙峰山曹溪寶林傳) 166
대로정(大露精) 비구니계 468
대로정비구니계 469
대론 1514, 1553
대명도경주(大明度經注) 507
대명도무극경(大明度無極經) 298, 299, 325, 338, 339, 350, 352, 362, 366, 367, 369
대반니원경 44, 1138, 1139, 1140, 1141, 1142, 1155, 1177
대반열반경(大般涅槃經) 55, 778, 779, 1137, 1138, 1140, 1142, 1143
대반열반경・사자후품 1414
대법송(大法頌) 1316
대법존왕(大法尊王) 987
대보적경(大寶積經) 1455
대본(大本) 1140, 1142
대불정경(大佛頂經) 1496
대비경(大悲經) 1245
대비구니계(大比丘尼戒) 1121

대비구니계문(大比丘尼戒文) 1121
대비바사(大毘婆沙)505, 708, 1522, 1526
대비바사경(大毘婆沙經) 213
대소품대비요초(大小品對比要鈔) 520
543, 544, 545, 579
대소품대비요초서(大小品對比要鈔序)
467, 545, 1209
대소품서(大小品序) 582, 1255
대승기신론 69
대승니원경 795
대승대의장(大乘大義章) 627, 669
대승대의장 628, 629, 630, 632, 641
669, 684, 713, 1514
대승방등요혜경(大乘方等要慧經) 1454
대승사론현의(大乘四論玄義) 1203
1265, 1274, 1363
대승삼론약장(大乘三論略章) 1284
1311, 1312, 1313, 1315, 1330
대승아비달마집론(大乘阿毘達磨集論)
491, 788
대승유식론 1547
대승의(大乘義) 987, 1089, 1090, 1345
대승의률장(大乘義律章) 1089, 1536
대승의장(大乘義章) 26, 38, 55, 804, 1034
1089, 1365, 1367, 1472, 1473, 1509
1517, 1519, 1520, 1529, 1538, 1539, 1570
대승지관법문 71
대승현론(大乘玄論) 816, 1184, 1255
1264, 1265, 1266, 1267, 1278, 1284
1294, 1308, 1309, 1312, 1313, 1316
1324, 1327, 1343, 1355, 1362, 1363
1368, 1370, 1372, 1378, 1386, 1388
1397, 1400, 1404, 1516, 1517, 1570
대승현의(大乘玄義) 1397
대신보살품(大身菩薩品) 1144, 1145
대십이문 442
대십이문경(大十二門經) 150, 448, 526
대십이문경서(大十二門經序) 267, 442
대십이문주(大十二門註) 91
대아미타경(大阿彌陀經) 44, 455
1459, 1461
대안도(戴安道)(규(逵)서여사론삼식병
답(書與謝論三識竝答) 1085
대애경(大哀經) 376
대여품(大如品) 353
대열반경 649, 777, 796, 1143, 1160, 1232
1264, 1268, 1273, 1283, 1515
대열반경, 사자후품 1311
대열반경론 1551
대열반경서 777
대완전(大宛傳) 97
대월씨부립경 240
대의기 1397
대인선생전 351
대일본불교전서(大日本佛敎全書) 1506
대장경 220, 344, 354, 1079, 1138, 1139
대장부론(大丈夫論) 796
대장엄경 948

대장엄경론(大莊嚴經論) 620
대정장(大正藏) 575, 1495
대정장경(大正藏經) 1246
대주간정중경목록(大周刊定衆經目錄) 153
대주경록(大周經錄) 153, 154
대주록(大周錄) 153, 1466, 1506, 1576
대중소문품(大衆所問品) 1144
대중율(大衆律) 783, 807
대지도경(大智度經) 375
대지도론 초서(大智道論鈔序) 1129
대지도론, 발취품(發趣品) 1206
대지도론 54, 491, 616, 617, 633, 736, 1078, 1094, 1243, 1359, 1466, 1492
대지도론서 679
대지도론초서(大智度論鈔序) 722
대지론 720, 722
대지론기(大智論記) 601, 669
대지론초서(大智論抄序) 800
대지석론서(大智釋論序) 601, 680
대집경(大集經) 580, 895, 1394, 1457
대통방광경(大通放光經) 1479
대품(大品) 15, 359, 370, 371, 398, 399, 437, 485, 508, 527, 539, 544, 545, 575, 603, 612, 614, 632, 647, 650, 653, 722, 788, 799, 857, 897, 940, 987, 1150, 1158, 1241, 1272, 1283, 1326, 1337, 1343, 1345, 1347, 1352, 1367, 1383, 1387, 1389, 1392, 1394, 1399, 1406, 1428, 1430, 1503, 1511, 1524, 1553
대품경 541, 607, 617, 746, 747, 941, 1326, 1359, 1407
대품경서(大品經序) 363, 528, 529, 601, 676, 678, 680
대품경주 1359
대품경주서(大品經注序) 1380
대품반야(大品般若), 등주품(燈炷品) 1210
대품반야 1298
대품반야경 378, 617
대품서(大品序) 525, 575, 675, 679
대품소 1347, 1406
대품유의(大品遊意) 1128
대품의장(大品義章) 1442
대품주해(大品注解) 1298
대품지귀(大品旨歸) 1250, 1272
대황경(大荒經) 80
덕광태자경(德光太子經) 1456
덕녀문경(德女問經) 594
도겸전 223
도경목록(道經目錄) 1036
도경부(道經部) 923
도경전(道冏傳) 954
도덕경(道德經)302, 365, 406, 571, 578, 652
도덕경지귀(道德經指歸) 946
도덕경집해(集解) 657
도리천궁설(忉利天宮說) 1558
도리천회(忉利天會) 1558

도사경(兜沙經) 1559
도사연기(導師緣記) 472
도생법사 추도문[道生法師誄] 710
도생전(道生傳) 686, 1319
도솔천궁설(兜率天宮설) 1558
도솔천궁회(兜率天宮會) 1558
도수경(道樹經) 338
도안록(道安錄) 53, 242, 1132
도안에게 보내는 서신[致道安書] 410
도안전 479, 497, 499, 500
도약전 1111
도유전(道儒傳) 954
도융전(道融傳) 680
도인서여사론삼식병답(道人書與謝論三識竝答) 1085
도인선도개전(道人善道開傳) 1099
도인선도개전 1099
도자서(道慈序) 1323
도자전(道子傳) 1274
도자전 704
도재장석기(陶齋藏石記) 1054
도조전(道祖傳) 741, 749
도지경(道地經) 448, 526
도지경서(道地經序) 148, 440, 442, 480, 495, 532, 582, 1070
도총전 1572
도학계(道學誡) 1092
도행경(道行經) 208, 209, 210, 211, 339 358, 359, 363, 366, 367, 368, 369, 370 372, 460, 541, 544, 795, 1114
도행경기(道行經記) 211, 421
도행경서(道行經序) 148, 209, 293, 526 536, 537
도행경집이주(道行經集異注) 525
도행경후기 209, 210, 231, 274
도행반야경 13, 325, 348, 353, 362, 370 390, 401, 404, 467, 507, 520, 526, 545
도행서(道行序) 209, 210, 534
도행주(道行注) 210
도행지귀(道行旨歸) 522, 1072
도행지귀(道行指歸) 525, 543
도행품 209, 214
도행품경 209
도현론(道賢論) 337, 368, 380, 381, 382 388, 400, 406, 1093
독태평경서소견(讀太平經書所見) 196
돈오성불의(頓悟成佛義) 55, 1164
돈오입도요문론 793
돈진다라경(伅眞陀羅經) 151
돈진다라왕경(屯眞陀羅王經) 171
돈진다라왕경(伅眞陀羅王經) 208
동관한기(東觀漢記) 191, 269, 272
동명기(洞冥記) 99, 100
동방삭전(東方朔傳) 195
동산승전(東山僧傳) 547, 579, 1101
동성록(東城錄) 1163, 1164, 1249
동성전등록(東城傳燈錄) 1398
동양사연구 1052

동양성법사서(東陽盛法師書) 858
동양쌍림사부대사비(東陽雙林寺傳大士碑) 1483
동양학보(東洋學報) 245
동역록(東域錄) 512, 1300
동역전등록(東域傳燈錄) 1579
동유기(東游記) 247
동재기사(東齋記事) 126
동첩률(銅鍱律) 789
두타경 1479
두타사비문 1479
둔진(屯眞) 151, 208
둔집(遁集), 상황제서(上皇帝書) 426
등진은결(登眞隱訣) 116

ㄹ

량렌공근저(梁任公近著) 142, 245
량렌공근저 142

ㅁ

마득륵가경(摩得勒迦經) 786
마역경(魔逆經) 122, 375
마역경기 142
마하반야바라밀경(摩訶般若婆羅蜜經) 208, 545
마하반야바라밀다경 367
마하발라밀경초(摩訶鉢羅密經抄) 485
마하발라약바라밀경초 527
마하발라약바라밀경초서(摩訶鉢羅若波羅密經抄序) 526
마하승기율(摩訶僧祇律) 762, 766, 789, 795
마하연경 637
마하지관(摩訶止觀) 732, 1475
마화비구경(魔化比丘經) 1506
만수천비(曼殊千臂) 1493
망서선혜선제홍신(妄書禪慧宣諸弘信) 1085
망서천혜선제홍신(妄書禪慧宣諸弘信) 867
망월불교대사전(望月佛敎大辭典) 1506
매탄옹(賣炭翁) 749
맥적애불감명서(麥積崖佛龕銘序) 969
맹자 212, 227
맹자사고(孟子四考) 220
멱력고성범기(覓歷高聲梵記) 422
멸법심품(滅法心品) 1365
멸혹론(滅惑論) 909, 910, 959
명감론(明感論) 546
명난품현해(明難品玄解) 1563
명달론 364
명담론(明膽論) 364
명덕사문제목(名德沙門題目) 491, 1093
명덕사문찬(名德沙門贊) 1093
명도론(明道論) 1092, 1385, 1386
명도오십계교경(明度五十計校經) 263
명료(明了) 1578
명료논기(明了論記) 1553

명료론 1554
명률편(明律篇) 1494
명률편론(明律篇論) 1489
명멸론(明滅論) 1087
명보응론(明報應論) 705, 726, 746
1196, 1197
명불론(明佛論) 67, 79, 88, 89, 109
110, 112, 116, 556, 567, 747, 830, 837
840, 842, 844, 913, 1306
명상기(冥祥記) 7, 116, 120, 123, 125
133, 134, 136, 417, 420, 732, 1102
명승전(名僧傳) 111, 122, 136, 145, 383
675, 689, 758, 1104, 1130, 1150, 1151
1188, 1202, 1271, 1399
명승전・도안전 596
명승전목록 1150
명승전초(名僧傳抄) 145, 399, 417
420, 421, 425, 444, 445, 495, 496, 497
499, 500, 503, 521, 534, 676, 678, 698
739, 740, 787, 806, 810, 811, 814, 818
1050, 1105, 150, 1162, 1189, 1234, 1261
1367, 1396, 1419, 1421, 1497, 1498
명승전초, 담제전 530
명승전초, 법우전(法遇傳) 457
명승전초, 설처(說處), 도생전(道生傳)
1260
명승전초・보창서(寶唱書) 1399
명승전초・설처(說處) 710, 739
1197, 1254, 1569
명심편(明心篇) 642
명원론(命源論) 1091
명자공덕품(名字功德品) 1144
명점(明漸) 1167
명점론(明漸論) 1083, 1168, 1170
명제본기(明帝本紀) 247
명철전(明徹傳) 924
모시(毛詩) 718
모시음의(毛詩音義) 718
모자 이혹론 검토 246
모자 이혹론 246
모자(牟子) 77, 115, 141, 219, 221, 223
227, 246, 250, 257, 265, 268, 271, 275
304, 350, 352, 365
모자논서(牟子論序) 307
모자역문서(牟子譯文序) 248
모자이혹(牟子理惑) 219, 223
모자전 220
모자총잔(牟子叢殘) 246
모전(牟傳) 220
모전(毛傳) 94, 496
목록 746, 817, 947, 1120, 1132, 1138
1199, 1256
목천자별전(穆天子別傳) 82
몽서(夢書) 109
묘관장(妙觀章) 543, 548
묘법연화경(妙法蓮華經・마명보살품
(馬明菩薩品) 1466
묘법연화경서 746

묘법연화경소(妙法蓮華經疏) 55, 1164
무귀론 844
무단저총지경(無端底總持經) 330
무단저총지경 330
무량문미밀지경(無量門微密持經) 1456
무량문미밀지지(無量門微密之持) 330
무량수경(無量壽經) 331, 332, 784
817, 1283, 1354, 1455, 1449, 1457
무량수경론 73, 791, 1456, 1535
무량수경봉찬칠언게백구십오행(無量壽經奉讚七言偈百九十五行) 1459
무량수관경 785
무량수불[원작 방(傍)은 오기임]경봉찬 1505
무량수소(无量壽疏) 670
무량수우바제사경론(無量壽優波提舍經論) 1458
무량수지진등정각경(無量壽至眞等正覺經) 1455
무량의경 68, 1241, 1243
무량의경서(無量義經序) 1167, 1205
1218, 1472
무량청정평등각경(無量淸淨平等覺經) 1455
무명자(無名子) 688
무삼세론(無三世論) 844
무삼승통략(無三乘統略) 746
무삼승통요(無三乘統要) 1085
무상(無相) 1539
무상사진론(無相思塵論) 1551
무상의경(無上依經) 1544
무상의경소(無上義經疏) 1551
무생경(無生經) 1157
무생론(無生論) 1083
무생멸론(無生滅論) 1083
무애회사신참문(無礙會捨身懺文) 877
무쟁론(無諍論) 1092, 1385
무쟁삼매법문 71
무제(武帝) 98
무제(武帝)의 삼교(三敎) 회통에 답하는 시(奉和武帝會三教詩) 1230
무주록(武周錄) 153
문구기(文句記) 1076, 1077
문권지동이(問權智同異) 630
문나한수결(問羅漢受決) 629
문논신(問論神) 1085
문득삼승(問得三乘) 630
문멸도권실(問滅度權實) 630
문명황후전 1053
문무생법인반야동이(問無生法忍般若同異) 630
문반야법(問般若法) 630
문반야살바약문동이(問般若薩婆若問同異) 630
문반야시실상지비(問般若是實相智非) 630
문반야지(問般若知) 630
문반야칭(問般若稱) 630

문법신(問法身) 628, 630
문법신감응(問法身感應) 628
문법신불진본습(問法身佛盡本習) 628
문벽지불(問辟支佛) 630
문보살발의성불(問菩薩發意成佛) 630
문보살품(問菩薩品) 1144, 1146
문분파공(問分破空) 628
문불견미륵불견천불(問不見彌勒不見千佛) 630
문불법불로(問佛法不老) 630
문불성도시하용(問佛成道時何用) 630
문불혜(問佛慧) 630
문삼귀(問三歸) 630
문삼승일승(問三乘一乘) 630
문석혜엄법신이의(問釋慧嚴法身二義) 1084
문선(文選), 두타사비문(頭陀寺碑文) 143, 428
문선(文選), 천태산부(天台山賦) 547
문선(文選)·두타사비문(頭陀寺碑文) 1507
문선(文選) 939, 951
문선주(文選注) 1261
문소(文疏) 1345
문수사리발원경(文殊師利發願經) 784
문수사리정률경(文殊師利淨律經) 375
문수사리정진경(文殊師利淨津經) 122
문수삼십이상(問修三十二相) 628
문신론(問神論) 746
문신식(問神識) 630
문실법유(問實法有) 628
문실상(問實相) 631
문십수논(問十數論) 630
문여법성실제(問如法性實際) 628
문열반유신부(問涅槃有神不) 630
문염불삼매(問念佛三昧) 628
문예사반야(問禮事般若) 630
문원영화(文苑英華) 1134
문율(門律) 848, 910
문의(文義) 1546
문자품(文字品) 1144, 1146
문정신심의식(問精神心意識) 630
문주수(問住壽) 629
문지옥사경(問地獄事經) 215
문진법신상류(問眞法身像類) 628
문진법신수(問眞法身壽) 628
문집 831, 835
문청정국(問淸淨國) 630
문축도생제도인불의(問竺道生諸道人佛義) 1083, 1166
문칠불(問七佛) 630
문편학(問遍學) 628, 631
문학편주(文學篇注) 98
문혜은수선정의재가습정법(聞慧恩修禪定義在家習定法) 1085
문혜태자소 953
문후식추억전식(問後識追憶前識) 629
문훈의서(門訓義序) 1083

물불천론(物不遷論) 509, 538, 615, 654 655, 658, 659, 660, 664, 1083
물유현기론(物有玄幾論) 543, 1087
미란타왕문경; 밀린다 팡하 175
미륵경 503
미륵당래생경(彌勒當來生經) 503, 1454
미륵대성불경(彌勒大成佛經) 1454
미륵래시경(彌勒來時經) 1454
미륵보살본원경(彌勒菩薩本願經) 503
미륵보살소문경(彌勒菩薩所問經) 1455
미륵보살소문경론(彌勒菩薩所問經論) 1455
미륵보살소문본원경(彌勒菩薩所問本願經) 1454
미륵성불경(彌勒成佛經) 503, 1454
미륵소문본원경(彌勒所問本願經) 1454
미륵여래감응초(彌勒如來感應抄) 1105
미륵작불시사경(彌勒作佛時事經) 1454
미륵하생경(彌勒下生經)1283, 1455, 1544
미묘성(微妙聲) 1573
미밀지 330, 331
미밀지경 330, 333, 1240
미사새율(彌沙塞律) 766, 784, 795
미사새율기(彌沙塞律記) 810
미야케 박사 기념논문집 113
밀적금강경 460, 502

ㅂ

바라문천문(婆羅門天文) 792, 1021
바라제목차(波羅提木叉) 1493
바라제목차후기 1493
바사(婆沙) 1526, 1530
바사경(婆沙經) 781
바소반두전(婆蘇槃豆傳) 1097
바수밀 489
바수밀경 486
바수밀경서(婆須蜜經序) 477
바수밀보살소집론(婆須密菩薩所集論) 483
바수밀집서(婆須蜜集序) 1416
바수반두전(婆藪槃豆傳) 1551
바추부라율기(婆麤富羅律記) 816
바화수밀(婆和須密) 486
박이하론(駁夷夏論) 959, 1091
박혁론(博弈論) 103
반니원경 1138, 1142
반니원후관랍경(般泥洹後灌臘經) 1245
반야 2, 20, 31, 32, 34, 36, 203, 551, 609 612, 632, 635, 637, 649, 650, 652, 719 720, 751, 1073, 1174, 1176, 1178, 1189 1223, 1331, 1334, 1347, 1349, 1350 1351, 1352, 1354, 1358, 1362, 1365 1367, 1380, 1381, 1395, 1431, 1442, 1517
반야경(般若經) 14, 15, 17, 18, 19, 22, 54 55, 209, 213, 214, 299, 339, 355, 356 357, 358, 359, 367, 368, 369, 371, 374 387, 437, 458, 460, 466, 490, 491, 507 508, 524, 525, 527, 528, 539, 544, 545

568, 569, 572, 573, 574, 666, 667, 689 695, 757, 854, 913, 927, 943, 987, 1069 1137, 1146, 1148, 1157, 1158, 1173 1176, 1192, 1269, 1298, 1327, 1333 1343, 1347, 1352, 1399, 1442, 1536
반야경문론서(般若經問論序) 746
반야경초 368
반야대중승집의절도서(般若臺衆僧集議節度序) 1086
반야대품(般若大品) 432
반야도행품(般若道行品) 208
반야무지론(般若無知論) 2, 509, 614 645, 653, 654, 655, 658, 659, 664, 666 1082, 1152, 1153, 1166, 1282
반야삼론 1347
반야소품(般若小品) 13, 331
반야절의략(般若折疑略) 91
반야절의약서(般若折疑略序) 525
반야초서(般若抄序) 332, 461, 496 502, 575, 674
반주(般舟) 151, 208
반주삼매경(般舟三昧經) 55, 208 211, 213, 214, 263, 737, 1412, 1413
반주삼매경기 211, 212, 231, 244
반주삼매경후기 274
반지(班志) 189
반질론(反質論) 1574
발경초(孛經抄) 303
발기경(鉢記經) 1124
발반야경제논의병문답(發般若經題論義竝問答) 1299
발지론(發智論) 589, 672, 708, 709 757, 1521, 1522
발피보살경(拔陂菩薩經) 1412
방광경(放光經) 209, 232, 244, 362, 369 370, 371, 384, 385, 417, 424, 447, 458 467, 507, 526, 527, 528, 539, 541, 544 554, 572, 575, 594, 660, 673, 689, 793 1075, 1148
방광경기 356
방광기진해(放光起盡解) 462
방광대품(放光大品) 368
방광반야경(放光般若經) 14, 54, 91 357, 368, 370, 388, 390, 456, 467, 520 526, 527, 545, 560, 1078
방광반야기진해(放光般若起盡解) 525, 1075
방광반야기진해 1075
방광반야석의략(放光般若析疑略) 525
방광반야석의준(放光般若析疑准) 525
방광석의략(放光析疑略) 502
방등(方等) 49, 529, 530, 531, 538, 593 621, 652, 751, 762, 770, 1333, 1525
방등경(方等經) 15, 152, 214, 325, 356 358, 372, 377, 378, 380, 387, 399, 447 490, 491, 508, 521, 524, 757, 795, 852 1157, 1158
방등니원 1139

방등니원경(方等泥洹經) 1138, 1139, 1140, 1142, 1245
방등대반니원경(方等大般泥洹經) 1140, 1245
방등대운경(方等大雲經) 778
방등대집경(方等大集經) 778
방등반니원경(方等般泥洹經) 766
방등왕허공장경(方等王虛空藏經) 778
방록(房錄) 242, 581, 616, 617, 679, 776, 982, 989, 1113, 1470, 1579
방산석경(房山石經) 813
방지(方志) 97
방지(方誌) 97
백가보(百家譜) 119
백론 22, 592, 617, 633, 636, 666, 1076, 1248, 1272, 1343, 1350, 1383
백론서 656, 800
백론소(百論疏) 601, 607, 616, 617, 670, 672, 687, 1076, 1269, 1272, 1386, 1388
백씨육첩(白氏六帖) 423
백이십법문(百二十法門) 1023, 1095
백첩(白帖) 1109
백향산집(白香山集) 748
백흑론(白黑論) 26, 67, 830, 831, 834, 836, 837, 844, 945, 946
번역력(翻譯歷) 1113, 1554
번역명의집(翻譯名義集) 363
번외국어(翻外國語) 1093
범망경(梵網經) 38, 679, 1492
범망계 1493
범사(范史) 304
범선전(范宣傳) 421
범성육행법 1507
범엽전(范曄傳) 889
범중문도생(范重問道生) 1166
범중문도생왕반(范重問道生往反) 1083
범태전 1401
범행품(梵行品) 1144
법경 1507
법경경(法鏡經) 205, 206, 207, 274, 336, 338, 339
법경경서(法鏡經序) 172, 217, 340, 354
법경경후서 243, 305
법경록(法經錄) 656, 1121, 1123, 1124, 1126, 1139, 1479, 1493, 1575, 1577, 1578
법경목록(法經目錄) 1133, 1466
법계차제초문(法界次第初門) 1474
법공전(法恭傳) 955
법구 147
법구경13, 285, 327, 328, 331, 949, 1506
법구경서(法句經序) 147, 148, 150, 156, 207, 327, 328, 333, 362, 363
법국원동학교잡지(法國遠東學校雜誌) 245
법도전 1399
법락사(法樂辭) 856
법랑전 1052
법론(法論) 219, 575, 850, 1072

1080, 1168, 1170
법론목록(法論目錄) 220, 501, 555, 556
561, 579, 629, 630, 637, 654, 655, 656
664, 952, 1165, 1166, 1169
법륜(法輪) 219
법륜목록(法輪目錄) 320, 539
법률삼매경(法律三昧經) 354, 356
법멸진경(法滅盡經) 1126, 1479
법민전(法愍傳) 1091
법민전(法敏傳) 1408
법보연벽(法寶聯璧) 851, 1094
법본내전 117, 131
법사들이 한 달에 세 번 궁전에 들어오는 걸 허락하는 조서[聽諸法師一月三入殿詔] 988
법사묘하시서(法師墓下詩序) 406
법사전(法師傳) 1130
법사절도서(法社節度序) 746, 1086
법사찬(法事讚) 1092, 1468
법상경론(法相經論) 1576
법성론(法性論) 521, 720, 746, 1081
1082, 1084, 1176
법승비담(法勝) 1340
법승아비담심론경(法勝阿毗曇心論經) 1523
법신론(法身論) 1085
법신무색론(法身無色論)1164, 1172, 1193
법신전(法申傳) 898
법언(法言) 105
법왕경(法王經) 1479
법요사신경(法要捨身經) 1127
법우전(法遇傳) 474
법운묘지(法雲墓志) 951
법원(法苑) 1094
법원기(法苑記) 1491
법원목록(法苑目錄) 1299
법원원시집목록(法苑原始集目錄) 469
법원의림장(法苑義林章) 1570
법원잡록원시집목록(法苑雜錄原始集目錄) 772, 811
법원잡연원시집(法苑雜緣原始集) 362
법원잡연원시집목록(法苑雜緣原始集目錄) 874
법원주림(法苑珠林) 78, 111, 141, 161
165, 417, 420, 732, 781, 811, 812, 846
957, 962, 1050, 1053, 1100, 1102, 1103
1108, 1130, 1131, 1132, 1408, 1466, 1477
법원주림, 가람편(伽藍篇) 500, 501
법원주림, 경불편(敬佛篇) 503
법원주림, 명찬부(明讚部) 469
법원주림, 미륵부인(彌勒部引) 497
법원주림, 미타부(彌陀部) 499
법원주림, 설청편(說聽篇), 의식부(儀式部) 470
법원주림, 원시집(原始集) 472
법원주림, 패찬편(唄讚篇) 332
법원집(法苑集) 422, 1092, 1100
법원집목록(法苑集目錄) 1133, 1326

법을 보여준 것에 대한 감사문(謝示法制啓) 958
법주기급아라한고(法住記及阿羅漢考) 504
법준(法濬)에게 보내는 글 546
법진전 1052
법집(法集) 1095
법집목록(法集目錄) 956
법집잡기명(法集雜記銘) 1132
법초전 924
법충전 1244, 1429, 1499, 1500, 1502
법태문석도안삼승병서(法汰問釋道安三乘竝書) 1084
법태문석도안신(法汰問釋道安神) 1084
법태문석도안육통(法汰問釋道安六通) 1084
법태전 1547, 1550, 1577
법해장경(法海藏經) 123
법행경 959
법현본(法顯本) 1200
법현전672, 763, 764, 808, 1108, 1109, 1157
법현행전(法顯行傳) 1108, 1132
법화 848, 1073, 1189, 1392, 1428, 1524
법화강소(法華講疏) 1299
법화경(法華經) 23, 54, 159, 371, 375, 377, 378, 398, 399, 539, 554, 607, 611, 615, 618, 647, 649, 711, 714, 786, 857, 897, 932, 957, 987, 1072, 1076, 1150, 1156, 1177, 1217, 1261, 1272, 1283, 1299, 1332, 1337, 1340, 1341, 1343, 1345, 1352, 1392, 1394, 1456, 1508, 1513, 1515, 1524, 1525, 1562
법화경, 방편품 1178
법화경론 791
법화경소 1077, 1186, 1194
법화경소서(法華經疏序) 1162
법화경우바제사(法華經優婆提舍) 1129
법화경후서(法華經後序) 669
법화경후서 611, 744
법화론 1535
법화무량의(法華無量義) 1241
법화문구(法華文句) 732, 1076, 1269
법화문구기(法華文句記) 1075, 1128
법화소(法華疏) 1070, 1071, 1072, 1162, 1178, 1180, 1217, 1220, 1221, 1229, 1251, 1252
법화의기(法華義記) 1076, 1129, 1185
법화의소(法華義疏) 647, 1073
법화전(法和傳) 495
법화전기(法華傳記) 672
법화종요 1570
법화종요서(法華宗要序) 419, 610, 615
법화주(法華注) 1191, 1220
법화현론(法華玄論) 1077
법화현의(法華玄義)732, 1473, 1570, 1571
법화현의석첨(法華玄義釋籤) 1312, 1332, 1383, 1400, 1406, 1509, 1529
법화후서(法華後序) 419

베다 21
벽암록 687
벽옹비(辟雍碑) 420
변도론 321, 322
변명론(辯命論) 960
변불성의(辯佛性義) 1082, 1165
변삼승론(辨三乘論) 1210
변삼승론(辯三乘論) 543, 1085, 1210
변심식론(辯心識論) 1085
변심의식(辯心意識) 746, 1085
변의경(辯意經) 446, 504
변의장자경(辯意長者經) 497, 504
변저론(辯著論) 543, 1080
변정론(辨正論) 221
변정론(辯正論) 82, 179, 239, 240, 247
305, 315, 731, 886, 1056, 1061, 1063
1473, 1478, 1506
변정정(邊定定)의 조상(造像) 제자(題字)
1057
변종(辨宗) 1170
변종론(辯宗論) 830, 860, 830, 863, 864
866, 913, 951, 960, 1083, 1168, 1169
1223, 1224, 1229, 1232, 1236, 1250
1258, 1271
변차(辯差) 1167, 1234
변혹론(辨惑論) 908
별기(別記) 1501
별력(別歷) 1553
별록(別錄) 80, 108, 154, 327, 1113

보거경(寶車經) 1479
보공전 1504
보광명전설(普光明殿說) 1558
보광법당중회(普光法堂重會) 1558
보광법당회(普光法堂會) 1558
보귀록(寶貴錄) 1130
보량전(寶亮傳) 1100
보리경 612
보리경주(菩提經注) 611
보리경주서(菩提經注序) 669, 677
보리달마전 1428
보리류지전 1017, 1424
보리장중설(普提場中說) 1558
보림전(寶林傳) 166, 167, 1499
보문품경(普門品經) 375
보사유(寶思惟) 1514
보살계 782
보살계경 777, 796, 816
보살계본 777, 778, 781, 1508
보살계소 1492
보살계우바(새)계단문(菩薩戒優婆塞戒壇文) 778
보살계지(菩薩戒地) 786
보살내습육바라밀경(菩薩內習六波羅密經) 286
보살선(菩薩禪) 625, 632
보살선계(菩薩善戒) 786
보살선계경(菩薩善戒經) 814, 1492
보살선법경(菩薩禪法經) 683, 1495

보살십주경(菩薩十住經) 375
보살영락본업경(菩薩瓔珞本業經) 1492
보살장경(菩薩藏經) 618
보살장중경요(菩薩藏衆經要)1023, 1095
보살지(菩薩地) 781
보살지지경(菩薩地持經) 778
보살품(菩薩品) 1144
보삼국예문지(補三國藝文志) 805
보성론 73
보요경(普耀經) 307, 376, 585, 784
보응론(報應論) 845, 1091
보인학지(輔仁學志) 1063
보장론(寶藏論) 22, 656, 657, 687
보적경(寶積經) 208, 911
보제전 1581
보주(補註) 159
보행왕정론(寶行王正論) 1551, 1545
복기요결(服氣要訣) 1459, 1463
본기 1054
본기사선서(本起四禪序) 543
본무난문(本無難問) 1081
본무론 513, 531
본무종 531
본무품(本無品) 353
본업경주서(本業經注序) 543
본업약례(本業略例) 543, 1072
본전 455, 686, 1547, 1551
봉려문초(蓬廬文鈔) 220
봉법요(奉法要) 148, 150, 157, 415
546, 547, 554, 582, 635, 869, 870
봉씨견문기(封氏見聞記) 493
부경(浮經) 240
부계우답범백륜서(傅季友答范伯倫書) 1166
부남기(扶南記) 1110
부도경(浮屠經) 178, 179, 181, 239, 240
부법장인연전(付法藏因緣傳) 982
부법장전(付法藏傳) 982, 983, 1504
부숙옥(傅叔玉)에게 보내는 글 546
부숙옥중서여사답(傅叔玉重書與謝答) 1083
부이집론(部異執論) 1551, 1574
부이집론소(部異執論疏) 1551
부인경(夫人經) 1293, 1295
부자수의경(不自守意經) 345
부전퇴법륜경(不轉退法輪經) 374
부정관경서(不淨觀經序) 1419
부진공론(不眞空論) 18, 509, 537, 539 561, 574, 575, 577, 654, 655, 658, 659 661, 663, 664, 1081, 1232, 1377
부처님 치아 및 문선왕이 칠보대의 금장을 제조한 기록(佛牙幷文宣王造七寶台金藏記) 811
북당서초(北堂書鈔) 423
북본 1199
북사(北史) 962, 991, 992, 1015, 1051 1059, 1061, 1131
북사・섬전 및 유림전・회전(會傳)

1018
북사・예술전(藝術傳) 1060, 1061
북사・웅안생전 1060
북사・유림전 1036, 1043, 1060
북사・유림전서(儒林傳序) 1059, 1060
북사・은일전(隱逸傳) 1498
북산록(北山錄)・이학편(異學篇) 878
북산록(北山錄) 245, 607, 646, 686
959, 963, 1051
북위서(北魏書) 97
북제서・곡률강거전(北齊書 斛律羌擧傳)
821
북제서・두필전(杜弼傳) 1059
북제서・상당왕환전(上黨王渙傳) 1040
북제서 1059, 1062
북주훼불주모자위원숭 1063
북해왕원상제기(北海王元祥題記) 1057
분별공덕론(分別功德論) 794
분별사정품(分別邪正品) 1144
분별선악소기경(分別善惡所起經) 286
분제장(分齊章) 1570, 1571
불가경록재중국목록학상지위치(佛家經錄在中國目錄學上之位置) 1133
불개해범지아발경(佛開解梵志阿颰經)
341
불공이제론(不空二諦論) 1366
불교경전주소(佛教經典註疏) 628
불교명상통석(佛教名相通釋) 642
불국기(佛國記) 25, 358, 671, 761
767, 807, 808, 810, 1108, 1109, 1112
1245
불기(佛記) 1097
불도논형(佛道論衡) 141, 360
불도이론(佛道二論) 1039
불도조전(佛圖調傳) 1107
불도징별전(佛圖澄別傳) 1098
불도징전(佛圖澄傳) 494, 576, 1098
불모반야경(佛母般若經) 353
불무정토론(佛無淨土論)1165, 1172, 1194
불반니원경(佛般泥洹經) 1138, 1142
불본생경(佛本生經) 123
불본행찬경(佛本行贊經) 784
불살론(不殺論) 1091
불설결죄복경(佛說決罪福經) 1125
1463, 1464
불설대변사정경(佛說大辯邪正經) 1469
불설무량문미밀지경(佛說無量門微密持經) 330
불설미륵하생경(佛說彌勒下生經) 1454
불설법멸진경 1479
불설아난타목거니가리타인니경(佛說阿難陀目佉尼呵離陀隣尼經) 330
불설총지경(佛說總持經) 330
불설칠천불신부경(佛說七千佛神符經)
1466
불성 1514, 1539
불성당유론(佛性當有論)1164, 1172, 1314
불성당유의(佛性當有義) 1183

불성론(佛性論) 1082, 1538
불성론 1024, 1060, 1513, 1551
불성의(佛性義) 1082, 1310, 1551
불아기(佛牙記) 957
불아병조장기(佛牙竝造藏記) 812
불아비담경(佛阿毘曇經) 1551
불약다라전(弗若多羅傳) 744, 819
불영명(佛影銘) 740, 746
불영명서(佛影銘序) 723, 741, 749, 862
불유교경(佛遺敎經) 160
불유천축기(佛遊天竺記) 1108, 1109
불유천축기고석(佛遊天竺記考釋) 1110
불장경(佛藏經) 617
불전범론(佛典汎論) 1133
불제명수경(佛制名數經) 1130
불조삼경지남(佛祖三經指南) 160
불조통기(佛祖統紀) 109, 113, 729
732, 733, 741, 747, 748, 811, 862
불지경(佛地經) 1074
불지론(佛地論) 1074
불타선다전 1424
비구계본 444, 489
비구계삼부합이서(比丘戒三部合異序) 750
비구니계본(比丘尼戒本) 444, 586
758, 795
비구니계본본말서(比丘尼戒本本末序) 670
비구니계본서 468, 820
비구니계본소출본말서(比丘尼戒本所出本末序) 585, 587, 596, 673
비구니대계 586, 775
비구니대계본(比丘尼大戒本) 482
504, 587
비구니전・경휘전(景暉傳) 954
비구니전・법선전(法宣傳) 956
비구니전・업수니전(業首尼傳) 954
비구니전・혜서전(慧緖傳) 955, 958
비구니전・혜준전(慧濬傳) 955
비구니전 371, 440, 497, 702, 704, 741
889, 895, 944, 958, 1101, 1154
비구니전축정검니전(比丘尼傳竺淨檢尼傳) 421
비구니절도서(比丘尼節度序) 746, 1086
비구대계서(比丘大戒序) 440, 444
468, 504
비구혜감제기(比邱惠鑒題記) 997
비나경 482
비나야(鼻奈耶) 602, 676
비나야경 482
비나야서 309, 507
비나야율(鼻奈耶律) 473, 504, 505
비나야율서 505
비담(毘曇) 25, 31, 34, 38, 55, 298
299, 484, 490, 491, 587, 589, 614, 650
679, 708, 709, 710, 711, 987, 1015, 1089
1137, 1385, 1389, 1398, 1410, 1500
1509, 1511, 1517, 1521, 1523, 1524

1525, 1526, 1528, 1530, 1571
비담경(毘曇經) 710
비담대의소(毘曇大義疏) 1526
비담론 1530
비담심(毘曇心) 1257
비담현론서(毘曇玄論序) 1524
비마라의(卑摩羅義) 1489
비마라차전 686
비마라힐제경의소(毘摩羅詰堤經義疏) 509
비마라힐제경의소서(毘摩羅詰堤經義疏序) 528
비명(碑名) 1176
비문(碑文) 1176
비밀치선병경(秘密治禪病經) 781
비바사(鞞婆沙) 483, 486, 489, 497, 621
709, 760, 794, 795, 802, 1521
비바사론(鞞婆沙論) 757, 869, 1522
비바사서(毘婆沙序) 441, 816
비발률(毘跋律) 1134
비일라(毘日羅) 508
비파행(琵琶行) 749
비화경(悲華經) 778, 1456

ㅅ

사경서(謝慶緖)에게 보내는 글 546, 547
사고전서(四庫全書) 220
사기(史記) 78, 93, 94, 97, 100, 101
102, 107, 112, 241, 249, 302
사기(史記), 세가(世家) 87
사기, 대완전 204
사기, 대완전정의(大宛傳正義) 239
사기, 봉선서(封禪書) 87, 189, 237
249, 253, 269, 1037
사기, 시황본기(始皇本紀) 6
사기, 악의전(樂毅傳) 236
사기, 진본기(秦本紀) 79
사기, 천관서(天官書) 94
사기, 태사공자전(太史公自傳) 303
사기, 흉노열전 101, 102
사기색은(史記索隱) 103, 104
사기정의 103
사기집해(史記集解) 103
사대유서(四大類書) 423
사도귀불문(舍道歸佛文) 922
사도품(四倒品) 1144
사동자삼매경(四童子三昧經) 1139
사론현의(四論玄義) 33, 555, 1164
1183, 1222, 1254, 1277, 1281, 1284
1293, 1301, 1308, 1309, 1403, 1496
사리불비담서(舍利弗毗曇序) 819
사리불아비담 1521
사리불아비담론(舍利弗阿毗曇論) 1522
사리불아비담서 681
사림(史林) 104
사마담(司馬談) 249
사명(四明) 1557
사문단복론(沙門袒服論) 746

사문불경왕자론(沙門不敬王者論) 3, 55 724, 746, 747
사문전(沙門傳) 851, 1101, 1131
사미십혜경(沙彌十慧經) 202, 206
사미십혜장구 206, 292, 1088
사미십혜장구서 274
사바다부기목록(沙婆多部記目錄) 811
사바다부상승전(沙婆多部相承傳) 1100
사바다부초율(沙婆多部鈔律) 766
사바다사자전(沙婆多師資傳) 1101
사번지(四蕃志) 1248
사법경론(四法經論) 819
사부요략(四部要略) 1094
사분갈마우바새오계약론(四分羯磨優婆塞五戒略論) 786
사분률(四分律) 37, 619, 621, 680, 789 797, 1493, 1494, 1508, 1536, 1538, 1540
사분률서(四分律序)679, 680, 681, 769, 811
사분률소 1536
사분률행사초(四分律行事鈔) 84
사분률기 819
사불함모초서 441
사상품(四相品) 1144
사성론(四聲論) 950
사성삼문(四聲三問) 957
사세법(蛇勢法) 1092
사신원소 876
사십이장(四十二章) 119
사십이장경(四十二章經) 7, 8, 9, 10 12, 96, 120, 123, 125, 128, 130, 136 145, 146, 148, 149, 150, 151, 152, 153 154, 155, 158, 160, 162, 163, 164, 166 167, 168, 169, 171, 182, 194, 199, 235 242, 249, 252, 256, 259, 260, 262, 268 271, 275, 276, 284, 285, 288, 302, 303 304, 307, 309, 345, 464, 636
사십이장경서(四十二章經序) 7, 8 115, 117, 119, 120, 121, 123, 124, 127 129, 130, 132, 134, 135, 137, 142
사십이장경주(四十二章經注) 159
사아함 484
사아함모초(四阿含暮抄) 482, 484 485, 486, 602, 676
사아함모초서(四阿含暮抄序) 292 440, 485
사안전 426
사위타(四韋陀) 590
사융론(徙戎論) 436
사의품(四依品) 1144
사익경(思益經)607, 611, 615, 1272, 1486
사익경서(思益經序) 611, 615, 1069
사익범천소문경(思益梵天所問經) 615, 616
사익서(思益序) 821
사입이장경서 118
사자기 1501
사자전(師資傳) 682, 1453, 1489
사자후보살품(師子吼菩薩品) 1144

사자후품(師子吼品) 1277, 1292, 1301, 1310

사장하에게 보내는 서신[與謝長遐書] 427

사정품(邪正品) 1144

사제경(四諦經) 201, 202

사제구해(四諦口解) 295

사제론(四諦論) 1551

사제론소(四諦論疏) 1551

사제품(四諦品) 1144

사집론(四執論) 1085

사천왕경(四天王經) 784, 817, 1465, 1466, 1506

사체합벽사십이장경(四體合璧四十二章經) 172

사칙뢰강소계(謝勅賚講疏啓) 1326

사탑기(寺塔記) 233

사통(史通) 248

사해백천수원기(四海百川水源記) 1108

사휘거례(史諱擧例) 245

산거부(山居賦) 299, 864

산거원문(山巨源問) 1090

산문(山門) 1369

산문현의(山門玄義) 512, 513, 540, 548, 555, 564, 565, 566, 567, 581, 1366, 1367, 1374, 1384, 1403, 1404

산북편(山北篇) 698

산유마힐경(刪維摩詰經) 376

산해경(山海經) 5, 79, 80, 1242

산화론(散華論) 1087

살바야타권속장엄경(薩婆若陀眷屬莊嚴經) 1123

살생문(殺生問) 1090

삼경지남(三經指南) 159

삼계교 연구 1507, 1508

삼계교적목록(三階教籍目錄) 1507

삼계혼연제잡위록(三界混然諸雜僞錄) 1093

삼교계보(三教系譜) 82

삼구족경론(三具足經論) 819

삼국지, 배주(裴注) 178, 179, 180

삼국지, 화타전 241

삼국지 218, 241, 273

삼국지주(三國志注) 218

삼동주낭 198

삼례(三禮) 718

삼론(三論) 23, 491, 609, 612, 632, 714, 899, 931, 939, 1069, 1331, 1332, 1337, 1339, 1347, 1354, 1358, 1362, 1430, 1442, 1511, 1553, 1560

삼론약장(三論略章) 1322, 1323, 1403, 1569

삼론유의(三論游意) 815

삼론유의의(三論遊意義) 1143, 1160, 1167, 1246, 1249, 1280, 1386

삼론의소(三論義疏) 632, 1347

삼론진여연기(三論眞如緣起) 1322

삼론현의 1282, 1329, 1333, 1396, 1521

삼매경 1495
삼무성론(三無性論) 69, 1551
삼미저부론(三彌底部論) 798
삼법도(三法度) 483, 489, 744
삼법도경(三法度經) 781
삼법도경서(三法度經序) 800
삼법도서(三法度序) 745
삼보감통록(三寶感通錄) 322, 1108
삼보기(三寶記) 117, 136, 234, 421
961, 1104, 1130, 1532, 1574
삼보기전(三寶記傳) 1106
삼보론(三報論) 705, 1253
삼보집(三寶集) 1106
삼보황도(三輔黃圖) 112
삼부일체경원문(三部一切經願文) 1134
삼세분별론(三世分別論) 1543
삼소도(三笑圖) 749
삼십이상해(三十二相解) 1088
삼십이자십주의(三十二字十住義) 1083
삼십칠품(三十七品) 1088
삼장(三藏) 1158, 1189, 1525
삼장기 127
삼장행장(三藏行狀) 1554
삼종론(三宗論) 2, 35, 581, 854, 959
1087, 1347, 1350, 1356, 1357, 1358
1361, 1362, 1363, 1370, 1373, 1378
1380, 1384, 1400
삼천위의경(三千威儀經) 470
삼통역보(三統曆譜) 80
삼파론(三破論) 907
삼혜경(三慧經) 165, 955
삼혜경강소(三慧經講疏) 1299
삼혜의기(三慧義記) 1326
상대법송(上大法頌) 960
상법결의경(像法決疑經)1126, 1479, 1481
상복(喪服) 856, 1240
상복경 718
상복경전약주(喪服經傳略注) 745
상복장구(喪服章句) 1033
상서(尙書) 930
상서전(尙書傳) 106
상서제험기(尙書帝驗期) 305
상서지(祥瑞志) 953
상속해탈경(相續解脫經) 788
상진왕표(上秦王表) 655, 1232
상현부(詳玄賦) 1442
생사본무원론(生死本無源論) 1086
생전(生傳) 1248
서(書) 1506
서경, 홍범(洪範) 1045
서경 1018, 1556
서경부(西京賦) 236, 261
서도부(西都賦) 105, 112
서동명기후(書洞冥記後) 99, 100
서림사비(西林寺碑) 740
서분(序分) 1140
서여사경서(書與謝慶緖) 1083
서여하언덕론감과생멸(書與何彦德論

感果生滅) 1090
서역 불교의 특징 814
서역기(西域記) 670, 671, 682, 708, 743
서역도(西域圖) 1108
서역유기(西域遊記) 1107
서역의 불교 672, 814
서역전(西域傳) 97, 192, 305, 1055
서역지(西域志) 91, 1107
서열대왕신체혹해(敍列代王臣滯惑解) 1062
서유지(西游志) 740, 1132
서응본기경(瑞應本起經) 13, 44, 309, 332, 334, 335, 673, 1135, 1470
서정기(西征記) 423
서주법운소장엄보홍사강(徐州法雲小莊嚴普弘寺講) 897
서초(書鈔) 394, 423
서통삼행(敍通三行) 546, 1087
서품 1144, 1246
서하사비(栖霞寺碑) 1354, 1381, 1448
서현사(栖玄寺)에서 강의를 들은 후 저원(邸園)을 유람하면서 사도의 교시에 응답하는 시(栖玄寺聽講畢游邸園應司徒敎詩) 950
석가방지(釋迦方志) 1111
석가보(釋迦譜) 1097, 1491
석교록(釋敎錄) 796, 806, 1105, 1129
석교론(釋驕論) 433, 434, 701
석노자화호전(釋老子化胡傳) 1091
석노지 119, 1051, 1511
석도안전 1098
석로자화호전(釋老子化胡傳) 1043
석로종원(釋老宗源) 82
석로지(釋老志) 97, 98, 108, 118, 121, 240, 398, 494, 782, 814, 815, 819, 966, 974, 975, 978, 979, 980, 982, 984, 985, 987, 994, 995, 1001, 1002, 1005, 1008, 1010, 1011, 1014, 1033, 1035, 1049, 1050, 1051, 1052, 1053, 1054, 1055, 1056, 1058, 1059, 1061, 1063, 1327, 1396, 1498
석론(釋論) 617, 1577
석몽론(釋矇論) 543, 1091
석문정통(釋門正統) 113, 168
석박론(釋駁論) 705
석법원전(釋法瑗傳) 856
석삼보론(釋三報論) 726, 746, 1196
석삼파론(釋三破論) 959, 1124
석승민찬(釋僧旻贊) 846
석승실전(釋僧實傳) 1025
석신명(釋神名) 746, 1085
석신족(釋神足) 1085
석심무론(釋心無論) 664
석심무의(釋心無義) 561, 1081
석씨요람(釋氏要覽) 730
석의(析疑) 460
석의론(釋疑論) 405, 705
석의준(析疑准) 502

석조서(釋肇序) 685
석즉색본무의(釋即色本無義) 521
543, 1080
석팔주초심욕취니원의(釋八住初心欲取泥洹義) 1082, 1165
선견률(善見律) 789, 797
선견률비바사(善見律毗婆沙) 68, 754
선경(禪經) 1411
선경서(禪經序) 625, 1453, 1495, 1497
선방(仙方) 1458, 1462
선법요(禪法要) 618
선법요해(要解) 1410
선부(仙賦) 265
선불수보론(善不受報論) 1195
선불수보의(善不受報義) 55, 1164
선비요(禪秘要) 787
선비요법(禪秘要法) 683
선비요법경(禪秘要法經) 1410
선요(禪要) 624, 781, 1410
선요비밀치병경 717
선요비밀치병경기(禪要秘密治病經記) 716
선원도전(禪源都詮) 1501
선원제전집(禪源諸詮集) 1501
선월집・재유동림사시(禪月集・再游東林寺詩) 748
선율사감응기(宣律師感應記) 500
선정의(禪定儀) 1551
선험기(宣驗記) 233, 749, 844, 1102
선험기 233, 247
설무구칭경(說無垢稱經) 1073
설문해자 94, 95
설원(說苑) 108
설종전(薛綜傳) 223
설처(說處) 1150
섬주홍농군오장사경장비(陝州弘農郡五張寺經藏碑) 1134
섭대승론(攝大乘論)39, 69, 73, 491, 788
791, 1531, 1548, 1549, 1554, 1555, 1556
섭대승론석 69
섭론(攝論) 3, 38, 39, 939, 1048, 1065
1267, 1431, 1500, 1510, 1539, 1540
1541, 1549, 1550, 1551, 1553, 1554
1555, 1556, 1565, 1577, 1578, 1579
섭론서 1543, 1544, 1546, 1548, 1573
1577, 1578, 1579
섭론석 1578
섭론소 1557, 1576
섭론의소 1579
성공론(性空論) 526, 529, 1079, 1081
성구경(成具經) 309
성구광명경(成具光明經) 446, 447
성구광명삼매경(成具光明三昧經) 214
성구광명정의경(成具光明定意經) 263, 309
성도항마득일체지(成道降魔得一切智) 330
성론(成論) 1187, 1312, 1343, 1345

1350, 1356, 1361, 1366, 1370, 1380 1384, 1387, 1388, 1389, 1397, 1513 1525, 1529, 1530

성론소(成論疏) 1367, 1403

성론의소(成論義疏) 1343

성무애락론 423

성법인경(聖法印經) 376

성법자연론(性法自然論) 921

성불변지론(聖不辯知論) 543, 1081

성불의기(成佛義記) 1328

성실(成實) 34, 35, 38, 1069, 1089 1264, 1385, 1386, 1387, 1509, 1511 1513, 1517, 1518, 1525, 1526, 1529, 1530

성실강요(成實綱要) 1346

성실대승의(成實大乘義) 1397

성실론 22, 23, 34, 35, 54, 614, 619 632, 667, 676, 678, 689, 714, 798, 854 899, 931, 932, 957, 958, 987, 1015, 1054 1094, 1283, 1315, 1318, 1319, 1331 1332, 1333, 1334, 1335, 1336, 1337 1338, 1339, 1340, 1341, 1343, 1344 1346, 1350, 1351, 1353, 1356, 1360 1361, 1362, 1365, 1367, 1368, 1379 1380, 1383, 1386, 1392, 1398, 1527 1529, 1530, 1540, 1553, 1560, 1569

성실론기(成實論記) 669

성실론대의기(成實論大義記) 1343, 1346

성실론대의소(成實論大義疏) 1337, 1345

성실론류초(成實論類鈔) 1346

성실론소 1346

성실론소서(成實論疏序) 1401

성실론의림(成實論義林) 1346

성실론의소(成實論義疏) 1342, 1345

성실론의장(成實論義章) 1346

성실론장(成實論章) 1346

성실론초 1346

성실론현기 1346

성실론현의 1346

성실삼론의소(成實三論義疏) 1335

성실의소(成實義疏) 987, 1341

성실의장 1346

성지원감론(聖智圓鑑論) 1083

성취삼승론(成就三承論) 1551

성취중생품(成就衆生品) 541

성품(性品) 1295

성행품(聖行品) 1144

세계기(世界記) 1491

세설(世說) 141

세설신어(世說新語) 98, 179, 180, 233 239, 240, 371, 396, 414, 417, 421, 422 424, 427, 429, 493, 494, 496, 552, 560 561, 563, 579, 664, 692, 712, 719, 738 739, 740, 744, 748, 894, 948, 1093, 1130 1247

세설신어, 가휼편(假譎篇) 396, 558

세설신어, 간오편(簡傲篇) 420

세설신어, 경저편(輕詆篇) 400, 427

세설신어, 기선편(企羨篇) 423

세설신어, 덕행편 424, 425
세설신어, 덕행편주 423, 424
세설신어, 문학편 299, 310, 395, 404, 406, 407, 413, 414, 421, 426, 427, 516, 548, 1211, 1231
세설신어, 문학편주(文學篇注) 108, 219, 220, 239, 738, 1093, 1098, 1099, 1100, 1205
세설신어, 방정편(方正篇) 409, 425
세설신어, 방정편주(方正篇注) 1100
세설신어, 상서편(傷逝篇) 426
세설신어, 상예편(賞譽篇) 422, 425, 450, 493, 1247
세설신어, 상예편주(賞譽篇注)426, 1098
세설신어, 서일편(棲逸篇) 421
세설신어, 아량편(雅量篇) 406, 459, 493, 497, 580
세설신어, 아량편주(雅量篇注) 1100, 1098
세설신어, 언어편400, 421, 422, 425, 426
세설신어, 언어편주(言語篇注)391, 1098
세설신어, 용지편(容止篇) 426, 427
세설신어, 일험편(逸險篇) 420
세설신어, 정사편(政事篇) 402
세설신어, 품조편(品藻篇) 423, 427
세설신어 · 문학편 744
세설신어 · 서일편(棲逸篇) 739
세화기려(歲華記麗) 110
소(疏) 1273, 1299, 1320, 1345, 1356, 1359, 1554, 1563
소기(疏記) 512
소녀경(素女經) 1019
소도론(笑道論) 73, 959, 1036, 1042
소무량수경 788, 1455
소문(素問) 188, 1020
소반니원경(小般泥洹經) 1245, 1479
소법멸진경(小法滅盡經) 1126, 1479
소법사전(韶法師傳) 1099
소석전(邵碩傳) 954
소승의장(小乘義章) 987, 1089
소실육문(少室六門) 1499
소아미타경(小阿彌陀經) 1455
소요론(逍遙論) 407, 543, 552, 553
소요유 403
소요유주(逍遙游注) 946
소요편 403
소자량전 953
소집경후서(所集經後序) 575
소초(疏抄) 159
소품 반야경 427
소품(小品) 15, 151, 208, 353, 359, 368, 371, 385, 414, 437, 527, 544, 545, 632, 848, 897, 1241, 1271, 1272, 1283, 1343, 1347, 1358, 1524
소품경 368
소품경서(小品經序) 669
소품경의소(小品經義疏) 1164
소품반야경 244, 554, 618

속고승전(續高僧傳) 36, 84, 110, 820
847, 851, 856, 859, 887, 947, 948, 949
950, 951, 960, 962, 1017, 1018, 1025
1033, 1035, 1036, 1054, 1056, 1060
1061, 1063, 1064, 1065, 1086, 1091
1093, 1103, 1129, 1130, 1261, 1263
1300, 1319, 1324, 1360, 1382, 1387
1395, 1396, 1397, 1398, 1407, 1408
1421, 1423, 1424, 1428, 1431, 1432
1438, 1440, 1441, 1444, 1447, 1450
1451, 1458, 1462, 1471, 1487, 1491
1498, 1499, 1501, 1502, 1504, 1505
1514, 1544, 1547, 1549, 1551, 1553
1561, 1569, 1571, 1572, 1574, 1576
1577, 1580, 1581
속고승전, 도진전 1061
속고승전, 법력전(法力傳) 1103
속고승전, 법융전(法融傳) 1133
속고승전, 법초전(法超傳) 1129
속고승전, 보리류지전 1061
속고승전, 보창전 1299, 1326
속고승전, 보해전(寶海傳) 1327
속고승전, 사나굴다전(闍那崛多傳) 812
속고승전, 습선편(習禪篇) 1261
속고승전, 승민전(僧旻傳) 1152
속고승전, 승소전(僧韶傳) 1299, 1319
속고승전, 승원전 886
속고승전, 의해편(義解篇) 1326
속고승전, 지장전 1327
속고승전, 진제전(眞諦傳) 812
속고승전, 혜개전(慧開傳) 1396
속고승전, 혜용전(慧勇傳) 1396
속고승전・경소전 1575
속고승전・길장전 1574
속고승전・나련제여야사전(那連提黎耶舍傳) 812, 1059
속고승전・담무최전 1062
속고승전・담요전 1052, 1469
속고승전・담원전 954
속고승전・담천전 1572
속고승전・담회전(曇淮傳) 955
속고승전・도등전(道登傳) 1054, 1396
속고승전・도변전 1019
속고승전・도악전(道岳傳) 1576, 1578
속고승전・도안전 1064
속고승전・도총전 1534
속고승전・법건전 1055
속고승전・법랑전 1406, 1449
속고승전・법민전(法敏傳) 1406
속고승전・법상전(法上傳) 1014
1015, 1059
속고승전・법운보암전(法韻寶巖傳)953
속고승전・법운전 960
속고승전・법충전 1430, 1441, 1499
속고승전・법태전(法泰傳) 1399, 1400
1549, 1576, 1577
속고승전・법호전(法護傳) 853, 898
속고승전・보리달마전 1443

속고승전・보리류지전 1533
속고승전・습선편(習禪篇) 1410, 1432
속고승전・습선편론(習禪篇論) 961, 1482
속고승전・승가바라전 924, 956 962, 1574
속고승전・승달전 1504
속고승전・승랑전 967
속고승전・승맹전(僧猛傳) 1063
속고승전・승민전(僧旻傳)947, 955, 956
속고승전・승실전(僧實傳) 1498
속고승전・승약전 857
속고승전・승천전 886
속고승전・언종전(彦琮傳) 1064
속고승전・영장전(靈藏傳) 1061
속고승전・유신편(遺身篇) 1487
속고승전・의해편(義解篇) 1352, 1405
속고승전・의해편론(義解篇論)928, 962
속고승전・정숭전(靖嵩傳) 1015
속고승전・정애전 1064
속고승전・지념전(志念傳) 1500
속고승전・지문전 1576
속고승전・지의전(智顗傳) 961
속고승전・지장전(智藏傳) 877, 931 954, 955, 1400
속고승전・지취전(智聚傳) 956
속고승전・지탈전 1581
속고승전・진제전 1550, 1577
속고승전・초달전(超達傳) 1020
속고승전・현전(炫傳) 1064
속고승전・혜가전 1499
속고승전・혜각전(慧覺傳) 956
속고승전・혜개전(慧開傳) 858
속고승전・혜광전 1493, 1533
속고승전・혜긍전(慧堩傳) 1397
속고승전・혜승전(慧勝傳) 949
속고승전・혜약전 852, 853, 961
속고승전・혜영전(慧榮傳) 1344
속고승전・혜운전(慧雲傳) 1508
속고승전・혜징전(慧澄傳) 956
속고승전・혜초전 899, 956
속고승전・혜항전(慧*傳) 886
속고승전・홍언전(洪偃傳) 956
속논형(續論衡) 141
속명상기(續 冥祥記) 1103
속명승전기(續名僧傳記) 1104
속법론(續法論) 510
속법륜론(續法輪論) 1096
속장(續藏) 1327
속장경(續藏經)512, 656, 1105, 1284, 1499
속전(續傳) 110
속증선・습선편(續僧傳 習禪篇) 624
속진양추(續晉陽秋) 426
속한서(續漢書), 예의지(禮儀志) 305
속한서(續漢書), 제사지(祭祀志) 241
속한서(續漢書) 241
속한지(續漢志) 191, 244
손은전(孫恩傳) 1275

송명제제문황문선조행상팔부귀신기(宋明帝齊文皇文宣造行像八部鬼神記) 874
송명제진태비조백옥상기(宋明帝陣太妃造白玉像記) 953
송명황제조장사금상기(宋明皇帝造丈四金像記) 874
송사(宋史)・예문지(藝文志) 657
송사지(宋史志) 746, 1165
송서 본전 856, 859
송서(宋書), 예지(禮志) 1103
송서(宋書), 오행지(五行志) 1161
송서(宋書), 외국전(外國傳) 1320
송서(宋書) 718, 727, 732, 733, 745 747, 788, 823, 836, 844, 864, 867, 869 945, 946, 947, 952, 954, 955, 971, 1050 1167, 1247, 1323
송서, 왕승달전(王僧達傳) 1270
송서, 장융전(張融傳) 1323
송서, 천축전 818, 828, 890, 1053, 1324
송서, 천축천 1323
송서・무이왕전(武二王傳) 888
송서・무제기 1401
송서・색로전(宋書・索虜傳) 1050
송서・소동개전(蕭東開傳) 954
송서・안연지전 946
송서・원찬전(袁粲傳) 948
송서・창전(暢傳) 848
송서・천축전 816, 953
송서・후비전(後妃傳) 888
송승전(宋僧傳) 1581
송제록(宋齊錄) 1138
송효무황제조무량수금상기(宋孝武皇帝造無量壽金像記) 874
수경(水經), 곡수주(穀水注) 421
수경(水經), 변수주(汴水注) 190
수경(數經) 482
수경(水經) 88, 130
수경, 곡수주(水經, 穀水注) 116, 423
수경, 면수주(沔水注) 500
수경, 변수주(汳水注) 231
수경, 이수편주(伊水篇注) 450
수경, 제수주(濟水注) 499
수경, 탁장수편(濁漳水篇) 496
수경주(水經注) 121, 124, 130, 134, 440 494, 670, 739, 807, 808, 971, 1052, 1053 1054, 1055, 1107, 1108, 1110, 1111 1112, 1274
수경주・누수편(漯水篇) 1053
수경주・사수편(泗水篇) 808
수계홍법사등론(受戒弘法寺等論) 1092
수공론(修空論) 1084
수관경(壽觀經) 1539
수능엄경(首楞嚴經) 13, 208, 214, 263 325, 328, 331, 333, 339, 348, 360, 376 378, 388, 462, 465, 620, 625, 774, 1095 1283, 1413, 1414, 1415, 1496
수능엄경・후기 806

수능엄경서 1214
수능엄경주서(首楞嚴經注序) 419, 464, 1211
수능엄경후기 812
수능엄삼매경 214, 325, 377, 1413
수능엄주서(首楞嚴注序) 244, 1417
수당불교사고 5
수라비구견월광동자경(首羅比丘見月光童子經) 1124
수라비구경(首羅比丘經) 1123, 1479
수략해서 577
수량품(壽量品) 1071
수론(數論) 482, 987, 1530
수뢰경(須賴經) 421, 422, 462, 774
수림(數林) 1129
수명품(壽命品) 1144, 1145
수법경목록(隋法經目錄) 1108
수보리품 577
수상론십육제소(隨相論十六諦疏) 1544
수서(隋書), 경적지(經籍志) 95
수서(隋書), 유림전(儒林傳) 1072
수서(隋書)・서역전(西域傳)・토화라(吐火羅) 177
수서(隋書) 95, 923
수서・경적지(經籍志) 621, 820
수서・백관지(百官志) 1014
수서・율력지(律歷志) 1063
수선정법(修禪定法) 1551
수신기(搜神記) 844, 1102, 1103
수신록(搜神錄) 844, 1102
수신후기(搜神後記) 1102
수지(隋志) 141, 219, 239, 240, 656, 745, 746, 815, 819, 945, 1098, 1099, 1101, 1102, 1107, 1108, 1110, 1111, 1130, 1131, 1132, 1298, 1326, 1327, 1328, 1463, 1505
수지서(隋志序) 241
수지품(受持品) 1144
수지품(修智品) 589
수진천자경(須眞天子經) 373
수진천자경기(須眞天子經記) 122, 305
수행도지경(修行道地經) 200, 263, 374, 625, 1495
수행도지경서(修行道地經序) 561
수행본기경(修行本起經) 309
수행부정관경서(修行不淨觀經序) 683
수행지부정관경서(修行地不淨觀經序) 716
수희품(隨喜品) 1144
숙진훈(俶眞訓) 303
순덕론(淳德論) 1084
순욱전(荀勖傳) 1133
순자, 자도(子道) 313
순중론(順中論) 791
순타품(純陀品) 1144
술교기(述交記) 1092
술승설회론(述僧設會論) 306
술승중식론(述僧中食論) 870

술양상홍광재(述羊常弘廣齋) 897
술의(述義) 512, 1405, 1407
술이(述而) 914
술축도생선불수보의(述竺道生善不受報義) 1085
숭유론(崇有論) 523, 581
습선편 1502
습유기(拾遺記) 6, 86, 87
습착치난(習鑿齒難) 1090
승가나찰경(僧伽羅刹經) 621
승가나찰경서(僧伽羅刹經序) 440, 477
승가나찰경서(僧迦羅刹經序)
승가나찰전(僧伽羅刹傳) 486
승가나찰집경후기 444, 486
승가라차 489
승가라차경(僧伽羅叉經) 483, 505
승가라차경서 505
승가라찰 489
승가발징전(僧伽跋澄傳) 714, 819
승가서의(僧家書儀) 1086
승거전 955
승경행장(僧景行狀) 478
승광전 442
승기율(僧祇律) 38, 770, 783, 795, 797 1493, 1494, 1508, 1536
승니계본 489
승니요사(僧尼要事) 1086
승록(僧錄) 1241
승만경(胜鬘經) 788, 986, 987, 1238 1239, 1240, 1270, 1272, 1273, 1283 1290, 1292, 1294, 1297, 1309, 1325 1332, 1337, 1352, 1524, 1536, 1539
승만경보굴(勝鬘經寶窟) 1389
승만경서 1163, 1323
승만보굴(勝鬘寶窟) 1129, 1297
승만서(勝鬘序) 1260
승만소(勝鬘疏) 1076
승만의소(勝鬘義疏) 1272
승본행경(僧本行經) 123
승사(僧史) 1104
승사략(僧史略) 954
승사유경론(勝思惟經論) 791
승삽다율(僧澁多律) 1551
승애보살전(僧崖菩薩傳) 1099
승연조상기(僧淵造像記) 997
승우록 127, 1493
승우전 892
승원전(僧遠傳) 955
승유문(僧維問) 1168
승유전찬(僧瑜傳贊) 1099
승은전(僧隱傳) 955
승전(僧傳), 법화전(法和傳) 111
승전(僧傳) 171, 242, 273, 323, 335, 337 362, 366, 377, 381, 384, 387, 398, 417 419, 420, 421, 422, 423, 424, 425, 426 428, 441, 444, 447, 448, 450, 452, 454 455, 464, 483, 494, 496, 498, 499, 500 501, 502, 503, 504, 506, 515, 516, 518

524, 575, 606, 619, 623, 675, 676, 678
680, 681, 682, 683, 685, 686, 687, 692
698, 699, 709, 717, 719, 731, 736, 738
739, 740, 741, 743, 744, 745, 747, 947
1050, 1100, 1107, 1111, 1119, 1153
1446, 1449, 1483, 1493, 1505, 1508
1525, 1527, 1528
승전, 경사편론(經師篇論) 422
승전, 법태(法太)와 혜력전(慧力傳) 1247
승전, 법평전(法平傳) 471
승전, 본전(本傳) 499
승전, 사행전(士行傳) 366
승전, 승가제바전 499
승전, 승부전(僧富傳) 577
승전, 승예전 678
승전, 안청전 502
승전, 우법개편 425
승전, 지둔전 1101
승전, 지엄전 682
승전, 창도편론(唱導篇論) 471
승전, 축법태전 500
승전・각현전 682
승전・강량야사전 1508
승전・구마라집전 675
승전・담제전(曇諦傳) 648
승전・도온전(道溫傳) 954, 1511
승전・도조전(道祖傳) 678, 741
승전・망신편(忘身篇) 1487
승전・법열전(法悅傳) 960
승전・법헌전 957
승전・습선편(習禪篇) 1426
승전・승거전(僧璩傳) 892
승전・승부전(僧富傳) 744
승전・승성전(僧盛傳) 1571
승전・승예전 683
승전・승호전(僧護傳) 960
승전・지명전 806
승전・지엄전 682
승전・혜기전 852
승전・혜엄전 959
승전・혜예전 865
승전・혜요전(慧要傳) 748
승전・혜원전 606
승전・혜지전 742, 744
승전서(僧傳序) 1119
승제(僧制) 958, 1086
승제십팔조(僧制十八條) 1536
승종전(僧鐘傳) 1100
승종전(僧宗傳) 1509
승지(僧祇) 274
승지계심(僧祇戒心) 44, 319
승지율(僧祇律) 1141
승천왕(勝天王) 1387
승호전 962
시(詩) 1506
시경, 대동(大東) 94
시경 930, 1018, 1240, 1556

시비시경(時非時經) 900
시소범자유가법경경(示所犯者瑜伽法鏡經) 1481
시원론(始元論) 1082
시타림경 1480
시품(詩品) 945
시황본기(始皇本紀) 93, 94
식삼본론(識三本論) 1085
신감(申鑑) 266
신금광명경 1544
신농본초경집주(神農本草經集注) 116
신당서(新唐書), 예문지(藝文志) 219
신당서(新唐書) · 서역전하(西域傳下) · 토화라(吐火羅) 177
신대품경 545
신멸론(神滅論) 28, 111, 826, 916 917, 921, 961
신명성불의(神明成佛義) 556
신무량수경(新無量壽經) 1455
신무생론(申無生論) 1083
신무형론(神無形論) 843, 1090
신법화(新法華) 1073
신불경수형론(神不更受形論) 843
신불멸론 837, 844, 1306
신서(新序) 108
신선전 302
신소(新疏) 512, 575
신소품경(新小品經) 545
신유식론(新唯識論) 642
신이제론(神二諦論) 558, 568
신일경(申日經) 901
신출수능엄경서(新出首楞嚴經序) 669
신현조(申玄照) 987
신회화상유집(神會和尙遺集) 1502
실상론(實相論) 529, 607, 627, 628 632, 1079, 1081
실상육가론(實相六家論)510, 1087, 1524
실상의(實相義) 525, 577, 1081
실상종(實相宗) 632
실상통색론(實相通塞論) 1081
실상표격론(實相標格論) 1083
실역록(失譯錄) 464, 1497
심론(心論) 1522, 1527
심무론(心無論) 564
심무의(心無義) 561, 1081
심무이제론(心無二諦論) 564, 568
심밀해탈경(深密解脫經) 791, 1535
십문품(十門品) 589
십법구의 293, 295
십법구의련잡해(十法句義連雜解) 1088
십법구의서(十法句義序) 293, 363, 1208
십보법통략(十報法統略) 1089
십사과원찬의기(十四科元贊義記) 1165
십사권비바사 483, 1522
십사음훈서(十四音訓敍) 613, 865, 1093
십사의경(十四意經) 201, 202, 345
십상(十上) 202
십송(十誦) 681

십송계본(十誦戒本) 472, 482, 504
십송광률(十誦廣律) 473
십송률(十誦律) 23, 37, 38, 589, 593, 617, 618, 624, 632, 649, 671, 672, 681, 713, 714, 789, 797, 1350, 1489, 1490, 1492, 1493, 1494, 1524
십송의기서(十誦義記序) 1490
십육국춘추(十六國春秋) 493
십육국춘추집보(十六國春秋輯補) 674
십이문경(十二門經) 201, 263, 448, 462
십이문경서(十二門經序)202, 1412, 1416
십이문경주(十二門經注) 243
십이문관(十二門觀) 633
십이문론(十二門論) 54, 618, 849, 1269, 1357, 1383
십이문론서(十二門論書) 686
십이문론서(十二門論序) 1070
십이인연 616, 624
십종의기 1490
십주(十住) 527, 1352, 1560
십주경(十住經) 619, 1206, 1525, 1559
십주경서(十住經序) 669
십주비바사(十住毘婆沙) 1206
십주비바사론 54, 491, 620
십주주(十住注) 1559
십지 993
십지경 647, 786, 992, 1271, 1332, 1343, 1424, 1513, 1514, 1533, 1534, 1535, 1536, 1537, 1538, 1556, 1559, 1565
십지경론(十地經論) 25, 39, 73, 791, 989, 992, 1015, 1531, 1532, 1533, 1534, 1535, 1562
십지단결경(十地斷結經) 123, 136
십지론 1065, 1283, 1424
십지론소(十地論疏) 1100
십지소 1539
십지의소(十地義疏) 1559
십지품(十地品) 378, 1559
십칠사상확(十七史商榷)・한서(漢書)21・공품(共稟) 180
십칠지론(十七地論) 359, 1543
십팔고현전(十八高賢傳) 699, 728, 729, 731, 739, 741
십팔공론(十八空論) 1551
십팔부론(十八部論) 1551, 1574
십팔조난도장(十八條難道章) 321, 1043, 1091
십팔주보(十八州譜) 119
십팔현전(十八賢傳) 729
십혜 292
십혜경 292
십혜장구 206, 295
십혜장구경 206, 207
십혜장구서(十慧章句序) 242

ㅇ

아나율팔념경(阿那律八念經) 286
아누달경(阿耨達經) 592, 672

아미타경(阿彌陀經) 616, 1455, 1461
아비달마(阿毗達磨) 589, 743
아비달마구사석론 69
아비담・발지론 743
아비담(阿毗曇) 202, 399, 482, 485, 489, 589, 671, 709, 710, 743, 766, 1332, 1340, 1344, 1521, 1523
아비담감로미론(阿毗曇甘露味論) 1522
아비담구십팔결경 243
아비담비바사(阿毘曇毘婆沙) 482, 483
아비담비바사론 1522
아비담심(阿毘曇心) 484, 485, 486, 489, 504, 693, 709, 710, 712, 744, 1149, 1521, 1522
아비담심략해수(阿毘曇心略解數) 1088
아비담심론(阿毘曇心論) 23, 39, 1343, 1522
아비담심서 744, 745
아비담심잡수(阿毘曇心雜數) 1088
아비담오법경(阿毘曇五法經) 243
아비담오법행경(阿毘曇五法行經) 243
아비담오법행의(阿毘曇五法行義) 1088
아비담잡심기 1525
아비담팔건도론(阿毘曇八犍度論) 484, 794, 1522
아비담현론(阿毘曇玄論) 510
아유월치(阿惟越致) 715
아유월치경기(阿維越致經記) 305
아유월치차경(阿魏越致遮經) 584
아유월치차경기(阿維越致遮經記) 417
아육왕경(阿育王經) 90
아육왕태자괴목인연경(阿育王太子壞目因緣經) 89, 670
아자세(阿闍貰) 151, 208
아자세경阿闍貰經) 171
아자세왕경(阿闍世王經) 151, 208
아함(阿含) 586
아함 147, 781
아함경 20, 147, 291, 486
아함구해경(阿含口解經) 201
아함유행경 1142
악(樂) 1506
악방문류(樂邦文類) 476
안공주경록(安公注經錄) 462
안락집(安樂集) 1505
안락행의 71
안록(安錄) 151, 171, 201, 210, 214, 242, 244, 327, 338, 373, 464, 503, 1114, 1115, 1117, 1120, 1121
안반경서(安般經序)363, 1069, 1070, 1415
안반경주(安般經注) 543
안반서(安般序) 242
안반수의경(安般守意經) 12, 206, 266, 304, 338, 345, 346, 363, 366, 448, 460, 568, 1411, 1417
안반수의경서(安般守意經序) 187, 201, 202, 203, 206, 242, 263, 296, 298, 299, 336, 340, 343, 345, 346, 347, 364

637, 715
안반주서(安般注序) 533
안법사전(安法師傳) 1098
안성후 요숭에게 보내는 서신[與安成侯嵩書] 667
안성후에게 보내는 서신[與安成候書] 1232
안세고록 581
안세고전 248
안씨가훈 80, 942, 1348
안씨가훈(顔氏家訓), 서증편(書證篇) 109
안씨가훈(顔氏家訓) · 면학편(勉學篇) 927
안씨가훈 · 귀심편(歸心篇) 1230, 1507
안씨가훈 · 섭무편(涉務篇) 929
안청전(安淸傳) 234, 1102
안화상전(安和尙傳) 1098
안화상전(安和上傳) 497
애강남부(哀江南賦) 929
애제본기(哀帝本紀) 180
애환품(哀歡品) 1140, 1144
야마천궁설(夜摩天宮說) 1558
야마천궁회(夜摩天宮會) 1558
약론안락정토의(略論安樂淨土義) 1459
약론정토의(略論淨土義) 1459, 1461
약론제경(略論諸經) 1082
약성실론기(略成實論記) 898, 899, 1339, 1350
약야경법사추도문[若耶敬法師誄] 677
약야산(若耶山) 경법사(敬法師) 추도문 749
약야산경법사뢰(若耶山敬法師誄) 741
약왕약상관경(藥王藥上觀經) 785
약왕품 1487
약초유품(藥草喩品) 1071
약해삼십칠품차제(略解三十七品次第) 630, 1089
양고초당법사전(梁故草堂法師傳) 1099
양본기(梁本紀) 1326
양생론 317, 423
양서(梁書), 예예국전(芮芮國傳) 771
양서(梁書) 805
양서(梁書), 제이열전(諸夷列傳) 320
양서(梁書) 947, 1134
양서, 하경용전(何敬容傳) 948
양서 · 서면전(徐勉傳) 960
양서 772, 893, 940, 956, 1405
양양금상명(襄陽金像銘) 746
양진전(楊震傳) 310
양토이경록(涼土異經錄) 774
어강대반야경서(御講大般若經序) 955
어강마하반야경서(御講摩訶般若經序) 1327
어강반야경계(御講般若經啓) 960
어강반야경서(御講般若經序)1134, 1326
어강파약경서(御講玻若經序) 1400
어람(御覽) 304, 703

어림(語林) 429, 742
어산칠성(魚山七聲) 322
어석(語石) 1057
어선어록(御選語錄) 687
언종전(彦琮傳) 1014
언진의론 423
엄부조 339
업건도(業犍度) 1527
업보론(業報論) 845, 1091
업성취론(業成就論) 819
업중기(鄴中記) 494
여공중승서(與孔中丞書) 910
여담마류지서(與曇摩流支書) 746
여라습서(與羅什書) 746
여래명호품 1559
여래성품(如來性品) 1144, 1301, 1328
여량조사서(與梁朝士書) 954
여러 승려를 외국에 파견해서 선의 경전을 찾는 기록[遣諸僧詣外國尋禪經記] 772
여러 주(州)의 많은 승려들로 하여금 안거(安居)하고 강설(講說)하게 하는 조서[令諸州衆僧安居講說詔] 988
여산기(廬山記) 699, 728, 729, 733 739, 740, 741, 746, 748, 951
여산기략(廬山記略) 1107
여산성도기(廬山成道記) 747
여산소지(廬山小志) 749
여산승전(廬山僧傳) 1101
여산연종보감(廬山蓮宗寶鑑) 747
여산집 729, 732, 733, 746
여산출선경서(廬山出禪經序) 682, 716, 745, 747
여석혜원론진인지극(與釋慧遠論眞人至極) 1082
여석혜원서논진인지극, 석혜원답(與釋慧遠書論眞人至極, 釋慧遠答) 746
여실(如實) 1556
여실론(如實論) 1543
여실론소(如實論疏) 1551
여씨춘추·행론(行論) 930
여씨춘추 930
여앙법사서(與仰法師書) 1087
여운승정서(與雲僧正書) 858
여유유민서(與劉遺民書) 746, 747, 806
여장사왕별서(與長沙王別書) 858
여제도인론대반니원의(與諸道人論大般泥洹義) 1082
여제도인론반야의(與諸道人論般若義) 1083
여지지(與地志) 106
여축도생서(與竺道生書) 1166
여하서(與何書) 867
여하승천변달성논(與何承天辯達性論) 867
여하언덕론감과생멸(與何彦德論感果生滅) 867
여환논구사문명적서(與桓論求沙門名

籍書) 743
여환삼매경(如幻三味經) 774
역(易) 270, 279, 282, 1506
역(易), 계사편(繫辭篇) 106
역국전기(歷國傳記) 1111
역대명인년보(歷代名人年譜) 750
역대삼보기(歷代三寶記) 82, 92, 110, 136, 146, 155, 171, 731, 926, 1113, 1129
역약례(易略例) 1250
역유천축기(歷遊天竺記) 358
역유천축기전(歷遊天竺記傳) 1108
연경(綖經) 766
연경학보(燕京學報) 241, 246
연구범패(連句梵唄) 331, 332
연사록(蓮社錄) 731
연회이제론 566, 568
열녀전 108
열녀전보주(列女傳補注) 109
열반 32, 34, 38, 762, 1073, 1089, 1142, 1171, 1174, 1192, 1223, 1264, 1347, 1383, 1392, 1509, 1510, 1511, 1512, 1513, 1514, 1517, 1524, 1525, 1529, 1530
열반경 22, 25, 26, 31, 33, 38, 55, 162, 648, 667, 689, 760, 777, 780, 781, 782, 796, 804, 815, 857, 860, 865, 866, 897, 927, 931, 951, 957, 987, 1015, 1018, 1034, 1054, 1076, 1137, 1139, 1141, 1142, 1146, 1155, 1158, 1159, 1160, 1162, 1170, 1171, 1173, 1174, 1176, 1178, 1181, 1190, 1191, 1199, 1202, 1204, 1222, 1232, 1241, 1245, 1249, 1251, 1263, 1264, 1265, 1272, 1273, 1285, 1298, 1299, 1307, 1309, 1312, 1314, 1316, 1319, 1323, 1326, 1331, 1332, 1335, 1337, 1340, 1341, 1343, 1345, 1346, 1347, 1352, 1360, 1397, 1398, 1425, 1432, 1444, 1446, 1492, 1509, 1511, 1512, 1513, 1514, 1525, 1536, 1537, 1539, 1540, 1552, 1560, 1565, 1569
열반경, 사상품(四相品) 925
열반경 · 성행품(聖行品) 1432
열반경기 777, 780
열반경본유금무게론(涅槃經本有今無偈論 1543
열반경서 782
열반경유의(涅槃經遊意)1274, 1324, 1388
열반경의소(涅槃經義疏) 510
열반경집해(涅槃經集解) 1164
열반기(涅槃記) 1240, 1319
열반기요(涅槃機要) 685
열반대경(涅槃大經)865, 1285, 1307, 1310
열반대경, 가섭품(迦葉品) 1313
열반대경, 사자후품 1313
열반략기(涅槃略記) 1250, 1269, 1272
열반론 1128, 1513, 1578
열반무명 구절십연론(九折十演論)1233
열반무명론(涅槃無名論) 509, 655, 1082

열반무명론, 난차(難差) 1213
열반무명론, 힐점(詰漸) 1213
열반무명론 655, 687, 1167, 1232
1233, 1234, 1236, 1249, 1256
열반삼십육문(涅槃三十六問)1082, 1165
열반서(涅槃序) 1070, 1128, 1478
열반소 1406, 1513, 1514, 1539, 1570
열반유의(涅槃遊意)
1264, 1265, 1266, 1289
열반의기(涅槃義記) 782, 1129
열반의소(涅槃義疏) 1265, 1284, 1298
1319, 1320, 1324
열반종요(涅槃宗要) 1252, 1265
1266, 1267, 1268, 1295, 1301, 1315
열반중백구장해탈십사음(涅槃中百句長解脫十四音) 1544
열반집주(涅槃集注) 1299
열반집해(涅槃集解) 1186, 1191
1192, 1215, 1222, 1252, 1272, 1273
1275, 1276, 1280, 1284, 1285, 1319
1324, 1325, 1402
열반현의(涅槃玄義) 780, 1141
열반현의문구(涅槃玄義文句) 1245
열반후분(涅槃後分) 1141
열선전(列仙傳) 108, 109
열선전교정(列仙傳校正) 109
열선전서(列仙傳序) 6, 109
열자(列子) 6, 84, 85
열자(列子), 중니편주(仲尼篇注) 360
염불삼매보왕론 748, 750
염불삼매시(念佛三昧詩) 736
염불삼매시집 728
염불삼매시집서(念佛三昧詩集序)
735, 746
염불시서(念佛詩序) 748
영(甯)의 부친 828
영락경 504
영락남장(永樂南藏) 158
영미지(靈微志) 1054
영삼매시(咏三昧詩) 748
영아품(嬰兒品) 1144
영유론(影喩論) 1084
영조학사휘간(營造學社彙刊) 111
영추 188
예(禮) 1506
예기(禮記) 106, 1018, 1033, 1042
1240, 1302, 1556
예문유취(藝文類聚) 423, 858
958, 1098, 1102, 1109
예문지 246
예운(禮運) 1307
예정토십이게(禮淨土十二偈) 1505
예지(禮志) 947
5계상(五戒相) 817
오명(五明) 590
오명론(五明論) 1021
오명합론(五明合論) 792
오문선경(五門禪經) 787

오문선경요용법(五門禪經要用法) 1411, 1413
오백계 473
오백계비구니(五百戒比丘尼) 1121
오보(五譜) 750
오분률(五分律) 37, 784, 789, 797 855, 1169, 1508
오서(吳書) 103, 117, 360, 361, 363
오십교계경(五十校計經) 1114
오십이장경(五十二藏經) 154
오원인력표(五元寅歷表) 1051
오음삼달석(五陰三達釋) 547
오음삼위석(五陰三違釋) 1085
오지(吳志), 사섭전(士燮傳) 220, 223
오지(吳志), 손책전주(孫策傳注) 304
오지(吳志), 손침전(孫綝傳) 323
오지(吳志), 유요전(劉繇傳) 215
오지(吳志) 227, 228, 320, 324, 327, 337
오지기(吳地記) 361, 1130
오탁악세경(五濁惡世經) 1479
오품(吳品) 338, 368
오행지(五行志) 241
옥자논의법(屋子論議法) 1092
옥편(玉篇) 340
온실경(溫實經) 1536, 1539
완록(阮錄) 1133
완보병집(阮步兵集) 313
왕계염(王季琰)민(珉))서(書) 1087
왕도전 428
왕생론(往生論) 476, 1460, 1504
왕생론주 1459, 1461, 1505
왕생론주해(往生論註解) 1459
왕생서방약전서(往生西方略傳序) 476
왕순(王珣) 854
왕일잡고(往日雜稿) 5
왕자법익괴목인연경(王子法益壞目因緣經) 675
왕자법익괴목인연경서(王子法益壞目因緣經序) 487
왕치원(王稚遠)(밀(謐))의 나습문답(羅什問答) 1083
왕휴원문(王休元問) 1168
외국사(外國事) 1110
외국전(外國傳) 1111
외국전기(外國傳記) 1111
외사승절도서(外寺僧節度序) 746, 1086
요백병잡환방(療百病雜丸方) 1459
요본생사경(了本生死經) 331, 332
요본생사경서(了本生死經序) 324
요창전(遙昌傳) 1054, 1396
요초서(要鈔序) 544, 549, 551, 553
요해(要解) 616, 624
요행사신경(要行舍身經) 1480
요흥에게 올리는 표문[上姚興表] 655
용복정경(勇伏定經) 376, 1414
용복정경기(勇伏定經記) 1496
용수보살화향방(龍樹菩薩和香方) 792
우란분경소(盂蘭盆經疏) 1074

우록(祐錄) 9, 119, 121, 122, 124, 127 136, 137, 141, 150, 151, 153, 171, 172 201, 202, 205, 206, 207, 208, 209, 211 212, 214, 217, 234, 242, 243, 245, 248 263, 274, 288, 292, 294, 303, 304, 305 308, 309, 321, 324, 327, 328, 330, 331 335, 336, 338, 356, 358, 360, 361, 362 363, 366, 368, 373, 375, 377, 378, 379 380, 417, 418, 419, 421, 422, 427, 442 444, 445, 447, 462, 463, 464, 465, 466 467, 469, 473, 484, 485, 487, 488, 496 497, 499, 501, 502, 503, 504, 505, 506 508, 525, 527, 539, 555, 560, 561, 575 577, 579, 581, 582, 585, 586, 587, 594 597, 601, 608, 609, 630, 631, 637, 648 654, 656, 669, 670, 671, 672, 673, 674 678, 679, 680, 681, 682, 683, 686, 709 710, 728, 732, 738, 739, 740, 743, 744 745, 746, 747, 758, 759, 772, 782, 783 800, 801, 806, 807, 809, 811, 813, 814 815, 816, 817, 818, 850, 898, 924, 946 947, 951, 956, 957, 960, 1067, 1080 1084, 1088, 1100, 1107, 1108, 1109 1111, 1114, 1119, 1121, 1122, 1126 1129, 1133, 1134, 1135, 1138, 1139 1140, 1141, 1149, 1151, 1153, 1154 1155, 1158, 1159, 1161, 1162, 1163 1164, 1165, 1168, 1169, 1176, 1209 1211, 1245, 1246, 1247, 1248, 1256 1260, 1323, 1324, 1326, 1339, 1350 1359, 1399, 1414, 1453, 1466, 1472 1478, 1493, 1495, 1496, 1497, 1524 1569, 1579

우록, 구마라집전 519, 672

우록, 도생전 1160

우록, 도안전 17, 460

우록, 문수정률경기 142

우록, 법현전 809, 1110

우록, 보운전 810

우록, 본전 824

우록, 사미십혜장구서 205

우록, 실역경록(失譯經錄) 172

우록, 지겸전 326

우록, 축불념전 488

우록 · 경릉왕법집록(竟陵王法集錄)896

우록 · 담무참전 670

우록 · 대품서 1399

우록 · 무량의경서(無量義經序) 911

우록 · 법화종요서(法華宗要序) 686

우록 · 불타야사전 672

우록 · 십주경함주서(十住經含注序)678

우록 · 약성실론기(略成實論記) 679

우록 · 장아함경서 680

우록 · 혜원전 749

우림낭중(羽林郎中) 119

우바새계 778, 1493

우바새계경(優婆塞戒徑) 781, 1283

우바새오학적략론(優婆塞五學跡略論)

817, 1086
우바새이십사계 786, 817
우법개 법사에게 보내는 글 555
우법개전(于法開傳) 948
우법란별전(于法蘭別傳) 1099
운급칠첨(雲笈七簽) 1050, 1462
원기(袁紀) 141
원법사명(遠法師銘)692, 712, 748, 1099
원유(原儒) 642
원포(元包) 1021
원혼지(寃魂志) 1103
월유품(月喩品) 1144, 1146
위경록(僞經錄) 464
위국이서십국사(魏國以西十國事) 1111
위담모최전(魏曇謨最傳) 110
위략 199, 241
위략(魏略), 서융전(西戎傳) 142, 178
위략, 서융전 198
위법사신경(爲法捨身經) 1127
위산경책(潙山警策) 160
위서(魏書) 97, 101, 141, 322, 814
815, 971, 1008, 1009, 1012, 1018, 1027
1030, 1051, 1053, 1055, 1056, 1058
1061, 1062
위서(魏書), 석로지(釋老志) 100, 116
239, 302, 322, 678, 1106, 1055
위서(魏書), 조형전(祖瑩傳) 299
위서, 본기 1034
위서・광전(光傳) 1056
위서・보혜전 1029
위서・석로지 607, 608, 678, 1000
1049, 1336
위서・술예전(術藝傳) 981
위서・영징지(靈徵志) 1338
위서・위찬전(韋纘傳) 1053
위서・은소전(殷紹傳) 686, 1569
위서・은행전(恩幸傳) 1056
위서・호전(魏書 浩傳) 977, 1051
위씨춘추(魏氏春秋) 365
위장군표기열전(衛將軍驃騎列傳) 101
위중경 181
위지(魏志), 관녕전(管寧傳) 450
위지(魏志), 종회전주(鍾會傳注) 423
위지(魏志) 244, 322
위진현학논고(魏晋玄學論稿) 5
위타 590
위타사다론(韋陀舍多論) 590
유가론기 1574
유교경(遺敎經) 620, 896, 1245, 1283
1492, 1536
유교론(遺敎論) 1551
유도론(喩道論) 337, 383, 415, 426, 912
유리이역전(遊履異域傳) 1111
유마경 22, 44, 54, 339, 371, 377, 404
466, 580, 607, 608, 611, 615, 618, 627
632, 647, 652, 654, 661, 666, 731, 941
959, 986, 987, 992, 1054, 1073, 1095
1150, 1163, 1180, 1182, 1191, 1194

1272, 1273, 1283, 1335, 1337, 1340
1345, 1352, 1394, 1416, 1486, 1513
1524, 1536, 1539, 1556
유마경, 아촉불품 1193
유마경・방편품 688
유마경서 477, 656
유마경의소(維摩經義疏) 55, 1163
유마경주 656, 1163, 1195, 1198
유마경주서(維摩經注序) 611
유마서(維摩序) 361, 636, 1190, 1497
유마소(維摩疏) 1128
유마의략(維摩義略) 896, 957
유마의소서(維摩義疏序) 710
유마주(維摩注) 641, 684, 1179, 1193
1194, 1198, 1217, 1251, 1257
유마힐경(維摩詰經)325, 376, 429, 465, 509
유마힐경주(維摩詰經注) 509
유마힐소설경(維摩詰所說經) 1073
유명록(幽明錄) 233, 844, 1102
유방사문전(遊方沙門傳) 806, 1100
유불도 삼교관계(儒佛道三敎關係)1062
유식 1539
유식논의소 1579
유식론(唯識論)69, 791, 1555, 1557, 1576
유식론주기 1579
유식론후기 1579
유양잡조(酉陽雜俎) 240, 360
유유민 등에게 보내는 서신 745
유유민에게 보내는 서신[致劉遺民書]
621, 1057
유의론(喩疑論) 139, 143, 217, 519, 528
602, 648, 650, 686, 1155, 1157, 1158
1159, 1170, 1176, 1188, 1189, 1250
유천축기(遊天竺記) 1132
유취(類聚) 423
유행경(遊行經) 162, 1137, 1139
유행외국전(遊行外國傳) 1111
유현게림 962
육가칠종론(六家七宗論) 510, 521
531, 537, 572, 1087
육도요목(六度要目) 295, 338, 1088
육도집(六度集) 363
육도집경(六度集經) 14, 44, 289, 306
308, 338, 339, 341, 364
육선생전(陸先生傳) 733
육식지귀(六識指歸) 1089
육족론(六足論) 589
육족아비담(六足阿毗曇) 1523
육징목록 746
육행범성수법(六行凡聖修法) 1480
윤전(允傳) 1051
율례(律例) 1086
율의소(律義疏) 1492
율이십이명료론(律二十二明了論) 1550
율종강요(律宗綱要) 1494
융화론석고도사이하론(戎華論折顧道
士夷夏論) 306
융흥불교편년(隆興佛敎編年) 1400

융흥불교편년통론(隆興佛敎編年通論) 1361
융흥편년(隆興編年) 687
은도편(隱道篇) 383
음의지귀(音義指歸) 363
음지입경(陰持入經) 297, 339, 495, 526
음지입경서(陰持入經序) 201, 340, 445, 479, 495, 532
음지입경주(陰持入經注) 274, 339 342, 343, 344, 346, 448, 637
음지입경주서(陰持入經注序) 203
음지입주(陰持入註) 91
응유연론(應有緣論) 1165, 1172 1203, 1280
의경록서(疑經錄序) 1119
의기(義記) 927
의림(義林) 1094
의림(意林)의 부편(附編) 220
의소(義疏) 1077, 1300, 1335, 1345 1370, 1382, 1546, 1549, 1550
의업론(意業論) 1551
의장(義章) 1089
의지주(義指注) 1088
의천록(義天錄) 1580
의포전(義褒傳) 1408
이곽록(李廓錄) 1532
이교론(二敎論) 73, 959, 10431125
이교종명(二敎鐘銘) 1043
이기(異記) 79
이백오십계합이(二百五十戒合異) 136
이세계의종수좌지속수제잡사(二歲戒儀從受坐至屬授諸雜事) 775
이소승론 987
이식관(離識觀) 867
20권본(卷本) 1141
이십사삭윤표(二十史朔閏表) 738
이십유식(二十唯識) 1577
이십이사찰기(二十二史札記) 944, 1060
이원(異苑) 742
이위의(異威儀) 1134
이제론(二諦論) 1084, 1164 1172, 1347, 1357
이제문 1366
이제수현론(二諦搜玄論) 512 513, 540, 560, 564
이제의(二諦義) 562, 1221, 1356 1363, 1364, 1369, 1372, 1384, 1404 1406, 1407
이제장(二諦章) 540
이종론(異宗論) 1240
이중종해탈연(二衆從解脫緣) 489
이집(異執) 1539
이출경록(異出經錄) 1497
이편(二篇) 1350
이하론(夷夏論) 27, 901, 902, 916, 958
이혹론(理惑論) 7, 11, 13, 77, 86, 111 115, 117, 124, 127, 130, 131, 132, 134 137, 146, 149, 218, 219, 221, 225, 227

231, 251, 273, 275, 277, 290, 301, 313
314, 349, 358, 507, 636
이흉전(二凶傳) 889
익부사기(益部寺記) 1107
익산경(益算經) 1466
인과기(因果記) 1103
인도철학 연구 1573
인도철학사략(印度哲學史略) 5
인물시의론(人物始義論) 391, 421, 1092
인본욕생경(人本欲生經)448, 1072, 1114
인본욕생경서(人本欲生經序)1070, 1114
인본욕생경주(人本欲生經註) 533, 1072
인수록(仁壽錄) 1574
인신문(隣新問) 1168
인연무성론(因緣無性論) 960
인왕경(仁王經) 679, 1255, 1536, 1575
인왕경소 1575
인왕반야경 1544
인왕소(仁王疏) 1073, 1074, 1579
인왕칠계(仁王七戒) 1536
일본속장경 1164
일승불성혜일초(一乘佛性慧日鈔) 1202
일촉(日燭) 428
임법사에게 보낸 글 544
입능가경 73, 791, 1500, 1535
입능가소 1431
입도사행(入道四行) 1428, 1430, 1435
입본론(立本論) 1085
입서원문(立誓願文) 738
입서하사시(入栖霞寺詩) 1405
입세아비담(立世阿毗曇) 1523, 1545
입신명성불성의기(立神明成佛性義記)
1302

ㅈ

자서(自敍) 321
자연참사의(自然懺謝儀) 305
자은전(慈恩傳) 879
자재왕보살경(自在王菩薩經) 618
자지록(自知錄) 159
자치통감(資治通鑑) 113, 241
잡보장경(雜寶藏經) 588
잡비유경(雜譬喩經) 617
잡사(雜事) 1093
잡식관(雜識觀) 1086
잡심(雜心) 786, 1128, 1340, 1495
1524, 1525, 1526, 1527, 1528, 1540, 1572
잡심론(雜心論) 39, 1522
잡심서(雜心序) 1069, 1524
잡아비담비바사론 483
잡아비담심(雜阿毗曇心) 505, 766, 1523
잡아비담심론 1522, 1523
잡아비담심서 817
잡아함 766
잡아함경 162, 163, 263, 788, 795
잡연목록(雜緣目錄) 953
잡의기(雜義記) 896
잡장(雜藏) 588, 766

장경(藏經) 363, 1138
장경윤여종제경현서(張景胤與從弟景玄書) 1087
장기(張譏) 854
장방록(長房錄) 8, 9, 136, 154, 201, 211, 234, 308, 309, 330, 338, 363, 373, 375, 656, 680, 779, 819, 1047, 1086, 1087, 1096, 1108, 1113, 1114, 1129, 1138, 1139, 1246, 1492, 1504, 1532, 1545, 1574, 1575, 1577, 1578
장방록・내전록 1551
장산경(藏山經) 80
장수게론(長壽偈論) 1128, 1578
장수품(長壽品) 781, 1144
장아함 171, 677, 688, 766
장아함・십상경(十上經) 688
장아함경 162, 202, 588, 589, 619, 677, 1137, 1246
장아함경서 619, 656
장아함서 679
장아함아마주경(長阿含阿摩晝經) 306
장안사적(長安史跡)의 연구 1110
장안지(長安志) 620, 621
장안품(長安品) 417
장육즉진론(丈六卽眞論)561, 1084, 1171
장융전(張融傳) 873
장자 1, 11, 13, 16, 17, 18, 19, 128, 168, 226, 230, 266, 303, 314, 316, 333, 334, 339, 349, 352, 353, 356, 367, 394, 399, 406, 407, 408, 425, 435, 449, 457, 507, 508, 517, 518, 523, 524, 534, 537, 567, 571, 581, 649, 650, 652, 658, 661, 662, 666, 695, 696, 697, 719, 830, 831, 835, 840, 852, 908, 913, 927, 976, 985, 986, 1016, 1018, 1021, 1032, 1044, 1064, 1068, 1228, 1237, 1240, 1263, 1348, 1556
장자, 각의편 304
장자, 대종사편 1228
장자, 소요유 406
장자, 소요유 편 1415
장자, 양생주(養生主) 1196
장자, 어부편 406
장자, 제물론주(齊物論注) 946
장자, 천하편 249
장자・소요편 831
장자순타품(長者純陀品) 1144
장자주 946
장한가(長恨歌) 749
재각남장(再刻南藏) 158
재경(齋經) 869
재치장안열반소(再治章安涅槃疏) 1076
적멸도량회(寂滅道場會) 1558
적정군찬(翟征君贊) 750
전등록 654, 657, 1499, 1501, 1508
전론(典論) 314, 321
전법륜경(轉法輪經) 589
전법륜경론(轉法輪經論) 819
전법륜의기(轉法輪義記) 1544

전삼국문(全三國文) 317, 360
전상상청동군(傳上相青童君) 308
전생론(全生論) 546, 1090
전송문(全宋文) 845
전식론(轉識論) 69, 1551
전한서(前漢書), 김일제전찬(金日磾傳贊) 103
절도서(節度序) 746, 1086
절오장(切悟章) 1092
점비 527
점비경(漸備經) 462, 774, 812, 1255
점비경서(漸備經序) 377, 418, 419, 447, 467, 503, 774, 812
점비경서서(漸備經書敍) 508
점비경십주호명병서서(漸備經十住胡名幷書敍) 527
점비경십주호명서(漸備經十住胡名敍) 585
점비일체지덕경(漸備一切智德經) 376, 378, 1206, 1559
점오론(漸悟論) 1083, 1168, 1170, 1234
정갈전(靜葛傳) 1061
정고(庭誥) 959
정도삼매경(淨度三昧經) 1466, 1467
정론도리론(正論道理論) 1545
정론석의(正論釋義) 1545
정률경(淨律經) 794
정림헌정이 구자국에서 금속으로 만든 불상을 제작한 기록(定林獻正於龜茲造金鎚鍱像記) 811
정명(淨名) 957, 1073
정명경(淨名經) 899, 1100, 1326, 1341, 1342, 1525
정명경관중소(淨名經關中疏) 628, 656
정명경소(淨名經疏) 628, 1350
정명경의기(淨名經義記) 1299
정명경집해관중소(淨名經集解關中疏) 628
정명집해관중소(淨名集解關中疏) 628
정무론(正誣論) 429, 701, 905
정법화경(正法華經) 49, 122, 374, 375, 424, 585, 647, 820, 1213
정법화경수결품(正法華經受決品) 614
정법화엄후기(正法華嚴後記) 421
정사편(正史編) 248
정상론(正像論) 366
정설도리론(正說道理論) 1551
정숭전 1573
정신훈(精神訓) 260
정애전 1064
정업부(淨業賦) 925, 1302, 1304, 1327
정업부서 926
정원록(貞元錄) 362
정의통보(政議通報) 860
정이교론(正二教論) 903, 909
정이기(旌異記) 1561, 1580
정일론(正一論) 911
정주자(淨住子)776, 813, 925, 1084, 1304

정주자정행법문(淨住子淨行法門) 68, 896
정토경 1478
정토교의 기원과 발전(淨土敎之起原與發展) 1506, 1508
정토론 476, 1504, 1505
정토론서 750
정토삼매경 1507
정토서응전(淨土瑞應傳) 750
정토오회관행의(淨土五會觀行儀) 734
정토왕생전서(淨土往生傳序) 730
정토우란분경(淨土盂蘭盆經) 1134
정통도장(正統道藏) 196
제무황제조석가서상기(齊武皇帝造釋迦瑞像記) 874
제사비문(諸寺碑文) 1112
제서 896, 948, 955
제서, 본전 947
제서・혜경전 948
제왕연보(帝王年譜) 117
제위경(提謂經) 37, 1020, 1470, 1472, 1473, 1475, 1477, 1506, 1570
제위파리경(提謂波利經) 1123, 1469
제의(祭義) 1307
제제방등학경(濟諸方等學經) 1456
제지대열반경강소(制旨大涅槃經講疏) 1298
제지대집경강소(制旨大集經講疏) 1299
제천록(諸天錄) 1093
조경법사망서(弔京法師亡書) 1244
조기론(調氣論) 1087, 1459
조기방(調氣方) 1462, 1505
조달품(調達品) 771
조론(肇論) 2, 509, 512, 565, 655, 680, 1152, 1281
조론, 부진공론 531, 580
조론, 열반무명론 1210
조론서(肇論序) 510, 512, 1400
조론서주(肇論序注) 575, 687
조론소 510, 512, 520, 521, 529, 537, 539, 542, 548, 559, 563, 576, 577, 579, 580, 628, 656, 682, 683, 689, 746, 810, 865, 1081, 1166, 1169, 1204, 1207, 1210, 1216, 1221, 1236, 1255, 1280, 1324
조론소기 580
조론술의(肇論述義) 1571
조론신소(肇論新疏) 543
조론신소유인(肇論新疏游刃) 686
조론중오집해(肇論中吳集解) 512
조비전 1579
조선사전(稠禪師傳) 1099
조유품(鳥喩品) 1144
조카에게 보낸 서신(與子侄書) 727
종리중경목록(綜理衆經目錄) 17, 53, 92, 150, 462, 1115
종리취경록(綜理聚經錄) 91
종병에게 보내는 서신 946
종본의(宗本義) 509, 655

종원록(宗元錄) 113
종해탈연 489
좌선삼매경(坐禪三昧經) 679, 683
1411, 1412, 1413, 1495
좌씨춘추(左氏春秋) 228
좌우명(坐右銘) 1092
주경록서(注經錄序) 193, 209
주경술림(籀廎述林) 221, 246
주경장원문(周經藏願文) 1134
주관저작연대고(周官著作年代考) 241
주랑전 889
주례(周禮) 792, 1024
주백법론(注百法論) 849
주사행록(朱士行錄) 243, 502, 1114
주사행전 358
주사행한록(朱士行漢錄) 1113, 1114
주서・예술전 1063
주서본기 1044, 1063
주서이기(周書異記) 6, 79, 82, 83
139, 1034, 1035, 1125
주석[注] 543
주소(奏疏) 116
주역(周易) 1, 105, 168, 226, 265, 425
523, 537, 689, 718, 719, 841, 908, 914
927, 941, 942, 1016, 1018, 1020, 1021
1045, 1060, 1279, 1348, 1349, 1555
주역・계사상(繫辭上) 870
주역・계사하(繫辭下) 1224
주역강소(周易講疏) 1326
주역약례명상(周易略例明象) 1173
주역주(周易注) 908
주역참동계 265
주유마경 628, 638
주조론서(注肇論序) 687
주풍산경책(注馮山警策) 159
주해 1460
주해대품경서(注解大品經序) 1298
죽림칠현론 405
죽창수필(竹窗隨筆) 159
중가선요(衆家禪要) 616
중경(中經) 241
중경록(衆經錄) 1134, 1139, 1538
중경목록 1116
중경반공성승법(衆經飯供聖僧法) 1086
중경부(中經簿) 241, 1117
중경옹호국토제용왕명록(衆經擁護國土諸龍王名錄) 1093
중경요초(衆經要鈔) 1094
중경제불명(衆經諸佛名) 1093
중경참회멸중방법(衆經懺悔滅衆方法) 1087
중경통서(衆經通序) 1096, 1552
중경호국귀신명록(衆經護國鬼神名錄) 1093
중관 1362, 1384, 1392
중관론소(中觀論疏) 534, 1390
중국선학고(禪學考) 1502
중론(中論) 22, 54, 491, 542, 575, 592

613, 618, 632, 633, 636, 647, 654, 666
1269, 1357, 1383, 1386, 1406, 1543, 1574
중론서 632, 651, 1070, 1398, 1500
중론소(中論疏) 18, 511, 514, 537, 538
540, 541, 542, 549, 555, 557, 560, 562
563, 566, 683, 685, 687, 1054, 1158
1248, 1356, 1363, 1364, 1369, 1373
1377, 1378, 1384, 1393, 1398, 1402
1406, 1487, 1511, 1516, 1544, 1569, 1570
중론소, 인연품 530
중론소기(中論疏記) 511, 512, 538
540, 542, 548, 555, 557, 560, 561, 563
564, 566, 580, 581, 1171, 1261, 1317
1343, 1362, 1364, 1366, 1369, 1373
1397, 1398, 1399, 1401, 1404, 1405
1407, 1449, 1516, 1517, 1518, 1520, 1570
중론소인연품(中論疏因緣品) 575
중론술의 512
중론현(中論玄) 512
중문법신(重問法身) 628
중문상서(中文尙書) 246
중문편학(重問遍學) 629
중변(中邊) 1539
중변분별론(中邊分別論) 1545
중본기경(中本起經) 215, 331, 332, 362
중분별론 69
중사분아비담론(衆事分阿毗曇論) 1523
중승술범문(衆僧述范問) 1083, 1166
중승전(衆僧傳) 1104
중심경(中心經) 363
중아함 489, 506, 1071, 1577
중아함경 483, 588, 589, 711
중아함경서(中阿鋡經序) 441, 488
중아함서 499
중악숭양사비(中岳崇陽寺碑) 1422
중오기문(中吳紀聞) 1248
중오집해(中吳集解) 512
중용 1303
중용강소(中庸講疏) 1303
중용전 1328
중집(衆集) 202
즉색론 548, 553
즉색유현론(卽色遊玄論) 543, 544
548, 579, 962, 1080
증일(增一) 202
증일법수(增一法數) 1095, 1538
증일아함 486, 489
증일아함경(增一阿含經) 473, 483
503, 589, 676
증일아함서 445, 486, 504, 506
지(支) 1085
지겸전 324
지관(止觀) 1452
지관법 1445
지관보행홍결(止觀輔行弘決) 1475
지귀(旨歸) 1563
지나불교사강화(支那佛敎史講話)
1246, 1400

지나불교정사(支那佛教正史) 1050, 1065, 1129
지남(指南) 159
지도론(至道論) 1084
지도론(智度論) 1383, 1527
지도론기(智度論記) 680
지도림답사장하서(支道林答謝長遐書) 1087
지도림에게 보내는 글 522
지둔서전(支遁序傳) 547
지둔서전 579
지둔전 426, 1098
지둔집(支遁集) 544
지둔집, 묘관장 548
지둔집, 술회시(述懷詩) 425
지둔집 426, 548, 1096
지록(支錄) 465
지론(智論) 1527
지론(地論) 3, 38, 39, 790, 1018, 1089, 1267, 1316, 1318, 1382, 1453, 1494, 1500, 1509, 1510, 1514, 1517, 1529, 1530, 1531, 1533, 1536, 1539, 1540, 1556, 1557, 1561, 1562, 1566, 1581
지론서(智論序) 821
지맹전(智猛傳) 1100
지민도록(支愍度錄) 242, 502
지민도학설고(支愍度學說考) 558, 576
지법룡찬(支法龍贊) 387
지법사(支法師; 지도림)에게 보내는 글 546
지법사전(支法師傳) 1098, 1205
지서여극가빈(支書與郄嘉賓) 1082
지세경(持世經) 624
지승록 89
지심경(持心經) 374
지심경경기 418
지심경기(持心經記) 274
지심범천경(持心梵天經) 390, 502
지엄전 806
지장전(地藏傳) 898, 961
지절전(志節傳) 1100, 1328
지정금릉신지(至正金陵新志) 944
지지경(地持經) 781, 786, 814, 1492, 1513, 1514, 1536, 1537, 1556, 1565
지지소 1539
지참전(支讖傳) 463
진고(眞誥) 72, 116, 118, 119, 124, 129, 161, 163, 165, 167, 287
진고(眞誥), 견명수편(甄命授篇) 161
진고고(眞誥考) 172
진기(晉紀) 386
진남경사기(晉南京寺記) 1107
진략방진표(晉略方鎭表) 740
진서(晋書), 강통전(江統傳) 764
진서(晉書), 본전(本傳) 360
진서(晉書), 예술전(藝術傳) 1099
진서(晉書), 완적전 365
진서(晉書), 왕연전(王衍傳) 360

진서(晉書), 유개전(庾凱傳) 379
진서(陳書)・부재전(傅縡傳) 1407
진서(晉書)・습착치전(習鑿齒傳) 139
진서(晉書)386, 393, 394, 580, 674, 843, 1274
진서(晋書) 394
진서(秦書) 450
진서(陳書) 884, 962, 1385, 1407, 1408
진서 403, 420, 424, 427, 428, 433, 480
494, 495, 499, 502, 576, 669, 674, 710
739, 740, 742, 744, 813, 818, 940, 941
946, 947, 1407
진서, 목제본기 426
진서, 본전(本傳) 409, 428, 429, 825
진서, 승수전(勝修傳) 499
진서, 예술전 494
진서, 왕연전(王衍傳) 581
진서, 유익전(庾翼傳) 421
진서, 은일전(隱逸傳) 498
진서, 이전(彛傳) 424
진서, 재기(載記) 497
진서, 지리지 497
진서, 효무문이태후전(孝武文李太后傳) 429
진서・구마라집전 607
진서・대기(戴記) 603, 621, 624, 674
진서・도자전(道子傳) 742
진서・예술전(晉書・藝術傳) 669
진서・왕공전(王恭傳) 742
진서・효무제본기 704
진서각주(晉書斠注) 1133
진양추(晋陽秋) 365, 703
진여품(眞如品) 353
진정표(陳情表) 191
진제번역목록 1576
진제의 번역과 사적고(事迹考) 1573
진제전 연구 1573
진제전(眞諦傳) 1099, 1573, 1579
진중경(晉中經) 181, 199, 239
진중경부(晉中經簿) 181
진지사 이마후의 불상 조성 기록[鎭池寺 李磨侯造像記] 1057
질군왕부본(質郡王府本) 172
질전(質傳) 954
집고금불도논형(集古今佛道論衡) 78, 141, 360, 1051
집해(集解) 575, 1179, 1251, 1253 1319, 1320, 1321
징별전(澄別傳) 493, 1098
징응전(徵應傳) 1103
징응집(徵應集) 1103

ㅊ

찬보살(讚菩薩) 331, 332
찬아미타불게(贊阿彌陀佛偈) 1505
찰미왕경(察微王經) 289, 341, 354
참동계(參同契) 265
창도문(唱導文) 876, 953
창언(昌言) 216

채모전(蔡謨傳) 428
채원배(蔡元培) 선생의 기념책 576
채중낭집(蔡中郎集) 242
책이(責異) 1167, 1235
천관력(天官曆) 195
천보력(天保歷) 1060
천승회원문 953
천축전 954
천태산명서(天台山銘序) 1107
천태장소록(天台章疏錄) 1164
철학논총 582
청신사녀법제(淸信士女法制) 958, 1086
청정도론(淸淨道論) 754, 789, 803
청정법행경(淸淨法行經)901, 1124, 1125
청화학보(淸華學報) 957
체용론(体用論) 642
체절경(諦節經) 1546
초당법사전(草堂法師傳) 1099
초당사약법사비(草堂寺約法師碑) 858
초성실논서(抄成實論序) 1580
초일명경(超日明經) 418
초학기(初學記)160, 423, 1059, 1102, 1109
촉루품(屬累品) 1071
촉수능엄경(蜀首楞嚴經) 1415
촉지(蜀志) 227, 228, 229
총묘인원사방신주경(塚墓因緣四方神呪經) 901
총지(總持) 330
총지경 330
최도고전(崔道固傳) 981
추도문 863, 1147, 1149, 1152, 1159 1161, 1169, 1171, 1247
축도생 법사 추도문[竺道生法師誄文] 1147
축도생답왕(휴원)문(竺道生答王(休元)問) 1165
축도생답왕문(竺道生答王問) 1168
축도생선불수보의(竺道生善不受報義) 1199
축도생전 1099
축법강석혜림문(竺法綱釋慧林問) 1168
축법광전(竺法曠傳) 1099
축법란전(竺法蘭傳) 123
축법아전 449
축법제 1100
축불조전(竺佛調傳) 1107
춘명퇴조록(春明退朝錄) 620
춘추 228, 1028, 1033, 1061, 1506
춘추곡량전(春秋穀梁傳) 228
춘추공양전(春秋公羊傳) 228
춘추번로(春秋繁露), 순천지도편(循天之道篇) 346
춘추번로, 천도시편(天道施篇) 346
춘추원명포(春秋元命苞) 307
춘추훈고조례(春秋訓詁條例) 246
출경기(出經記) 818
출경서(出經序) 744
출경후기(出經後記) 417, 1140, 1155

출률요의(出律要儀) 1491
출사표(出師表) 190
출삼장기집(出三藏記集) 53, 111, 116, 125, 127, 136, 145, 149, 219, 329, 469, 680, 802, 807, 819, 820, 821, 874, 1079, 1096, 1104, 1111, 1113, 1115, 1117, 1129, 1130, 1139, 1491
출삼장기집, 법현전 807
출생무량문지경(出生無量門持經) 362
출요경(出曜經) 488, 489, 490, 504, 612
출요율의(出要律儀) 924, 1094
충심정행(忠心政行) 363
치선병비요법(治禪病秘要法) 1411
치승망명서(致僧亡名書; 망명 법사에게 보낸 서신) 1063
치혹론(治惑論) 245
칙답신불멸(敕答神不滅) 961
칙령 1307
친구에게 보내는 글[與親友書] 405
칠략(七略) 80, 108
칠록(七錄) 1117
칠록서(七錄序) 857, 1133
칠분(七分) 1073
칠요 1020
칠종론(七宗論) 530, 1347, 1396
칠종론서(七宗論序) 1105
칠지(七志) 857, 1117
칠처삼관경(七處三觀經) 172
칠현론(七玄論) 1084
침경진맥법(鍼經診脈法) 188
칭양제불공덕경(稱揚諸佛功德經) 618

ㅌ

타부론(墮負論) 1574
타화자재천궁설(他化自在天宮說) 1558
타화자재천궁회(他化自在天宮會) 1558
탐현기 1570
탑사기(塔寺記) 233
탕혜휴집 945
태계육부경(泰階六符經) 195
태상통연삼매신주재참사의(太上洞淵三昧神咒齋謝儀) 306
태역노장(太易老莊) 168
태평경(太平經) 11, 12, 169, 170, 194, 195, 196, 197, 199, 267, 270, 276, 277, 278, 279, 280, 281, 282, 283, 284, 288, 289, 305, 307, 308, 309, 355, 1464
태평경성군비지(太平經聖君秘旨) 308
태평경초 282, 285, 307, 308
태평경초, 갑부(甲部) 280
태평경합교전관(太平經合校前官) 308
태평광기 1102, 1103
태평도경(太平道經) 229
태평어람(太平御覽), 사이부(四夷部) 239
태평어람(太平御覽), 예의부(禮儀部) 106
태평어람(太平御覽) 141, 199, 239

423, 426, 493, 494, 495, 805, 1098, 1102 1103
태평청령서(太平淸領書) 196, 246, 283
태평청영서(太平淸領西) 169
태평환우기(太平寰宇記) 1498
태현경(太玄經) 105
택품(擇品) 786
토산회시서(土山會詩序) 684
토산회집시서(土山會集詩序) 402
통감(通鑑) 457, 500, 674, 682, 742 1051, 1053, 1544, 1548, 1575
통감고이(通鑑考異) 972, 1049
통감호주(通鑑胡注) 974
통략정주자서(統略淨住子序) 958
통보(通報) 246, 248, 307
통불영적(通佛影迹) 867, 1084
통불의발(通佛衣鉢) 867, 1084
통불이첩불연(通佛二疊不燃) 867, 1085
통불정치조(通佛頂齒爪) 867, 1084
통삼세론(通三世論) 604, 1088
통신주(通神呪) 546, 1087
통어부(通漁夫) 543
통재(通載) 959
통전(通典) 179, 239, 240, 739, 1132
통지(通志) 239, 240
통지략(通志略) 656

ㅍ

파사론(破邪論) 82, 91, 493, 1103
파아론소(破我論疏) 1551
팔건도 489, 1521, 1527
팔건도론(八犍度論) 797
팔관재참문(八關齋懺文) 368
편년체(編年體) 116
평량렌공중국불교사(評梁任公中國佛教史) 142
포박자(抱朴子) 182, 304, 1462
포박자, 석체편(釋滯篇) 265
포박자, 지진편(地眞篇) 287
포원태평경(包元太平經) 195
폭서정집(曝書亭集) 213
폭서정집발어(曝書亭集跋語) 213
품류족(品類足) 1523

ㅎ

하경용전(何敬容傳) 948
하남지(河南志) 620
하도(河圖) 279, 973, 1051
하상지전(何尙之傳) 947
하승천(何承天)에게 답한 글 550
하승천에게 답하는 글[答何承天書] 86
하승천에게 보내는 서신 945
하승천이 종병에게 보내는 서신 945
한관구의(漢官舊儀) 106
한구의(漢舊儀) 106
한기(漢記) 224
한나라 창오태수(蒼梧太守)모자박전(牟子博傳) 218

한당현학론(漢唐玄學論) 914
한록(漢錄) 136, 502
한무고사(漢武故事) 99, 100
한무동명기(漢武洞冥記) 100
한무제고사(漢武帝故事) 99
한무제별국동명기(漢武帝別國洞冥記) 99
한법본내전(漢法本內傳) 78, 82, 117, 125, 142, 361, 1034, 1035, 1115, 1125
한서(漢書) 195
한서 흉노전 102
한서(漢書), 지리지(地理志) 93, 106
한서, 김일제전찬 107
한서, 동방삭전 242
한서, 본전(漢書, 本傳) 269
한서, 삭전찬(朔傳贊) 95
한서, 서역전 179, 180
한서, 예문지(藝文志)108, 249, 258, 1026
한서, 일제전(日磾傳) 112
한서, 조참전(曹參傳) 236
한서, 지리지 107, 234
한서, 하후승전(夏候勝傳) 309
한서 97, 99, 100, 101, 103, 107, 176, 241, 302
한서예문지 189
한서음의(漢書音義) 103, 112
한시목록(漢時目錄) 1113
한위총서(漢魏叢書) 86, 165
한지(漢志) 195
한효무고사(漢孝武故事) 99
합광찬방광수약해(合光贊放光隨略解) 806
합광찬서 578
합미밀지(合微密持) 330
합미밀지경 465
합미밀지경기(合微密持經記) 329
합방광광찬서(合放光光讚序) 362, 417
합방광광찬수략해(合放光光贊隨略解) 466, 467
합방광광찬수략해서(合放光光讚隨略解序) 366, 369, 377, 418, 526, 527, 535
합방광광찬약해서(合放光光讚略解序) 526
합수능엄경(合首楞嚴經) 467, 561
합수능엄경기(合首楞嚴經記) 150, 151, 208, 214, 325, 326, 327, 333, 419, 465, 466, 1130
합수능엄경서 1496
합수능엄경후기 418
합수능엄기(合首楞嚴記) 324
합유마경서(合維摩經序) 334, 361, 466
합유마기(合維摩記) 378
합유마힐경(合維摩詰經) 561
합유마힐경서 1130
합유망경서 419
해(解) 159
해권론(解拳論) 1551

해내경(海內經) 5, 80
해룡왕경(海龍王經) 778
해심밀경(海深蜜經) 1531
해심밀소 1576
해외경(海外經) 80
해탈도론(解脫道論) 754, 789, 803
해탈밀경 818
행아육왕사사조(幸阿育王寺赦詔) 875
행전(行傳) 1111
헌제춘추(獻帝春秋) 245
험기명(驗寄名) 746, 1085
험선지식(驗善知識) 1103
현겁경(賢劫經) 376, 616, 709
현겁경기(賢劫經記) 305, 743
현고전(玄高傳) 682
현문(玄文) 1530, 1575
현병품(現病品) 1144
현식론(顯識論) 1551
현양성교론(顯揚聖教論) 491, 788
현우경(賢愚經) 759, 816, 949, 1053
현우경기(賢愚經記) 759
현의(玄義) 1345, 1369, 1371, 1372, 1373
1396, 1398, 1399, 1405, 1530, 1571
현정론(顯正論) 388, 420
현종론(玄宗論) 1084
현종론(顯宗論) 1091
현증론(顯證論) 1091
현통론(玄通論) 952, 1084
현포원강부(玄圃園講賦) 955
현험론(顯驗論) 845, 1091
형주기(荊州記) 233
혜가전 1430, 1446, 1499
혜관전 816, 957
혜광전(慧曠傳) 1424, 1548
혜교전(慧皎傳) 385, 1151, 1354
혜달별전(慧達別傳) 1099
혜륭전(慧隆傳) 1397
혜린술승유문(慧驎述僧維問) 1168
혜맹법사비(惠猛法師碑) 1059
혜비전 852
혜사전 1504
혜선전(慧璿傳) 1408
혜숭전(慧嵩傳) 1408
혜원 법사 추도문 739
혜원과 구마라집의 대승요의 문답[遠什大乘要義問答] 628
혜원나습문답(慧遠羅什問答) 1083
혜원법사 추도문[遠法師誄] 692
혜원법사명(慧遠法師銘) 738
혜원에게 보내는 서신[與慧遠書語] 743
혜원전 442, 505, 675, 731, 744
혜원집 737, 746, 1096
혜익전(慧益傳) 955
혜인경서(慧印經序) 119
혜인삼매경(慧印三昧經) 361, 1456
혜일초(慧日鈔) 1251
혜장전(慧藏傳) 1014
혜장집(慧藏集) 1166, 1168

혜차전(慧次傳) 1100
혜포전 1502, 1503, 1504
혜휴시집(慧休詩集) 1096
호구법강법사추도문[虎丘法綱法師誄] 1161
호반니원경(胡般泥洹經) 1246
혹식이제론(惑識二諦論) 555, 568
혹품(惑品) 1549, 1551
홍도광현삼매경(弘道廣顯三昧經) 672
홍명집(弘明集) 77, 88, 110, 112, 141 218, 220, 273, 279, 305, 380, 415, 426 428, 429, 498, 501, 547, 631, 676, 701 705, 711, 743, 746, 747, 845, 848, 851 871, 896, 939, 945, 946, 949, 950, 951 953, 954, 959, 960, 1090, 1096, 1157 1261, 1302, 1350, 1361, 1491, 1508
홍명집, 봉법요(奉法要) 305
홍명집, 유도론 420
홍명집, 정무론(正巫論) 244
홍명집, 정무론(正誣論) 423, 429
홍명집, 정무론 245
홍명집, 후서(後序) 110
홍명집・사문불경왕자론(沙門不敬王者論) 745
홍명집・삼보론(三報論) 745
홍명집・정무론(正誣論) 959
홍명집목록 219
홍명집후서(弘明集後序) 91, 142, 321
홍범구주(洪範九疇) 279
홍범오행전론(洪範五行傳論) 108
홍찬법화전(弘贊法華傳) 1394
홍충전(弘充傳) 955
화림전중경목록(華林殿衆經目錄) 1116
화림총목(華林總目) 1133
화무제회삼교시(和武帝會三教詩) 960
화산수서(畵山水序) 110
화소명태자종산해강(和昭名太子鐘山解講) 851
화수경(華手經) 618
화엄 3, 38, 39, 1382, 1389, 1392, 1472 1517, 1524, 1557, 1559, 1560, 1562 1564, 1565, 1566, 1580, 1581
화엄・십주품 1559
화엄경, 십주품 1255
화엄경 22, 25, 39, 73, 378, 627, 757 783, 787, 788, 795, 895, 931, 944, 957 1015, 1034, 1129, 1210, 1317, 1354 1382, 1394, 1425, 1437, 1509, 1514 1536, 1540, 1552, 1556, 1557, 1559 1560, 1561, 1562, 1565, 1581
화엄경유의(華嚴經遊意) 1564
화엄기 1565
화엄론 1580
화엄명난품현해(華嚴明難品懸解) 1557
화엄소(華嚴疏) 1128, 1539, 1560, 1564
화엄십지품 1255
화엄재기(華嚴齋記) 1560
화엄전(華嚴傳) 1580, 1560, 1562

1565, 1580, 1581
화엄지귀(華嚴旨歸) 1559
화엄지귀(華嚴指歸) 1580
화엄탐현기(探玄記) 1570
화엄현수게(華嚴賢首偈) 1580
화업 1383
화융론(華戎論) 305
화호경(化胡經) 7, 8, 117, 118, 120
124, 131, 137, 198, 199, 901, 902, 904
905, 958, 959, 1124
환남군에게 답하는 글[答桓南郡書] 743
환력기념집(還歷紀念集) 1397
환망경(幻網經) 486
황람(皇覽) 895, 1096
황제 189
황제내경(黃帝內經) 188
황제소문(黃帝素問) 188
황제조순은상기(皇帝造純銀像記) 874
황제주대품경기(皇帝注大品經記) 1326
황제태계육부경(黃帝泰階六符經) 195
회계형옹강영강기(會稽荊雍江郢講記)
897
회남(淮南), 정신훈(精神訓) 258
회남자 354
회남자, 원도훈(原道訓) 260
회림(會林) 960
회삼교시(會三教詩) 912
회이(會異) 1167
회쟁론(迴諍論) 791, 797
회통론(會通論) 1082
효경(孝經) 8, 106, 147, 148, 227
831, 848, 856, 857, 941, 1240
효명황제사십이장(孝明皇帝四十二章)
146, 150
효사부(孝思賦) 926
효상기(爻象記) 1092
후분(後分) 1141
후출수능엄경(後出首楞嚴經) 1415
후출잡심서(後出雜心序) 818
후한기(後漢紀) 116, 119, 120, 123
134, 137, 138, 241, 242, 250, 257, 268
272, 345, 905, 912
후한서(後漢書) 81, 82, 97, 116, 123
219, 227, 229, 241, 244, 245, 250, 273
304, 309
후한서, 남흉노전(南匈奴傳) 102
후한서, 도겸전 244
후한서, 방기전(方技傳) 241, 262
후한서, 방술전 270
후한서, 본기 192, 242
후한서, 서역전131, 132, 231, 268, 359, 905
후한서, 서역전론 290
후한서, 양진전 298
후한서, 주준전(朱雋傳) 223
후한서, 초왕영전 142
후한서, 황보숭전(皇甫嵩傳) 217
후한서, 후패전(候覇傳) 310
후한서 · 반용전(班勇傳) 586

후한서 · 서역전찬(贊) 905
후한서기(後漢書紀) 434
후한서집해 242
흑백론(黑白論) 110
힐점(詰漸) 1167

지은이

탕용동(湯用彤; 1893년~1964년)

자(字)는 석여(錫予)이고 호북성 황매(梅) 사람으로 감숙성 통위(通渭)에서 태어났다. 그는 중국 근대의 유명한 국학대사(國大師)로서 중앙연구원의 수석위원이다. 스스로 "어려서 가정교육을 받아 일찍부터 역사서를 공부했다"고 하였으며, 평생 한학을 연구한 아버지의 영향을 크게 받았다. 1911년에 청화(淸華) 학교에 들어가 1917년에 졸업한 후에 미국으로 유학하여 산스크리트어와 팔리어를 배웠다. 하버드대학에서 석사 학위를 받고 1922년에 귀국한 이후로 국립 동남(東南) 대학, 북경 대학 철학교수, 북경 대학 문학원 원장, 북경 대학 교무위원회 주석(主席)을 거쳐 1951년 10월 이후에는 북경대학 부총장을 역임하다가 1964년에 병으로 서거했다.

중국불교사와 위진 시대의 현학(玄學)에 대해 정통한 그는 대표작으로 『한위양진남북조 불교사』, 『위진현학논고(魏晋玄論稿)』가 있는데, 이는 오늘날까지도 그 학술적 가치를 높이 평가받고 있다. 아울러 수·당 시대의 불교사를 기술한 『수당불교사고』를 비롯하여 『인도철학사략(印度哲學史略)』, 『왕일잡고(往日雜稿)』, 『강부찰기(康復札記)』 등이 있다.

옮긴이

장순용

고려대학교 사학과를 졸업하고 동대학원 철학과를 수료했다. 민족문화추진회 국역연수원과 태동고전연구소 지곡서당을 수료하고, 백봉 거사 문하에서 불법과 선을 참구하였다. 주로 불교를 비롯한 동양 철학과 역사서를 많이 번역했다. 현재는 고려대학교 역사연구소 연구원으로 있다.

편저로는 〈허공법문〉, 〈도솔천에서 만납시다〉, 〈십우도〉, 〈같은 물을 마셔도 뱀에게는 독이 되고 소에게는 젖이 된다〉가 있고, 역서로는 〈신화엄경론〉, 〈참선의 길〉, 〈설무구칭경(유마경)〉, 〈화엄론절요〉, 〈선문촬요〉, 〈티베트 사자의 서〉, 〈대장일람집〉, 〈반경〉, 〈채근담〉, 〈공자연의〉 등 다수가 있다.

한 국 연 구 재 단
학술명저번역총서
[동 양 편] 612

한위양진남북조 불교사 4

초판 1쇄 인쇄 2014년 11월 20일
초판 1쇄 발행 2014년 11월 30일
초판 2쇄 발행 2016년 10월 15일

지 은 이 | 탕 융 동(湯用彤)
옮 긴 이 | 장 순 용
펴 낸 이 | 하 운 근
펴 낸 곳 | 學古房

주 소 | 경기도 고양시 덕양구 통일로 140 삼송테크노밸리 A동 B224
전 화 | (02)353-9908 편집부(02)356-9903
팩 스 | (02)6959-8234
홈페이지 | http://hakgobang.co.kr/
전자우편 | hakgobang@naver.com, hakgobang@chol.com
등록번호 | 제311-1994-000001호

ISBN 978-89-6071-448-9 94220
978-89-6071-287-4 (세트)

값 : 29,000원

■ 이 저서는 2011년 정부(교육과학기술부)의 재원으로 한국연구재단의 지원을 받아 수행된 연구임 (NRF-2011-421-A00061).
This work was supported by National Research Foundation of Korea Grant funded by the Korean Government (NRF-2011-421-A00061).

이 도서의 국립중앙도서관 출판시도서목록(CIP)은 서지정보유통지원시스템 홈페이지(http://seoji.nl.go.kr)와 국가자료공동목록시스템(http://www.nl.go.kr/kolisnet)에서 이용하실 수 있습니다.(CIP제어번호: CIP2014032829)

■ 파본은 교환해 드립니다.